LES ALMORAVIDES

LE DJIHAD ANDALOU

(1106 - 1143)

Collection ***Histoire et Perspectives Méditerranéennes***
dirigée par Jean-Paul Chagnollaud

Dans le cadre de cette collection, créée en 1985, les éditions L'Harmattan se proposent de publier un ensemble de travaux concernant le monde méditerranéen des origines à nos jours.

Dernières parutions

Abderrahim LAMCHICHI, *Le Maghreb face à l'islamisme*, 1998.
Paul SEBAG, *Tunis, histoire d'une ville*, 1998.
Grégor MATHIAS, *Les SAS en Algérie*, 1998.
Michel Cornaton, *Les camps de regroupement de la guerre d'Algérie*, 1998.
Zoubir CHATTOU, *Migrations marocaines en Europe ou le paradoxe des itinéraires*, 1998.
Boualem BOUROUIBA, *Les syndicalistes algériens*, 1998.
André MICALEFF, *Petite histoire de l'Algérie*, 1998.
Samy HADAD, *Algérie, autopsie d'une crise*, 1998.

ISBN : 2-7384-7447-0

Vincent LAGARDERE

LES ALMORAVIDES
LE DJIHAD ANDALOU
(1106 - 1143)

Éditions L'Harmattan
5-7, rue de l'École-Polytechnique
75005 Paris - FRANCE

L'Harmattan Inc.
55, rue Saint-Jacques
Montréal (Qc) – CANADA H2Y 1K9

Du même auteur

- *Le Vendredi de Zallâqa, 23 Octobre 1086*,
L'Harmattan, Paris, 1989.
- *Les Almoravides I*,
L'Harmattan, Paris, 1989 / 1991.
- *Campagnes et paysans d'al-Andalus VIIIe - XVe s*,
Maisonneuve et Larose, Paris, 1993.
- *Histoire et société en Occident musulman au Moyen Âge, Analyse du Mi'yâr d'al-Wansharîsî*,
Collection de la Casa de Velazquez, 53, Madrid, 1995.

INTRODUCTION

À sa mort, Yûsuf b. Tâshfîn avait laissé à son successeur un immense empire gouverné par les membres de son clan Lamtûna-Banû Turdjût et administré par les juristes malikites andalous gagnés à sa cause (1). C'était en 500 H / 1106, 'Alî b. Yûsuf n'avait à ce moment là que vingt trois ans. Son nom dès son avènement, déclare un chroniqueur, était répété le vendredi sur deux mille trois cents chaires de mosquées maghrébines et andalouses. Il régnait depuis Bougie jusqu'à l'extrême Sous, du Tafilelt au Soudan ; tout le sud de la Péninsule ibérique lui appartenait ; des gouverneurs, ses oncles, ses neveux, ses cousins, nommés par lui, commandaient jusqu'aux îles Baléares. Le Maghrib al-Aqsâ et al-Andalus avaient été subjugués en quelques années par l'énergie de Yûsuf b. Tâshfîn . L'empire almoravide était à son apogée, la dynastie berbère s'affinait chaque jour davantage. À cette époque, on l'a très bien vu dans les précédents ouvrages, ce fut au Maghrib al-Aqsâ / Maroc le régne de la culture andalouse. Mais personne ne s'apercevait encore que des éléments de faiblesse allaient, en s'accumulant sourdement autour du prince, compromettre d'abord sa puissance, puis bientôt la réduire à néant.

Il fallait pour maintenir la paix sur un territoire aussi vaste, une armée régulière de premier ordre, une milice (*hashâm*) chrétienne indépendante des solidarités tribales et de leur convoitise, des troupes mobiles qui puissent gagner rapidement les frontières mobiles andalouses devant la nécessité de s'engager dans la guerre sainte (*djihâd*) et d'en faire une obligation personnelle.

La plaine ne donnait nul souci : elle avait trop l'angoisse de voir fondre encore sur elle les escadrons des *Mulaththimûn* / Voilés qui l'eussent vite mise une fois de plus à la raison en dévastant ses villages, ses récoltes, en passant tous les insurgés au fil de l'épée.

La montagne, au contraire , était moins dans la main ; les aventuriers y trouvaient un asile presque toujours inviolable, tel al-Fallakî, cet andalou que 'Alî b. Yûsuf, après sa soumission, chargera de mettre sur pied le système défensif des contreforts de l'Atlas et de la ville de Marrakech. Il semble que les Almoravides aient pratiqué dans l'Atlas une politique qui laissait de très grands pouvoirs aux chefs locaux (*imgharen*), responsables de leurs confédérés devant le pouvoir central.

Dans son testament politique, Yûsuf b. Tâshfîn recommandait à son fils 'Alî, de faire en sorte qu'aucun soulèvement ne se produise dans les montagnes du Grand Atlas. Avait-il l'intuition que de la montagne du sud de Marrakech, partiraient les nouveaux conquérants almohades qui, tels une avalanche humaine, briseraient tout l'édifice qu'il avait si glorieusement construit ?

Dans sa résidence de Marrakech, fermée de murs de fortification en 526 H / 1131-1132, 'Alî b. Yûsuf avait les yeux tournés vers le nord, al-Andalus, ses frontières mobiles, terre de *djihâd* dont il devait réformer les structures, avec l'aide de son fils Tâshfîn b. 'Alî. Le second des *Amîr al-Muslimîn* almoravides n'était plus comme son père un Lamtûna, un saharien de pure souche. Il n'avait pas vu le jour dans le désert, comme ses parents, mais aux bords de la Méditerranée, à Ceuta. Sa mère était une ancienne captive chrétienne d'une rare beauté. Il avait reçu dès son jeune âge une culture toute andalouse et ses modèles n'étaient pas les princes maghrébins et andalous dont son père avait si vite anéanti la faible autorité, mais les grands souverains du califat de Cordoue, les régents 'amirides dont il reprend l'organisation administrative en restaurant la haute judicature (2), la chancellerie ou *Dîwân al-Rasâ'il* qu'il confie à des andalous, l'organisation militaire, avec la constitution de milices chrétiennes (*hashâm*) . Dès la fin de 500 H / 1106, l'année même où il fut proclamé *Amîr al-Muslimîn* / Émir des Musulmans, il passa en al-Andalus pour y réorganiser le gouvernement almoravide et arrêter sur place la mise en oeuvre de ses projets de guerre sainte aux frontières.

À cette époque, les différents états chrétiens se trouvaient dans des conditions très différentes pour soutenir le prestige de leurs armes contre les incursions almoravides. À Léon et en Castille, c'était la fin du règne d'Alphonse VI : il devait mourir l'année suivante en laissant le trône à sa fille Urraca ; au Portugal, c'était une princesse qui gouvernait, l'infante Thérèse, veuve d'Henri de Bourgogne ; au nord-ouest, au contraire, deux princes puissants et agressifs : en Aragon, Alphonse I le Batailleur, en Catalogne, Ramon Berenguer III, allaient dépenser tous leurs efforts à combattre les Musulmans.

Le règne de 'Alî b. Yûsuf semble, en effet, avoir été dans l'empire africain des Almoravides, le témoin d'une très forte hispanisation. Les Andalous, partis au Moyen Orient compléter leur formation, ramenèrent dans leur pays les oeuvres de Ghazâlî, les ouvrages de théologie dogmatique (*kalâm*) ash'arite (3).

D'après 'Abd al-Wâhid al-Marrâkushî historien de la période almohade, dès le début de son règne, 'Alî b. Yûsuf attira auprès de lui les lettrés les plus en vue d'al-Andalus pour en faire ses secrétaires du *Dîwân al-Rasâ'il* , tels l'éloquent Abû-l-Qâsim b. al-Djadd , Ibn al-Qabturnuh, Ibn 'Abdûn, le célèbre poète de Badajoz et surtout un savant d'une culture universelle pour l'époque, Muhammad b. Abî-l-Khisâl, « le dernier secrétaire digne de ce nom », au dire de l'historien, qui se fit le champion du djihâd, comme obligation personnelle de tous musulmans, andalous ou maghrébins, dans ses prédications. Les Andalous, conseillers écoutés du souverain, prirent une part très active aux réformes administratives qu'il entreprit. Ils ne furent certainement pas non plus étrangers à sa décision de rompre avec la pensée de Ghazâlî et de combattre les courants mystiques de l'école d' Alméria. Enfin et c'est là peut-être le point le plus important de cette sorte de choc en retour d'al-Andalus sur le Maghrib al-Aqsâ à cette époque, l'influence grandissante des juristes andalous, des *fuqaha'* , dans les affaires du gouvernement, gagna rapidement l'autre côté du détroit.

Certains historiens, comme Ibn Khaldûn, prétendent que le déclin de la fortune de 'Alî b. Yûsuf ne se manifesta vraiment qu'au moment où Ibn Tûmart et ses adeptes déclarèrent la lutte ouverte contre l'autorité almoravide. Au contraire, d'après d' autres chroniqueurs, le pouvoir de l'émir de Marrakech se trouvait déjà fortement compromis dans la première décade qui suivit son avènement. 'Abd al-Wâhid al-Marrâkushî, historien postérieur et déraciné, dont la relation n'est pas toujours impartiale, semble pourtant avoir tracé du règne de 'Alî b. Yûsuf, un tableau assez exact et digne de confiance. Or, d'après lui, le manque d'énergie du souverain almoravide laissa bientôt s'allumer autour de son trône les convoitises de ses propres parents, après la mort prématurée de plusieurs grands *qâ'id/s* , gouverneurs militaires almoravides, piliers incontestés de l'esprit de clan *Lamtûna-Banû Turdjût*. Dotés par leur maître de commandements importants, certains chefs almoravides cherchaient alors à ne plus lui reconnaître qu'un vague droit de suzeraineté. En fait, ils exerçaient l'autorité qu'ils détenaient du prince dans une indépendance qu'ils souhaitaient absolue et sans cacher le moins du monde leurs sentiments, d'où les changements fréquents de titulaires aux divers gouvernorats des provinces de l'Empire.

C'est cette politique de guerre sainte de l' État / *Dawla* almoravide que nous voulons mettre en lumière dans cet ouvrage consacré au gouvernorat de 'Alî b. Yûsuf b. Tâshfîn , de 500 H /1106 à 537 H /1142.

L'ETAT : DAWLA ALMORAVIDE EN AL-ANDALUS

DE L'ESPRIT DE CORPS UNIFICATEUR AU RETOUR DES INDEPENDANCES DES CLANS (500 H / 1106 - 510 H /1116)

Le gouvernorat de 'Alî b. Yûsuf, emporté par le dynamisme de l'esprit de clan (*'asabiya*) des *Lamtûna-Banû Turdjût*, s'ouvre sur une période de dix années d'expansion territoriale. Les armées almoravides se propagent dans la vallée de l'Ebre et s'emparent de l'ultime royaume de Taifas : la province de Saragosse. L'autorité de 'Alî est reconnue dans un vaste empire, des frontières de l'Aragon aux berges du Sénégal. Ce régne est dans l'empire africain des Almoravides, le témoin d'une très forte hispanisation. Al-Andalus donne alors le ton au Maghrib al-Aqsâ. Beaucoup d'Andalous passent le détroit pour venir se fixer à Marrakech, à la cour du souverain. Les lettrés les plus en vue se font les secrétaires du *Dîwân al-Rasâ'il* (Chancellerie), tel l'éloquent Abû-l-Qâsim b. al-Djadd, Abû Bakr b. Qabturnuh, Ibn 'Abdûn et Abû 'Abd Allâh Muhammad b. Abî-l-Khisâl.

Ces conseillers prennent une part très active aux réformes administratives entreprises par le souverain : création d'une milice chrétienne, perception des impôts légaux et rétablissement des impôts illégaux. Choc en retour d'al-Andalus sur le Maghrib al-Aqsâ, l'influence des juristes andalous sur la conduite du gouvernement hâtera la mort de l'esprit de clan (*'asabiya*) et fera place à une farouche hostilité contre tous ceux qui ne partagerons pas entièrement leurs convictions.

Le manque d'énergie du souverain almoravide laissera bientôt s'allumer autour de son trône les convoitises de ses propres parents. Dotés par leur maître de commandements importants sur les divers points de l'Empire, les chefs almoravides, après la mort des *qâ'id*/s, piliers de la dynastie, chercheront à ne plus reconnaître à 'Alî qu'un vague droit de suzeraineté et exerceront l'autorité qu'ils détenaient du Prince, dans une indépendance qu'ils souhaiteront absolue, tuant l'esprit de clan générateur et garant de la puissance almoravide.

RECONNAISSANCE DE 'ALI B. YUSUF B. TASHFIN COMME AMIR AL-MUSLIMIN

À la mort de Yûsuf b. Tâshfîn, Tamîm son fils aîné présente son frère 'Alî, reconnu prince héritier, comme successeur légitime de l'émir almoravide défunt, au gouvernorat de tous les Musulmans et habitants de l'Empire (1) .

Abû-l-Hasan 'Alî b. Yûsuf b. Tâshfîn était né à Ceuta en 477 H / 1084 (2). Physiquement il était très différent de son père ; très grand, le visage ovale, le teint plus clair, les yeux noirs, c'était le fruit de l'union d'un saharien et d'une esclave chrétienne d'une remarquable beauté. Marocain de naissance, il grandit et fut éduqué dans cette même ville du Détroit. Sa formation, du fait de la proximité d'al-Andalus et de la situation politique durant les années qui suivirent l'absorbtion almoravide des Taifas du sud, fut plus andalouse qu'africaine. Il n'avait que vingt-trois ans à sa prise de pouvoir, avec l'assentiment des différentes provinces de l'Empire dont il hérite de son père. Il prit le titre d'*Amîr al-Muslimîn*, Commandeur des Musulmans (3).

Suivant la tradition de son prédécesseur, il sollicite et obtient l'investiture (*taqlîd*) du Calife abbasside de Bagdad, 'Abd Allâh b. 'Abbâs al-Mustazhir bi-Llâh.

PREMIERS CONTRETEMPS : LES SOULEVEMENTS DE MUHAMMAD B. AL-HADJDJ, YAHYA B. ABI BAKR B. IBRAHIM .ET YAHYA B. ABI BAKR

Les premiers dangers auxquels 'Alî eut à faire face dès son avènement et dans les années qui suivirent, furent suscités par les querelles opposant les membres de sa propre famille et les chefs de la confédération almoravide, appartenant aux deux clans apparentés mais non pour autant solidaires, celui des *Lamtûna-Banû Turdjût* - le clan de la branche régnante - et celui des *Massûfa*.

Dans un régime où les liens de fraternité consanguine comptaient moins que les liens de parenté utérine, où d'authentiques émirs *Banû Turdjût* n'étaient désignés que par le nom de leur mère (Ibn 'Â'isha, Ibn Ghannûna etc...), les querelles de préséance et les complots ourdis contre le prince régnant étaient, comme quelques dizaines d'années auparavant dans les cours sanhâgiennes des Zirides d'Ifrîqiya et d'al-Andalus, avant tout fomentés par les princesses mères (*'ummahât*) avec l'aide de leur parenté directe et de leurs *mawâlî* /s, en faveur de leurs propres fils (4). C'était là un péril que Yûsuf b. Tâshfîn avait perçu si clairement qu'il se gardât bien de désigner pour sa succession l'un ou l'autre des fils que lui avaient donnés ses épouses sanhâgiennes, ni même son aîné Abû-l-Tâhir Tamîm né de son mariage à Aghmat avec l'influente Zaynab, décédée depuis quelques années. Il porta son choix sur 'Alî, né à Ceuta de son union avec une captive chrétienne d'al-Andalus.

Ce jeune homme de vingt-trois ans fut donc intrônisé sans difficulté à Marrakech, le 1 *muharram* 500 H / 2 septembre 1106, avec le concours désintéressé de son frère aîné Tamîm.

Dès cette date, Muhammad b. al-Hâdjdj gouverneur de Cordoue et parent de 'Alî, refuse de le reconnaître (5). Sa révolte fut encouragée par les *faqîh* / s et les responsables politiques de la ville. N'ayant pas de forces militaires suffisantes pour le soutenir, son entreprise échoua. Il fut destitué.

De même, le gouverneur de Grenade, Abû Yahyâ b. Abî Bakr b. Ibrâhîm appelé Ibn Tîfilwît (6), tenta de se soulever. Les Grenadins s'y opposèrent, s'emparèrent de sa personne et l'envoyèrent à Marrakech où il demeura quelques temps avant d'être non seulement pardonné, mais encore promu au gouvernorat de Fès, puis de Saragosse, au moment où al-Musta'în b. Hûd se réfugiera à Rueda.

De toutes les autres villes de l'Empire étaient parvenus des écrits reconnaissant 'Alî comme souverain et successeur légitime de son père. Seule manquait la reconnaissance du gouverneur de Fès, Yahyâ b. Abî Bakr (7) qui avait été nommé à cette charge par son grand père Yûsuf b. Tâshfîn. Opposé à toute succession héréditaire allant à l'encontre des traditions de transmission du pouvoir dans les tribus berbères *Sanhâdja*, Yahyâ manifesta son désaccord et refusa de reconnaître 'Alî. Comptant sur l'adhésion d'un groupe de *qâ'id*/s *Lamtûna* établis dans la ville, il se souleva et entreprit de faire face à toute entreprise engagée par son oncle. Ce soulèvement de Yahyâ ne semble pas avoir dépassé les murailles de Fès. Dès qu'elle eut connaissance de la sortie de 'Alî de Marrakech, pour affronter son gouverneur, cette même ville se montra indécise, ne sachant s'il lui fallait s'unir à Yahyâ ou reconnaître l'autorité de 'Alî. Il est très vraissemblable que celui-ci, avant d'attaquer la ville rebelle, campa à Maghîla, sur la route de Ceuta à Fès, et écrivit à son neveu, l'invitant de façon énergique à prêter serment d'allégeance. D'autres messages parvinrent aux notables (*shaykh* /s) de la ville, les exhortant à la soumission ou dans le cas contraire, à supporter les conséquences de leurs actes. Ces missives de 'Alî permirent de découvrir le peu d'enthousiasme de la population de Fès pour la cause de son gouverneur qui ne parvint pas à un accord sur la possible résistance que les habitants de la ville seraient disposés à opposer à l'armée almoravide conduite par 'Alî lui-même. Craignant de dures représailles et n'étant pas assurés de la victoire, les habitants de Fès renoncèrent, au dernier moment, à seconder les plans de leur gouverneur. Yahyâ b. Abî Bakr, craignant pour sa personne et se rendant compte que, sans le concours de la population entière et avec les forces restreintes dont il disposait, il n'était pas en mesure d'affronter son oncle, abandonna Fès, fuyant par le corridor de Taza, en direction de Tlemcen.

'Alî entre sans résistance aucune dans la ville, le 7 décembre 1106. Sur le chemin de Fès à Tlemcen, vers Adjarsif , à proximité de la Moulouya, Yahyâ b. Abî Bakr rencontre le *qâ'id* Mazdalî, gouverneur de Tlemcen (8), qui allait prêter serment d'allégeance au nouvel Émir des Musulmans. Le fugitif confie sa situation à Mazdalî auprès de qui il vient chercher refuge. Le gouverneur de Tlemcen ne pouvait protéger un rebelle contre son souverain, aussi offrit-il à Yahyâ de le réconcilier avec son oncle, l'assurant que par sa médiation, il obtiendrait le pardon de l'émir et le préserverait du châtiment que celui-ci pensait lui infliger. N'ayant pas d'autre alternative, Yahyâ accepte et retournant à Fès, attend, tout en se cachant dans une agglomération proche de la ville, le résultat de l'entrevue.

Mazdalî fut très bien reçu par le souverain et lui rapporte sa conversation avec Yahyâ. 'Alî se montre bien disposé, désirant attirer le rebelle de Fès et compter avec un ami. Il décide de ne prendre aucune mesure contre son neveu et de lui offrir son pardon. Yahyâ se présente devant 'Alî, lui prête serment d'allégeance.

Yahyâ b. Abî Bakr interdit de résidence à Fès et dans tout autre lieu du Maroc ou d'al-Andalus, conformément aux dispositions de l'*Amîr al-Muslimîn* , peu assuré de la sincérité de son neveu, se dirigea vers l'Orient, pour accomplir le pèlerinage à la Mecque où il devait séjourner un certain temps. Par la suite , il obtint l'autorisation de demeurer à Marrakech. Quelques mois plus tard, l'*Amîr* le soupçonnera d'intriguer contre lui, aussi l'exilera-t-il à Algésiras où il demeurera sous bonne garde jusqu'à sa mort (9) .

REFONTE DES GOUVERNORATS

S'appuyant sur les avis des conseillers andalous qui avaient appartenu à l'entourage de son père (10), Alî commença dès lors à pratiquer une politique de bascule qu'il devait poursuivre pendant tout son règne : déplacer à tout moment, comme des pions sur un échiquier, la plupart des émirs almoravides, ses frères y compris, qui étaient pourvus de gouvernements provinciaux, dans les chefs-lieux du Maghrib al-Aqsâ et d'al-Andalus. Ce manque de continuité dans l'exercice d'importants commandements militaires et territoriaux montre déjà que l'édifice hérité de son père par Alî b. Yûsuf ne tenait plus très solidement sur ses fondements.

Parfaitement au courant des affaires du gouvernement (11) et suivant le plan politique tracé par son père, il fut durant les premières années de son règne, un digne continuateur de la trajectoire ascendante commencée par Abû Bakr b. 'Umar et surtout Yûsuf b. Tâshfîn .

À l'avènement de 'Alî, son frère Tamîm est gouverneur général du Gharb et siège à Marrakech. La première année de son règne, ayant relevé Muhammad b. al-Hâdjdj de sa charge de gouverneur de Cordoue et Tamîm de son gouvernorat général, 'Alî attribue au premier le gouvernorat de Fès et de la région du Gharb (12), au second le commandement militaire et politique d'al-Andalus (13).Tamîm fixera sa résidence à Grenade, devenant dès lors la capitale almoravide d'al-Andalus (14).

Muhammad b. al-Hâdjdj demeurera trois ans à la tête de son gouvernorat du Gharb. 'Alî devait lui proposer de nouveau un gouvernorat en Andalus, à Valence, en remplacement de 'Abd Allâh b. Fâtima (15).

Pour mettre sur pied cette refonte des gouvernorats andalous, 'Alî décide de traverser le détroit, au cours de cette même année 500 H / 1106. Son frère Tamîm se dirigeait avec une armée vers Meknès (16) ; Yahyâ b. Abî Bakr entrait en dissidence près de Fès ; Mazdalî se trouvait à Tlemcen ; Sîr b. Abî Bakr gouvernait à

Séville et Abû Bakr b. Ibrâhîm soulevait Grenade en *rabî'a* I avant de la quitter en *radjab* de la même année.

Parti de Marrakech avec des contingents almoravides composés de *Masmûda*, des troupes régulières (*djund*) et des *hushûd*, 'Alî s'embarque pour al-Andalus afin d'y rétablir son autorité quelque peu contestée (17). De Ceuta, ses troupes débarquent à Algésiras. Les cadis d'al-Andalus, ses juristes , ses notables, ses lettrés et ses poètes vinrent à sa rencontre, célébrant ses louanges. Il leur prodigua des cadeaux, leur rendit justice et satisfit à leur moindre demande. Le gouvernorat de Grenade échut à son frère Tamîm, celui de Cordoue à Abû 'Abd Allâh Muhammad b. Abî Bakr al-Lamtûnî (18). Après sa tentative de révolte, Muhammad b. al-Hâdjdj demeure suspect, avant de se voir accordé le gouvernorat de Fès puis celui de Valence en 503 H / 1110.

Al-Andalus ayant fait allégeance à son nouveau maître, les gouvernorats pourvus d'hommes de confiance, l' *Amîr al-Muslimîn* pouvait quitter la péninsule et regagner Ceuta et sa capitale Marrakech.

DEUXIEME TRAVERSEE : L'EXPANSION EN ANDALUS

Les royaumes chrétiens allaient supporter au cours des premières années du règne du nouvel Émir des Musulmans la pression la plus forte qu'ils n'aient jamais reçue jusqu'alors. Les uns et les autres, sérieusement menacés, se trouvaient dans des conditions très distinctes pour résister aux attaques almoravides. Les gouverneurs militaires (*qâ'id* /s) de 'Alî prirent l'offensive sur tous les fronts, dans la région occidentale, le centre et le Levante.

À l'ouest de l'Espagne chrétienne, le comté du Portugal - menacé par l'armée de Sîr b. Abî Bakr - était régi par une femme, l'Infante Thérèse, veuve de Henri de Bourgogne, au centre, face aux armées de Muhammad b. al-Hâdjdj et ensuite de Tamîm b. Yûsuf b. Tâshfîn, la Castille avait pour roi Alphonse VI, déjà vieux qui n'avait jamais pu vaincre les *qâ'id* /s de Yûsuf b. Tâshfîn. Dans la partie orientale, il y avait deux états forts et menaçants : le royaume d'Aragon et le Comté de Barcelonne. Le péril qui se refermait sur eux, représenté par 'Abd Allâh b. Fâtima et ensuite, par Muhammad b. al-Hâdjdj, se trouvait contrecarré par la main ferme d'Alphonse I le Batailleur - premier à faire reculer les Almoravides - et par Raymond Berenguer III le Grand.

La frontière chrétienne avait cependant, durant les premières années du règne de 'Alî, deux points faibles : la région occidentale et le centre. L'une et l'autre supporteront pendant quelques temps les incessantes et victorieuses attaques des armées almoravides qui gagneront de nouvelles provinces sur les Chrétiens. Le royaume d'Aragon se maintint en sécurité jusqu'en 1110, grâce à la région tampon constituée par le royaume des Banû Hûd de Saragosse.

Plus avant, les armées d'Alphonse I prenant l'initiative, l'Aragon deviendra une menace inquiétante pour les Almoravides. Le Comte de Barcelonne, grâce aux incursions mises sur pied par le gouverneur de Valence, continuera de s'opposer à l'emprise des armées de l'*Amîr al-Muslimîn.*

L'OFFENSIVE VICTORIEUSE DE UCLES

Un an après son accession au trône, en juillet ou août 1107, 'Alî b. Yûsuf b. Tâshfîn envisage une campagne de grande envergure et une deuxième traversée du détroit, pour contrer les positions castillanes, en premier à l'est par Uclés et par la suite à l'ouest par Talavera, ouvrant ainsi le chemin à une grande offensive contre Tolède. Poursuivant en al-Andalus la trajectoire tracée par son père, la guerre sainte (*djihâd*) serait son unique objectif (19).

Uclès est un village celte ibère romanisé dont on conserve de nombreuses inscriptions latines. Ce *Pagus oculencis* / Uclès était désigné en arabe par le toponyme *Uqlîsh* . Suite à la disparition de Secobriga, le chef-lieu de la région de Santiberia passa à Uclès qu'al-Himyarî (20) décrit comme une ville (*madîna*) pourvue d'un château fort (*hisn*), dans la Marche d'al-Andalus. C'est le chef-lieu du cercle de *Shantabariya* / Santaver, situé sur le bord de la rivière Bedija « *formée par une source qui est sur une hauteur, au point culminant de la ville* » dont elle longe les maisons et alimente les thermes.

Cette bataille d'Uclès, aux graves conséquences pour la Castille, fut l'oeuvre de deux gouverneurs almoravides, Ibn 'Â'isha de Murcie et Ibn Fâtima de Valence. Les récits des annalistes et chroniqueurs arabes qui la relatent, sont aussi chargés de légendes, de contre-vérités et d'amplifications que le furent ceux de la bataille de Zallâqa (1086). L'exégèse interne et externe de ces textes ne pouvait jusqu'au début de ce siècle se baser que sur deux sources : le *Rawd al-qirtâs* d'Ibn Abî Zar' côté arabe et le récit légendaire de Don Rodrigo contenu dans la *Primera Cronica General*, côté chrétien. À ces sources, nous pouvons ajouter désormais, le *Bayân* almoravide d'Ibn 'Idhârî, le *Nazm al-djumân* d'Ibn Qattân et la lettre officielle de Tamîm.

Le *Nazm al-Djumân* écrit par Ibn al-Qattân (21), secrétaire de l'avant dernier Calife almohade al-Murtadâ, précise l'accord unanime des gouverneurs almoravides d'al-Andalus pour entreprendre cette expédition contre Uclès. Alphonse VI envoya son fils à la tête de 10.000 cavaliers (chiffre exagéré), pour secourir la place et repousser les assaillants, maître de la ville. Sous le commandement de l'Infant Alvar Fañes et du Comte Garcia Ordoñez, surnommé Boquituerto, les Chrétiens attaquèrent l'armée de Cordoue et la poursuivirent durant plusieurs milles. Alors, les gouverneurs de Murcie et de Valence se jetèrent sur le campement chrétien, le mirent à sac et tuèrent ses défenseurs avant de se tourner contre les Castillans. La poursuite des vaincus s'engagea jusqu'à la forteresse (*hisn*) de Belinchon / *Balishûn* dans laquelle s'était réfugié le fils d'Alphonse avec huit compagnons, avant d'être tué par les Mudejars. Les vainqueurs se retournèrent contre la forteresse de Uclès, ne pouvant la prendre, ils s'en retirèrent. Quand les assiégés prirent la fuite, ils les tuèrent et les réduisirent en captivité. De ce fait Uclès tomba entre leurs mains. Cette source est d'un très grand intérêt, mais la lettre officielle que Tamîm, chef de l'armée almoravide, envoya à son frère 'Alî , l'Émir des Musulman, n'en est pas moins dépourvue (22). Tamîm précise qu'il prépara cette expédition sur ordre de son frère. Il date du 16 mai 1108, sa sortie de Grenade, son passage à Baeza, avant de se diriger vers Uclès, ville fortifiée et chef-lieu de la région. Quinze jours plus tard, il attaque la ville d'Uclès située sur les flancs de la colline dominée par la forteresse.Ce jour là et le suivant, la ville est assiégée et mise à sac, ses habitants se réfugiant dans la forteresse.

Alerté, Alphonse VI rassemble ses troupes, les envoie contre les assaillants, avec son fils Sancho à leur tête. Le commandant militaire Alvar Fañez est accompagné du Comte Garcia Ordoñez de Cabra, des seigneurs de la région de Tolède, de Calatañazor / *Qala'at al-nusûr* et d'Alcala de Henares / *Qala'at 'Abd al-Salâm*. Un jeune musulman captif des Chrétiens, depuis son enfance, qui était à leur service, passa dans le camp almoravide et fournit toutes sortes d'informations sur les troupes castillanes envoyées en renfort. Tamîm tint un conseil de guerre avec les gouverneurs de Murcie et de Valence, Ibn 'Â'isha (23) et Ibn Fâtima (24). Avant de livrer bataille, ils s'attachèrent à la sécurité du campement, renforçant sa garde et ses défenses, contre toute intervention de la garnison de la place et tout effet néfaste d'une sortie effectuée au cours de la rencontre. Les Chrétiens prirent l'initiative du combat et firent reculer les troupes de Cordoue. Au cours d'un combat très acharné, un champion chrétien fut tué, indice de la prochaine victoire. La lutte se poursuivit jusqu'à la mise en déroute des Chrétiens poursuivis par la garde d'Ibn 'Â'isha, faisant un grand butin et causant de lourdes pertes. Tamîm ordonna d'assembler et de compter les têtes des morts : elles avoisinaient les trois mille ; parmi elles, celles du Comte Ordoñez et de nombreux capitaines tolédans. Sur cet amoncellement, les muezzins firent l'appel à la prière et Tamîm repartit immédiatement, laissant aux deux gouverneurs de Murcie et Valence, le soin de poursuivre le siège de la forteresse qui, lorsqu'il écrivait cette lettre, ne s'était pas encore rendue.

De nouveaux fragments du *Bayân* d'Ibn 'Idhârî (25), sur la période almoravide, mettent en évidence, sous l'autorité d'Ibn al-Sayrafî, la personnalité de la mère de l'Infant don Sancho, belle fille d'al-Mu'tamid, veuve d'al-Ma'mun et précisent le séjour de Tamîm à Jaen, en attente de la jonction des troupes de Cordoue et des autres provinces de Murcie et de Valence. L'armée chrétienne de secours aurait compté 7.000 cavaliers, chiffre en deçà des 10.000 avancés par Ibn Qattân et des 23.000 morts chrétiens avancés par Ibn Abî Zar'. La lettre officielle de Tamîm nous propose le chiffre de 3.000. Emporté par l'éclat de la victoire, Ibn Abî Zar' retarde d'un an cette rencontre, la datant de 502 H et non de 501 H. Mais son imaginaire l'égare en prétendant que l'Infant Sancho fut choisi pour mener cette entreprise, sous les instances de la reine, pour être à égalité avec les Almoravides commandés par Tamîm fils aîné de Yûsuf b. Tâshfîn. La prudence manifestée par ce dernier au cours du conseil tenu avec les gouverneurs de Murcie et de Valence, les mesures prises pour assurer la sécurité de son campement contre d'éventuelles sorties des assiégés, sont présentées comme lacheté et couardise. Thème repris par les historiens modernes faisant de Tamîm le héros malgré lui de la bataille d'Uclès. Ce chef suprême de l'expédition almoravide aurait tout ignoré de la qualité et du nombre de ses ennemis et se serait laissé abuser par les suggestions de ses généraux.

DEROULEMENT DE LA BATAILLE D'UCLES

Nommé depuis quelques mois gouverneur de Grenade et gouverneur général d'al-Andalus, Tamîm frère aîné de 'Alî, allait être l'iniciateur des grandes campagnes contre les Chrétiens (26). En accord avec les autres gouverneurs d'al-Andalus, il réunit toutes les forces disponibles à Grenade, Cordoue, Murcie et Valence.

Vers le 13 avril 1108 (fin du mois de *sha'ban* 501 H) et les premiers jours de mai, Tamîm se dirigea vers Jaen et Baeza. En chemin il s'adjoignit les troupes du gouverneur militaire (*qâ'id*) de Cordoue Abû 'Abd Allâh b. Abî Ranq (27), puis celles de Murcie, sous le commandement du célèbre Ibn 'Â'isha, autre frère utérin de 'Alî, et celles de Valence d' Ibn Fâtima qui n'avait pas encore été remplacé par Muhammad b. al-Hâdjdj au gouvernorat de cette ville (28).

Traversant le Guadalquivir, ils campèrent ensemble à Baeza d'où ils établirent leur plan de marche et d'attaque. Par la place forte de Consuegra qui était déjà en leur pouvoir, les forces almoravides pénétrèrent sur les terres de la « Mora Zayda », avant de se présenter devant la forteresse de Uclès, point défensif primordial de la région et centre du système défensif du sud du cours supérieur du Tage.

Le 13 *shawwâl* 501 H / 26 mai 1108, Uclès est encerclée ; la ville, étendue comme aujourd'hui, sur les flancs d'une colline escarpée, orientée nord-sud et dominée par la citadelle, est prise d'assaut. La population ne pouvant offrir beaucoup de résistance, fut assaillie le mercredi 27 et le jeudi 28, les églises brûlées et converties en mosquées et toutes leurs richesses pillées. Les Musulmans mudejars vivant à Uclès reçurent leurs coreligionnaires en libérateurs. La garnison et les habitants de la ville qui le purent, se réfugièrent dans la forteresse qui résista à l'assaut.

Les assaillants regagnèrent leur campement où ils passèrent la nuit du jeudi 28 au vendredi 29 mai. Tamîm, informé qu'une armée de secours approchait, convoqua un conseil de guerre où l'on décida de sortir à la rencontre de l'ennemi et de renforcer la garde du campement. Le vendredi 29, très tôt, les Almoravides sortent en avant-garde, disposés en trois corps d'armée : deux ailes formées par les troupes de Murcie et de Valence, un centre commandé par Tamîm à la tête des soldats de Grenade.Un musulman captif, fugitif du camp chrétien, les avait amplement informés sur cette colonne de secours.

Les Castillans accompagnés par l'Infant don Sancho (29), fils unique d'Alphonse VI, arrivent sous le commandement d'Alvar Fañez et de Garcia Ordoñez, Comte de Cabra, accompagnés de nombreux autres Comtes et capitaines de la région tolédane et des gouverneurs de Calatañazor et Alcala de Henares.

L'attaque est lancée contre l'avant-garde des troupes d'Ibn Abî Ranq de Cordoue, en une charge furieuse. Les Cordouans reculent et souffrent de lourdes pertes avant d'être pratiquement mis en déroute. Les armées d'Ibn Fâtima et d'Ibn 'Â'isha sur les ailes, se lancent contre les Castillans dont le campement est pris d'assaut (30). Tamîm à son tour, avec les contingents composant le centre, et les Cordouans qui l'avaient rejoint, attaque de front. Malgré une résistance désespérée, les Castillans cèdent la place et se voyant encerclés durent souffrir de lourdes pertes que la lettre officielle de Tamîm chiffre à trois mille.(31)

Alvar Fañez avec le gros de l'armée se retire vers Madrid et Tolède ; les sept Comtes qui formaient la suite de l'Infant et dont l'un d'eux était assurément Garcia Ordoñez, décidèrent de se réfugier dans la proche forteresse de Belinchon / *Hisn Balshûn* (32), à une vingtaine de kilomètres de Uclès. Les Mudejars qui la peuplaient les tuèrent. Il semble qu'après avoir fait le compte des têtes chrétiennes, on les amoncela, comme à Zallâqa. Du haut de ces monticules, les muezzins lancèrent l'appel à la prière.

Au lieu de poursuivre le siège de la citadelle de Uclès, ou de tirer profit de la victoire, par de nouvelles expéditions, Tamîm retourne précipitamment à Grenade et laisse les gouverneurs de Murcie et de Valence achever sa rédition. Ne pouvant dresser des machines de siège sur ce rocher escarpé, face à ses formidables murailles, ils finrent de se retirer et dressèrent des embuscades. Les assiégés évacuèrent la forteresse, furent surpris, tués et réduits en captivité. C'est seulement ainsi que les Almoravides entrèrent dans la citadelle pour y demeurer un certain temps.

Le butin obtenu - chevaux, mules, armes, argent - dut être considérable, à en juger par les propos de la lettre officielle que Tamîm fit écrire par le vizir Abû-l-Qâsim Dja'far b. Muhammad b. Sharaf pour rendre compte de la victoire à l'Émir des Musulmans (33).

Ces événements vont être traités comme ceux de Zallâqa (34) . Leur répercussion va se propager non seulement au Maghreb, mais plus loin dans le temps, en ondes successives. Ces résonnances sont mesurables par les traces écrites qu'elles ont laissées. Dans les cours andalouses et maghrébines où l'on se mettait à écrire l'histoire, il s'agissait de glorifier un lignage, une dynastie, de travailler au soutien d'un pouvoir, d'une morale, d'une religion, l'Islam andalou. Tout au long de l'histoire, des paroles des chroniqueurs arabes les plus proches de Uclès à Ibn Abî Zar' (vers 1325), des récits des annalistes chrétiens, de l'archevêque don Rodrigo Ximenez de Ronda à la *Cronica General*, cet événement sera reconstitué, selon l'objectif de chacun.

L'Histoire *De Rebus Hispaniae*, écrite en 1243 par l'archevêque don Rodrigo Ximenez de Ronda, un siècle et demi après cette bataille, sous le mode épique, la fait rentrer dans la légende. Pour justifier cette défaite lourde de conséquences, le chroniqueur castillan présente Alphonse VI affaibli par les infirmités, les combats et les ans, incapable de chevaucher, dans l'obligation d'envoyer le Comte de Cabra, Garcia Ordoñez, les Grands et les Chevaliers de son royaume, avec son fils Sancho, encore enfant. À leur approche de Uclès, une grande multitude de Sarrasins qui l'avait déjà emporté sur les assiégés, sort à leur rencontre et déployant ses faisceaux de toutes parts, engage le combat. Le parti chrétien cède sous la force des Almoravides qui dominent le terrain où se trouve le Comte avec le jeune Sancho. Comme un ennemi blessait gravement le cheval que montait l'Infant, celui-ci aurait dit au Comte : « Père! Père! Le cheval que je monte a été blessé ! ». Ce à quoi le Comte aurait répondu : « Prends garde qu'ils ne te blessent toi aussi ». Et au même moment, le cheval tombait avec son cavalier. Le Comte serait descendu de cheval et dans un geste de grande noblesse et de pur esprit chevaleresque, aurait placé l'Infant entre son propre corps et son bouclier, affrontant héroiquement la mort, frappant de toutes parts. En bon chevalier, il défendit l'Infant d'une part, en le couvrant de son bouclier et d'autre part, en tuant de son épée les Maures qu'il pouvait atteindre. Son pied tranché, ne pouvant plus se tenir debout, il se laissa tomber sur l'Infant afin de mourir avant lui. Ce n'est qu'alors que la cavalerie chrétienne se décida à fuir (35).

Pour la rédaction de cet épisode, émaillé de dialogues pathétiques, il semble évident que l'Archevêque don Rodrigo, suivant son habitude en pareil cas, a eu recours à une chanson de geste qu'il incorpore au texte de son histoire. En complément de la mort héroique de l'Infant et du Comte son protecteur, il nous relate la rencontre d'Alvar Fañez et des nobles vaincus avec le roi qui, laissant libre cours à sa douleur, leur reproche leur manque de courage et de loyauté, accusation dont Alvar Fañez essaie de se justifier énergiquement dans un discours incisif.

Suite à cette mise en scéne dénuée de tout fondement historique, l'Archevêque, dans un final traditionnel de Chanson de geste, fait prendre au roi une fantastique revanche sur la défaite et la mort de son fils, en assiégeant dans Cordoue 'Alî b. Yûsuf b. Tâshfîn, en faisant prisonnier un certain 'Abd Allâh, assassin (sic) du beau-père al-Mu'tamid. Le Miramamolin 'Alî est dans l'obligation de demander la paix, moyennant une énorme indemnité. Comble d'erreur chronologique, 'Alî n'était pas en Andalus à cette époque, la bataille de Uclès ne s'est pas déroulée avant la bataille de Zallâqa (1086), le siège de Saragosse et la venue des Almoravides en Andalus. Si en d'autres occasions, les Chansons de geste se montrent réalistes et suivent plus ou moins fidèlement le cours des événement, dans ce cas l'entreprise de l'Archevêque don Rodrigo ne s'est pas vérifiée. Interrompant son récit chevaleresque et afin de donner plus de relief à la mort héroique du Comte de Cabra, Garcia Ordoñez, si dénigré et avili par les sources cidiennes, il intercale une autre version plus vulgaire et réaliste pour prétendre, sans transition aucune, que « *el conde don Garcia, alque dexeron el Crespo de Grañon et el conde don Martino et los otros condes et ricosomnes que fincaron con el Infante en un lugar que agora dizen Siete Condes yvanse saliendo de la batalla, como que escapaban de la muerte ; los moros vieronlos, et la muchedumbre dellos echaron empos dellos et alcanzaronlos en aquel ligar. Et ellos como non podien foyr tan ayna con el mimo, alcançaronlos los moros et pasaron los adelante et cercaronlos et mataronlos alli* »(36).

Il est surprenant de voir ainsi juxtaposées deux relations si disparates, sans s'apercevoir de leur incompatibilité.

Or, la seconde version nous est confirmée par le chroniqueur musulman Ibn Qattân. Est-ce un hasard ou le fait d'une compilation par l'Archevêque qui connaissait l'arabe ? Bien que moins poétique et idéaliste, ce récit plus réaliste, met en scène l'un des humbles villages de Sicuendes ou Belinchon, tous deux à quelques kilomètres de Uclès sur la route de Valence à Tolède (37).

Si la mort de l'Infant Sancho affecta grandement comme père Alphonse VI, la déroute de cette armée dans sa tentative de récupération de la forteresse de Uclès ne dut pas moins le préoccuper. Les pertes subies par les troupes castillanes prirent l'aspect d'un désastre national. La victoire almoravide provoquait le démantellement de tout le système défensif chrétien au sud du Tage et mettait Tolède, enlevée il y a un peu plus de vingt ans aux Musulmans, en péril.

Conséquence de cette victoire de Uclès, en sus de cette forteresse, les châteaux de Huete, Ocaña et Cuenca, dégarnis ou ayant peu d'effectif, passèrent au pouvoir des Almoravides. La terre de la « Mora Zayda » tombait ainsi en presque totalité sous obédience almoravide (38).

Ne pouvait-on voir dans cette victoire, au dire d'Ibn al-Sayrafî, une bénédiction divine (*barakat*) sur le gouvernorat de 'Alî b. Yûsuf b. Tâshfîn, un cadeau de joyeux avènement pour ses débuts ?

TROISIEME TRAVERSEE EN ANDALUS : L'ACHEVEMENT D'UN GRAND EMPIRE

Les derniers succès de Tamîm et de ses généraux contre la Castille permirent à 'Alî b. Yûsuf b. Tâshfîn de mettre sur pied une nouvelle expédition vers la région de Tolède. Le moment semblait propice. Les armées almoravides avaient ouvert une brêche dans la Marche moyenne au sud du Tage et tout laissait présager qu'Alphonse VI, déjà vieux et maintes fois dérouté, ne pourrait résister à l'emprise musulmane.

TALAVERA OU LA CASTILLE NEUTRALISEE

Un peu plus d'un an après la conquête de Uclès, l'*Amîr al-Muslimîn* passe en Andalus pour la troisième fois de son règne. En 503 H / 31 juillet 1109-19 juillet 1110 ou plus probablement dans la seconde moitié de 502 H / printemps 1109 (39), son autorité bien établie au Maghreb, 'Alî met sur pied un corps expéditionnaire puissant, comprenant l'armée régulière, les *mulaththimûn* / Voilés et un groupe de volontaires pour le *djihâd* (40), se dirige vers Ceuta et traverse le détroit. Après un arrêt de quelques temps à Grenade, en attente de la traversée de toute son armée et de l'arrivée des contingents andalous, il se rend à Cordoue où il séjourne quelques jours, le temps d'achever les derniers préparatifs. L'armée et les *djund* /s étant fin prêts, l'Émir des Musulmans quitte la ville et prend la direction de Talavera qu'il atteint dans la matinée du 13 *muharram* 503 H / 12 août 1109 (41). Le jour suivant, vendredi, de violents combats furent livrés. Les Castillans résistèrent et se réfugièrent derrière les murs de la ville, assaillis par les Musulmans. Parvenus près de la muraille, à l'endroit où l'eau de la rivière traverse la ville, retenue par un barrage de bois, les Almoravides l'incendièrent, provoquant l'écoulement des eaux et l'ouverture d'une brêche dans laquelle ils s'engouffrèrent (42). Le cadi de la mosquée de Cordoue, Ibn Hamdîn, encourageait les combattants à la persévérance et à l'endurance (43).

Le samedi 14 août, les troupes de l'Émir des Musulmans entraient dans la ville. Toutes personnes à leur portée furent massacrées, les populations musulmanes qui s'y trouvaient, libérées. On fit un grand nombre de captifs et un abondant butin. Mais un certain nombre de Chrétiens se réfugièrent dans la citadelle où ils se fortifièrent jusqu'à la tombée de la nuit. À ce moment , le visage recouvert d'un voile (*litham*), certains se glissèrent dans les eaux du fleuve pour échapper à leurs assiégeants. D'autres s'enfuirent à cheval, poursuivis par les Almoravides qui les capturèrent. Maître de la ville, les *Murâbitûn* s'emparèrent des réserves de vivres, des armes et des vêtements, purifièrent la mosquée et la rendirent au culte musulman. 'Alî pourvut Talavera d'une garnison composée de cavaliers, de fantassins et d'archers, commandée par un *qâ'id* / gouverneur militaire almoravide, puis ordonna la retraite en direction de Tolède (44).

Ce succès de Talavera l'encourageait à entreprendre un raid rapide contre Tolède qui devait durer à peine une semaine. L'Émir des Musulmans fit établir son camp devant la ville et s'y maintint pendant trois jours, engageant des escarmouches, le jeudi, le vendredi et le samedi. Mais dès le jeudi, la plupart des divers corps d'armée se mettaient en marche pour regagner Cordoue, non sans avoir repris la forteresse de Canales (*hisn Qanâlish*) et non les vingt-sept forteresses signalées par le *Rawd al-qirtâs* et encore moins Madrid et Guadalajara (45).

Cette expédition aurait duré une quarantaine de jours et permis à l'Émir des Musulmans d'anihiler tout esprit de reconquête du royaume de Castille, absorbé pour un temps par des problèmes internes qui le rendait incapable d'entreprendre une offensive d'envergure contre les Almoravides. L'initiative était aux Musulmans face aux royaumes chrétiens (46).

INCORPORATION DU DERNIER ROYAUME DE TAIFAS : LA PRISE DE SARAGOSSE

Au cours de la bataille de Valtierra, le 24 février 1110, mourait Ahmad II al-Musta'in prince du royaume de Saragosse. Son fils 'Abd al-Malîk 'Imâd al-Dawla lui succéda ouvrant un règne de quatre mois. Son père et son grand-père al-Mu'tamim avaient hérité d'un grand et puissant royaume, 'Imâd al-Dawla devait régner sur Saragosse amputée d'une grande partie de son territoire reconquis par les rois aragonais Pierre I et Alphonse I le Batailleur.

Dès son accession au trône, 'Imâd al-Dawla rencontre une situation très difficile et la plus critique de l'histoire des Banû Hûd (47). L'avance aragonaise parvenait à la capitale, faisant subir de graves revers aux forces armées de Saragosse, au cours des rencontres de Huesca (1096) et Valtierra (1110). Le prestige de la maison régnante s'en ressentait chaque jour davantage. Les Almoravides surent occuper ce terrain favorable, implanter leur influence politique et augmenter le nombre de leurs partisans. Par manque d'effectif, 'Imâd al-Dawla était incapable de maintenir plus longtemps son indépendance et de se faire respecter. Lors de son accession au trône, ses sujets lui avaient imposé comme condition de ne traîter avec aucun des états chrétiens.

Après avoir réintégré Valence, le 25 mai 1102, dans le giron de la communauté musulmane (*'Umma*), les Almoravides s'intéressèrent au reste du territoire d'al-Andalus - la côte du Levante et le royaume hudite - menacé par l'avance aragonaise d'une part et la pression catalane d'autre part.

Depuis la récupération de Valence jusqu'à la mort d'al-Musta'în (1110), les relations entre Saragosse et les Almoravides demeuraient excellentes, dans le respect de la souveraineté hudite sur la Marche supérieure (*Thaghr al-a'lâ*). Il n'y avait guère que dans cette province, avec cette dynastie hudite, que l'idée de *djihâd* semblait avoir rencontré quelque écho à l'époque des

Taifas. « *Il semble d'ailleurs que cet engagement plus affirmé contre les Chrétiens ait joué un rôle dans l'indulgence dont les Almoravides firent preuve à l'égard de la dynastie de Saragosse qu'ils laissèrent en place après qu'ils eurent occupé le Sharq* » (P. Guichard) (48).

La mort d'al-Musta'în à Valtierra, dans une entreprise militaire réalisée pour complaire à son opinion publique, est peut être un signe d'une sensibilité à la guerre sainte déjà un peu plus marquée dans cette région que dans le reste d'al-Andalus au cours de la seconde moitié du XIe siècle : c'est dans l'émirat hudite que le juriste al-Bâdjî, promoteur de l'union des émirats pour lutter contre les Chrétiens, est le mieux accueilli.

Mais la déroute de Valtierra mit fin à cette reconnaissance de l'indépendance du royaume saragossais. Le dernier roi de Taifas put se maintenir indépendant du vivant de Yûsuf b. Tâshfîn,tout en recommandant à son fils de demeurer en paix avec les *Murâbitûn* et mourut trois ans après le souverain almoravide. La mort de ces deux souverains scella la fin des relations mutuelles et la reconnaissance de la souveraineté hudite s'interrompit avec l'exil du dernier roi 'Abd al-Malîk 'Imâd al-Dawla, le 31 mai 1110.

Le détrônement de 'Imâd al-Dawla est loin d'être éclairci par les chroniqueurs arabo-andalous. L'auteur d'*al-Hulal al-mawshiya*, reprenant une information du *Bayân*,suggère que l'entourage de 'Alî b. Yûsuf b. Tâshfîn lui conseilla de s'emparer de Saragosse pour ancrer ce royaume dans la *'Umma* / Communauté de l'Islam andalou. Surpris par une telle résolution de l'Émir des Musulmans, 'Imâd al-Dawla met la ville en état de défense et écrit à l'Émir, pour lui rappeler les bonnes relations d'amitié nouées entre les deux familles. 'Alî fit marche arrière, mais il était trop tard, les Murâbitûn étaient maîtres de Saragosse. Le *qâ'id* 'Abd Allâh b. Fâtima convoitait Saragosse (49). Un mois après la mort d'al-Musta'în, il s'acheminait vers la ville. À son approche, les Saragossais lui conseillèrent de se retirer pour ne pas provoquer de rupture entre les habitants et obliger leur roi à demander secours aux Chrétiens. Le gouverneur militaire almoravide se retira, mais 'Imâd al-Dawla traîta avec le roi d'Aragon Alphonse I le Batailleur. Alors les Saragossais se révoltèrent, firent appel à Muhammad b. al-Hâdjdj, gouverneur de Valence.

Le samedi 10 *dhû-l-qa'da* / 31 mai 1110, dans la matinée, il se présentait devant la capitale hudite (50). Les habitants, ou plutôt ses partisans, lui ouvrirent les portes. Les Almoravides prirent possession de la ville dont la population vint au devant de Muhammad b. al-Hâdjdj. Durant deux ans, il la défendra contre Alphonse I le Batailleur et son protégé 'Imâd al-Dawla et joindra le gouvernorat de cette province à celui de Valence jusqu'en 509 H / 1115 où il allait rencontrer la mort en venant porter secours aux Cordouans assaillis par les Castillans (51).

Ce *qâ'id* almoravide gagna la citadelle de la ville (*al-dja'fariya*), en prit possession. 'Abd al-Malîk 'Imâd al-Dawla s'étant rendu à l'évidence que la majorité de ses sujets inclinait en faveur des Almoravides, avait trouvé refuge dans la forteresse de Rueda de Jalon, d'où il fit appel à Alphonse I le Batailleur (52). L'aragonais répondit à son message moyennant la cession de la forteresse de Tudela (53). Or Muhammad b. al-Hâdjdj se trouvait dans ces parages avec l'armée almoravide, il gagna Saragosse dont l'aragonais s'approchait, mit la ville en état de défense et ordonna aux gens de sortir hors les murs pour l'affronter. Après quelques jours d'attente, les saragossais abandonnèrent leurs positions et regagnèrent la ville. Saisissant cette occasion, Alphonse I divise son armée en deux : le premier corps d'armée engage le combat contre Muhammad b. al-Hâdjdj, l'autre surprend le corps expéditionnaire commandé par Abû Yahyâ fils de ce *qâ'id* almoravide dont les effectifs ne purent soutenir l'assaut et se débandèrent. Abû Yahyâ périt au cours de cette rencontre qui eut lieu le 15 *dhû-l-hidjdja* 503 H / 5 juillet 1110, ainsi qu'un certain nombre de musulmans.

Muhammad b. al-Hâdjdj demeuré maître de Saragosse transmettait au souverain almoravide une missive lui annonçant le succès de son expédition. L'Empire almoravide avait atteint son expansion maximale. La frontière avec les royaumes chrétiens s'étendait sans interruption de la Méditerranée à l'Atlantique et suivait approximativement les cours de l'Ebre et du Tage.

Arrivé à Saragosse dans la matinée du samedi 31 mai 1110, Muhammad b. al-Hâdjdj défendra la ville pendant deux ans contre les attaques d'Alphonse I le Batailleur et de son protégé 'Imâd al-Dawla. Au cours de l'année 504 H / 1110-1111, il demeure à Saragosse et livre des combats incessants. La venue de Abû 'Abd Allâh b. 'Â'isha, gouverneur de Murcie, obligera l'aragonais à se retirer dans son pays talonné par les troupes almoravides (54). Les combats, escarmouches et expéditions se succédèrent sans interruption. Un corps d'armée de *Murâbitûn* envoyé par

Muhammad b. al-Hâdjdj et commandé par 'Alî b. Kanfât al-Lamtûnî se dirigea contre Calatayud (55), l'une des forteresses occupées par les partisans d'Ibn al-Musta'în. Assiégée et prise à la gorge, sa population demanda des secours à 'Imâd al-Dawla qui envoya des renforts chrétiens rétablir la situation. Ces troupes pénétrèrent dans la ville et une nuit, organisèrent une sortie contre l'armée musulmane, la surprenant, faisant prisonnier Ibn Kanfât. Le corps expéditionnaire aragonais regagna *Rûta* avec son prisonnier. 'Imâd al-Dawla mit sur pied en 505 H / 1111-1112, une nouvelle expédition contre Saragosse. Dans l'espoir de récupérer sa ville, il sortit de *Rûta* à la tête d'une armée qui affronta, sans succès, les *Murâbitûn* du gouverneur sortis à sa rencontre.

Cette même année, Mazdalî était chargé du gouvernorat de Cordoue, Grenade et Alméria (56), un an après que Tamîm b. Yûsuf b. Tâshfîn ait été nommé à Tlemcen après avoir été destitué de ses fonctions à Grenade. En *safar* / août-septembre, al-Mansûr b. Sîr b. Maslama b. al-Aftas de retour d'une expédition contre les terres chrétiennes, se dirigeait vers Séville puis gagnait Marrakech, capitale de l'*Amîr al-Muslimîn* où il vécut jouissant d'un grand prestige et d'une haute situation.

LA MARCHE INFERIEURE (THAGHR AL-ADNA) DANS LE GHARB, REGION OCCIDENTALE D'AL-ANDALUS

C'est une recrudescence des activités des armées almoravides en al-Andalus. L'Émir des Musulmans 'Alî b. Yûsuf avait ordonné de rompre toute trêve dans la guerre sainte (*djihâd*) et de maintenir la tension aux frontières des états chrétiens. En 504 H / 1111, de sa propre initiative ou avec l'aval de l'Émir, le *qâ'id* de Séville, Sîr b. 'Abî Bakr lance une expédition en direction du Tage, vers la province de Badajoz où la souveraineté almoravide était quelque peu chancelante. En mai 1111, Sîr mettait fin à cet état d'insécurité en occupant Badajoz, Santarem, Oporto, Evora et Lisbonne, toute la région du Gharb / Ouest d'al-Andalus.

Suite à la conquête de Santarem, Sîr envoya une lettre officielle à l'*Amîr al-Muslimîn*, au Maroc, rédigée par son secrétaire Ibn 'Abdûn, dans un style d'une indéniable valeur littéraire quoique abscons par endroit (57). Selon les propos du *kâtib* , Santarem était l'un des réduits les mieux fortifiés tenu par les Chrétiens dans cette région du Tage. Non seulement elle avait une valeur défensive, mais encore elle servait de base avancée pour mener des opérations contre les Musulmans de la région occidentale d'al-Andalus et compromettait la domination almoravide de Lisbonne et de l'Algarve.

Or, Badajoz avait déjà été prise par Sîr b. Abî Bakr en 487 H / 1094, lors du détrônement de son souverain al-Mutawwakil, ce qui laisse supposer un nouveau soulèvement de cette province avant l'occupation d'Evora, de Cintra, de Lisbonne, de Santarem et d'Oporto. Conséquence de l'entente d'al-Mutawwakil avec Alphonse VI de Castille contre les Almoravides, Santarem, Lisbonne et Cintra avaient été cédées au roi de Castille. Les Castillans occupèrent Santarem jusqu'à sa récupération par Sîr b. Abî Bakr, le 26 mai 1111, comme le confirme le *Mu'djib* , le *Cronicon Lusitanon* et le *Conimbricense* (58).

Suite à un mouvement gouvernoral, Mazdalî avait été relevé de son gouvernorat de Tlemcen pour ceux de Cordoue, Grenade et Alméria, en 505 H / 1111-1112. L'année suivante, en 506 H, il se dirige à la tête de ses troupes, vers Guadalajara (*Wâdî-l-hidjâra*) dont il livre la région au pillage, tout en assiégeant cette place, mais sans résultat, semble-t-il, si ce n'est un important butin. Reprenant la direction de Cordoue et suite à de mauvaises querelles, il dut regagner Marrakech et se justifier auprès du souverain. Réhabilité, il fut rétabli dans son gouvernorat de Cordoue et Grenade (59).

Le ver était dans le fruit, l'empire almoravide n'allait pas survivre à ses démons : conflits de clans, perte de l'esprit de corps, farouche hostilité des juristes contre tous ceux qui ne partageaient pas entièrement leurs convictions. Par manque d'énergie, 'Alî b. Yûsuf b. Tâshfîn laissait s'allumer autour de son trône, les convoitises de ses propres parents. La mort des piliers de l'esprit de clan allait encourager les chefs almoravides à ne plus reconnaître à l'Émir qu'un vague droit de suzeraineté. En fait, ils allaient exercer l'autorité qu'ils détenaient du prince dans une indépendance qu'ils souhaitaient absolue. Les femmes elles-mêmes, profitant de leur liberté relative dans la société lamtunienne, se mêlaient avec passion aux affaires de l'Etat : *«Chacune de celles qui appartenaient aux familles principales des Lamtûna ou des Massûfa,* dit même al-Marrâkushî, *se mit à protéger les vauriens et les méchants, les brigands, les marchands de vin et les cabaretiers ».*

AFFAIBLISSEMENT DU CLAN DES BANU TURDJUT : MORT DE DEUX GRANDS QA'ID/S

Fidèles compagnons de Yûsuf b. Tâshfîn , cofondateurs de la confédération des *Murâbitûn* , deux membres du clan *Banû Turdjût* allaient disparaître. L'un, Mazdalî, petit fils de Hamîd b. Turdjût, avait joué un rôle déterminant, tant civil que militaire, dans l'affermissement du pouvoir de Yûsuf b. Tâshfîn, et servait dans ce même esprit son fils 'Alî. L'autre, descendant de Ibrâhîm b. Turdjût, proche parent de Yûsuf b. Tâshfîn et son bras droit au cours de la conquête des royaumes de Taifas en Andalus, Sîr b. Abî Bakr Tâshfîn, avait épousé Hawwâ', fille de Tâshfîn , frère utérin de Yûsuf b. Tâshfîn et devait gouverner la province de Séville durant vingt-trois ans. En 507 H / 1114, Sîr b. Abî Bakr s'apprétait à rendre visite au Prince des Musulmans à Marrakech. Désireux de lui présenter sa fille Fâtima, il quitta Séville en *djumâda* I / octobre-novembre . La mort le frappait subitement à *Aghranât* , aux environs de la ville (60). Suivant les conseils de sa femme Hawwâ', il conduisait sa fille à Marrakech dans l'espoir de la marier à l'*Amîr al-Muslimîn* . Un cortège brillant accompagnait la future épousée et son père jusqu'à *'Ayn al-'Alawa* (61) où l'on avait dressé le camp. Sîr b. Abî Bakr ressentit l'emprise des premières affres de la mort qui devaient l'emporter . À cette nouvelle, tout le monde sans exception, grands et petits, sortit de Séville pour se rendre au dernier campement de l'émir. À la tombée de la nuit, les suffocations reprenaient sans répit et emportaient Sîr b. Abî Bakr au petit jour. Une foule immense escorta sa dépouille funèbre ramenée à Séville et participa à son inhumation.

Est-ce la disparition de ce grand *qâ'id* almoravide qui entraîna l'envoi et la nomination de Mazdalî au gouvernorat de Cordoue et Grenade ? N'ayant pas plus de précision que l'année 507 H / 1114, nous ne pouvons l'affirmer (62).

Cette même année, Mazdalî traversait le détroit et dirigeait vers Séville une armée composée de *Murâbitûn*, de la garde étrangère (*Hashâm*) et d'autres effectifs . Rejoint par les garnisons de Cordoue, Grenade, fantassins et cavaliers auxquels s'était adjoint un groupe de Volontaires de la guerre sainte et à la tête de cette puissante armée, Mazdalî pénétrait en terre tolédane qu'il livrait au pillage. Oreja fut prise par les armes, les hommes tués, les femmes et les enfants réduits en captivité. Alvar Fañez prévenu, se porta au devant de lui et le contraignit à la fuite. Le *qâ'id* almoravide regagnait Cordoue chargé de butin, après avoir fortifié sa nouvelle conquête et l'avoir garnie de soldats, archers et cavaliers.

Cette même année, une expédition maritime désastreuse, organisée par les Chrétiens, peut-être un projet d'invasion des terres musulmanes, regroupant cinq cents galères (*qit'a* pl. *aqtâ'),* quittait « la grande terre des Rums », transportant cent mille combattants dont cinq cents cavaliers et cinquante mille archers (mais peut-on faire confiance à de tels chiffres?). Surprise au large par une tempête et un vent violent, ces embarcations chavirèrent, seuls quelques éléments survécurent (63).

Un mardi de *shawwal* 508 H / mars 1115 (64), Mazdalî b. Bublankân b. Hasan b. Muhammad b. Turdjût s'apprétait à partir en expédition. Aux abords de la forteresse de *Mastâsa* (65), la mort l'emportait subitement. Le corps expéditionnaire rebroussa chemin vers Cordoue où la dépouille mortelle du grand *qâ'id* almoravide entra le mercredi. Le *faqîh* et *qâdî* Abû-l-Qâsim b. Hamdîn fit sur lui la prière des morts. Dès la nouvelle connue, l' *Amîr al-Muslimîn* 'Alî b. Yûsuf, désireux de combler le vide causé par cette disparition subite, attribue aux deux fils du disparu, le gouvernorat des villes administrées par Mazdalî. ' Abd Allâh b. Mazdalî fut nommé au gouvernorat de Grenade, son frère Muhammad à celui de Cordoue (66). Tous deux résidant à Marrakech, gagnèrent Grenade et Cordoue leurs nouvelles résidences administratives, à la fin de *dhû-l-qa'da* 508 H / mars-avril 1115 où ils exercèrent leurs fonctions.

Ce nouveau gouverneur de Cordoue fait face, un jeudi de *safar* 509 H / juin-juillet 1115 (67), à une expédition chrétienne dirigée contre sa ville. À la tête de son armée, Muhammad b. Mazdalî se hâte de rencontrer l'ennemi. L'affrontement fut très violent. Faisant preuve d'endurance, les Musulmans subirent de grosses pertes. Cette rencontre fauchait les espoirs d'un renouveau de l'esprit de clan des Banû Turdjût : l'émir Muhammad b. al-Hâdjdj gouverneur de Saragosse, Abû Ishâq b. Dâniya, Abû Bakr b. Wâsînuwâ, quatre-vingt personnalités almoravides, un nombre important de mercenaires et de soldats andalous y trouvèrent la mort. Ce grand désastre atteignait l'Amîr 'Alî b. Yûsuf dans sa parentelle directe et consommait la prédominance du clan des Banû Turdjût.

Un de ses cousins, l'émir Abû Bakr Yahyâ b. Tâshfîn fut chargé du gouvernorat de Cordoue. Dès sa prise de fonction il dut faire face à une attaque du gouverneur castillan d'Avila (68). Les deux armées se rencontrèrent aux abords de Baeza. Malgré les secours de l'émir 'Abd Allâh b. Mazdalî, gouverneur de Grenade, les armées almoravides subirent de nouveau de lourdes pertes, au cours de ce 28 *djumâdâ* II 509 H / 18 novembre 1115.

Ces événements provoquèrent de nouvelles mutations à la tête des gouvernorats. Après la disparition de Muhammad b. al-Hâdjdj, gouverneur de Saragosse, le Prince des Musulmans 'Alî b. Yûsuf nomma au gouvernorat de cette ville Abû Bakr b. 'Alî Yahyâ Ibrâhîm b. Tîfilwît (69). Le gouverneur de Fès, 'Abd Allâh b. Fâtima fut relevé de son gouvernorat et promu à Séville où il gouverna jusqu'à l'année suivante et entreprit de nombreuses expéditions contre les Castillans.(70)

INCURSION ALMORAVIDE EN CATALOGNE ET DEROUTE DE CONGOST DE MARTORELL

Saragosse, dès juin 1110, était la capitale et la résidence du gouverneur almoravide des provinces de Saragosse, Valence et Lérida. De cette capitale de l'Ebre, Muhammad b. al-Hâdjdj avait fait montre de la même activité militaire qu'il avait manifestée dès son arrivée en Andalus, ne laissant pas le moindre répit aux Chrétiens aragonais. Au cours d'une incursion en direction de Huesca, vers 1112, il parvint à Ayera, à dix kilomètres au nord-est de cette ville, où il fit des captifs (71). Ce ne fut probablement pas la seule initiative qu'il prit de son vivant. La Castille était sous le coup d'une série de guerres civiles et d'invasions dévastatrices nées du malencontreux mariage de Doña Urraca avec Alphonse I le Batailleur, célébré en septembre 1109. D'interminables guerres émaillèrent les années 1110-1127, ensanglantant les terres de Castille. Alphonse, ou plutôt ses milices et conseillers navarro-aragonais, vainquirent et donnèrent la mort au roi de Saragosse al-Musta'în le 24 février 1110. Cette année et la suivante, Alphonse I le Batailleur avait attaqué Saragosse dont le gouverneur Muhammad b. al-Hâdjdj subit une déroute sous les murs de la ville et perdit son fils Yahyâ (72).

Après ces événements, les Almoravides levantins jouirent d'un certain répit, le Batailleur était absorbé par ses luttes contre les Comtes Castillans à Candespina et les Galiciens à Viadangas. Les forces catalanes de Raymond Berenguer III et la flotte de Pise étant occupées à la conquête de Majorque, ils décidèrent d'entreprendre une expédition contre Barcelone et non de harceler l'Aragon plus proche et plus menaçant (73). Le corps expéditionnaire formé de troupes venant de Murcie, Saragosse et Valence, se concentra dans cette dernière ville en 508 H / 1114 sous le commandement de Muhammad b. al-Hâdjdj, gouverneur de Saragosse et Valence et d'Ibn 'Â'isha gouverneur de Murcie. Cette campagne n'est décrite en détail que par le *Rawd al-qirtâs*, sur lequel, avec A.Huici Miranda, nous formulons les plus grandes réserves.

Pratiquant le *djihâd*, Muhammad b. al-Hâdjdj faisait subir de nombreuses escarmouches aux Chrétiens. Au cours de l'une d'elles, il prit un chemin montagneux, gagna la Catalogne, amassant butin et captifs, qu'il fit acheminer par une voie plus aisée vers la province de Saragosse. Lui-même s'engageait à travers la montagne, sur le chemin le plus proche du territoire des Musulmans. Chemin tellement étroit qu'il ne permettait le passage que d'une seule file d'hommes. Arrivé au milieu du trajet, devant un passage resserré et difficile, il s'aperçut de la présence des Chrétiens postés en embuscade au port. Avec la rage du désespoir, de celui qui est résolu à mourir et gagner la palme du martyre, il les combattit. Un grand nombre de Volontaires et de *Murâbitûn* périrent, mais leur chef Muhammad b. al-Hâdjdj, contrairement aux affirmations d'Ibn Abî Zar', ainsi que le *qâ'id* Ibn 'Â'isha et quelques hommes parvinrent à regagner leur résidence de Saragosse (74).

On ne peut donc admettre la mort du gouverneur de Valence et de Saragosse au cours de cette rencontre. Nous le retrouverons, selon le témoignage d'Ibn al-Sayrafî, contemporain des événements dans la région de Cordoue, vers 509 H / 1115. Ce n'est qu'au cours de cette déroute face aux Castillans que ce grand *qâ'id* devait trouver la mort. Bouleversant la chronologie, Ibn Abî Zar' fait accéder Abû Bakr b. Ibrâhîm b. Tîfilwît, gouverneur de Murcie au gouvernorat de Valence, Tortosa, Fraga et Saragosse. Réunissant toutes les troupes du Levante, mises sous ses ordres, ce *qâ'id* aurait entrepris une seconde expédition contre Barcelone, cette même année, assiégé la ville durant vingt jours, pillé sa région, ses récoltes et ruiné ses villages environnants. Cette deuxième expédition acceptée par tous les historiens dont Codera (75), semble une pure invention du *Rawd al-qirtâs* pour se donner

le plaisir de venger le désastre de l'année précédente, il affirme qu'Ibn Tîfilwît la dirigeait et le donnait de façon prématurée pour successeur de Muhammad b. al-Hâdjdj, au gouvernorat de Saragosse. Pour comble d'invraissemblance, il fait qu'Alphonse I le Batailleur et non le Comte Raymond Berenguer III, soit celui qui affronte Ibn Tîfilwît, dont Valence et Saragosse ne devaient connaître le gouvernorat qu'un an plus tard.
Essayons de corriger ses incongruités, en suivant la chrono-logie mise en lumière par A.Huici Miranda. Grâce à deux toponymes chrétiens, nous pouvons délimiter le champ des opérations. Les Musulmans arrivèrent groupés de Valence en Catalogne où ils razzièrent la région comprise entre Cervera et Barcelone. Ensuite, divisés en deux groupes, ils se retirèrent. Vraisemblablement, le corps d'armée commandé par Muhammad b. al-Hâdjdj, composé des contingents de Saragosse, se retira par Cervera et Lérida pour traverser les Monegros jusqu'à Saragosse. Les forces provenant de Valence et Murcie, commandées par Ibn 'Â'isha, se dirigèrent vers le Llobregat et durent passer par al-Congost et le défilé de Martorell où elles furent attaquées et défaites par les garnisons de la région, la population de Martorell et des villages voisins accourues en renfort en exploitant les grands avantages du terrain. Ibn 'Â'isha put difficilement se sauver : ses hommes, ayant été massacrés, il fut victime d'un tel effroi qu'il perdit la vue et probablement la raison, au point d'être démis du gouvernorat de Murcie et d'achever ses jours dans la cour lointaine de son frère 'Alî (76).

Martorelle et Congost ont été considérés de tous temps, comme les positions clef de la plaine du Llobregat, au pied d'un massif montagneux élevé qui domine de toute son étendue au sud, formant une longue avenue aboutissant à l'ouest, au pont romain connu sous le nom de Pont du Diable (77). Là se trouve un arc original semblable à celui de Bara' près de Tarragone, par lequel passait la via Augusta qui traversait les Pyrénées suivant Ampurias, Barcelone, Tarragone, Valence et Elche jusqu'à Cartagène et permettait d'accéder par la côte à Alméria, Malaga et Cadix. De cette voie principale dérivait une autre route intérieure qui de Barcelone, passait par Lérida et parvenait à Saragosse. Les sources catalanes en déduisent que la bataille se déroula à Congost - passage étroit - de Martorell par lequel on traverse le Llobregat ; les chroniques musulmanes désignent cette bataille par le terme d'*al-Burt* / Le Port, mot dérivé du latin *portus*. Cette dénomination étrange provient de l'accord consommé entre les géographes musulmans, au sujet de la frontière nord-est de la Péninsule (78). Certains la fixent dans la Narbonaise, d'autres dans la vallée du Llobregat et enfin les plus modernes à Port Vendres (*Portus Veneris*).

Cette divergence si surprenante provient de deux causes : en premier lieu, les géographes du Moyen-Âge n'avaient pas une idée claire de la chaîne des Pyrénées à laquelle ils donnaient le terme générique de *al-Abwâb* / les Portes ou les Ports, car en arabe le terme *bâb* a les deux significations de porte ou port de montagne ; et en second lieu, ils fixaient cette frontière selon les croyances de leur époque ou en fonction de la situation politique de la région au moment où ils écrivaient. Les plus anciens, al-Râzî, Ibn Hayyân et al-Yasa'a (79) suivent la tradition wisigothique et fixent les limites du nord-est, dans la Narbonnaise, comme au temps de Wamba. Les plus tardifs, avec al-Bakrî (80), informés de la conquête franque et de la formation de la Marche Hispanique, pour avoir parcouru de nombreuses fois le pays par terre et par mer et entendu parler des Catalans de Barcelone et des Comtes pyrénéens, comme des Francs (*Ifrandj),* placent cette frontière sur la ligne du Llobregat et signalent *al-Burt* / Le Port, sur la chaîne côtière catalane, comme la séparation entre al-Andalus et le continent. Par contre al-Idrîsî (81), auteur du XIIe siècle (1154), témoin de l'indépendance de l'Aragon et de la Catalogne, place avec précision la frontière définitve du nord-est de l'Espagne, à Port Vendres.

Après le décès de Muhammad b. al-Hâdjdj, en *safar* 509 H / 26 juin 1115, aux environs de Cordoue, son successeur au gouvernorat de Saragosse, Abû Bakr b. Ibrâhîm b. Tîfilwît entreprit en 510 H / 1116 (82) une incursion contre Rueda de Jalon, résidence de 'Imâd al-Dawla. Il se limita à rasier ses alentours et passa ensuite attaquer Borja où était retranché 'Imâd al-Dawla. Après avoir signé un pacte avec les habitants de la ville, il se retira. La biographie de cet émir proposée par l'*Ihâta* (83), ne mentionne pas sa participation à une quelconque expédition contre Barcelone, mais insiste sur son goût immodéré des richesses et ses allures de souverain : il ceignait une couronne dans ses banquets et s'entourait de poètes et d'hommes de lettres. Au cours de son gouvernorat il fut harcelé par Alphonse I le Batailleur. À sa mort en 510 H / 1116-1117, son successeur Abû Ishâq Ibrâhîm b. Yûsuf b. Tâ'ayyâsht, gouverneur de Murcie, accédait au gouvernorat de Saragosse, avant de participer à la campagne de Kashkalla (84).

Ce frère du Sultan 'Alî b. Yûsuf que l'on appelle du nom de sa mère Ibn Tâ'ayyâsht, devait célébrer la fête de la rupture du jeûne (*fitr*) à Jativa, le 6 février 1117, à l'époque où, semble-t-il, il prend ses fonctions de gouverneur dans la région du Levante. À cette occasion Ibn Khafadja qui lui est présenté, déclame en son honneur le premier des cinq longs poèmes laudatifs qu'il lui consacrera (85). Les qualités morales et intellectuelles d'Abû Ishâq Ibrâhîm, ainsi que son goût pour la poésie, lui avaient valu l'estime de nombreux poètes. C'est à lui que le biographe al-Fath b. Khâqân dédia son *Kitâb qalâ'id al-'iqyân* (86).

OCCUPATION DES BALÉARES

Fidèle à ses relations avec le royaume des îles orientales des Baléares et à sa politique envers les Banû Hûd de Saragosse, Yûsuf b. Tâshfîn avait respecté ces deux écrans entre ses possessions et les royaumes chrétiens (87).

Les émirs des îles Baléares ne s'étaient pas inféodés aux Chrétiens limitrophes, lors de la poussée almoravide et n'avaient pas adopté la politique d'abandon des autres rois de Taifas.

Depuis 486 H / 1093, Mubashar b. Sulaymân Nâsir al-Dawla, *Amîr* des Baléares, était très zélé dans la défense des intérêts des Musulmans contre les agissements des Chrétiens, sans parler de son extrême justice, son habileté à gouverner et l'intérêt que lui portait ses sujets. Mubashar demeurait au gouvernorat de ces îles, durant toute la vie de l'*Amîr al-Muslimîn* Yûsuf b. Tâshfîn et les premières années de l'émirat de son fils 'Alî b. Yûsuf jusqu'en 508 H / 1114 (88).

Cette année-là, une escadre de trois cents galères dirigée par le Comte de Barcelone Ramon Barenguer III et associant la République de Pise, Gènes, le Vicomte de Narbonne et le Comte de Monpellier, abordait l'île d'Ibiza, lui faisant subir un long siège. Le gouverneur de cette île, Abû Nasr, selon les sources chrétiennes, les affronta sans pouvoir les empêcher de s'emparer de l'île et de se diriger vers celle de Majorque. Mubashar b. Sulaymân combattit bravement les assaillants. Constatant qu'il ne pourrait longtemps résister à leurs assauts, il demanda du secours à 'Alî b. Yûsuf. Le *qâ'id* almoravide Abû 'Abd Allâh b. Maymûn, commandant un bateau ancré dans le port de Majorque au moment de l'attaque surprise, fut chargé de transmettre le message (89). Parvenant à quitter le port, sans se faire prendre par les navires assiégeant l'île, il échappait à quelques bateaux lancés à sa poursuite. Resserrant alors le siège de Majorque, les Chrétiens parvinrent au bout de dix mois, à s'emparer de l'île. Mubashar Nâsir al-Dawla, tombé malade, mourait au cours du siège et était remplacé par un de ses proches Abû-l-Rabî' Sulaymân (les sources chrétiennes l'appellent Burabé) (90). Malgré une farouche résistance, les Chrétiens s'emparaient des forteresses de l'île, achevant ainsi sa conquête le 7 *dhû-l-qa'da* 508 H / 3 avril 1115.

L'appel de Mubashar venait à peine de parvenir à 'Alî b. Yûsuf b. Tâshfîn qu'il ordonnait de prendre les dispositions nécessaires à la délivrance de Majorque. Le commandement d'une puissante flotte comprenant trois cents galères (*qat'a*) fut confié à Ibn Tâfartast (91). À l'approche de l'escadre des *Murâbitûn*, les Chrétiens quittèrent l'île après avoir massacré une grande partie de sa population, incendié la ville et fait de nombreux captifs. Sans coup férir, Ibn Tâfartast pénètre dans l'île évacuée par les Chrétiens en 509 H / 1115-1116.

Établir les noms et la durée des mandats des gouverneurs almoravides de Majorque, entre les années 509 H et 520 H, date à laquelle 'Alî b. Yûsuf b. Tâshfîn attribua le gouvernorat de ces îles orientales à Muhammad b.'Alî b. Yahyâ b. Ghâniya al-Massûfî, n'est pas sans poser quelques difficultés. Ibn Khaldûn est semble-t-il, le seul chroniqueur à aborder cette période en quelques lignes, en deux passages de son histoire (92). Selon ses dires, 'Alî b. Yûsuf b. Tâshfîn aurait confié auparavant, le gouvernorat de Majorque à Wânûr b. Abî Bakr al-Lamtûnî (93). Celui-ci opprima la population de l'île, l'obligeant à construire une autre ville, loin de la mer, ce qu'elle refusa. Le responsable de ce mouvement de réprobation fut tué, la révolte se propagea, Wânûr capturé, fut couvert de chaînes et renvoyé à 'Alî b. Yûsuf. L'*Amîr al-Muslimîn* pardonna ce geste et nomma en lieu et place, Muhammad b. 'Alî b. Ghâniya, gouverneur de Cordoue, sous l'autorité de son frère Yahya b. 'Alî b. Ghâniya, gouverneur général de cette province d'al-Andalus.

Dès son arrivée, Ibn Ghâniya enchaîna Wânûr et le renvoya à Marrakech en 520 H / 1126. En confrontant cet exposé d'Ibn Khaldûn aux récits proposés par 'Abd al-Wâhid al-Marrâkushî et Ibn Kardabûs, on peut parvenir à établir une chronologie des gouverneurs almoravides de Majorque au cours de cette même période, comme suit : après le retrait des Pisans, Génois et Catalans, l'île de Majorque fut conquise en 509 H / 1115 par Ibn Tâfartast, commandant la flotte almoravide envoyée délivrer les îles orientales. Le premier objectif de ce *qâ'id* fut de pacifier l'île et de reconstruire ce qui avait été détruit et d'installer son armée et sa flotte dans l'île. La population réfugiée dans les montagnes au moment de l'expédition chrétienne, revint sur ses lieux d'habitats. Il semble qu'Ibn Tâfartast demeura dans l'île pour aider son gouverneur Wânûdîn b. Sîr à s'y installer. Au bout de trois mois, il fut remplacé par Abû Bakr Tâkrâtat qui précéda Wânûr, contre qui la population de l'île se révolta. 'Alî b. Yûsuf le révoqua et confia le gouvernorat des îles à Abû Bakr 'Alî b. Waraqâ' jusqu'à sa mort vers 520 H / 1126, date à laquelle Muhammad b. Ghâniya devait prendre en main l'avenir de ces îles.

Une lettre datant de cette époque (94), semble-t-il, apporte des éléments nouveaux. Nous pouvons en déduire que l'île de Majorque vit se succéder trois gouverneurs en un court laps de temps entre 509 H et début 510 H / 1115-1116. Le premier de ces gouverneurs est mentionné par sa *kuniya* Abû-l-Sadâd. Sa mort brutale est annoncée à Marrakech, obligeant la population de l'île à confier sa succession à son fils, sans attendre l'ordonnance de 'Alî b. Yûsuf. Ce Ibn Abî-l-Sadâd indisposait fortement la population au point que l'*Amîr al-Muslimîn* dût le remplacer par un autre gouverneur capable d'effacer la mauvaise impression qu'il avait laissée. Si nous rapprochons le contenu de cette lettre du peu que nous sachions des gouverneurs de Majorque avant 520 H / 1126, il nous est loisible de remarquer des convergences avec ce que nous mentionnent nos sources sur Wânû b. Abî Bakr al-Lamtûnî, sa destitution par la population et les agissements d'Ibn Abî-l-Sadâd. S'il s'agit d'une seule et même personne, cette lettre serait donc adressée à Abû Bakr 'Alî b. Waraqâ', dernier gouverneur de Majorque avant le gouvernorat de Muhammad b. Ghâniya.

NOTES

1)- Ibn Abî Zar', *Qirtâs*, p. 157 ; Ibn 'Idhârî, *Bayân Al*, p. 67 ; *Al-Hulâl al-mawshiya*, p. 61-62 ; trad esp. d'A.Huici-Miranda, p. 99-100 ; Ibn Kardabûs, *Kitâb al-iktifâ'*, p. 113 ; Ibn al-Athîr, *Al-Kâmil*, X, p. 417 ; Ibn Khaldûn, *Berbères*, II, p. 82-83 ; Naciri, *Kitab al-istiqça*, II, p. 197 ; 'Abd al-Wâhid al-Marrakûshî, *Al-Mu'djib*, p. 171 ; Nuwayrî, p. 184 (éd. Remiro).
2)- Ibn Abî Zar', *Qirtâs*, p. 157 ; Codera, *Familia real de los Benitescufin*, p. 94-95 ; E.I,(2),I, p. 400-402, article de E.Lévi-Provençal.
3)- E.Lévi-Provençal, « Le titre souverain des Almoravides et sa légitimation par le Califat 'Abbasside », *Arabica*, 1955, II, fasc. 3, p. 279 et note 2, 280 ; Husayn Munis, « Sab'a wathâ'iq », p. 66.
4)- Ibn 'Idhârî, *Bayân Al*, p. 67-77 ; Ibn Abî Zar', *Qirtâs*, p. 158-159 ; *Al-Hulâl al-mawshiya*, p. 61 ; Ibn al-Khatîb, *Al-Ihâta* p. 412-417 ; Ibn Kardabûs, *Al-Iktifâ'*, p. 109 ; Ibn al-Abbâr, *Al-Hulla*, II,p. 90,196,206,236 ; J. Bosch-Vila, *Los Almoravides*, p. 162,163,175-177 ; A.Huici-Miranda, *Historia musulmana de Valencia*, III, p. 12,124,136 ; Ibn Khaldûn,*Ta'rîkh*, VI, p. 385 ; Al-Naciri, *Kitab al-istiqça*, II, p. 197-199 ; A.Huici-Miranda, « Nuevos fragmentos inéditos almoravides y almohades », p. 114.
5)- Ibn 'Idhârî, Bayân Al, p. 67,77 ; al-Naciri, *Kitab al-istiqça*, II, p. 200 ; Ibn Abî Zar', *Qirtâs*, p. 157,158 ; Ibn al-Abbâr, *Al-Mu'djam*, p. 133-134 (qui est la seule source à nous donner d'amples détails sur cette révolte), p. 146, 193-194 ; A.Huici-Miranda, *Historia de Valencia*, III, p. 12-13 ; Muhammad Husayn, *Ta'rîkh al-Maghrib wal-Andalus fî-'asr al-Murâbitîn, Dawla 'Alî b. Yûsuf al-Murâbitî*, Aléxandrie, 1986, p. 128-147.
6)- Ibn al-Khatîb, *Al-Ihâta*,I, p. 415-416 ; Ibn 'Idhârî, *Bayân Al*, p. 67 ; A.Huici-Miranda, *Historia musulmana de Valencia*, III, p. 12,36,124.
7)- J.Bosch-Vila, *Los Almoravides*, p. 175 ; Ibn 'Idhârî, *Bayân Al*, p. 67 ; Ibn Abî Zar', *Qirtâs*, p. 158-159 ; Naciri, *Kitab al-istiqça*, II, p. 197-198 (reprise intégrale du *Qirtâs*). Yûsuf b. Tâshfîn avait eu dans sa prime jeunesse un fils appelé Abû Bakr, surnommé « *al-Bakûr* », le précose, de son mariage avec une saharienne. Cet Abû Bakr eut un fils Yahyâ le Saharien, neveu de 'Alî.
8)- Ibn Abî Zar', *Qirtâs*,p. 159 ; Al-Naciri, *Kitab al-istiqça*, II, p. 199-200 ; J.Bosch-Vila, Los Almoravides, p. 176 ; A.Huici-Miranda, *Historia musulmana de Valencia*, III, p. 12-13.
9)- Ibn Abî Zar', *Qirtâs*, p. 159 ; Al-Naciri, *Kitab al-istiqça*, II, p. 199-200.

10)- Ibn 'Idhârî, *Bayân Al*, p. 67,68 ; Ibn Abî Zar', *Qirtâs*, p. 159 ; Al-Naciri, *Kitab al-istiqça*, II , p. 200-201 ; *Mafâkhir al-Barbar*, p. 81-82.

11)- Quand il avait dix-huit ans, on confia à 'Alî la mission d'administrer la justice et de répondre aux réclamations qu'engendrait son respect. J.Bosch-Vila, *Los Almoravides*, p. 176.

12)- Ibn Abî Zar', *Qirtâs*, p. 159 ; *Mafâkhir al-Barbar*, p. 81 ; Al-Naciri, *Kitab al-istiqça*, II, p. 200.

13)- Ibn 'Idhârî, *Bayân Al*, p. 67 ; Codera, *Decadencia*, p. 8.

14)- Ibn 'Idhârî, *Bayân Al*, p. 67 ; Codera, Decadencia, p. 8.

15)- *Mafâkhir al-Barbar*, p. 82 ; A.Huici-Miranda, *Historia musulmana de Valencia*, II, p. 34-36 ; Ibn 'Idhârî, *Bayân Al*, p. 68 ; Ibn Abî Zar' propose six mois comme durée du gouvernorat de Muhammad b. al-Hâdjdj à Fès, mais Ibn al-Sayrafî, cité par Ibn 'Idhârî, penche pour trois ans, aussi donnons-nous la préférence à cet ancien secrétaire almoravide.

16)- Ibn 'Idhârî, *Bayân Al*, p. 67.

17)- Ibn 'Idhârî, *Bayân Al*, p. 67-68 ; Ibn Abî Zar' passe sous silence cette première traversée, ainsi que les soulèvements de Cordoue et de Grenade.

18)- Connu sous le nom d'Ibn Abî Ranq : *Mafâkhir al-Barbar*, p. 81.

19)- Sur cette bataille : A.Huici-Miranda, « La batalla de Uclés y la muerte del Infante don Sancho », *Tamuda*, Tétouan, 1954 ; Idem, *Las grandes batallas de la Reconquista durante las invasiones africanas: almoravides, almohades y benimerines*, Madrid, 1966, p. 103-104 ; *Al-Hulâl al-mawshiya*, p. 62 ; Ibn Abî Zar', *Qirtâs*, p. 159-160 ; Ibn 'Idhârî, *Bayân Al*, p. 67-68, Nuwayrî, p. 186 ; Ibn Kardabus, *Iktifâ'*, p. 112 ; Ibn al-Athîr, *Kâmil*, p. 490; J.Bosch-Vila, *Los Almoravides*, p. 180-184. Ibn al-Athîr date cette rencontre de 505 H ainsi que Nuwayrî qui reprend textuellement l'information relatant cette rencontre.

20)- Al-Himyarî, *Rawd al-mi'târ*, p. 28/35 n°23 ; Al-Idrîsî, *Description*, p. 175, 196 / 211,238.

21)- Ibn al-Qattân, *Nazm al-djumân*, éd. Mahmud 'Alî Makkî, Tétouan-Rabat, s.d, p. 3-9.

22)- Éditée par Husayn Monès, *Madjallat kulliyat al-adab bil-qâhira*, 1949,XI, p. 91-143. Elle fut écrite par son secrétaire, le vizir Abû-l-Qâsim Dja'far b. Muhammad b. Sharaf al-Djudhamî originaire de Berja en Andalus.

23)- Abû 'Abd Allâh Muhammad b. Yûsuf b. Tâshfîn frère de l'Émir des Musulmans 'Alî, connu sous le nom d'Ibn 'Â'sha, était l'un des grands généraux almoravides. Il demeura en Andalus après la mort du Cid et gouverna la province de Murcie. Ibn al-Qattân l'associe à cette bataille de 501 H et signale qu'en 504 H, il s'empressa de gagner Murcie pour soutenir Muhammad b. al-Hâdjdj, gouverneur de Saragosse attaqué par Alphonse I le Batailleur. En 508 H, il s'associe à Ibn al-Hâdjdj pour piller Barcelone.

24)- Abû Muhammad 'Abd Allâh b. Fâtima participa à la prise de Valence après la mort du Cid et dirigea une armée en 495 H avec Mazdalî. En 497 H, il s'associa à Ibn al-Hâdjdj dans le sac de Tolède et de Talavera, ensuite, il gouverna Valence et le Levante (*Sharq al-Andalus*). La même année, il prit le royaume des Banû Razîn. En 503 H, il fut destitué de Valence et nommé à Grenade, puis il partit pour Fès dont il devint le gouverneur en 504 H. En 509 H, il revint en Andalus comme gouverneur de Séville qu'il administra jusqu'à sa mort en *ramâdan* 511 H.
25)- A.Huici-Miranda, « Un fragmento inédito de Ibn 'Idhârî sobre los Almoravides », *Hespéris-Tamuda*, Rabat, 1961, vol. II, fasc. I, p. 43-111.
26)- A.Huici-Miranda, *Las grandes batallas de la Reconquista*, p. 103-128 ; J.Bosch-Vila, *Los Almoravides*, p. 180-183. Tamîm b. Yûsuf b. Tâshfîn frère de l'Émir 'Alî, gouverna Grenade entre les années 500 H et 503 H, ensuite Tlemcen, puis de nouveau Grenade de 515 H à 516 H. Il partit à Séville une année et quelques mois, puis devint gouverneur de Cordoue et Grenade en 519 H à l'époque d'Alphonse I. Son frère le destitua de Grenade pour n'avoir pu s'opposer à l'expédition de ce souverain. Il mourut en 520 H/ 1126. Ibn 'Idhârî, *Bayân A l*, p. 68.
27)- Gouverneur de Cordoue en 501 H. Ibn Qattân s'égare en disant qu'Ibn Abî Rangha fut nommé après la destitution de Tâshfîn b. Sulaymân et qu'il fut remplacé par Muhammad b. Yûnân. Le *Mafâkhir al-Barbar* (p. 15) propose la succession suivante au gouvernorat de Cordoue : second gouverneur, Tâshfîn b. Sulaymân, suivi du *qâ'id* Ibn 'Abd Allâh b. al-Hâdjdj, d'Abû 'Abd Allâh Muhammad b. Abî Ranq, d'Abû Muhammad 'Abd Allâh b. Mazdalî et d'Abû 'Abd Allâh Muhammad b. Yûnân.
28)- La date de nommination de Muhammad b. al-Hâdjdj à la charge de gouverneur de Valence est imprécise. Tout semble indiquer qu'elle dut avoir lieu entre 1108 et 1109 après la déroute chrétienne de Uclès.
29)- À propos de la « Mora Zaida » femme d'Alphonse VI et de leur fils, l'Infant don Sancho, consulter : E.Lévi-Provençal, *Islam d'Occident*, Paris, 1948, p. 144-146 ; Menendez Pidal, *España del Cid*, II, p. 405,760-764, qui ne retient pas la suggestion de E.Lévi-Provençal selon lequel, l'Infant don Sancho aurait eu aux alentours de quinze ans lors de cette rencontre de Uclès. A. Huici-Miranda, *Historia musulmana de Valencia*, p. 28-31.
30)- C'est ainsi que la lettre officielle de Tamîm décrit le déroulement de la bataille, certes avec une certaine partialité. A.Huici-Miranda, *Las grandes batallas*, p. 275, 282.
31)- Tous ces détails paraissent être dûs moins à la réalité qu'à l'esprit partisan de l'auteur de cette lettre. A.Huici-Miranda, *Las grandes batallas*, p. 274,280.
32)- Dans le *Nazm al-djumân* d'Ibn Qattân, on lit Yaldjûn ou Baldjûn, p. 9.

33)- A.Huici-Miranda,*Las grandes batallas*, p. 279,285-286. Hamadâ 'Abd al-Man'am Muhammad Husayn, *Ta'rîkh al-Maghrib wal-Andalus fî 'asr al-Murâbitîn*, Alexandrie, 1986, p. 153-164.

34)- V.Lagardère, *Le vendredi de Zallâqa*, éd. L'Harmattan, Paris, 1989.

35)- *Primera Cronica General*, éd. Menendez Pidal, p. 554-556.

36)- A.Huici-Miranda, *Historia musulmana de Valencia*, p. 33.

37)- Ibn Qattân, *Nazm al-Djumân* , p. 9.

38)- Il est très plausible qu'à cette occasion le château de Zorita tomba au pouvoir des Almoravides. Malagon au nord du Guadiana étant en leurs mains depuis 1100. Ibn 'Idhârî, *Bayân Al*, p. 68.

39)- Ibn 'Idhârî, *Bayân Al*, p. 70-73 ; *Al-Hulal al-mawshiya*, p. 62,102 ; Ibn Abî Zar', *Rawd al-qirtâs*, p. 160-162 ; Ibn Qattân, *Nazm al-djumân* , p. 13-14; *al-iktifâ'*, p. 116-117 ; Ibn al-Khatîb, *A'mâl al-a'lâm*, p. 283-284 ; Ibn Khaldûn, *Berbères*, II, p. 83, fait erreur en situant la prise de Saragosse par le roi d'Aragon à cette époque, alors qu'elle eut lieu beaucoup plus tard. Codera a donné une chronologie confuse de cette expédition en faisant sortir 'Alî de Ceuta, le 15 *muharram* 503 H/ 14 août 1109 et en lui faisant prendre deux jours après, le 16 août, Talavera. J.Bosch-Vila, *Los Almoravides*, p. 184-185.

40)- Ibn 'Idhârî, *Bayân Al*, p. 70 ; Ibn Qattân, *Nazm al-djumân*, p. 13 où l'éditeur fait une confusion entre *al-matm'ûn* et *al-muttawi'*.

41)- Ibn al-Qattân, *Nazm al-djumân*, p. 13 ; Ibn 'Idhârî, *Bayân Al*, p. 70-71. La chronologie que nous adoptons, proposée par Ibn al-Sayrafî, Ibn 'Idhârî et Ibn Qattân, ne s'accorde pas une nouvelle fois avec celle d'Ibn Abî Zar' qui fait traverser 'Alî le 15 *muharram* 503 H/ 14 août 1101 à la tête d'une armée de 100.000 cavaliers, ce qui est démesuré pour l'époque . Il maintient 'Alî un mois à Cordoue, lui fait enlever dans la province de Tolède, 27 places fortes et conquérir également Madrid et Guadalajara, ainsi qu'assiéger Tolède durant un mois, avant de revenir à Cordoue. A.Huici-Miranda, « 'Alî b. Yûsuf y sus campañas en al-Andalus », *Tamuda*, 1959, p. 84.

42)- Ce détail intéressant n'est fourni que par Ibn Qattân, p. 13.

43)- Abû 'Abd Allâh Muhammad b. 'Alî b. 'Abd al-'Azîz b. Hamdîn né en 439 H, exerça la judicature à Cordoue en 490 H et mourut en 508 H. J.Bosch-Vila, *Los Almoravides*, p. 248,249,288-289 ; Ibn Bashkuwal, *Sila*, n°1138 ; Ibn 'Idhârî, *Bayân Al*, p. 76 ; Ibn al-Khatîb, *A'mâl al-a'lâm*, p. 290-292,285,203.

44)- Ibn 'Idhârî, *Bayân Al*, p. 70.

45)- Ibn 'Idhârî, *Bayân Al*, p. 70 ; Ibn Abî Zar', *Rawd al-qirtâs*, p. 161 ; Ibn al-Qattân, *Nazm al-djumân*, p. 14. Une fatwa donnée à Cordoue à cette époque affirme que depuis la reconquête de Madrid par les Chrétiens, le blé vaut deux fois plus cher à Cordoue qu'à Madrid : Al-Wansharîsî, *Mi'yâr*, Fès, VI, p.

138; Rabat, VI, p. 197-198, ce qui laisse supposer que la ville n'était pas sous domination almoravide.

46)- Alphonse VI était mort le 30 juin ou le 1 juillet de cette même année, peu avant la prise de Talavera et l'attaque de Tolède. Avant de mourir, il avait réglé sa succession en faveur de sa fille Doña Urraca. Valdeavellana, *Historia de España*, p. 862-865 ; Codera, *Decadencia*, p. 10.

47)- Ibn 'Idhârî, *Bayân Al*, p. 71-72 ; Ibn al-Khatîb,*A'mâl al-a'lâm*, p. 202-203 ; Ibn Abî Zar', *Rawd al-qirtâs*, p. 160 / 311-312. Ibn Abî Zar' attribue en 501 H/ 1108 à Muhammad b. al-Hâdjdj gouverneur de Valence, l'occupation de Saragosse. Or l'expulsion des derniers Banû Hûd eut lieu en 503 H/ 1109, quand la population les chassa pour faire appel à lui et lui ouvrir les portes de la ville. J.Bosch-Vila, *Los Almoravides*, p. 185-187 ; Afik Turk, « El reino de Zaragoza », *Revista del Instituto Egypcio de Estudios Islamicos en Madrid*, 1974-1975, XVIII, p. 7-74.

48)- Ibn 'Idhârî, *Bayân Al*, p. 71-73 ; Pierre Guichard, *Les Musulmans de Valence et la Reconquête (XII e-XIII e siècles)*, Damas, 1990,p. 85-87.

49)- Ibn 'Idhârî, *Bayân Al*, p. 71 ; Ibn al-Khatîb, *A'mâl al-a'lâm*, p. 202-203; P.Guichard, *Les Musulmans de Valence*, I, p. 88-90.

50)- Ibn 'Idhârî, *Bayân Al*, p. 71-72 ; Ibn al-Khatîb, *A'mâl al-a'lâm*, p. 203; A.Huici-Miranda, *Historia musulmana de Valencia*, III, p. 36.

51)- Ibn al-Khatîb fait mourir prématurément Muhammad b. al-Hâdjdj au cours d'un combat contre Alphonse I près de Saragosse, le 15 *dhû-l-hidjdja* 503 H / 5 juillet 1110. Ibn al-Khatîb, *A'mâl al-a'lâm*, p. 203 ; Ibn 'Idhârî, *Bayân Al*, p. 72.

52)- José Maria Lacarra, « La conquista de Zaragoza por Alfonso I », *Al-Andalus*, 1947, XII, p. 68-71 ; J.Bosch-Vila, *Los Almoravides*, p. 187.

53)- Ibn 'Idhârî, *Bayân Al*, p. 72.

54)- Ibn 'Idhârî, *Bayân Al*, p. 73, cette expédition ne nous est relatée que par cet auteur qui tenait cette information d'Ibn al-Sayrafî , secrétaire almoravide. Le *Kitâb al-iktifâ'* nous rapporte ces événements amalgamés à ceux concernant la prise de Saragosse qui n'aura lieu que dix ans plus tard.

55)- Al-Idrîsî, *Description*, p. 230-231.

56)- Ibn 'Idhârî, *Bayân Al, p. 73.*

57)- Al-Marrâkushî, *Al-Mu'djib*, p. 164-168 ; traduction espagnole de cette lettre par A.Huici-Miranda, *Coleccion de cronicas arabes de la Reconquista*, Tetouan, 1955, IV, p. 120-124 ; Ibn Abî Zar', *Rawd al-qirtâs*, p. 161.

58)- Al-Marrâkushî, *Al-Mu'djib*, p. 164 ; *España Sagrada*, XIV, p. 420 et XXIII, p. 331 ; J.Boch-Vila, *Los Almoravides*, p. 187-188.

59)- Ibn 'Idhârî, *Bayân Al*, p. 73-75 ; Ibn Abî Zar', *Rawd al-qirtâs*, p. 162.

60)- Ibn 'Idhârî, *Bayân Al*, p. 74-110 ; Ibn Abî Zar', *Rawd al-qirtâs*, p. 162 :

cet ouvrage lui donne comme successeur Muhammad b. Fâtima pour 3ans, alors que ce fut son fils Yahyâ b. Sîr qui lui succéda en *dhû-l-hidjdja* 507 H / mai-juin 1114, avant d'être remplacé un an après en 508 H / mai-juin 1115, par 'Abd Allâh b. Fâtima et non Muhammad.

61)- Le toponyme d'Aghranât est inconnu.

62)- Ibn 'Idhârî, *Bayân Al*, p. 75 ; Ibn Abî Zar', *Rawd al-qirtâs*, p. 162 ; *Al-Istiqça* II, p. 204.

63)- Ibn 'Idhârî, *Bayân Al*, p. 75.

64)- Ibn 'Idhârî, *Bayân Al*, p. 76-77 ; Ibn Abî Zar', *Rawd al-qirtâs* , p. 162 ; Ibn al-Qattân, *Nazm al-djumân* , p. 18-19 ; *Istiqça*, II, p. 204 ; Muhammad 'Alî Makkî, « Wathâ'iq ta'rîkhiya djadîda », *Revista de Estudios Islamicos en Madrid*, 1959-1960, VII-VIII, p. 128.

65)- Toponyme inconnu devant se situer dans la région de Cordoue.

66)- Ibn 'Idhârî, *Bayân Al*, p. 77 ; Ibn Abî Zar', *Rawd al-qirtâs,* p. 162.

67)- Ibn 'Idhârî, *Bayân Al*, p. 77 ; Ibn Abî Zar', *Rawd al-qirtâs*, p. 162.

68)- Ibn 'Idhârî, *Bayân Al*, p. 77, Aldjûla peut être Abûla / Avila.

69)- Ibn 'Idhârî, *Bayân Al*, p. 77 ; Ibn al-KHatîb, *Al-ihâta*, I, p. 412-417.

70)- Ibn 'Idhârî, *Bayân Al*, p. 77 ; Ibn Qattân, *Nazm al djumân* , p. 21 ; *Istiqça*, II, p. 204 ; *Mafâkhir al-Barbar*, p. 81 citation d'al-Warrâq.

71)- Lacarra, *La conquista de Zaragoza por Alfonso I*, p. 72.

72)- Ibn 'Idhârî, *Bayân Al*, p. 72.

73)- Ibn 'Idhârî, *Bayân Al*, p. 78-79 ; E.I (2), Tome I, article Burt de A.Huici-Miranda, p. 1377-1378 ; Ibn Abî Zar', *Rawd al-qirtâs*, p. 160-161 ; *Istiqça*, II, p. 202 ; Al-Idrîsî, *Description*, p. 176/211 ; Maqqarî, *Analectes*, I, p. 252-253 ; Ibn al-Abbâr, *Takmila*, p. 29 n°76 ; Ibn Khaldûn, *'Ibâr*, IV,p. 142 ; J.Bosch-Vila, *Los Almoravides*, p. 189-190 ; Codera, *Decadencia*, p. 273-275; Mahmûd 'Alî Makkî, « Wathâ'iq ta'rîkhiya djadîda » *REIEM, 1959-1960, VII-VIII* , p. 128-129.

74)- Ibn 'Idhârî, *Bayân Al*, p. 77 ; Ibn al-Abbâr, *Takmila*, p. 29 n°76 ; Ibn al-Abbâr, *Al-Mu'djam*, p. 55 n°40.

75)- Codera, *Decadencia*, p. 273-275 ; J.Bosch-Vila, *Los Almoravides*, p. 189-191 ; Lacarra, *La conquista de Zaragoza por Alfonso I*, p. 72 ; Ibn Abî Zar', *Rawd al-qirtâs*, p. 161 ; A.Huici-Miranda, « El *Rawd al-qirtâs* y los Almoravides », *Hésperis-Tamuda*, I,1960, fasc. III, p. 515-541.

76)- Ibn al-Abbâr, *Al-Mu'djam*, p. 55 n°40.

77)- A.Huici-Miranda, *Historia musulmana de Valencia*, III, p. 40.

78)- E.I (2), I, article Burt de A.Huici-Miranda, p. 1377-1378 ; al-Idrîsî, *Description*, p. 176/211 ; al-Makkari, *Analectes*, I, p. 252-253 ; Al-Himyarî, *Kitâb al-rawd al-mi'târ*, p. 250 .

79)-IbnHayyân, *Al-Muqtabas*, V, éd.Chalmeta, p. 65, 83, 96, 107, 120, 121, 123, 126, 127, 131, 167, 190, 191, 241, 242, 296, 171, 276, 268, 267, 307, 316, 317, 324, 326.
80)- Al-Bakrî, *The geography of al-Andalus and Europe from the book « al-Masâlik wal-mamâlik »*, éd. El-Hajji, Beyrouth, 1968, p. 85,96-99,143-145.
81)- Al-Idrîsî, *Description*, p. 176/ 211.
82)- Ibn 'Idhârî, *Bayân Al*, p. 77-78 ; Ibn Kardabûs, p. 119,120,121.
83)- Ibn al-Khatîb, *Al-ihâta*, éd. Le Caire, II, p. 243 ; éd. Inan, I, p. 412-416.
84)- Felix Hernandez Jimenez, « Estudios de geografia historica española, I, El Ribat de Kachkallu en la provincia de Marmaria », *Al-Andalus*, IV, 1936-1938, p. 330-332.
85)- H. Hadjadji, *Vie et oeuvre du poète Ibn Khafadja*, Alger, 1968, p. 68-71.
86)- Ibn Khâqân, *Qalâ'id al-'iqyân*, éd. Le Caire, 1902, p. 129-132.
87)- Ibn Abî Zar', *Rawd al-qirtâs*, p. 162 ; Ibn Khaldûn, *Berbères*, II, p. 83 ; *Al-'Ibâr*, VI, p. 387 ; Ibn 'Idhârî, *Bayân Al*, p. 78 ; Ibn Kardabûs, p. 122-123,124 ; Alvaro Campaner y Fuertes, *Bosquejo historico de la dominacion islamista en las Islas Baleares*, p. 91-135 ; Mahmûd 'Alî Makkî, « Wathâ'iq ta'rîkhiya djadîda 'an 'asr al-Murâbitîn », *REIEM* , VII-VIII, 1959-1960,p. 157-160, 185-186 ; J.Bosch-Vila, *Los Almoravides*.
88)- Sur Mubâshir, Mubashshîr ou Mubashar b. Sulaymân Nâsir al-Dawla, voir : Ibn Sa'îd, *Al-Mughrib*, p. 466 ; Ibn Khaldûn, *'Ibâr*, IV, p. 165 ; VI, p. 242 ; *Berbères*, II, p. 83, 206-207 ; Ibn Kardabûs, p. 122-123 ; al-Marrâkushî, *Al-Mu'djib*, Le Caire, 1949, p. 150-151 ; Prieto Vives, *Los Reyes de Taifas*, p. 41 ; Alvaro Campana y Fuertes, p. 91-135 ; Codera, *Decadencia*, p. 167-171, 324-326.
89)- Sur Abû 'Abd Allâh b. Maymûn et sa longue carrière d'amiral : Ibn 'Idhârî, *Bayân I*, p. 308-309 ; *Bayân Al*, p. 78 ; Ibn Khaldûn, *'Ibâr*, VI, p. 161, 389 ; *Berbères*, II, p. 26-27 ; Tidjânî, *Rihla*, p. 240-243 ; Al-Bakrî, *Description*, p. 113; Ibn al-Abbâr, *Al-Hulla al-siyarâ'*, éd. H.Monès, II, p. 221-222 note 1 ; Ibn Kardabûs, p. 123-124 ; al-Himyarî, *Al-Rawd al-mi'târ*, p. 176-177 n°1; J.Bosch-Vila, *Los Almoravides*, p. 231, 263,264,275 note 42.
90)- Ibn Kardabûs, p. 123 ; Alvaro Campaner y Fuertes, p. 96-135 ; Codera, *Decadencia*, p. 167,171,324-326.
91)- Ibn Tâfartast ou Tâmarzast ou Tâqartâs : Ibn Khaldûn, *'Ibâr*, VI, p. 387 ; *Berbères*, II,p. 83 ; Ibn Kardabûs, p. 122-124 ; Mahmûd 'Alî Makkî, « Wathâ'iq ta'rîkhiya djadîda 'an asr al-Murâbitîn », *RIEIM*, VII-VIII, 1959, p. 160-162
92)- Ibn Khaldûn, *'Ibâr*, IV,p. 165; VI,p. 242 ; *Berbères*, II, p. 206-207 ; Campaner y Fuertes, p. 136-137.

93)- Wânûr ou Wânnûr : Ibn Khaldûn, *Berbères*, II, p. 207 ; Codera, *Decadencia*, p. 170, 325-326.

94)- Publiée par Mahmûd 'Alî Makkî, RIEIM, VII-VIII, 1959-1960, p. 185-186.

95)- Alfred Bel, *Les benou Ghâniya*, Paris, 1903.

LES FRONTIERES MOBILES DE LA MARCHE INFERIEURE (AL-THAGHR AL-ADNA) A LA MARCHE SUPERIEURE (THAGHR AL-AQSA) (511 H / 1116 - 537 H / 1143)

Dans l'évolution du régime almoravide et dans les relations qu'il entretient avec l'opinion andalouse, une place importante doit être accordée à sa capacité à contenir la pression chrétienne. Il est évident que cette capacité va sensiblement s'affaiblir au cours de la seconde décennie du XII e siècle. La prise de Saragosse par les Aragonais en 1118 marquera un tournant. Jusque là, les forces almoravides n'avaient connu que des échecs isolés, même lorsqu'ils étaient graves comme celui de Congost de Martorell en Catalogne (1114). Cette pression exercée aux frontières par les royaumes chrétiens castillans et aragonais sera favorisée par les lenteurs des contre-offensives almoravides. Alors qu'il avait suffi de quelques jours au Cid ou à ses émissaires pour recruter en pays chrétien autant de guerriers qu'il lui avait été nécessaire pour le but militaire qu'il se proposait, il fallait « *des mois au pouvoir almoravide pour mettre sur pied de lourdes armées, acheminées à grands frais sur des centaines de kilomètres, souvent mal adaptées aux mouvements plus rapides des Chrétiens* » (1).

Depuis la bataille de Zallâqa (1086), la frontière de la Marche inférieure (*al-Thaghr al-adnâ*) n'est plus une ligne mais une marche de conquête donnant naissance à une société tout entière de communautés de soldats paysans. C'est le lieu stratégique où s'opère la prise de conscience collective d'une construction et préservation d'un territoire andalou. C'est un réseau de forteresses (*husûn*) et de villes fortifiées entre les vallées du Tage et du Guadiana, produit des guerres entre les royaumes de Léon, Castille et Portugal, le lieu extrême où une volonté de guerre sainte (*djihâd*) vient buter contre la volonté de Croisade et de Reconquête des états chrétiens voisins. Frontière provisoire où une situation de paix armée est scandée par des opérations militaires saisonnières organisées par l'*Amîr al-Muslimîn* almoravide.(2)

Aux XIe et XIIe siècles, la frontière linéaire n'a guère de consistance, ni même la notion de marche en limite de deux territoires. C'est une mouvance et pour réduire l'ennemi, d'après les *Mémoires* de l'émir ziride 'Abd Allâh de Grenade, il faut par des opérations longues et diversifiées, s'assurer de la possession de châteaux (*husûn*) qui ne constituent pas une ligne défensive mais qui, échelonnés en profondeur sur l'ensemble du territoire de l'ancien royaume aftaside de Badajoz, sont des pôles de peuplement. Il s'agit incontestablement d'une zone protectrice plus fortement militarisée que le reste du territoire où semble se développer des formes d'organisation sociale quelque peu spécifiques, marquées apparemment par un caractère plus aristocratique, voire « féodal » que celles plus nettement étatiques que connaît le reste du territoire. D'un passage de la chronique anonyme *al-Hulal al-mawshiya* concernant les concessions territoriales almoravides en al-Andalus et de la constatation de l'existence à la fin de cette époque almoravide, de grandes familles militaires andalouses en charge de gouvernorats frontaliers, on peut, peut-être, conclure que de telles spécificités frontalières existaient aux XIe et XIIe siècles (3).

Personne ne sait en Extrèmadure, où existent des régions à faible densité de peuplement, où termine la terre des Chrétiens où commence le pays musulman. On sait seulement que telle ville, telle forteresse est chrétienne, telle autre musulmane, à telle époque (4).

La marche (*thaghr*) ou frontière en al-Andalus, est un terme ou un concept que É.Lévi-Provençal opposait systématiquement à celui de *kûra*, non seulement par sa situation aux confins du territoire soumis à l'Islam, mais aussi par son organisation distincte et par la mission essentiellement militaire, défensive ou offensive qui lui était réservée. Ce pouvait être selon la définition de W.Marçais, un pays ouvert aux incursions où se livraient des combats, un *no man's land* dont certains lieux auront une existence éphémère dans le cadre de l'empire almoravide (5).

TROISIEME TRAVERSEE : EPHEMERE SIEGE DE COIMBRA (1117)

Les marches *al-Taghr al-adnâ* et *al-awsat* comprenaient au Xe siècle, la ligne de forteresses du Tage dépendantes de Tolède et se prolongeaient en direction de la Sierra de Guadarrama et du Duero suivant les districts de Santaver, Racupel, Zorita, Guadalajara et Medinaceli avec les châteaux et forteresses dépendants de chacun d'eux dont ceux de Talavera, Madrid, Castejon de Henares, Uclès, Huete, Cuenca et Huélamo. Par ailleurs cette marche s'étendait à Coria et Coimbra (6). Mais la marche inférieure (*al-Thaghr al-adnâ*) allait évoluer aux Xe et XIe siècles et trouver son plein épanouissement dans une organisation et une réalité politique plus accusée. Malgré ses centres urbains, ses bases et points de concentration et de départ pour des expéditions en territoire chrétien, le*Thaghr al-adnâ* n'est plus une ligne stratégique d'où se manifeste l'autorité du califat de Cordoue, avec ses garnisons vivant en alerte continuelle . C'est une zone en voie de décomposition échappant au contrôle direct de l'État cordouan omeyade où se lèvent au XIe siècle, des états indépendants à Tolède, Badajoz, Silves, Huelva, Saltes, comme dans les autres régions d'al-Andalus.

Nous trouvons dans les textes arabes, en plus du terme générique de *al-Taghr al-adnâ*, celui d'*al-Taghr al-djawfî*, frontière septentrionale ou la forme plurielle *al-Thughûr al-djawfiya*, places frontières septentrionales ou *al-Thaghr al-gharbî*, frontière occidentale, pour délimiter les provinces du nord et les provinces occidentales limitrophes des États portugais, léonais et castillans. *Al-Thaghr al-djawfî* désignait la zone nord-ouest d'al-Andalus, toute la région actuelle d'Extrémadure, au nord du Guadiana et le territoire du Portugal compris entre le Tage et le Mondego avec les places de Mérida, Badajoz, Montanchez, Alcantara, Coria, Santaver et Coimbra. Les plus méridionales situées dans le *Gharb* étaient délimitées par *al-Thaghr al-gharbî*. Dans ce *Thaghr al-djawfî* entrait aussi Tolède et ses dépendances (7).

Le *Taghr* n'est jusqu'à l'intervention des Almoravides (1086) qu'une zone défensive chargée de protéger le territoire où vit une communauté et où s'exerce un pouvoir qui, passé le moment de la conquête, n'entretient pas d'idéal de la guerre sainte (*djihâd*) comparable à celui de Croisade qui anime l'entreprise de Reconquête. Jean Gautier Dalché a montré qu'il n'existait pas de frontière précise entre Musulmans et Chrétiens dans la région de l'Extrémadure et de la Nouvelle Castille, mais un front militaire discontinu, perméable à toutes les attaques d'une zone frontière (8). Tout homme des deux côtés de cette zone, quelle que soit son activité, était un soldat et tirait de la guerre une partie de ses ressources. La population vivait de la guerre et pour la guerre. Le butin était une des grandes ressources des habitants de l'Extrémadure, du côté musulman comme du côté chrétien. Une partie de la population travaillait à fabriquer des armes, des machines de guerre, à édifier ou à réparer des fortifications, et nombre d'artisans vivaient des commandes suscitées par les expéditions militaires. La guerre était aussi un moyen d'étendre les terrains de parcours des troupeaux. Cet esprit de Croisade n'apparaît cependant pas dans la *Cronica Adefonsi Imperatoris* et celle-ci se plaît à rappeler les bons traitements réservés aux Chrétiens par les Almoravides. La même attitude apparaît du côté chrétien. J. Gautier Dalché en donne un bon exemple : « *Après un combat où beaucoup de Musulmans avaient péri, Munio Adefonsi fit décapiter les cadavres. Leurs têtes furent exposées à Tolède. Mais les corps, enveloppés de linceuls de soie sont déposés dans un champ et confiés à la garde des Musulmans jusqu'à ce qu'on vienne les enlever. L'impératrice, prise de pitié, fait embaumer les têtes par des médecins juifs et musulmans, enveloppées dans des linges précieux, enfermées dans des coffres d'or et d'argent, elles sont renvoyées à Cordoue aux veuves des victimes. Du côté musulman, mêmes procédés. Après sa défaite et sa mort, Munio Adefonsi est décapité et amputé, son bras est exposé à Cordoue. Mais son corps est revêtu d'un beau linceul* »(9).

Le processus d'implantation de population berbère dans de nombreuses régions de l'actuelle Extrémadure est très peu connu. Seules sont bien saisies les conditions historiques qui conduisirent à l'intronisation de la dynastie taifa des Banû al-Aftas de Badajoz, au cours des vingt premières années du XIe siècle (10). Cette taifa faisait partie, malgré ses prétentions à une origine arabe *tudjîbî* , du groupe des taifas berbères. Elle n'adhéra à aucune coalition antiberbère comme l'autre grande taifa des Banû dhî-l-Nûn de Tolède, de même appartenance ethnique et d'aussi ancienne implantation en Andalus.

Relançant l'expansion almoravide en al-Andalus sur le *Thaghr al-adnâ*, après la victoire de Zallâqa (1086) et quelques revers, 'Alî b. Yûsuf b. Tâshfîn traverse le détroit en mai 1117 / fin *muharram* 511 H et débarque à Algéciras (11). De là, il gagne Séville, capitale de la région occidentale et avec une armée considérable se dirige vers la vallée du Tage. Ce corps expéditionnaire est constitué d'éléments provenant des diverses garnisons des régions d'al-Andalus. Un groupe de juristes (*fuqahâ'*) et de savants (*'ulamâ'*) de Cordoue se joignit à l'expédition ainsi qu'une troupe hétéroclite de combattants pour la foi (*mudjâhidûn*), à pied et à cheval. Les juristes et les *mudjâhidûn* de Séville furent chargés d'organiser cette entreprise avec l'appoint de volontaires en provenance de Grenade. Ayant fédéré l'ensemble de ces armées, le Prince des Musulmans quitta Séville et se dirigea vers Coimbra.

Passant par Lisbonne et Santarem, récemment reconquises par Sîr b. Abî Bakr, il pénètre en territoire chrétien. En juin, il atteint le rivage du Mondego et met le siège devant Coimbra pendant une vingtaine de jours. Ibn 'Idhârî ne mentionne pas la conquête de cette ville contrairement à l'affirmation de J.Bosch-Vila, mais précise que 'Alî revint à Séville, après ces vingt jours, laissant 'Abd Allâh b. Fâtima et al-Mansûr b. al-Aftas piller la région et rapporter un immense butin, de nombreux captifs à Séville avant que cette coalition militaire ne soit dispersée et que chaque élément ne regagne son lieu d'origine.

LA MARCHE INFERIEURE (AL-THAGHR AL-ADNA) ET SON PAYSAGE AGRAIRE

Les affrontements musulmano-chrétiens manifestement rares en 1076, devaient s'exacerber en 1085 par la conquête de la taifa de Tolède par Alphonse VI, roi de Castille. À une politique de tributs, l'intervention almoravide de Zallâqa (1086) faisait succéder une nouvelle phase de mise en défense d'al-Andalus, côté musulman et d'expansion des royaumes chrétiens de Castille et de Léon, pour qui, la conquête territoriale et la guerre de frontière apportaient de nouvelles perspectives : l'occupation des terres tolédanes de la vallée du Tage, l'annexion des territoires d'Extrémadure entre le Duero et le Tage, en grande partie semi-désertiques et inorganisés. L'Extrémadure devenait une marche frontière pour les Musulmans et une zone de colonisation spontanée ou dirigée, pour une grande masse de colons chrétiens. L'arrivée de ces colons dans les régions septentrionales et orientales s'intégrait à un système organisé et homogène, dominé par des guerriers et des clercs qui dotaient tous les territoires conquis d'une structure permettant d'intégrer des éléments provenant de populations les plus diverses, dans un système économique, social et politique lié aux monarques castillano-léonais et capable de faire face à la réaction militaire almoravide(12).

Cette terre d'Extrémadure, politiquement, n'appartenait à personne en ce XIe siècle. Très peu peuplée, constituée de divers noyaux ethniques, elle englobait des Berbères musulmans et des Chrétiens, des néomusulmans (*muwalladûn*), des communautés chrétiennes anciennes et quelques groupes tribaux résiduels préromains de pasteurs (13).

Face à ces nouveaux colons, majoritairement originaires de Castille, venus s'installer dès le milieu du XIe siècle, dans les agglomérations du sud du Duero, dans les vallées fluviales du Riaza et du Duratón où ils s'unirent aux centres de colonisation les plus anciens qui avaient résisté aux incursions d'al-Mansur (Xe s.), les Almoravides durent s'organiser. Malgré le pacte conclu entre al-Mutawwakil, roi aftaside de Badajoz et Sîr b. Abî Bakr al-Lamtûnî, gouverneur général almoravide d'al-Andalus, par lequel, en échange d'une aide en hommes et en matériel, Sîr s'engageait à respecter son royaume, le souverain aftaside avait renversé ses alliances et sollicité la protection d'Alphonse VI moyennant la cession des places de Santarem, Lisbonne et Cintra. Se sentant trahi, Sîr avait envoyé une armée s'emparer du territoire d'al-Mutawwakil. Badajoz tombait, son souverain était vaincu et assassiné ainsi que ses deux fils Fadl et 'Abbâs. Peu après, en novembre 1094, Sîr b. Abî Bakr reprenait Lisbonne(14).

La marche inférieure (*al-Taghr al-adnâ*) devenue l'une des frontières mobiles d'al-Andalus, en cette fin du XIe siècle, s'étendait de la vallée du Tage à celle du Guadiana dont le système de défense, né des rivalités entre les anciens royaumes de Taifas de Tolède, Séville et Badajoz, allait être redéfini pour une meilleure défense de l'Empire almoravide. Dans la vallée du Tage et dans ces montagnes accidentées qui constituent son adossement septentrional, comme la Sierra de Gata et les diverses ramifications des massifs montagneux voisins, les forteresses (*husûn*) occupent des escarpements abruts en bordure des fleuves Alagón, Eljas et du Tage où les roches sommitales dominent la région. La ceinture du Tage fait office de frontière septentrionale, comme un bastion imposant, provocateur, comme un gigantesque mur protecteur des régions avoisinantes.

Entre le Tage et le Guadiana, et entre celui-ci et la Sierra Morena, les forteresses se trouvent sur les points élevés des sierras. On peut considérer deux groupes de forteresses ou de villes fortifiées, obéissant aux impératifs géologiques de la région: les forteresses implantées sur des crêtes, provocantes et imposantes et celles bâties dans les plaines et les vegas ; les deux étant intégrés au paysage lithologique.

Ainsi, à l'ouest de l'ancienne taifa aftaside, dans la grande dépression périphérique du Tage et du Sado, la forteresse de Santarem surgit sur les barrancos du Tage ; celle d'Almourol est implantée sur une île entourée par le fleuve près d'Abrantes ; celle de San Jorge, à Lisbonne, est sur le haut escarpement qui domine l'estuaire ; celle de Sesimbra est perchée sur les flancs calcaires de la Sierra de Arrábida ; celle de Palmela sur la montagne Saint Jacques, domine la plaine.

Bâtie sur les hauts escarpements du ravin d'*al-Hanash* / Alhanse / Alfanje qui flanque le Tage, le *hisn Shantarîn* / Santarem domine les vastes plaines et les campagnes de Valada (15). Du Xe siècle à sa reconquête en 1147, la province (*kûra*) de Santarem est célébrée pour l'excellence et la fertilité de son terroir où il est possible de réaliser deux récoltes par an. Le flux et le reflux du Tage fertilisent ses plaines céréalières permettant des moissons hâtives et une croissance accélérée des grains « *six semaines après les semailles* ». Selon al-Râzî (Xe s.), « *quand le Tage déborde, il inonde la plaine et la recouvre, puis quand l'eau se retire, les paysans font des semailles tardives et l'humidité du sol leur permet de récolter leur grain avant l'époque ordinaire de la moisson* » (16).

Terre de culture irriguée, la vega de Santarem partage avec celle de Coimbra, le privilège d'une dense implantation de « *vergers de bon rapport et de nombreuses oliveraies qui donnent une huile excellente* ». Tout le paysage agraire de la vallée du Tage est dans ces terroirs au sol fertile « *bien pourvus de grains, de vignes, de gibiers et de poissons* ». Al-Idrîsî (XIIe s.) fait l'éloge de la fertilité de ses nombreux jardins alimentant la ville et sa région en fruits et légumes de toutes espèces. Ce paysage ne subira pas de modification jusqu'au XIVe siècle où al-'Umarî en donne la même description de plaines céréalières et de vergers aux productions abondantes. Conquise en 541 H / 1146-1147, toujours aux mains du roi du Portugal Ibn al-Rinq / Alfonso Enriquez en 543 H / 1148-1149, Santarem conserve le même paysage agraire. À la fin du XIIe siècle, au dire d'al-Himyarî (17), « *c'est une ville qui se trouve sur une montagne d'une très grande hauteur. Sur son côté méridional, il y a un grand précipice. Elle n'a pas de remparts. Au pied de la ville est un faubourg qui s'étale le long du Fleuve (Tage). Les habitants s'alimentent en eau de boisson à des sources et au fleuve. Aux environs de Santarem, il y a de nombreux jardins, des vergers et des potagers. Entre cette ville et Badajoz, la distance est de quatre journées de marche. Le terrain dans la région de Santarem, est d'une excellente qualité. Le Tage inonde périodiquement les plaines qui le bordent, à la façon du Nil pour l'Egypte. Les habitants, après la crue, sèment du grain sur le limon qu'elle a déposé, alors que dans le reste du pays le temps des semailles est déjà passé. La moisson obtenue est très abondante et il n'y a pas de retard dans la formation des épis et leur mâturité. L'un des districts de Santarem est celui de Saqlab ; c'est le terroir le plus fertile du monde. Le rendement du grain y est, dans les années de rapport moyen, de cent pour un ; dans les meilleures de deux cents pour un. Près de Santarem, dans la mer sont des îles habitées. Le montant des impositions payées par Santarem était de deux mille neuf cents dinars. Le territoire de cette ville est contigu à celui de Beja. Yûsuf b. 'Abd al-Mu'min, souverain almohade du Maghrib, traversa la mer pour venir assièger Santarem, lors de son expédition vers al-Andalus (18). Les troupes qui l'accompagnaient comprenaient quarante mille hommes parmi les meilleurs cavaliers arabes, sans compter les Almohades, les soldats de l'armée régulière, les volontaires (mûttawwi'a) et les cavaliers d'al-Andalus. Plus de cent mille cavaliers passèrent ainsi dans le pays. La flotte du souverain se montra devant Lisbonne et l'assiégea pendant vingt jours. Il alla ensuite mettre le siège devant la ville de Santarem, qui fait l'objet de cette notice, c'était la plus importante des capitales d'Ibn al-Rinq / Alfonso Enriquez, ennemi du Maghrib et la ville d'où celui-ci lançait des incursions qui infestaient le territoire musulmans. Yûsuf, à la tête de contingents innombrables, fit une démonstration militaire devant Santarem, et c'est là qu'il fut pris de la maladie qui devait avoir pour lui une issue fatale ... Cela se passa en l'année 580 H / 1184* ».

C'est le même paysage agraire de champs de blé et d'orge, de pâturages destinés à l'élevage des bovins qui va être dévasté par les Almohades. Le butin fut si abondant que le prix de l'orge et du blé baissait : « *douze mudd / s d'orge valaient quelques dirhams et quinze mudd / s de blé s'échangeaient au même prix* ». Abû Marwân b. Sâhib al-Salât prétendait avoir vu ce jour là, un arabe vendre un boeuf gras pour un dirham et avoir acheté avec ses compagnons une vache grasse pour trois dirhams (19).Les exploitations agricoles furent anéanties autour de la ville de Santarem.

La frontière de la Marche inférieure avait atteint cette région admirablement mise en valeur, complantée de nombreux arbres fruitiers, aux nombreux jardins (*djannât*) mitoyens, célèbre pour la mâturité de ses fruits et l'enchevêtrement de ses vignes (*kurûm*). 'Umar al-Mutawakkil, le dernier souverain aftaside voyageant dans cette région, devait se régaler d'une grande carafe (*qalî'*) de vin provenant de ce vignoble de Santarem, offerte par le poète Abû Muhammad b.'Abdûn, accompagnée de trois vers dont le dernier disait : « *Une partie de cette carafe, à cause de la frayeur, est congelée et l'autre partie, à cause de la confusion, est en fusion* » (20).

Le district de *Ushbûna* / Lisbonne touchait celui de Santarem, prolongeant le *Thaghr al-adnâ* jusqu'à l'océan Atlantique. Son territoire est doté d'un paysage agraire riche de toutes sortes d'avantages et de productions de fruits excellents. La chasse et la pêche y sont fructueuses. « *On y élève en tout temps, précise al-Râzî, des faucons que l'on capture sur les hauteurs, d'une espèce plus rapide à la chasse et plus pure que tout autre. On y trouve du miel en abondance et excellent ...* »(21). Reconquise en 543 H / 1147, un demi-siècle après l'annexion de la taifa aftaside de 'Umar al-Mutawakkil, c'était, selon le témoignage du croisé Osbern, une ville d'une certaine importance, enceinte d'une muraille.

Le premier géographe qui la mentionne, al-Ya'qubî (fin IXe s.), la situe près de l'Océan à l'ouest de Niebla et Beja, sans s'attarder sur son environnement (22). Il faut attendre le XIIe siècle, pour percevoir à travers le *Kitâb farhat al-anfus*, que la ville (*madîna*) est entourée d'exploitations agraires (*khasla*), de vergers riches d'abondance de fruits, de forêts où se pratique la chasse et d'eaux poissonneuses. L'apiculture pratiquée dans les zones montagneuses environnantes offrait un miel aussi pur que le sucre.Plus précis, al-Idrîsî (XII e s.) s'attarde sur des légendes liées à cette belle ville qui s'étend le long du fleuve, ceinte de murs et protégée par sa forteresse (*qasba*), jouissant de sources d'eau chaude hiver comme été, mais rien sur son environnement agraire. Al-Himyarî ne s'intéresse qu'à l'aspect défensif de cette ville située à l'ouest de Beja. « *C'est une ville ancienne, située tout au bord de la mer, dont les vagues viennent se briser sur ses remparts. Son ancien nom est qûdiya . Ses remparts sont bien construits et remarquables. Sa porte occidentale, qui est la plus grande de la ville, est surmontée d'arcs (hanâyâ) superposés qui retombent sur des colonnes de marbre, elles-mêmes prises dans des soubassements de marbre. Lisbonne possède une autre porte qui s'ouvre à l'ouest : on l'appelle bâb al-khawkha / Porte du Portillon ; elle domine une vaste esplanade que traversent deux ruisseaux qui vont se jeter dans la mer. Au sud, se trouve une autre porte, la Porte de la Mer (bâb al-bahr), dans laquelle le flot pénètre à la marée montante et vient, sur une hauteur de trois brasses, battre le rempart contigu ; à l'est, une porte dite Porte de la Source thermale (bâb al-hâmma), non loin de la source thermale située près de la mer : ce sont des thermes voûtés dans lesquels jaillissent de l'eau chaude et de l'eau froide, et qui sont recouverts à marée haute ; enfin, une porte à l'est, la Porte du Cimetière (bâb al-maqbara). La ville de Lisbonne, par sa nature même est belle. Elle s'étend le long du fleuve et possède des remparts et une citadelle bien défendue* ».

La *Description anonyme* (XIV-XVe s.) détaille les avantages de la fertilité de son terroir où prospèrent les cultures céréalières et les vergers complantés de nombreux arbres fruitiers dont des pommiers aux fruits remarquables : certaines pommes ayant une circonférence de trois empans. Les pommes les plus célèbres d'al-Andalus, au point de vue grosseur, étaient celles de Cintra près de Lisbonne ; un paysan de cette ville en offrit à al-Mu'tamid de Séville, quelques-unes qui avaient cinq empans de circonférence(23).

Les structures agraires du district de Lisbonne à l'époque almoravide, ne dérogent pas à l'organisation de l'appropriation foncière de l'ensemble d'al-Andalus. Aux abords de la ville, de grands domaines, sortes de résidences d'agrément et d'exploitation agraire (*munya*), appartiennent à des familles aristocratiques arabes ou berbères, ou *muwalladûn* . Nos auteurs distinguent bien ces propriétés aristocratiques des jardins (*djannât*) et vergers

(*bustân / basâtîn*), propriétés des citadins, sises à l'intérieur ou à l'extérieur des remparts de Lisbonne ou dans les villages de son district (24). Un certain 'Ubayd Allâh b. Muhammad b. Ahmad b. Akâmin al-Azdî, époux de la fille du juriste Abû-l-Walîd Yûnus b. 'Abd al-Razzâq possédait un patrimoine foncier de plusieurs maisons dans le faubourg ouest (*al-rabad al-gharbî*) de la *qasaba* de Lisbonne, de nombreux jardins et vergers dans les environs de la ville et deux exploitations agraires (*ardayn*) dans des villages (*qurâ*) dépendant de Lisbonne, selon l'acte de divorce daté du 4 ième jour de *sha'bân* 512 H / 1 décembre 1119.

L'attrait de la terre restait toujours très vif chez les poètes andalous qui, pour la plupart, étaient d'origine paysanne. Fatigués de la vie citadine ou excédés par l'esclavage doré qu'ils subissaient dans les palais princiers, il arrivait qu'ils retournassent dans leur pays natal. Ce fut le cas d'Ibn Muqânâ al-'Ushbûnî, originaire de Lisbonne. Après avoir vécu à Séville, à la cour des 'Abbâdides, puis à Grenade à la cour des Zirides, il avait senti toute l'inanité de la vie de courtisan et regagné son village d'al-Qabdhâq / Alcabidéche, non loin de la mer et dans le voisinage de Cintra, pour finir sa vie en cultivant son champ (24). « *Je le vis, dit un compatriote qui racontait à Ibn Bassâm son entrevue avec le vieux poète devenu sourd, une serpe (mizbara) à la main ; je m'approchais de lui et, m'ayant pris par la main, il me fit asseoir pour regarder un champ qu'on était en train de labourer devant nous. Je le priai de me réciter des vers. Il improvisa sur-le-champ: O toi qui habites al-Qabdhâq, puisses-tu ne jamais manquer de grains à ensemencer, ni d'oignons (basal), ni de citrouilles (qar')! Si tu es homme de décision, il te faut un moulin fonctionnant avec les nuages sans avoir besoin de sources (nab'). La terre d'al-Qabdhâq ne produit pas, quand l'année est bonne, plus de vingt charges de céréales. Si elle donne quelque chose de plus, alors les sangliers (khanâzir) des despoblados (mafâwiz), en groupes compacts, se succèdent sans interruption . Elle n'a que peu de tout bien et de toute utilité, comme moi-même ainsi que tu le sais, j'ai peu d'oreille. J'ai laissé les rois tout couverts de leurs manteaux et j'ai renoncé à les accompagner dans les cortèges et à tirer parti d'eux. Me voici à Qabdhâq moissonnant des épines avec une serpe (mizbara) agile et tranchante* »(25).

Signalons enfin, la description très flatteuse de l'agriculture sur les deux rives du Tage, faite par le croisé Osbern présent lors de l'attaque portugaise de 543 H / 1147 : trois cultures prédominent, l'arboriculture (figuiers, oliviers), la vigne et les grenadiers (26).

Dominant la plaine fluviale, la forteresse de Palmela / *Hisn Balmâlla* est située au sud-ouest de l'estuaire du Tage, à quelques kilomètres au nord de Setùbal (27). Prise aux Almoravides en 1147 par Alfonso Henriquez, cette place sera reconquise par le calife almohade al-Mansûr Ya'qûb b. 'Abd al-Mu'min en mai 1191 : « *les occupants de cette place lui proposèrent de se rendre et demandèrent l'amân moyennant l'abandon du château, et à la condition qu'ils auraient la vie sauve et pourraient regagner le territoire chrétien. Le souverain ratifia ces clauses et les laissa libres de s'en aller ; ils se mirent alors en route pour leur pays. Tout ce que contenait le château-fort fut livré au pillage, et il fut ensuite démantelé* ».

Le *hisn* de Sesimbra participe du système de défense du district de Lisbonne, par sa situation sur les flancs calcaires de la Sierra de Arrábida.

De l'autre côté de l'estuaire du Tage, vis à vis de cette ville, le *hisn al-Ma'ban* / Almada (28) « *ainsi nommé, au dire d'al-Idrîsî, parce qu'en effet la mer jette des paillettes d'or sur le rivage. Durant l'hiver les habitants de la contrée vont auprès du fort à la recherche de ce métal et s'y livrent tant que dure la saison rigoureuse. C'est un fait curieux dont nous avons été témoins nous-mêmes* ». Forteresse de frontière à l'époque almoravide, de fondation bien antérieure, puisqu'existante à l'époque d'al-Râzî (Xe s.), Almada conquise en 1147 par Alfonso Henriquez, sera reprise, détruite et arasée par le calife almohade al-Mansûr en 1191.

Cette frontière mobile de la Marche inférieure (*al-Thaghr al-adnâ*) étendue entre la dépression de la grande plaine fluviale du Guadiana et le cours du Tage, remontait jusqu'à Medellin, Trujillo, Albalat.

Les forteresses (*husun*) y dominent les plaines fluviales et se dressent sur des tertres qui en émergent : les reliefs du *hisn Lubiyûn* / Lobon sont des grès, des argiles rouges descendant vers le Guadiana.

La ville de Mérida, chef lieu fortifié d'une province (*kûra*) est bien pourvue de forteresses. « *De Mérida, dit al-Bakrî (29), dépendent des châteaux-forts (husûn) et des districts (aqâlîm). Parmi eux, on peut citer le château-fort de Medellin ; celui de Mûrush / Muro ; celui de Magacela (Umm Ghazâla) ; celui d'Al-*

Arsh / al-Arish / Lares ; celui d'Umm Dja'far / Mojafar / Castelnovo ; celui d'Al-Djazîra ; celui d'Al-Djanâh ; celui du piton, connu sous le nom de Sakhrat Abî Hassân ; le château-fort de Lugrushân / Logrosán ; celui de Shant Aqrudj / Santa Cruz de la Sierra : ce dernier est situé à une très grande hauteur, au point qu'aucun oiseau, vautour ou autre, ne peut le survoler ; enfin, d'autres châteaux-forts dont la liste serait nombreuse ».

Nous connaissons, grâce à une citation laconique d'al-Idrîsî, notant les lieux de passage du cours du Guadiana, l'existence entre Calatrava et Mérida, d'une forteresse appelée Aranda (30).

À la limite de la province de Mérida, le *hisn Murûsh* / Muro ne ressurgit dans l'histoire qu'en 1222-1246 (31).

Situé sur l'escarpement abrupt d'une brêche taillée par le Guadiana, le *hisn Sakhrat Abî Hassân* / Puerta Peña préserve l'accès de la région orientale de Badajoz. Comme château, il réapparaîtra fréquemment dans la documentation médiévale chrétienne : dans la donation de Benquerencia faite par Fernando III, en 1241 et en 1262, lors de la répartition des terres dépendant de Alcocer ou lors de la donation du château de Puebla de Alcocer à L'ordre d'Alcantara en 1245 : « *inter castellum de Penna et castellum de Alcocer* » (32).

Le flanc oriental de l'ancien royaume aftaside était défendu par le *hisn al-'Arsha* ou *al-Arish* / Lares, situé à une demi-lieu dans la sierra de Lares proche du village de Galizuela (33). Manuel Terron Albarran a retracé le plan de cette magnifique fortification dont quelques portions de mur sont en place. Sa conquête sera faite en 1241, par le Maître de l'ordre de Santiogo, D. Rodrigo Trigueros.

Dans cette même région d'implantation berbère, le *hisn Umm Dja'far* / Mojáfar fut établi sur une colline de la Serena dominant une large plaine irriguée (34). Sa situation dans la grande plaine du Guadiana, dégagée et sans obstacles, est privilégiée. C'est un lieu de refuge et de regroupement en cas de danger, pour les populations berbères vivant sur ces riches terres de la Serena. Avec d'autres forteresses qui suivront, c'était un point d'ancrage dans cette région pour la tribu berbère des Nafza.

Ancienne colonie romaine fondée par Quintus Cecilius Metellus Pius, sur le Guadiana, le *hisn Madallîn* / Medellin assurait la protection des villages et habitants composant son district, le long de la route menant à Mérida. La première mention géographique de cette implantation berbère Zanâta, est d'Ibn

Hawqal précisant que « *de Mérida à Medellin, il y avait deux jours de marche, de Medellin à Trujillo, deux jours. De Trujillo à Caceres, deux jours. De Caceres à Meknaza, deux jours* ». Ibn Hayyân signale l'abondance du bétail dans son district. Al-Bakrî, au XIe siècle, ajoute à cet itinéraire, une précision sur les Berbères Zanâta Banû Nafza qui peuplent sa région, sans aucune allusion au paysage agraire de ce district.

Au XIIe siècle, al-Idrîsî définit le rôle défensif de cette implantation : « *cette forteresse est bien peuplée ; ses cavaliers et ses fantassins font des incursions et des razzias dans le pays des Chrétiens* » (35). À cette même époque, Ibn Hazm confirme la prédominance berbère dans cette région peuplée de Hawwâra qui semblent s'être substitués aux Nafza et dont le clan des Banû Farfarîn, riche et populeux, donnera de nombreux gouverneurs à Medellin : Khattâr b. Sa'd b. Farfarîn, Abû 'Amr b. Hâshim b. Farfarîn et leur oncle Khayr b. Farfarîn. Au XIIIe siècle, Yâqût mentionne seulement qu'il s'agit d'une forteresse de la province de Mérida. Son architecture actuelle date du XIVe siècle, après sa reconquête. Aucune trace de son architecture musulmane ne semble avoir été conservée, dans cette bourgade de la province actuelle de Badajoz (partido de Don Benito), située sur le Guadiana, à quelque distance en amont de Mérida.

Non loin de là, le *hisn Shant Aqrûdj* / Santa Cruz, proche de Trujillo et Montánchez, culmine sur la Sierra de Santa Cruz à 844 mètres. Cet observatoire permettait de guetter presque toute l'Extrémadure (36). Al-Bakrî, au XIe siècle, fut impressionné par sa situation géographique : « .. *situé à une très grande hauteur, au point qu'aucun oiseau, vautour ou autre, ne peut le survoler* ». Yâqût y fait une référence laconique, se limitant à dire qu'il s'agit d'une forteresse de Mérida en al-Andalus. Cette forteresse ne sera, semble-t-il, conquise qu'en 560 H / 1164-1165, lors de l'expédition de Giraldo Sampavor contre Trujillo, Caceres et Montánchez (561 H / 1165) (37). Lors de l'expédition d'Alarcos en 592 H / 1196, le souverain almohade Ya'qûb al-Mansûr devait reprendre le château-fort de Montánchez, dans la province de Caceres, à mi-distance de Mérida et de Trujillo, puis la place de Trujillo et la forteresse de Santa Cruz de la Sierra. Divers documents médiévaux chrétiens font allusion à Santa Cruz en 1181, 1188, 1199 et 1221. Le plus intéressant est le document daté de 1195, inclus dans le *Bullarium* de l'ordre d'Alcantara, par lequel Alfonso VIII cède Trujillo et al-Balat à cet ordre militaire, ainsi que la forteresse de Santa Cruz.

Trois citations de géographes arabes seulement, font allusion au *hisn Luqrushân* / Logrosán (38). La première, du XIe siècle, due à al-Bakrî, est une mention de cette forteresse comme faisant partie du système défensif de la province (*kûra*) de Mérida. Les deux autres d'Ibn Kardabus et de Yâqût, au XIIIe siècle, n'ajoute rien à la précédente. Cette forteresse dut connaître les mêmes fluctuations de conquête et de reconquête que la précédente, lors des expéditions de Giraldo Sampavor et d'al-Mansûr.

Toutes ces forteresses proches de Trujillo firent l'objet de luttes incessantes et furent les témoins de la mobilité constante des frontières à l'époque almohade. Cette ligne de défense de la ville fortifiée de Trujillo, chef lieu d'un des districts (*iqlîm*) de Mérida, peuplée de Berbères Nafza, supporta au IXe siècle les attaques des Asturiens mais garantit la frontière de la Marche inférieure jusqu'à la fin de l'époque almoravide. *Madîna Turdjâla*, nom que les géographes arabes donnèrent à la ville romaine Turgalium, est déjà une place forte dans les *Masâlik wal-mamâlik* d'al-Istakhrî(39). Cette notice est complétée par la *Crónica anónima d'Abd al-Rahman III* dans laquelle il est dit qu'en 930, le calife nomma Ahmad b. Sakan gouverneur de Trujillo, preuve de l'importance de cette place forte au Xe siècle. Sur la route de Medellin à Caceres, al-Idrîsî présente Trujillo comme une étape commerciale importante et une base défensive de cette Marche inférieure : « *cette dernière ville est grande et ressemble à une forteresse ; ses murs sont très solidement construits et il y a des bazars bien approvisionnés. Les habitants de cette place, tant piétons que cavaliers, font continuellement des incursions dans le pays des Chrétiens. Ordinairement ils exercent des brigandages et se servent de ruses* ».

La première allusion au paysage agraire de ce district est faite par Ibn Ghâlib (XIIe s.), relevant la fertilité des terres de cette région. L'importance stratégique de cette ville fortifiée est remarquée par al-'Umarî, dans ses *Masâlik al-absâr* et attestée par al-Himyarî, dans la notice qu'il lui consacre et qui est une citation d'al-Idrîsî, complétée d'une description de la reconquête définitive de cette place : « *elle a l'aspect d'une solide place forte. Elle est pourvue de remparts et possède des bazars où se fait un commerce actif. Les habitants, à cheval ou à pied, passent leur vie à entreprendre des raids contre le territoire chrétien. On les dépeint ordinairement comme des gens exercés au brigandage et accoutumés à dresser des guets-apens. En l'année 630 H / 1232-1233, les Chrétiens (Rûm) vinrent mettre le siège devant Trujillo. Muhammad b. Yûsuf b. Hûd se mit en route contre eux, cherchant une occasion de les attaquer par surprise. Mais il ne put parvenir à ses fins et prit le chemin de Séville. De là, il repartit par étapes dans la direction de Trujillo. Mais il reçut la nouvelle de la prise de cette place par les Chrétiens et il rentra à Séville. La reddition de Trujillo aux chrétiens eut lieu en rabî' I de cette même année (décembre 1232 - janvier 1233)* ».

Si au cours de la période almoravide jusqu'au milieu du XIIe siècle, cette partie de la Marche inférieure ne subit pas de modification, les premières atteintes furent encore l'oeuvre de Giraldo Sampavor qui s'emparera de la ville en 560 H / 1164-1165.

En 563 H / 17 octobre 1167 - 4 octobre 1168, le seigneur castillan de Trujillo, Fernando Rodriguez, beau-frère de Fernando II de Léon, se rendra à Séville, au mois de *ramadan* de cette même année (10 juin-9 juillet 1168), accompagné de ses frères et de ses chevaliers, pour se mettre au service du califat almohade. Ils demeurèrent dans cette capitale cinq mois sous les drapeaux almohades et garantirent qu'ils n'effectueraient pas de razzias. Ce n'est que lors de l'expédition d'Alarcos en 592 H / 1196 que le calife almohade Ya'qûb al-Mansûr devait rétablir la frontière de la Marche inférieure au delà de Trujillo avant sa reconquête définitive en 630 H / 1232-1233. Mais quelles étaient les cultures pratiquées dans le district de Trujillo ? Un calendrier agraire anonyme andalou, la *Risâla fî awqât al-sana* (40), précise que les gens de Trujillo, de la plaine de Pedroches et de la montagne de Cordoue, commencent à labourer leurs champs vers le 2 octobre, avant de semer les céréales.

Autre place forte à l'époque aftaside, et important noeud de communication, semblable à Trujillo, Caceres est une ville fortifiée, d'une grande valeur stratégique face à la frontière léonaise. Rares et laconiques sont les références géographiques des auteurs arabes sur cet autre district (*iqlîm*) de Mérida (41). Au Xe siècle, Ibn Hawqal fait référence à Caceres, sans commentaire et seulement comme étape de Trujillo vers le Tage. Ensuite, al-Idrîsî (XIIe s.) précise que « *de Trujillo à Caceres, il y a 2 journées faibles. Cette dernière place est également forte ; on s'y réunit pour aller piller et ravager le pays des Chrétiens* ». Il semble évident qu'avant cette époque, Caceres ne joue pas comme ville fortifiée, un rôle décisif dans l'histoire politique et urbaine du royaume aftaside. C'était une petite bourgeade enceinte d'une muraille dont l'importance ne pouvait être comparée à celle qu'elle allait acquérir à l'époque almoravide et almohade. À l'époque almoravide, en 528 H / 1133-1134, Tâshfîn b. 'Alî, au cours de son expédition dans le *fahs al-Bakâr* , contre les Asturo-léonais (*Rûm*), fait étape dans le *hisn Qasharush* / Caceres, lors de son retour à Cordoue (42). Devenue almohade lors de sa prise par 'Abd al-Mu'min en 1148, elle subit les premières attaques chrétiennes venues, non du nord, des Léonais, mais de l'ouest, où Alfonso Enriquez et les Portugais, en possession de Badajoz en 556 H / 1161, pour peu de temps, puisqu'elle fut reconquise par les Almohades, devaient parvenir sous ses murs. La première fois où de façon indubitable, Caceres passera au pouvoir des Chrétiens, c'est lors de sa conquête par un audacieux aventurier Giraldo Sampavor qui guerroyait pour le compte d'Alphonso Enriquez, Seigneur de Coimbra. Ce sera en *safar* 561 H / décembre 1165. À la tête d'une troupe de combattants insensibles au vent, à la pluie ou à la neige, il partait à l'assaut des villes frontières, de nuit. Ainsi de 1164 à 1168, il s'emparera, en plus de Caceres, de Trujillo en 1164, d'Evora en 1164, de Montánchez, Serpa et Jurumenha, en 1166, de Santa Cruz, Monfra et de l'importante ville de Badajoz en 1168.

Profitant de ces exploits de Giraldo et sans doute des diverses révoltes et guerres civiles qui vont diviser les Musulmans d'al-Andalus, à la fin de la période almoravide, Fernando II s'emparera en fin 1166 ou début 1167, d'Alcantara, avec son fameux pont romain sur le Tage. Ce sera un avantage considérable pour le roi de Léon, de posséder une telle forteresse sur le grand fleuve qui auparavant avait été, du XIe siècle jusqu'au milieu du XIIe siècle, un pôle de défense et de protection de la frontière et de la ville de Caceres contre les incursions militaires venant du nord.

L'expansion des Portugais et des Léonais se réalisait sur le même territoire musulman de la Marche inférieure, non sans rivalités sur lesquelles nous ne nous étendrons pas. Caceres ne sera définitivement reconquise qu'en 1227 par Alfonso IX (43).

Caceres, ville d'élevage et d'agriculture, à l'écart des grandes voies de communication, est située dans un paysage sévère, sans opulante végétation méridionale, à laquelle ne se prête pas la rareté de l'eau. Le long d'un petit ruisseau sans nom, quelques jardins sont aménagés, recouvrant une étroite plaine alluviale. Quelques flancs de collines entourant la ville sont complantés d'oliviers et de vignes, mais rien à voir avec les vastes plaines de la vallée du Tage encerrées au loin par les sierras de Gredos et Gata (44). Caceres musulmane, forteresse avancée sur la Marche inférieure, au cours des dernières années du XIIe siècle, avec son enceinte, ses tours albarranes, sa citerne, ses 2.500 habitants, vit de culture de céréales, de pêche, d'élevage, de commerce et des razzias en pays chrétien. Chaque famille d'agriculteur possède une vigne, un âne, une paire de boeufs, une cinquantaine de brebis dont la paissance se fait dans le district de Caceres.

Deux autres forteresses, le *hisn Muntândjish* ou *hisn Shândjash* et le *hisn al-Balât*, situées entre Mérida et Caceres participent de la défense de cette marche inférieure. Ville (*madîna*) fortifiée, au dire d'Ibn Zubayr (XIIIe s.), Montánchez, bien que plus proche de Mérida, est considérée comme dépendant administrativement de Badajoz (45). Cette forteresse fut aménagée à l'époque du royaume aftaside. Un juriste originaire de Sidjilmâsa, Ibn al-Ahsan, agent influent de l'Almoravide Yûsuf b. Tâshfîn qui s'était fixé à Badajoz où il avait acquis de la fortune, réussit à prendre un ascendant considérable sur le souverain aftaside al-Mutawakkil qui en vint à suivre aveuglément ses conseils. Mais cet Ibn al-Ahsan qui ne visait qu'à détrôner l'Aftaside, détourna de lui l'opinion publique au profit des Almoravides, ce qui poussa l'émir, conscient du danger, à s'engager davantage avec Alfonso VI de Castille. Les incursions du *qâ'id* almoravide Sîr b. Abî Bakr poussèrent al-Mutawakkil à solliciter l'assistance de ce souverain. Badajoz ouvrit ses portes à l'armée almoravide et sa citadelle où al-Mutawakkil et les siens s'étaient retirés, fut enlevée d'assaut avec la connivence de ses défenseurs. Son fils al-Mansûr s'était retranché dans le *hisn Shândjash* / Montánchez ; mais ayant appris l'exécution de son père et de ses deux frères, il expédia à Alphonso VI sa famille et ses biens, puis abandonnant Montánchez aux Castillans, il rejoignit les états d'Alfonso VI. L'ancienneté de l'implantation des Berbères Miknâsa dans cette région, expliquerait pourquoi, ce que l'on sait des Aftasides de Badajoz, ne laisse rien transpirer d'une origine berbère que leur profonde arabisation avait sans doute depuis longtemps effacée. Quant au *hisn* de Montánchez, il fut repris par les Almoravides. Giraldo Sampavor devait s'en emparer en *djumâda II* 561 H / avril-mai 1166 avant sa reprise par les Almohades et sa reconquête en 1233. Son district est parsemé d'exploitations agraires, de cultures céréalières, au milieu de zones de pâturages complantées de chênes recherchés pour leurs glands et équipé de moulins fariniers (46).

Parmi les forteresses de la région de Mérida, il faut aussi signaler le *hisn Umm Djazâla* / Magacela, bourgade de la province de Badajoz (partido de Villanueva de la Sierra), au sud-est de Medellin (47). Sise sur un plateau rocheux, dominant la plaine de la Serena, cette forteresse berbère nafzawa sera reprise par l'ordre d'Alcantara en 1235.

Situé sur la rive droite du rio Matachel face au Guadiana, sur une colline de 485 mètres d'altitude, le *hisn al-Hanash* / Alange domine la fertile plaine alluviale du Guadiana (48). Clef historique de la fondation de Badajoz, ce nid d'aigle servit de point d'appui au rebelle Ibn Marwân pour obtenir de l'émir omeyyade l'autorisation de fortifier la future capitale aftaside. Al-Idrîsî situe cette forteresse du XIIe siècle, sur l'itinéraire de Cordoue à Badajoz : « *Fort très haut, très bien construit et d'une très bonne défense* ». C'est l'ordre de Santiago qui en fera la reconquête en 1241.

Si les forteresses dont nous venons de parler appartiennent toujours à l'époque almoravide, à la Marche inférieure (*al-thaghr al-adnâ*) et à la province de Mérida qui en comportait de très nombreuses autres, au dire d'Ibn Ghâlib, sur lesquelles nous ne nous appesantirons pas (49), c'est à sa terre généreuse, celle qui génère le paysage agraire de ses trois principales villes : Mérida, Coria et Badajoz que nous voudrions consacrer la suite de cette étude.

Mérida, aux XIe et XIIe siècles, n'est plus que l'ombre de sa splendeur passée. Al-Idrîsî (50) n'y reconnaît que les vestiges de son architecture romaine. Les géographes arabes, de Ya'qubî (IX e s.) à al-Istakhrî, Ibn Hawqal et al-Râzî (Xe s.) y voient la grande ville fortifiée de la Marche, face aux frontières chrétiennes. Mais c'est le district de Badajoz qui est réputé pour son agriculture : « *la ville de Badajoz a sous sa dépendance un vaste territoire parmi les plus favorables en Espagne à la culture des céréales, il s'y trouve aussi beaucoup de vigne. C'est également la meilleure région qui soit pour l'élevage, la chasse et la pêche. Elle se trouve sur le rio Guadiana qui abonde en excellents poissons* » (al-Râzî) (51). La prédominance très nette d'une toponymie berbère, provenant de noms de groupes tribaux Miknâsa, Kutâma, Masmûda, Nafza sédentarisés au cours du IXe siècle dans cette région et les pratiques pastorales ou de certains modes de culture, indiquent la profondeur de leur implantation. Signe du maintien durable d'une cohésion tribale, cette prédominance berbère n'a pas entraîné pour autant d'autres formes d'appropriation du sol et d'exercice du pouvoir que celles que l'on a mises en évidence dans le Gharb d'al-Andalus. C'est le prélèvement fiscal auprès des propriétaires terriens, souvent Muwalladûn, qui constituait alors la forme d'appropriation des richesses du sol la plus recherchée. Cela n'empêchait guère les chefs de clan ou les gouverneurs (*wâlî*) de posséder des exploitations agraires (*diyâ'*) et les princes Aftasides des résidences d'agrément (*munya*). Sur cette Marche inférieure, si des clans Berbères se sont implantés, les grandes familles de seigneurs *Muwalladûn*, les Banû Sulaymân b. Martîn, les Banû Sa'dûn b. Fath al-Surunbaqî dont les lignages ont profité de la conquête et du pouvoir musulman, conservent leurs biens et parfois prennent le pouvoir. Leur possession de la terre n'est plus un moyen de pouvoir comme cela pouvait être encore au moment de la conquête. Leurs rivalités en terme de pouvoir et d'autonomie se jouent sur le terrain de la fiscalité. L'essor agricole général, aux XIe et XIIe siècles, favorise celui des villages (*qurâ*) tenus par des clans en propriétés collectives ou propriétés individuelles des petits paysans. 'Abd al-Rahmân b. Marwân b. Yunûs al-Djillîqî, *muwallad*, était originaire de Galice et installé à Mérida. Son père, de même nom, avait les faveurs des émirs omeyades puisqu'il était gouverneur de la cité lorsqu'il fut assassiné par des révoltés commandés par le chef masmûda Mahmûd b. al-Djâbbar et comprenant des *Muwalladûn*, regroupés autour de Sulayman b. Martîn et des Mozarabes. Il semble que ce n'est qu'en 835, avec l'édification de l'alcazaba à l'intérieur de la ville de Mérida, qu' 'Abd al-Rahmân II (822-856) parvint à pacifier cette province. Le caractère séditieux de la région de Mérida s'explique par les luttes claniques entre les diverses composantes de sa population : Berbères Masmûda, Kutâma, Hawwâra, Nafza, Miknasa, Muwalladûn et Mozarabes encore nombreux à cette époque (52). Nous retrouvons ces rivalités à la fin du IXe siècle, lors de la première *fitnâ*, entre les Berbères Masmûda Banû Tadjît et Ibn Marwân al-Djilliqî, les uns à Mérida, les autres à Badajoz. Cette cité n'est qu'un village lorsque Ibn Marwân s'y retire avec l'*amân* de l'émir

Muhammad en 874. Après de nombreuses péripéties, c'est en 886 qu'il obtint de 'Abd Allâh l'autorisation de s'établir à Badajoz et le gouvernorat de sa région : « *en ce temps Badajoz n'était rien. Ibn Marwân construisit une ville pour lui et les siens. Et une fois sa situation raffermie, il écrivit à l'émir 'Abd Allâh qui venait d'accéder au pouvoir, pour lui demander la délimitation de ses terres en un acte officiel et la reconnaissance du statut de ses Muwalladûn par un pacte. Sa requête fut agréée. Ibn Marwân envoya une seconde lettre dans laquelle il exposait qu'il n'avait pas de grande mosquée où proclamer la prière au nom de l'émir, ni de bains publics où se laver, et que ses compagnons, malgré leur sédentarisation, restaient pour la plus part des nomades. Il demandait qu'on lui envoyât des ouvriers chargés de construire la mosquée et les bains : la contrée pourrait rivaliser ainsi avec les autres métropoles. De fait, l'émir lui accorda tout ce qu'il voulait* »(53).

À l'origine, les remparts de Badajoz avaient été bâtis en pisé. Ils ont depuis, en 421 H / 1030, sous le régne du fondateur de la dynastie aftaside 'Abd Allâh b. Muhammad b. Maslama b. al-Aftas (1022-1045), été reconstruits, comme ils le seront à l'époque almoravide, avec de la chaux vive et des pierres taillées. L'existence d'un grand faubourg (*rabad*) plus important que le centre urbain lui-même prouve la vitalité de Badajoz appuyée sur un riche terroir . Au XIIe siècle, à l'époque almohade, la superficie de la ville atteindra, selon les estimations de Torres Balbas, soixante-quinze hectares intra-muros, soit approximativement vingt-cinq mille habitants.

Le cadre géographique où est implantée Badajoz conditionne son paysage agraire et l'orientation de son développement agricole: céréaliculture ou viticulture dans les vegas du Guadiana et oliveraies ou élevage sur les sierras environnantes (53).

Le Tage et le Guadiana sont les deux barrières naturelles de cette Marche inférieure. Mais en ce XIe siècle, après la prise de Tolède (1085), le Guadiana vivifie toujours l'ample plaine fluviale de Badajoz. Si les oliveraies fréquemment célébrées dans l'Antiquité classique, dans les environs de Mérida, continuent de produire des olives dont la douceur peut être comparée à celle des grains de raisins, les cultures céréalières prédominent et partagent ces vegas avec les vignobles. Les grandes étendues du vignoble de la région de Zallâqa / Sagrajas (1086), au milieu desquelles se déroula l'offensive almoravide contre Alphonse VI, voisinent avec une plaine sablonneuse et vide (*al-qafr*) distante de 50 milles de la ville. Fécondée par les pluies d'hiver, elle se couvre d'herbes au printemps. Les nomades berbères sédentarisés dans la ville et les villages alentours, viennent alors faire paître leurs troupeaux. De ces vegas du Guadiana, la portion la plus opulente et attractive demeure la grande bande fluviale entre Badajoz et Mérida. Cette région irriguée par le fleuve, couverte de vergers et de jardins, devait assurer le ravitaillement des marchés de la ville et de ses dépendances. Toutes sortes de plantes vivrières étaient cultivées dans les jardins de Badajoz, même le chou pommé (*kurnab*) (55).

Important foyer de culture céréalière, les plaines limitrophes de Badajoz, sises dans les basses vegas du Guadiana, déjà mises en culture à l'époque romaine et peuplées de villas et d'exploitations agraires mises à jour par les recherches archéologiques (56), ne cessent d'être jusqu'au XIIe siècle, les terres les plus favorables d'al-Andalus, pour les cultures céréalières.

L'Alcazaba / *al-Qasaba* à Badajoz dominait la vallée du Guadiana ; un vers de 'Adî b. Zayd convenait fort bien pour la décrire, dit al-Fath b. Khâqân : « *Des salles à coupoles (qibâb) autour d'un palais (daskara) autour duquel les oliviers étalaient leur claire verdure* ». Dans les environs, al-Mutawakkil dernier prince aftaside avant l'occupation almoravide, avait fait aménager une *munya* à laquelle il avait donné le nom d'al-Badî' (la superbe); c'est là qu'il se rendait avec ses familiers, en particulier les Banû al-Qabturnuh, pour y banqueter joyeusement ou se reposer au milieu des arbres et des fleurs (57). Badajoz et ses environs ont inspiré des regrets à des poètes, plus par reconnaissance envers le prince al-Mutawakkil que par admiration pour la ville et le site qui l'entourait : « *Badajoz, disait le vizir Abû 'Amr b. al-Fallâs, je ne t'oublierai pas, quelle que soit l'absence qui me tiendra éloigné de toi. Comme ils sont admirables les grands arbres qui t'entourent ! Le vallon de ton beau fleuve s'y ouvre un chemin comme si l'on pourfendait un manteau rayé* ».

L'existence d'une enceinte fortifiée entourant la ville, attestée par les sources écrites, va de pair avec celle d'un fossé qui encerrait tout le site urbain même dans les zones directement baignées par le Guadiana et le Rivillas. Nous pouvons supposer que les jardins et vergers, biens haboussés des Banû Ishâq nécessiteux (*du'fâ' banî Ishâq*) loués et vendus à un agriculteur, au XIIe siècle, (un tiers vendu pour 9 *mithqâl* /s or almoravide ou loué pendant 50 ans) se situaient dans ces parages. Peut-être faisaient-ils partie des aménagements des divers faubourgs de la ville non protégés par quelque défense ou de l'habitat dispersé autour de la ville ? (58) Cependant, les revenus des biens habous de la grande mosquée de Badajoz ne devaient guère être très élevés. Lors de l'incendie accidentel des toitures de deux nefs de cet édifice, à l'époque almoravide, ses revenus ne suffirent pas pour payer les réparations. D'autres *masdjid* / s pouvaient être par contre bien pourvus de revenus abondants permettant l'édification d'estrades et de bancs (*masâtib*) autour de la grande mosquée (59).

Reconstituer les modes d'appropriation des terres de cette Marche inférieure peut être tenté en reprenant les bribes d'informations consenties par nos sources arabes. La première question à résoudre est celle de l'existence de communautés rurales berbères solidaires dans les droits qu'elles exercent sur les terres. Le fait marquant de cette région est la proportion élevée des toponymes gentilices du type : *Miknâsa, Djibâl al-Barânis, Hisn Umm Dja'far, Hisn Umm Ghazâla, Hisn Sakhra Abû Hassân*...qui révèlent l'existence de familles larges ou de clans, signe d'un important apport ethnique de Berbères maghrébins remontant à l'époque même de la conquête musulmane.

À l'époque almoravide (XIe-XIIe s.) ces *hisn* / s et ces *qurâ* ou villages apparaissent comme de petits hameaux de quelques dizaines de maisons, regroupés en district (*iqlîm*) autour de grosses bourgades fortifiées (Trujillo, Montánchez, Medellin) et constituant deux provinces (*kûra*), celle de Mérida et celle de Badajoz. Ces villages sont peuplés de propriétaires libres et indépendants. Ils se distinguent en effet des *munya* /s qui apparaissent dans quelques documents et désignent des propriétés aristocratiques aux abords des centres urbains (Badajoz, Coria).

Lors d'un différent au sujet d'un moulin (*rahâ*), une consultation juridique demandée à Abû-l-Walîd b. Rushd (m. 1126), nous apprend qu'un village (*qarya*) situé sur le territoire d'al-Mandjîl (*Hawz al-Mandjîl*) était détenu pour un tiers par le père d'une femme et les deux autres tiers par les filles de l'oncle maternel et les personnes associées à l'héritage de ce père dans ce village (60). Cette même époque voit une parcellisation des propriétés foncières ; il n'est pas rare de voir, par exemple, une vigne faisant partie d'une métairie, vendue séparément (61). De même, des fondouks ou des moulins hydrauliques sont affermés dans ces régions où toute emprise féodale est inconnue (62). Les plaines céréalières, non cultivées par leurs propriétaires pouvaient faire l'objet de contrat de location (63). Terre céréalière, terre de vignoble, la Marche inférieure était aussi une terre d'élevage ovin et bovin. Des sociétés se constituaient pour mettre en commun un certain nombre de têtes de brebis, pour en faciliter le gardiennage et l'exploitation, ce qui engageait parfois de forte somme (70 *mithqâl* /s or almoravide, dans un cas précis)(64). On pouvait être aussi, dans des cas plus modestes, propriétaire du tiers d'une vache ou d'un boeuf (*baqar*) (65). D'autres documents relatant la composition d'héritage, signalent le partage de troupeaux de brebis, vaches et animaux de trait (66).

Badajoz avait sous sa responsabilité administrative plusieurs districts (*aqâlîm*) et de nombreuses forteresses (*husûn*)(67). Il lui fallut se relever des longs mois où sa contrée fut ravagée par les troupes 'abbâdites de Séville qui annexèrent bon nombre de forteresses et saccagèrent les moissons, provoquant la famine, sans qu'al-Muzaffar, le prince aftaside, retranché dans Badajoz et abandonné de ses alliés, sourds à ses appels, ne pût rien tenter pour remédier à un mal qui ne prit fin qu'avec le retour d'al-Mu'tadid à Séville en *shawwâl* 442 H / 16 février-16 mars 1051 (68). Parmi les forteresses qui survécurent à cette catastrophe, le *hisn Labiun* / Lobón, situé sur la route de Badajoz à Mérida en bordure du Guadiana, devait correspondre, à l'époque almoravide, à ce « *fort que le voyageur qui se rend à Mérida laisse à sa droite* », remarqué par al-Idrîsî (69).

L'unique référence que nous ayons du *hisn al-Abtîr*, proche de Badajoz, provient du *Rawd al-mi'târ* (70) : « *Château-fort d'al-Andalus, à proximité de Badajoz. Il fut bâti par Muhammad b. Abî 'Âmir, en grandes pierres de taille. À l'intérieur se trouve une source dont l'eau s'écoule en cascade. Il est aujourd'hui abandonné. À proximité de ce château, à environ trois portées de flèche, on remarque, sur une élévation de terrain, un tombeau taillé dans le roc et recouvert d'une série de dalles de pierre. Il est connu sous le nom de « Tombeau du Martyr » (qabr al-shahîd). On ne sait à quelle date il remonte, tant il est ancien. Quand on soulève quelques unes des dalles qui forment couvercles, le cadavre apparaît, le corps intact, sans aucune altération, avec des cheveux qui poussent* ». Cette construction, non localisée, était un élément supplémentaire de la fortification de la ligne du

Guadiana, avec la forteresse de Jurumenha sise sur une haute terrasse de ce fleuve (71).

NOTES

1)- P.Guichard, *Les Musulmans de Valence et la reconquête (XIe-XIIe siècles)*, I, p. 76,88.

2)- *Frontière et peuplement dans le monde méditerranéen au Moyen Âge, Castrum IV*, École française de Rome, Casa de Velazquez, 1992 ; Manuel Terron Albarran, *El solar de los Aftasidas*, Centro de Estudios Extremeños, Institucion Pedro de Valencia, Badajoz, 1971 ; Juis Miguel Villar Garcia, *La Extremadura Castellano-Leonesa, guerreros, clérigos y campesinos (711-1252)*, Junta de Castilla y Leon, Concejeria de Educacion y Cultura ; J. Bosch-Vila, « Algunas considéraciones sobre al-Thaghr en al-Andalus y la division politico-administrativa de la España musulmana », *Études d'Orientalisme à la mémoire de Lévi-Provençal*, Paris, 1962, I, p. 22-33 ; *La Marca superior de al-Andalus y el Occidente cristiano*, Actes du colloque de Huesca, 10-13 mai 1988, Madrid, 1991 ; *Frontières et espaces pyrénéens au Moyen-Âge*, travaux réunis par Ph. Sénac, CREPF, Université de Perpignan, 1992.

3)- *Al-Hulal al-mawshiya*, trad. A.Huici-Miranda, Tétouan, 1952, p. 96.

4)- J.Gautier-Dalché, « Islam et chrétienté en Espagne au XIIe siècle : contribution à l'étude de la notion de frontière », *Hespéris*, XLVII, 1959, p. 183-217.

5)- J.Bosch-Vila, « Algunas consideraciones », I, p. 23-33.

6)- E.Lévi-Provençal, « La Description de l'Espagne d'Ahmad al-Râzî », *Al-Andalus*, XVIII, 1953, p. 79-83.

7)- Fernando Valdés Fernandez, « Consideraciones sobre la Marca inferior de al-Andalus », *Castrum* IV, 1992, p. 85-98 ; Al-Maqarî, *Nafh al-tîb* , I, p. 415 ; Ibn al-Khatîb, *A'mâl al-a'lâm*, éd. Lévi-Provençal, Beyrouth, 1956, p. 183 et 243 ; Ibn al-Abbâr, *Kitâb al-takmila li kitâb al-sîla* , éd. F.Codera, Madrid, 1887, p. 52, 216, 232 ; Ibn al-Abbâr, « Apendice a la edicion Codera de la « Tacmila » de Aben Alabbar, por M.Alarcon », *Miscelanea de Estudios y textos arabes*, Madrid, 1915, biog. N°2519, 2699 ; Ibn 'Idhârî, *Bayân*, III,p. 236-238 ; Ibn al-Faradî, *Ta'rîkh* p. 17 ; Ibn al-Abbâr, *Mu'djam*, n°304.

8)- J.Gautier-Dalché, « Islam et chrétienté », p. 183-217.

9)- J.Gautier-Dalché, « Islam et chrétienté », p. 214; *Chronica Adefonsis Imperatoris*, edicion y estudio por Luis Sanchez Belda, Madrid, CSIC, 1950, p. 132-143.

10)- Codera, F, « Los Benimeruan llamados los Gallegos, en Mérida u Badajoz », *Revista de Aragon*, 5, p. 187-190, 237-242, 286-289, 331-338 et 401-407 ; M.Terron Albarran, *El solar*, 1971 ; H.R. Idris, « Les Aftasides de Badajoz », *Al-Andalus*, XXX, 1965, p. 277-290.

11)- Ibn 'Idhârî, *Bayân Al.*, p.79 ; *al-Hulal al-mawshiya*, p. 70 ; Ibn al-Khatîb, *A'mâl al-a'lâm*, p. 283-284 ; J.Bosch-Vila, *Los Almoravides*, p. 192-193.

12)- Luis Miguel Villar Garcia, *La Extremadura castellano-Leonesa, guerreros, clérigos y campesinos (711-1252)*, Valladolid, 1986.

13)- Thomas F. Glick, *Christianos y musulmanes en la España medieval (711-1250)*, Alianza Universidad, Madrid, 1993, p. 110-120.

14)- V.Lagardère, *Les Almoravides*, éd. L'Harmattant, 1989, p. 132-133.

15)- M.Terron Albarran, *El Solar*, p. 604-611 ; al-Istakhrî, *Kitâb masâlik al-mamâlik*, éd. M.J. de Goeje, Brill, 1967, p. 37, 41, 42, 43, 45, 69 ; Ibn Hawqal, *Kitâb sûra al-ard*, Brill, 1967, p. 43,79, 80, 128 ; al-Muqaddasî, éd. Brill, 1967, p. 57, 223, 224, 247 ; Ibn Hawqal, *Configuration de la Terre* , Paris, 1964, I, p. 115-116.

16)- E. Lévi-Provençal, « La description », p. 88-89 ; al-Idrîsî, *Description de l'Afrique et de l'Espagne* , éd. Dozy, p. 175, 186/211,225-226 ; Al-'Umarî, *Masâlik al-absâr fî mamâlik al-amsâr*, p. 92 ; E.I (1), IV, article Santarem par E.Levi-Provençal, p. 159 ; al-Bakrî, *Djughrâfiya al-Andalus wa 'Ûrûba*, Beyrouth, 1968, p. 63, 76, 95.

17)- Yâqût, *Mu'djam al-buldan*, Beyrouth, 1957, III, p. 367 ; Ibn Ghâlib, *Kitâb farhat al-anfus*, 1955, p. 291 ; al-Himyarî, *Kitâb al-rawd al-mi'târ* , Brill, 1938, p. 139-140 n°104 ; *Una descripcion anónima de al-Andalus*, ed. y trad. Luis Molens, Madrid, 1983, II, p. 58-59.

18)- Abû-l-Walid al-Marrakushî, *Mu'djib*, p. 185 ; Ibn Abî Zar', *Rawd al-qirtâs*, p. 214-215 ; Ibn Khaldûn, *Histoire des berbères*, II, p. 205 ; Ibn 'Idhârî , *Bayân* III, Tétouan, 1960, p. 118-119, 132-138.

19)- Ibn 'Idhârî, *Bayân* III, p. 134, 135, 136.

20)- Al-Maqqarî, *Nafh al-tîb*, I, p. 441 ; Henri Pérès, *La poésie andalouse en arabe classique au XIe siècle*, Paris, 1953, p. 233.

21)- Al-Râzî, « Description », p. 90 ; EI (1), III, article Lisbonne de E.Lévi-Provençal, p. 29 ; M. Terron Albarran, *El solar*, p. 573-590.

22)- Ibn Hawqal, *Configuration* , p. 110,114-115 ; al-Bakrî, *Djughrâfia*, p. 63, 85, 128, 129; Ibn Ghâlib, p. 291 ; al-Idrîsî, *Description* , p. 55, 74, 173, 175, 184, 186, 189 ; al-Himyarî, *Al-Rawd al-mi'târ*, p. 22-24 n°13 ; *Una descripcion anonima de al-Andalus*, II, p. 56-57 ; Abû-l-Fida , *Taqwîm* , p. 92; Yâqût, *Mu'djam al-buldan* , V, p. 16.

23)- Al-Maqqarî, *Analectes*, I, p. 102 ; H.Pérès, *La poésie*, p. 190, 263, 323, 347, 446, 453 ; *Kitâb fî tartîb awqât al-ghirâsa wal maghrûsât*, éd. et trad. Angel C. Lopez y Lopez, Granada, 1990, p. 264-266 ; Ibn al-'Awwâm, *Kitâb al-filâha*, éd. et trad. J.A.Banqueri, Madrid, 1988, I, p. 330-333 ; *Risâla fî awqât al-sana, Un Calendario anónimo andalusi*, éd. et trad. M. Angeles Navarro, Granada, 1990, p. 165, 226.

24)- Abû-l-Walîd b. Rushd, *Kitâb al-fatâwâ*, Beyrouth, 1987, I, p. 61 ; II, p. 952-955 ; 1092-1095 ; H.Pérès, *La poésie*, p. 200, 453 ; M. Terron Albarran, *El solar*, p. 583 ; al-Wansharîsî, *Mi'yâr* , Fès, VI, p. 338-340 ; Rabat, VI, p. 476-478 ; Ibn Sâhib al-Salât, *Ta'rikh al-mann bil-imâma*, Beyrouth, 1964, p. 149, 373, 452.

25)- Ibn Bassâm, *Al-Dhakhîra fî mahâsin ahl al-djazîra*, éd. Ihsân 'Abbâs, Beurouth, 1978, II, p. 786-788.

26)- *Cronica de Osbern*, éd. et trad. portugaise J.A. de Oliveira, Lisbonne, 1948, p. 40.

27)- Al-Himyarî, *Al-Rawd al-mi'târ*, p. 131-132 ; M. Terron Albarran, *El solar*, p. 515.

28)- Al-Idrîsî, *Description*, p. 184/223 ; al-Himyarî, *Al-Rawd al-mi'târ*, p. 44, 222 ; M. Terron Albarran, *El solar*, p. 516-517 ; al-Râzî, *Description*, p. 90 n°53.

29)- Al-Himyarî, *Al-Rawd al-mi'târ* , p. 252 ; al-Bakrî, *Djughrâfiya*, p. 119-120.

30)- Al-Idrîsî, *Description*, p. 186/226 ; M. Terron Albarran, *El solar*, p. 480-481.

31)- Félix Hernandez Jiménez, « La kûra de Mérida en el siglo X », *Al-Andalus*, 1960, XXV, p. 340-348 ; M. Terron Albarran, *El solar*, p. 481-482.

32)- Félix Hernandez Jiménez, p. 359-361 ; M. Terron Albarran, *El solar*, p. 483-484.

33)- Yâqût, *Mu'djam al-buldân*, VII, p. 316 ; Ibn 'Idhârî, *Bayân III*, trad. Huici-Miranda, I, p. 69 ; M. Terron Albarran, *El solar*, p. 524-526, 484-489 ; Félix Hernandez Jimenez, p. 329-333.

34)- Al-Bakrî, *Djughrâfiya*, p. 120 ; Al-Himyarî, *Al-Rawd al-mi'târ*, p. 252; Yâqût, *Mu'djam al-buldân*, I, p. 358 ; Ibn Hayyân, *al-Muqtabas*, V, p. 157 ; Ibn Kardabus, *Ta'rikh al-Andalus*, p. 148 ; M.Terron Albarran, *El solar*, p. 491-494.

35)- Al-Bakrî, *Djughrâfiya*, p. 120 ; Al-Idrîsî, *Description*, p. 175/211, 186/226 ; Al-Himyarî, *Al-Rawd al-mi'târ*, p. 252 ; Ibn Hayyân, *Al-Muqtabas*, V, p. 80,81 ; Ibn Hawqal, *Configuration*, p. 62, 115 ; Ibn Kardabus, *Ta'rîkh al-Andalus*, p. 148 ; Ibn Hazm, *Djamharat ansâb al-'arab*, éd. Lévi-Provençal, Le Caire, 1948, p. 464, 465 ; M.Terron Albarran, *El solar*, p. 494-495 ; Yâqût, *Mu'djam al-buldân*, VII, p. 417 ; Luis Molina, *Una descripcion anónima de al-Andalus*, Madrid, 1983, I, p. 11 ; Hernandez Jiménez, p. 319.

36)- Al-Bakrî, *Djughrâfiya*, p. 120 ; Al-Himyarî, *Al-Rawd al-mi'târ*, p. 120 ; Ibn Kardabus, *Ta'rîkh al-Andalus*, p. 148; Ibn 'Idhârî, *Bayân*, trad. Huici-Miranda, I, p. 145 ; Yâqût, *Mu'djam al-buldân*, V, p. 301.

37)-) Ibn 'Idhârî, *Bayân III*, Tétouan, 1963, p. 78-79 ; al-Himyarî ,*Al-Rawd al-mi'târ*, p. 18-19 note 2.

38)- Al-Bakrî, *Djughrâfiya*, p. 120 ; Al-Himyarî, p. 252 ; Ibn Kardabus, p. 148 ; M.Terron Albarran, *El solar*, p. 505-506 ; Ma A. Pérez Alvarez, « Inscripciones hispano-arabe de Merida y Logrosan », *Anaquel de Estudios Arabes*, 1992, n°3, Madrid, p. 163-169.

39)- Al-Istakhrî, *Viae regnorum*, éd. M.J. de Goeje, Brill, 1967, p. 41 ; *Una cronica anónima de 'Abd al-Rahman III al-Nâsir*, p. 85/158 ; Al-Idrîsî, *Description*, p. 186-187/227 ; Ibn Ghâlib, p. 290 ; Al-Himyarî, p. 19,79-80, 252 ; Ibn 'Idhârî, *Bayân III*, éd. Huici-Miranda, p. 78-79, 199 ; Ibn Sâhib al-Salât, p. 56, 388, 373 ; M. Terron Albarran, *El solar*, p. 44-45, 95-98, 613-616 ; Ibn Abî Zar', *Rawd al-qirtâs*, Rabat, 1973, p. 229 ; *Una descripcion anónima*, p. 63 ; B.Pavon Maldonado, « Arqueologia Musulmana en Caceres », *Al-Andalus*, 1967, p. 181, 182-186, 210, 195.

40)- *Risâla fî awqât al-sana, Un calendario anónimo andalusi* , éd. et trad. Ma Angeles Navarro, Granada, 1990, p. 226.

41)- Al-Idrîsî, *Description*, p. 187/227 ; Fernando Jiménez de Gregorio, « Fortalezas musulmanas de la linéa del Tajo », *Al-Andalus*, XIX, 1954, fasc. I, p. 410-420 ; Ibn Sâhib al-Salât, p. 368-374 ; Ibn 'Idhârî, *Bayân III*, p. 78-79 ; Ibn al-Qattân, *Nazm al-djumân*, Rabat, p. 216 ; Pavon Maldonado, « Arqueologia musulmana en caceres », *Al-Andalus*, XXXII, 1967, p. 181-210 ; Torres balbas Leopoldo, « Caceres y su cerca almohada », *Al-Andalus*, XIII, 1948, p. 446-472 ; Martim Velho, « O recontro militar de Tashfin bin 'Ali em fahs al-Baqar em 1133 », *Boletin de la Asociacion española de Orientalistas*, XVI, 1980, p. 163-186 ; A.Huici-Miranda, *Historia politica del imperio almohade*, Tétouan, 1956, I, p. 231-238 ; Ibn Hawqal, *Configuration* , p. 66, 115 ; M. Terron Albarran, *El solar*, p. 552-557.

42)- Ibn 'Idhârî , *Bayân A1.*,p. 99 ; *Bayân III*, p. 78-79.

43)- L.Torres Balbas, « Caceres y su cerca almohade », *Al-Andalus*,XIII, 1948, p. 446-472.

44)- J.Clemente Ramos, « La sociedad rural extremeña (siglos XII-XIII) », *Revista de Estudios Extremeños*, 1990, XLVI, III, p. 541-553 ; Pedro Lumbreras Valiente, *Los fueros municipales de Caceres, su derecho publico*, Caceres, 1974, p. III, IV, XXXI, XXXII, XXXIII.

45)- Ibn al-Abbâr, *Takmilat*, p. 28-29 n°74 ; Ibn al-Zubayr, *Silat al-sila*, Rabat, 1938, p. 25 ; R.H. Idris, « Les Aftasides de Badajoz », *Al-Andalus*, XXX, 1965, p. 279-290 ; A.Huici-Miranda, *Historia politica del imperio almohade*, Tetouan, 1956, I, p. 231-238 ; Al-Himyarî, p. 19 ; E.Lévi-Provençal, *Trente sept lettres officielles almohades*, Rabat, 1941, p. 231 ;Ibn al-Khatîb, *Kitâb a'mâl al-a'lâm*, éd. E.Lévi-Provençal, Rabat, 1934, p. 215 ; *Mudhakkarât al-Amîr 'Abd Allâh, Kitâb al-tibyân*, éd. E.Lévi-Provençal, p. 172-174.

46)- J.Cl. Ramos, « La sociedad rural extremeña », p. 547-548.

47)- Al-Bakrî, *Djughrâfiya*, p. 120 ; Al-Himyarî, p. 252 ; Yâqût, *Mu'djam al-buldân*, I, p. 363 ; Ibn 'Idhârî, *Bayân III*, p. 176 ; M. Terron Albarran, *El solar*, p. 490-491.

48)- Al-Idrîsî, *Description*, p. 213/265 ; Ibn Hayyân, *al-Muqtabas V*, éd. Chalmeta, p. 80, 81, 158 ; Yâqût, *Mu'djam al-buldân*, II, p. 311 ; Ibn al-Abbâr, *Al-Hulla al-siyarâ'*, Le Caire, 1964, II, p. 296 ; Al-Bakrî, *Djughrâfiya*,p. 122 ; M. Terron Albarran, *El solar*, p. 496-498.

49)- Ibn Ghâlib, p. 290 ; M. Terron Albarran, *El solar*, p. 469-527.

50)- Al-Idrîsî, *Description*, p. 220-222 ; Al-Râzî, *Description*, p. 84-87 ; M. Terron Albarran, *El solar*, p. 590-603.

51)- Al-Râzî, *Description*, p. 87, 88, 89 ; Al-Zuhrî, *Kitâb al-dja'rafiya*, Damas, 1968, p. 221, 222, 223, 234 ; Al-Idrîsî, *Description*, p. 175, 179, 180, 181, 182, 213 ; Ibn 'Idhârî, *Bayân AL.*, p. 97, 98, 99 ; *Bayân III*, p. 31, 63, 82, 83, 84, 86, 104, 132, 134, 204 ; Ibn Hayyân, *Al-Muqtabis*, III, p. 15,29, 53, 69, 138 ; *Una Crónica anónima de 'Abd al-Rahmân III al-Nâsir*, p. 94, 112, 143, 154, 155, 158.

52)- Ch. Picard, « La fondation de Badajoz par 'Abd al-Rahman Ibn Yunus al-Jillikî (fin IX e siècle) », *Revue des Etudes Islamiques*, XLIV, 1981, fasc. 2, p. 215-218 ; Ibn Hayyân, *Al-Muqtabas V*, p. 120-123 ; F.Valdés Fernandez, « Ciudadela y fortificacion urbano : el caso de Badajoz », *Castrum 3*, p. 143-152.

53)- Al-Himyarî, p. 58 n°48 ; Al-Bakrî, *Djughrâfiya*, p. 119-123.

54)- M. Terron Albarran, *El solar*, p. 277-328 ; V.Lagardère, *Le vendredi de Zallâqa (23 octobre 1086)*, éd. L'Harmattan, Paris, 1989, p. 196 ; Ibn Hayyân, *Al-Muqtabas V*, p. 185/279 (sur *al-qafr*) ; Dozy, *Supplément*, II, p. 383.

55)- Ibn Bassâm, *Al-Dhakhîra*, I, p. 367, 388, 942 ; II, p. 22, 35, 96, 243, 464, 465 (sur l'élevage des chevaux), 639, 641, 650, 652 (sur les jardins et vergers de Badajoz), 653, 710, 711, 799, 803 ; III, p. 253, 672, 673, 774, 891.

56)- José de C Serra Rafol, « El poblamiento del valle medio del Anas en la época romana », *Revista del Centro de estudios Extremeños*, Badajoz, 1945 ;

Ibn 'Idhârî, *Bayân III*, p. 31,63, 82, 84 (farine et pillage par Giraldo Sampavor d'une caravane de 500 bêtes de somme chargées de grains), 85, 86, 104, 132, 134, 204 ; Al-Râzî, *Description*, p. 87 n°40.

57)- Al-Maqqarî, *Analectes*, I, p. 103, 114, 139, 140, 280, 440 ; II, p. 763 ; H. Pérès, *La poésie andalouse*, p. 46, 47, 56, 59, 70, 74, 91, 100, 117, 130, 149, 214, 231, 235, 253, 259, 260, 263, 264, 301, 348, 362, 376 ; F. Valdés Fernandez, « Ciudadela y fortificacion urbana », p. 143-151.

58)- F. Valdés Fernandez, « Ciudadela y fortificacion », p. 149-150 ; Abû-l-Walîd b. Rushd, *Kitâb al-fatâwâ*, I, p. 290-293 n°55, p. 308-310 n°64, p. 1108-1109 n°339.

59)- Abû-l-Walîd b. Rushd, *Kitâb al-fatâwâ*, III, p. 1267-1268 n°418, p. 1269-1270 n°420, p. 1268 n°419.

60)- Idem, II, p. 1261-1262 n°413.

61)- Idem, III, p. 1270 n°421.

62)- Idem, III, p. 1282-1283 n°432.

63)- Idem, III, p. 1284-1285 n°434.

64)- Idem, III, p. 1262-1263 n°414.

65)- Idem, III, p. 1266-1267 n°417.

66)- Idem, III, p. 1273-1274 n°425.

67)- Al-Bakrî, *djughrâfiya*, p. 123.

68)- H.R.Idris, « Les Aftasides de Badajoz », *Al-Andalus, XXX*, 1965, p. 282.

69)- Al-Idrîsî, *Description*, p. 181-220 ; M. Terron Albarran, *El solar*, p. 498-499 ; Ibn Sâhib al-Salât, trad. Huici-Miranda, p. 187 ; A. Huici-Miranda, *Historia politica del imperio almohade*, I, p. 252 ; Vicente Navarro del Castillo, « El pueblo Lyco (Lobon) à través de la historia », *Revista de estudios Extremeños*, 1963, XIX, p. 51 et s.

70)- Al-Himyarî, p. 16.

71)- M. Terron Albarran, *El solar*, p. 501-502 ; F. Branco Correia et Ch. Picard, « Intervençao arqueologica no castelo de Juromenha », Mertola, p. 71-89.

OPPOSITIONS CASTILLANE, ARAGONAISE, ANDALOUSE - MOZARABE, ALMOHADE ET POUVOIR ALMORAVIDE : LA RUPTURE (1118 - 1126)

La Marche supérieure (*al-Thâghr al-a'lâ*) et l'émirat hudide de Saragosse devait connaître le même scénario que la Marche inférieure et l'émirat aftaside que nous venons d'étudier. Deux comportements identiques face à l'agressivité des royaumes chrétiens : négociations des gouvernements contre appel à la résistance des habitants ; annexion des émirats aux royaumes de Castille et d'Aragon recherchée par les dirigeants et proclamation de la guerre sainte (*djihâd*) et appui des Almoravides désiré par les administrés et les *fuqahâ'* .

Yûsuf b. Tâshfîn avait laissé subsister cette survivance des Taifas qu'était l'émirat hudide de Saragosse, en raison de l'attitude plus déterminée de cette dynastie dans la lutte contre les Chrétiens. 'Alî b. Yûsuf b. Tâshfîn semble à cet égard, être resté fidèle aux conseils donnés par son père sur son lit de mort, de conserver l'existence de cet état tampon, de cette zone frontière entre l'Aragon et l'empire almoravide. C'est même à ses tentatives insistantes de prendre le contrôle de la capitale de la vallée de l'Ebre, à l'encontre des ordres de Marrakech, que le gouverneur 'Abd Allâh b. Fâtima, en fonction à Valence de 1102 à 1110, aurait dû son déplacement à Grenade et son remplacement par Abû 'Abd Allâh Muhammad b. Turgût appelé aussi Ibn al-Hâdjdj. C'est pourtant ce dernier qui en 1110, annexe Saragosse à l'appel des habitants mécontents de la politique de leur nouveau souverain 'Imâd al-Dawla. D'après Ibn al-Khatîb, les sujets de l'émirat hudide auraient alors posé comme condition à la reconnaissance de l'héritier d'al-Musta'în, son fils 'Abd al-Malîk 'Imâd al-Dawla, celle de ne pas se compromettre avec les Chrétiens.

Dès 1064, après la prise de Barbastro par les croisés francs, al-Muqtadir de Saragosse avait lancé dans tout al-Andalus un appel au *djihâd* et c'est dans l'émirat hudide que le grand juriste al-Bâdjî prêche l'union des émirats pour lutter contre les Chrétiens et reçoit le meilleur acceuil.

On peut admettre que ce sont finalement les habitants de Saragosse qui, quatre mois après la *bay'a* prêtée à 'Imâd al-Dawla et en raison d'accords qu'il avait passés avec les Aragonais, firent appel à Ibn al-Hâdjdj et lui ouvrirent les portes de la ville à la fin de mai 1110, alors que l'émir hudide se réfugiait à Rueda de Jalon, forteresse où il allait se maintenir désormais sous la protection des Castillans. Cet épisode est aussi la manifestation de la perte de l'esprit de clan des *Lamtûna-Banû Turdjût*, due au manque d'énergie du souverain almoravide qui laisse s'allumer autour de son trône les convoitises de ses propres parents. 'Abd Allâh b. Fâtima semble ne plus reconnaître qu'un vague droit de suzeraineté à l'*Amîr al-Muslimîn*, il exerce l'autorité qu'il détient du prince dans une indépendance qu'il souhaite absolue et sans cacher le moins du monde son sentiment de se tailler un royaume.

Ibn al-Hâdjdjd quittait Valence pour s'installer à Saragosse en 1111, les sources chrétiennes indiquent en 1112 une razzia musulmane dans la région de Huesca et à l'été 1112, l'expédition menée par Ibn 'Â'isha depuis Murcie ou Valence et Ibn al-Hâdjdj depuis Saragosse contre la Catalogne qui se termine par l'échec de Martorell. C'est probablement ce dernier qui provoque des changements importants dans les gouvernorats du *Sharq* d'al-Andalus . Un cousin et beau-frère du souverain, Abû Bakr Ibrâhîm b. Tifilwît quelques temps gouverneur à Murcie et à Valence, devait se rendre à Saragosse. Au cours de l'année 510 H / 1117, dans le cadre de ses attributions de *sâhib Saraqusta*, il partit en expédition et se dirigea contre le *hisn Rûta* qu'il incendia et mit à mal avant de se diriger vers Borja (*Burdja*) refuge de 'Imâd al-Dawla dont il fit le siège obligeant sa population à demander la paix. Ensuite, il rentra à Saragosse pour y mourir en 1117.

Alphonse I d'Aragon renouvelait alors ses menaces contre l'ancien royaume des banû Hûd et harcelait Saragosse profitant de l'amoindrissement du pouvoir almoravide. L'Émir des Musulmans 'Alî b. Yûsuf b. Tâshfîn avait aussi constaté combien ses gouverneurs locaux ne tenaient plus leur province. À cet effet, il envoie au cours de l'année 510 H / 1117-1118, une lettre à Abû Muhammad b. Fâtima, gouverneur de Grenade (72), dans laquelle il l'engage à établir le Droit, à rappeler aux gouverneurs (*'ummâl*) andalous l'obligation de se conformer aux commandements du Droit, de bien se conduire, de se montrer justes envers le fort et le faible, attentifs aux opprimés, de ne pas fermer leur porte à la figure des nécessiteux, de porter secours à l'ensemble de leurs sujets, de rejeter toute injustice : « *Celui de tes gouverneurs qui se sera enrichi abusivement ou se sera distingué par des châtiments excessifs de ses administrés, ou qui aura altéré un acte, ou modifié une sentence, ou qui se sera emparé pour lui-même de dirhams injustement, révoque-le de sa fonction, châtie-le dans son corps, oblige-le à rendre son larcin injustement acquis sur ses gens, applique-lui une correction exemplaire pour les autres afin que personne ne suive, parmi eux, sa façon d'agir* ».

L'instabilité de la capitale de l'Ebre était patente et les forces almoravides détachées dans cette ville étaient insuffisantes pour résister à une attaque en masse et décidée du roi d'Aragon. Saragosse demeura quelques mois sans gouverneur. C'est l'année suivante, en 511 H / 1117-1118, que l'*Âmîr al-Muslimîn* 'Alî b. Yûsuf décidait de réaliser une incursion en al-Andalus, sur les terres de Coimbra. Il traversa le détroit fin *muharram* 511 H / début juin 1117, gagna Séville où il fit sa jonction avec les contingents andalous, puis Cordoue où il rencontra une troupe de jurisconsultes (*fuqahâ'*), de savants, de volontaires pour la guerre sainte, à pied et à cheval, tous prenant la direction de Coimbra qui fut assiégée pendant vingt jours et dont les environs furent pillés par 'Abd Allâh b. Fâtima et al-Mansûr b. al-Aftas qui ramenèrent à Séville un immense butin et de nombreux captifs avant que les divers contingents de cette expédition ne regagnent leurs cantonnements.

De nombreuses mutations de gouverneurs et de cadis marquèrent cette même année. L'émir Abû Zakariyâ' Yahyâ b. 'Alî fut congédié du gouvernorat de Séville au profit de son frère Abû Hafs 'Umar b. Yûsuf b. Tâshfîn. Le gouverneur de Grenade, 'Abd Allâh b. Mazdalî se vit attribuer le gouvernorat de l'ancienne capitale des Banû Hûd, obligeant Alphonse I à se retirer momentanément des alentours de Saragosse. Mais les armées du Batailleur ne pouvaient rester inactives et marchant contre Lérida, elles assaillirent cette ville que Tamîm, Abû Yahyâ

b. Tâshfîn et ‘Abd Allâh b. Mazdalî s’empressèrent avec leurs forces respectives de venir délivrer au cours d’une rencontre où Alphonse I, roi d’Aragon eut à subir des pertes considérables l’obligeant à abandonner cette ville (73).

On sait, par les *Qalâ’id al-’iqyân* d’al-Fath b. Khâqân (74), que l’émir Abû Ishâq Ibrâhîm, un frère du sultan ‘Alî b. Yûsuf b. Tâshfîn, appelé aussi du nom de sa mère, Ibn Tâ’ayyâsht , célèbre la fête de la rupture du jeûne (*Fitr*) à Jativa le 6 février 1117. Ce prince almoravide fut ensuite gouverneur de Séville de février 1118 à juillet 1127.

C’est précisément l’époque où Ibn Tâ’ayyâsht est déplacé à Séville que les Chrétiens Aragonais et Francs ont commencé à attaquer Saragosse (75).

Le roi d’Aragon et Gaston de Béarn avaient pu mesurer, lors de l’expédition de 1117, l’ampleur de la tâche à accomplir pour s’emparer d’une ville dont l’enceinte était solide et imposante ; le plus sûr était d’envisager de la réduire par la famine au cours d’un long siège, ce qui impliquait la mobilisation de toutes les forces et le concours de renforts importants. Pour ce faire, ils eurent l’appui total de la papauté. Gélase, monté sur le trône de Saint Pierre, le 24 janvier 1118, se rendit à Toulouse où il réunit un concile. Cette assemblée décida que l’expédition contre Saragosse serait une croisade au même titre que les expéditions en Terre Sainte. Gaston de Béarn était tout désigné pour organiser le siège de Saragosse. Il accueillit en Béarn les contingents venus du nord des Pyrénées, franchit le Somport. Selon une chronique latine d’inspiration française conservée à la Bibliothèque de l’Escorial, Gaston aurait été même le seul vainqueur de Saragosse, Alphonse d’Aragon se contentant de venir au dernier moment pour recueillir les fruits de la victoire, le 18 décembre 1118, à l’issue d’un long siège.

Voici comment cette chronique présente les faits : « *Les Chrétiens de Gascogne soulevés par une grande compassion pour leurs frères d’Espagne qui étaient opprimés depuis de nombreuses années par les Sarrasins qui les avaient contraints à subir une persécution permanente, franchirent en grand nombre les Pyrénées afin de libérer l’Église opprimée. Avec la protection divine, Monseigneur Gaston, baron aussi illustre par sa sagesse que par son éloquence, avec d’autres nobles entourés de leurs vassaux, décidèrent de se diriger sur Saragosse, ville qu’ils considéraient comme la racine de tout le mal et l’endroit où la folie sans frein des Sarrasins régnait en maîtresse. Dieu fut si propice à ces Gascons et aux Espagnols qui s'entendaient parfaitement que durant leur expédition contre cette cité aucun château ou forteresse ne leur résistât si bien qu'ils arrivèrent rapidement dans ses faubourgs qu'ils attaquèrent et prirent sur le champ, obligeant les Sarrasins à se réfugier derrière sa muraille, non sans avoir laissé aux mains des Chrétiens toutes richesses. Les Gascons prirent leurs dispositions pour fortifier leur camp, plantèrent leurs tentes et se disposèrent à encercler étroitement la cité. Parmi eux, un groupe se distingua particulièrement en se lançant dans des attaques ponctuelles contre les Sarrasins et en tuant un bon nombre d'entre eux. Le très belliqueux empereur d'Espagne, Don Alphonse, ayant appris que ce siège était en cours , réunit des troupes en provenance d'autres villes et avec elles pressa la cité de Saragosse jusqu'à ce que les Sarrasins, contraints par la famine de manger ce qu'une plume ne saurait nommer, soient obligés de livrer une ville si bien fortifiée* ». Les patientes recherches de José-Maria Lacarra prouvent que le rôle de Gaston fut certes fondamental mais qu'il agit toujours en étroite collaboration avec Alphonse, la victoire fut commune, sans oublier les autres chevaliers venus du nord des Pyrénnées : le fils du vicomte de Labourd, le vicomte de Carcassonne, Bernard Aton, Centulle de Bigorre, le comte de Comminges, les vicomtes de Gabarret, Lavedan, Espagnol de Labourd, Arnaud de Tarbes, le seigneur béarnais de Denguin.

Cette armée complétée par les Normands de Rotrou du Perche, était sur les bords de la lagune d'Ayerbe à la mi-mai 1118 et nettoya les alentours du Gallego en réduisant en particulier un nid de résistance musulman isolé dans les terres déjà reconquises : Almudévar. La route de Saragosse était ouverte et c'est alors, et non point au dernier moment à la fin du siège, que le roi d'Aragon vint avec ses hommes. Il y avait Diego Lopez de Haro, seigneur de Biscaye, des chevaliers d'Alava, Rioja, Navarre, le comte de Pallars avec les nobles du Sobrarbe, Ribagorza. Bien entendu l'Église était présente pour souligner le caractère de croisade caractérisant cette entreprise : Pierre de Librana dont on apprit au moment du siège que le pape l'avait désigné archevêque de Saragosse, Esteban de Huesca, Ramon de Roda, Sancho Funes de Calahorra.

Gaston prit en mains l'organisation du siège après que l'armée ait, avec des effectifs suffisants, établi un blocus complet de la ville. Le chroniqueur arabe al-Maqqarî est le seul à donner le nombre de 20 *mandjanîq*, c'est-à-dire catapultes, s'ajoutant aux tours roulantes exactement conçues comme celles utilisées à Jérusalem.

Le 22 mai 1118, Alphonse I le Batailleur commence véritablement le siège de Saragosse grâce au renfort de croisés venus du Midi de la France. Le gouverneur de Grenade 'Abd Allâh b. Mazdalî vient s'établir à Tudela avec des troupes amenées d'Andalousie, et en septembre il parvient à entrer dans la ville avec des renforts. Mais sa mort inattendue deux mois plus tard démoralise les assiégés. Le 3 décembre / 17 *sha'bân*, les habitants de Saragosse, par la plume de leur cadi Thâbit b. 'Abd Allâh, adressent une lettre pathétique à l'émir Abû Tâhir Tamîm, le frère aîné du souverain qui semble avoir été alors à Valence chargé des affaires de l'ensemble du Levant. Quelques détachements parvinrent à proximité de la place, sous le commandement de Tamîm et purent se rendre compte des préparatifs que faisaient les Chrétiens pour la conquérir. Devant la supériorité de l'ennemi, l'almoravide se limita à quelques escarmouches coûteuses en hommes mais sans efficacité. Le roi d'Aragon Alphonse I le Batailleur entre probablement le 18 du même mois dans la ville. Les habitants purent rester pendant un an dans l'enceinte de la ville, après quoi ils devaient l'évacuer. Mais la population musulmane pouvait rester sur le territoire si elle le désirait, et la vallée de l'Ebre allait être intégrée à l'Aragon peu de mois après la conquête de Saragosse.

Les Almoravides, sous l'emprise de l'armée d'Alphonse I perdaient Tudela le 22 février 1119 et les territoires proches de la rive droite de l'Ebre avec Alagón, Mallen, Magallon, Borja et Tarazona. La vallée de l'Ebre devint la première région de l'Espagne orientale à posséder une quantité importante de mudéjares, aussi bien dans les faubourgs des villes que dans les campagnes.

PARTISANS DE LA GUERRE SAINTE CONTRE ARMEE DE METIER : LE DESASTRE DE CUTANDA (514 H / 1120)

C'est Abû Ishâq Ibrâhîm b. Tâ'ayyâsht, l'ancien gouverneur de Valence, dont le poste à Séville correspondait à une sorte de gouvernement général d'al-Andalus qui est chargé d'organiser une expédition destinée à faire face à la menace chrétienne dans la Marche supérieure. Il est alors auréolé d'un certain prestige dû à la reconquête de Coria qu'il a menée à bien l'année précédente et à l'occasion de laquelle Ibn Khafadja, depuis la région valencienne, a composé un nouveau panégyrique en son honneur. Les renseignements n'abondent pas sur cette campagne de 1120 terminée par un désastre (76).

À cette époque, les hommes sont ardents, émotifs, capables de fortes passions. Certains prédicateurs habiles ou inspirés savent utiliser cette émotion et faire vibrer comme il convient la corde sensible. Un jurisconsulte, réunissant la connaissance intérieure (*haqîqa*) et la *sharî'a* , Abû 'Alî al-Sadafî est l'illustration par sa vie et son enseignement de cette réalité. Originaire du village de Manzil Mahmûd, situé sur la frontière supérieure d'al-Andalus, à quatre milles de Saragosse où il naquit vers 454 H / 1062, son éducation première à Saragosse, son séjour à Valence, Alméria, sa fréquentation assidue des cercles savants d'Ifriqiya, d'Égypte, de Syrie, d'Iraq, l'enseignement qu'il reçut d'Abû-l-Walîd al-Bâdjî, prédicateur de l'unification d'al-Andalus contre la reconquête chrétienne, tout cela devait en faire un précieux auxiliaire d'Ibrâhîm b. Tâ'ayyâsht .

Dès son retour en *safar* 490 H / janvier-février 1097, il attirait les foules par ses enseignements. Sillonant les provinces d'al-Andalus, de nombreux étudiants et savants profitaient de ses connaissances et assistaient à ses cours. Installé à Murcie, la célébrité de son verbe et sa personnalité attirent les foules venues profiter de son charisme. Il fait école à de nombreux disciples. Si l'on excepte la période 505 H - 508 H / 1115, au cours de laquelle Abû 'Alî al-Sadafî exerce la judicature suprême à Murcie, de façon épisodique, son enseignement le portera dans les diverses régions orientales d'al-Andalus qui vont fournir d'importants contingents de volontaires, lors de la rencontre de Cutanda. Quels thèmes abordait-il dans ces tournées de propagande qui le menèrent de Saragosse à Murcie, à Jativa ...? Il exhortait les Andalous à rester fidèle au message de ces quatres vers transmis par son maître Abû-l-Walîd al-Bâdjî (1012-1081) : « *Dis à celui qui méconnaît la valeur de la Tradition et stigmatise ceux qui la transmettent et la recherchent. Sont-ils blâmables, ceux là qui ont préservé la religion des mensonges et des falsifications. Et vers les opinions et les dires desquels revient tout docteur et tout juriste?* »

Il exhortait les Andalous à appuyer les Almoravides pour récupérer Saragosse et chasser par la force le roi d'Aragon qui avait pris possession de cette ville et de la vallée de l'Ebre.

La chute de Saragosse avait été le préambule à la chute des Almoravides dans la vallée moyenne de l'Ebre. Alphonse le Batailleur saisissait toutes les occasions pour reprendre des terres aux Musulmans, avançait dans la vallée du Jalon et menaçait Calatayud. D'autre part, Ibrâhîm b. Tâ'yyâsht, fils de Yûsuf b. Tâshfîn et gouverneur de Murcie et de tout le Levant, se dirigeait vers l'Ebre dans l'intention de surprendre l'armée du Batailleur et reprendre Saragosse. Ibrâhîm était sorti de Murcie, après avoir reçu l'ordre de son frère 'Alî b. Yûsuf, alors que Alphonse avait mis le siège devant Calatayud et pénétré aux abords du château de Cutanda. Les armées almoravides se composaient de troupes régulières (*djund*) et de nombreux volontaires andalous (*mutawwa'a*) qui, rendus conscients du péril qui les entourait, par les prêches de Abû 'Alî al-Sadafî, étaient disposés à faire front aux armes d'Alphonse I. Abû 'Alî al-Sadafî prêchant d'exemple, se joignit à cette expédition vers *muharram* 514 H / avril-mai 1120, accompagné de son compagnon d'élection le cadi Abû 'Abd Allâh b. al-Faradj. Au cours du trajet, ils s'arrêtaient dans les villes et villages pour répandre son enseignement, en particulier à Jativa.

La rencontre des deux armées eut lieu entre Cutanda et Calamocha, tous deux étaient présents au milieu des volontaires sur le champ de bataille, ce dernier jeudi de *rabî'* II 514 H / 23 juillet 1120 (ou le 18 *rabî'* I 514 H). L'affrontement fut sanglant, un véritable désastre pour les Musulmans qui décima beaucoup plus les troupes des volontaires mal préparés à cet effet (20.000 morts, au dire d'Ibn al-Abbâr) que les armées régulières. Nos deux cadis furent du nombre des martyrs qui y perdirent la vie avec de très nombreux autres *fuqahâ'* (Ibn al-Abbâr en signale une trentaine).

La perte de Saragosse et le désastre de Cutanda marquent certainement un tournant dans l'évolution du régime almoravide en al-Andalus. Jusque là, à quelques exceptions près dont l'échec de Martorell est le plus notable, la lutte contre les Chrétiens était menée par une armée composée des garnisons des grandes villes d'al-Andalus et des contingents du *djund* venus du Maghreb, aguerris et formés, garants de nombreux succès. En 1115 encore, les Baléares où s'était maintenu un petit émirat de Taifas et qui venaient d'être attaquées, occupées et pillées par une expédition de Pisans, Génois et Catalans, sont réoccupées par une escadre almoravide et réunies à l'empire. En 1117, l'émir 'Alî b. Yûsuf en personne, a dirigé dans l'ouest de la péninsule une expédition formée de soldats de métier qui a pu s'emparer de Coimbra. À partir des années 1118-1120, au contraire, les difficultés vont se multiplier. L'avancée du mouvement almohade mobilise au Maghreb les effectifs combattants de la confédération almoravide, al-Andalus ne peut plus compter que sur ses propres ressources : quelques milliers de garnissaires et des volontaires de la guerre sainte non entraînés aux diverses formes de combat de l'époque. Cette faiblesse militaire sera mise à profit par les divers courants réfractaires à la domination almoravide en al-Andalus, les Mozarabes, les Aragonais.

DEBUT DE LA RESISTANCE AUX ALMORAVIDES: LA REVOLTE DE CORDOUE (514 H / MARS 1120)

De mars 1120, au milieu de l'année suivante se produit une véritable révolte provoquée par un milicien noir au service des Almoravides et une Cordouane, dont l'origine semble dépasser cette histoire de moeurs (77).

Cette importante rébellion devait mettre en cause les troupes almoravides et la population de Cordoue. La cause en fut le comportement de son gouverneur Abû Bakr Yahyâ b. Rawâda. Le jour de la fête des sacrifices (*'id al-adhâ*), une foule dense se promenait dans les rues de la ville. Un des serviteurs d'Abû Bakr décide de mettre la main sur une femme. Il s'empare d'elle. Ameutant les alentours de ses cris, celle-ci implore le secours des Musulmans qui y répondent nombreux, occasionnant une grande confusion. L'agitation dure toute la journée jusqu'au soir, opposant les Cordouans aux serviteurs de l'émir. Les belligérants se séparent. Les jurisconsultes et les édiles de la ville viennent trouver Abû Bakr et négocient le retour au calme contre la mort de ce serviteur qui fut à l'origine du soulèvement, ce qu'il refuse. La colère monte d'un cran. Le lendemain, la population en armes, avec à sa tête les jurisconsultes, les édiles, attaque le gouverneur almoravide, le met en fuite, nouvelle preuve de l'insuffisance des effectifs de garnissaires dans les villes. Il se fortifie dans sa citadelle devant laquelle le siège est mis. Les échelles sont dressées, les assaillants parviennent à l'intérieur dont ils chassent Abû Bakr. Ils pillent la forteresse, incendient les maisons appartenant aux Almoravides, s'emparent de leurs biens et les expulsent du pays sans ménagements. Informé de la situation qu'il juge grave, 'Alî b. Yûsuf b. Tâshfîn intervient avec de nombreuses troupes Sanhâdja, Zanâta et autres Berbères. En 515 H / 1121, il se présente devant Cordoue qu'il assiège. Devant la dureté du combat, les Cordouans envoient une ambassade au souverain pour régler le conflit. Celui-ci décide que les habitants de Cordoue seraient astreints à rembourser aux Almoravides les biens qu'ils leur ont pillés. Ainsi malgré les fatwas rendues par les jurisconsultes de Cordoue, dont le Grand Cadi Abû-l-Walîd b. Rushd (m. 1126), présentant au souverain la cause de ces troubles et prouvant que les Cordouans n'avaient pas pris l'initiative de l'affaire, ils durent capituler.

Suite à cette affaire, Abû-l-Walîd b. Rushd demanda à être déchargé de ses fonctions du cadiquat suprême, ce qui lui fut accordé cette même année 515 H.

Une interrogation demeure sur la véritable cause de cette révolte populaire. S'est-il agi d'une histoire de moeurs, comme le suggère le récit précédent, ou d'une affaire plus complexe de remise en cause des ventes des biens des Banû 'Âmir, des Banû 'Abbâd, des Banû Sumâdih dont l'annulation aurait gravement lésé, au dire d'Ibn Hamdîn, les intérêts du peuple ? (78). Dans son *Kitâb al-kafâra*, petit opuscule, Abû-l-Walîd b. Rushd traite du caractère licite ou illicite de l'acquisition des biens, du statut des biens indûment acquis et des diverses fraudes et spoliations rencontrées dans ce genre de transaction, à une époque où l'administration almoravide désirait reconstituer le patrimoine foncier du *Bayt al-mâl* et de l'État, sur lequel étaient prélevées les concessions foncières à l'époque des royaumes de Taifas.

MONTEE DU COURANT ALMOHADE : 514 H / 2 AVRIL 1120 - 21 MARS 1121, ANNEE DE TOUS LES DANGERS

Les attaques chrétiennes, les révoltes andalouses ne pouvaient plus mal tomber pour un pouvoir almoravide dont les forces vives vont devoir affronter un nouveau danger au cours de ces mêmes années : la naissance d'une confédération de tribus Masmûda sous l'égide d'un prédicateur de talent, Abû 'Abd Allâh Muhammad b. Tûmart, propagateur de la doctrine almohade. Il naquit au cours du dernier tiers du XIe siècle, à Idjîllîz (Iglîz), village de l'Atlas, dans la région du Sûs.

Figure curieuse, non seulement par son physique, mais aussi par son esprit, Ibn Tûmart (79) appartenait à la tribu masmûdî des Hargha. Après l'apprentissage du Coran, et sur les conseils de son père, chef de village, il partit poursuivre sa formation à Marrakech puis en Orient vers 1110. À Alexandrie, il rencontra Abû Bakr al-Turtûshî, puis passant par la Mecque, il se rendit à Bagdad où il vit Abû Bakr al-Shâshî et Mubârak b. 'Abd al-Djabbâr. Toutes les sources rapportent , bien que certaines avec réserve, sa prétendue rencontre avec al-Ghazâlî à Bagdad. L'histoire , amplement détaillée par Ibn Qattân, voudrait qu'al-Ghazâlî, apprenant que son nouvel étudiant venait d'arriver de Cordoue, lui ait demandé ce qu'y faisaient les *fuqahâ'* et ayant appris qu'à l'instigation d'Ibn Hamdîn, cadi de Cordoue, l'*Ihyâ'* avait été brûlé, il aurait demandé à Dieu de détruire ces derniers, Ibn Tûmart se serait alors écrié : « Imam, prie Dieu qu'il le fasse par ma main ! ». Cette histoire est cependant apocryphe : à l'époque où Ibn Tûmart arriva à Bagdad, al-Ghazâlî en était définitivement parti et se trouvait depuis plus de deux ans déjà au Khurâsân où personne ne dit qu'Ibn Tûmart soit allé. Ce n'est pas le lieu de détailler ses avancées à travers l'Afrique du Nord, ni ce qu'il fit, selon certains historiens, au cours du trajet par mer d'Alexandrie à Mahdiya, A. Huici-Miranda y a consacré un très bel ouvrage. Après être demeuré quelque temps à Tunis, accompagné de deux disciples, il fut à Constantine et à Bougie. Expulsé de cette ville, il se réfugia à Mallâla, où, bien accueilli, il s'adonna à l'enseignement, à la méditation, à l'éducation de sa conscience de réformateur et au développement de son esprit rebelle à tout ce qui n'était pas conforme à l'enseignement *ash'arite* qu'il avait reçu au Moyen-Orient : l'impiété, l'indiférence religieuse, les moeurs relachées. Décidé à lutter, il partit de Mallâla, s'érigeant en censeur des moeurs, accompagné de 'Abd al-Mu'min, son fils spirituel qui devait suivre fidèlement sa voie et se substituer à lui dans la direction de la communauté almohade. Ibn Tûmart et ses disciples se dirigèrent vers Marrakech. Au cours de son passage à Tlemcen, dans la vielle ville d'Âgâdîr, à Oujda, à Agarsîf, aux environs de Taza, à Fès, à Meknès et à Salé, il répandait sa doctrine réformatrice qui engendrait le mécontentement et réveillait les esprits sevrés de l'enseignement du Coran et de la Sunna, par une casuistique desséchante. Dans leur marche vers Marrakech,

Ibn Tûmart et ses partisans, ébranlaient les consciences et les fondements de la confédération almoravide.

L'événement capital du séjour d'Ibn Tûmart à Marrakech est l'entrevue qu'il eut avec 'Alî b. Yûsuf b. Tâshfîn, le prince almoravide et les docteurs malikites en 514 H / 1120, juste avant que celui-ci ne gagne la rive andalouse pour mater la rebellion de Cordoue.

Certains chroniqueurs, comme al-Baydhaq, l'anonyme *al-Hulal al-mawshiya*, al-Zarkashî, Ibn Khaldûn mentionnent que les deux hommes se rencontrèrent à deux reprises : la première fois à la mosquée et la seconde au palais. D'autres, au contraire, comme Ibn al-Athîr, al-Marrâkushî, Ibn Abî Zar' ne parlent que de l'entrevue qui se déroula au palais. Au cours de ses audiences avec 'Alî b. Yûsuf et les docteurs malikites, Ibn Tûmart se conduisit en homme au service de Dieu, réformateur des moeurs, ordonnant le bien et frappant d'interdit le mal, recherchant la reviviscence de la religion. Le souverain et certains de ses conseillers n'ayant pas tenu compte de ses remarques et ayant pris à son encontre des mesures vexatoires, l'Imâm du Sous se rendit compte qu'aucune réforme religieuse n'avait de chance d'aboutir tant que les Almoravides demeureraient au pouvoir.

Dès lors sa mission se trouvait toute tracée : échapper aux poursuites des soldats de 'Alî b. Yûsuf, réunir le plus grand nombre de disciples pour abattre une dynastie qui se voyait contestée tant au Maghreb al-Aqsâ qu'en al-Andalus.

Avant de rentrer dans son village natal, Ibn Tûmart fit tout un périple dans le Haut-Atlas : Aghmat, Urika, Hintâta, Tadrârt, Tînmâl, Tizi-n-Test, In-Magûs, Cawda, In-Ganfis, Imaraggînâ, Timantîn, Tâmadghûst, Tâzzugâ't et Tâmâzirt.

Al-Baydhaq et Ibn al-Athîr fixent l'arrivée d'Ibn Tûmart dans son village natal d'Igîlî à l'année 514 H / 1121; il y bâtit un petit couvent pour se livrer à la vie ascétique et « *attira auprès de lui une foule d'étudiants et de gens de différentes tribus* ». C'est au cours de sa retraite dans la grotte d'Igîlî qu'il composa tout ou partie de ses oeuvres et réfléchit à ses projets présents et à venir : conversion des tribus à la doctrine du *tawhîd* en opposition au *tadjsîm* des Almoravides, organisation de la société almohade.

Comme le nombre de ses adeptes augmentait et que partout dans l'Atlas, couraient des prédictions selon lesquelles une puissance nouvelle était née pour combattre la dynastie almoravide et s'élever sur ses ruines, Ibn Khaldûn relate que le vizir

Mâlik b. Wuhayb mettait en garde l'émir 'Alî b. Yûsuf : « *Protège l'empire contre cet aventurier. C'est assurément l'homme au dirham carré, celui dont il est question dans ces méchants vers en dialecte qui courent maintenant de bouche en bouche : Mets-lui les fers aux pieds ou bien un jour, il te fera entendre un tambour* ».

Le prince almoravide se décida à agir. Il envoya des cavaliers à la recherche de l'Imâm, mais ils ne purent l'atteindre. Cette tentative ayant échoué, le gouverneur du Sûs, Abû Bakr al-Lamtûnî gagna à sa cause des gens de la tribu des Hargha et les chargea d'assassiner l'ennemi de la dynastie almoravide.Le complot fut découvert et les traîtres châtiés.

Ibn Tûmart sentit que ses ennemis n'allaient cesser de le combattre. Aussi décida-t-il de se faire proclamer Mahdî pour accroître son autorité sur les populations de l'Atlas et constituer une armée capable de vaincre les Almoravides et de propager la doctrine almohade.

PREMIERES EXPEDITIONS CONTRE LES ALMOHADES (516 H / 1122 - 520 H / 1126)

De retour d'al-Andalus, après avoir résolu la crise cordouane, 'Alî b. Yûsuf, devant la situation alarmante créée par le Mahdî (80) dans les montagnes de l'Atlas jamais totalement soumises, ni très bien rattachées à la confédération almoravide, donnait l'ordre au gouverneur du Sûs, Abû Bakr b. Warbîl al-Lamtûnî de poursuivre l'agitateur et d'étouffer la révolte dans l'oeuf. Ce gouverneur envoya l'un de ses lieutenants 'Alî b. Tâbashâ al-Lamtûnî attaquer par surprise un détachement des troupes régulières des Banû Wârtânîk (ou Wârtâtîk) ... fraction des Hargha. Faits prisonniers, ils furent transférés à Tîwanwîn, alors capitale du Sûs où ils demeurèrent prisonniers.

Seuls Ibn Qattân et al-Baydhaq nous informent sur les campagnes entreprises par Ibn Tûmart contre les Almoravides, au cours des neuf années écoulées depuis sa proclamation jusqu'à sa mort. Al-Baydhaq fait référence à neuf rencontres, sans les dater, ni distinguer les combats soutenus pour défendre Igîlî de ceux qui se déroulèrent dans le Grand Atlas. Il passe sous silence les attaques dont les Almohades font l'objet, comme le siège des Hargha et dans tous les cas attribue la victoire aux Almohades, mais fait la distinction entre les rencontres avec les tribus dissidentes qui refusent de se soumettre et les combats livrés contre les forces almoravides. L'auteur du *Nazm al-djumân*, fervent panégyriste d'Ibn Tûmart, expose avec plus de méthode, les objectifs et les résultats de ces premières expéditions. Mais le manuscrit unique dont nous disposons, de par ses nombreux folios manquants ne permet qu'une vague appréhension des diverses péripéties de ces escarmouches dans l'Anti Atlas puis le Grand Atlas avant que le champ de bataille ne se transfère dans la plaine de Marrakech.

Cette première résistance abolie, les Almoravides pénètrent à l'intérieur du territoire des Hargha et attaquent une autre fraction, Millât an-Wârghân. Mettant à profit les avantages du terrain, les Hargha préparent une embuscade, déroutent les assaillants et prennent leurs armes et leurs chevaux. Trente cinq harghîs mourront au cours de cette victoire almohade.

Devant ce désastre, le gouverneur du Sûs réunit toutes les troupes disponibles pour en finir rapidement avec le Mahdî. Informé, au cours de la seconde moitié de 516 H / automne-hiver 1122-1123, et vu que sa tribu est très petite, le Mahdî décide de se maintenir sur la défensive, fait creuser des citernes en cas de siège, la nécessité majeure dans ce cas étant l'eau. Il peut compter sur les Hargha, les Marakkâla, les Sadjtâna et avec les fractions voisines des siennes qui se transporteront à Tinmallal. Autre importante mesure prise par Ibn Tûmart, l'envoi d'une nombreuse mission à l'intérieur du Sûs et de l'Atlas, pour gagner des prosélytes à sa cause.

Craignant que ses compatriotes Hargha l'abandonnent sous le coup des attaques almoravides et sous la pression des pénalités à eux imposées, il leur proposa, au dire d'Ibn al-Athîr et d'al-Nuwayrî, d'abandonner leur territoire. Mais les Hargha lui assurèrent que s'ils n'avaient rien à redouter de Dieu, ils feraient en sorte que personne ne leur porte tort. Ce que confirme le pacte et le compromis signé dans les *âsmâs* , de le reconnaître et de le défendre en toute loyauté.

Déjà, l'année précédente, Ibn Tûmart avait écrit aux Djazûla pour les gagner à sa cause. À cette occasion, il dénommait les Almoravides *zaradjîna* , terme qu'Ibn Qattân interprète ainsi : le *zardjân* est un oiseau qui a le corps noir et les ailes blanches, c'est pour cela qu'Ibn Tûmart désignait ainsi les Almoravides vêtus de blanc mais le coeur noir. Il les désignait plus fréquemment par le terme de *mudjassimûn* ou anthropomorphistes, pour ne pas accepter le *ta'wîl* ou interprétation des phrases métaphoriques du

Coran. Les Almoravides n'étant pas en reste, appelaient les Almohades *kharidjî* , pour être sortis de l'obéissance envers la communauté musulmane.

Les *Documents inédits d'Histoire almohade* nous offrent quatre lettres d'Ibn Tûmart : deux adressées aux Almohades, une à 'Alî b. Yûsuf et l'autre aux Almoravides dont l'authenticité n'est pas assurée. Ces lettres détaillent les devoirs que doivent s'imposer les Almohades : apprendre le credo ou *'aqîda* du *tawhîd*, base de leur croyance et la première sourate du Coran, la *fâtiha*, pratiquer l'oraison au cours des heures prescrites, fréquenter les mosquées, être attentifs aux bonnes moeurs, éviter les dissensions, ne pas dilapider leurs biens, ne pas voler, ne pas trahir, ne pas être envieux, ne pas rechercher le profit, ne pas punir par mutilation, ne pas tourner la tête à l'ennemi, être juste dans la répartition du butin, en faisant une part pour le piéton et trois parts pour le cavalier, en réservant le quint au Trésor public (*Bayt al-mâl*), éviter et proscrire l'usure, la vente du vin, les pratiques paiennes de la musique et les imprécations.

Il rencontra un bon accueil auprès des Djazmîra de la montagne, des Hazmîra et des Hanfisa et surtout, attira l'attention des Hintâta, tribu très puissante, dont les chefs décidèrent d'envoyer un délégué le voir et les informer sur les avantages d'adhérer à sa cause.

Au début du printemps 517 H / 1123, 'Alî b. Yûsuf ordonna à une armée commandée par Ibrâhîm b. Tâ'ayyâsht de faire le siège d'Îdjillîz. Cet Îdjillîz de Hargha n'est pas aussi bien identifié que celui bien connu de Marrakech - Gueliz, ce doit être un piton rocheux sur les contreforts du nord de l'Anti-Atlas, donnant sur la vallée du Sûs, dans le territoire occupé maintenant par les Arghân, variante berbère de Hargha. Le village occupait la colline et en contrebas se trouvait la grotte que le *Bayân* appelle *ghâr* et le *Nazm al-djumân* , *rukn*. Le *Bayân* précise que près de cette grotte, se trouvaient deux ermitages : un appelé de *Wânsharî* et l'autre, de la grotte, considérés comme sacrés. 'Abd al-Mu'min, à l'automne 552 H / 1157 fera une pieuse visite à Îdjillîz et ordonnera de fermer sa grotte d'une porte, de renforcer ses côtés, d'aplanir son sol et de restaurer son plafond.

Le siège de cet Îdjillîz où s'étaient concentrés les Hargha, s'organisait. Les troupes almoravides se composent surtout de Masmûda des plaines qui alors sont loin d'adhérer à la doctrine almohade, dont les Dukkâla, Haskûra, Hazmîra, Hazradja, Ragrâga, Hâha et Sawda.

Le Mahdî pour sa part, avait demandé l'aide des tribus du sud de l'Atlas et du désert, comme les Djazûla, les Lamta, les Hankîsa, les Banû I'azz, les Dra'a et les Sanhâdja du sud. Les Almoravides attaquent par le côté est, malgré son aspérité, Ibn Tûmart dirige la défense. Les Hargha ne disposaient pas de munitions, à peine quelques boucliers et des chevaux et le mahdî, en bon connaisseur de ses gens, leur présentait la richesse de l'équipement ennemi et les stimulait en leur promettant tout le butin grâce auquel Dieu les ferait sortir de leur pauvreté. Malgré cela, leur reddition paraissait inévitable, sans la venue d'un nouvel allié partisan des assiégés, les Hintâta.

Le chef que les Hargha avaient envoyé s'informer sur Ibn Tûmart, gagné à sa cause, retourne à Tifnaut, capitale de sa tribu et dit aux autres chefs : « Oh Hintâta, la lumière est dans Hargha et vous êtes dans l'obscurité ». Ils se réunissent et au cours d'un repas commun, décident d'adhérer à la doctrine du Mahdî et de venir le secourir . Ibn Tûmart qui durant le siège travaillait personnellement à la construction de la mosquée, entendant le roulement des tambours hintatîs et sachant qui ils étaient, envoyait 'Abd al-Mu'min les recevoir. On leur proposa de se reposer de leur marche, mais ces fervents néophytes s'y refusèrent, anxieux d'engager le combat. C'était le milieu du jour, le Mahdî leur fit accomplir la prière du *zuhr* et tous se lancèrent contre l'ennemi qui déjà escaladait la montagne. Le ravin du *Wâdî Inashshû* séparait les deux groupes et les Almoravides, qui jusqu'alors conservaient l'initiative, se décidèrent à le combler avec les bâts et les harnais de leurs montures pour pouvoir passer et attaquer les rebelles, mais les Almohades, avec leurs nouveaux renforts hintâtîs, tombèrent sur eux depuis leur position montagneuse, les déroutèrent et s'emparèrent de leur campement.

Grande fut la répercussion de cette victoire. Les cent harghîs qui étaient retenus dans la forteresse de Tîwanwîn réussirent à s'échapper et s'unirent au Mahdî. 'Alî b. Yûsuf, préoccupé par le développement de l'insurrection, décide de l'éradiquer à la racine, par un châtiment exemplaire des Hintâta, en évitant ainsi que les tribus de l'Atlas donnent au Mahdî les possibilités de subsister et de triompher. Le foyer de Hargha, isolé dans l'Anti-Atlas, était beaucoup moins dangereux et plus facile à dominer. Des troupes choisies, sous le commandement de Sîr b. Fawdî, Abû Mas'ûd al-Raytîsîgh b. Baghûr et Mahdî b. Tawâla furent associées aux contingents des Hâha et aux soldats réguliers d'Idhfardjal. L'émir des Musulmans leur donne l'ordre de se diriger vers Tîfnaut et de la réduire. Ces troupes regroupées prennent le chemin de Ludjdjâgha, et traversant le fleuve Nafîs, avancent à travers l'Atlas. Informé de cela, Ibn Tûmart, réunissant les Hintâta qui avaient libéré Idjîllîz, les exhorte à retourner de suite dans leur pays et aller à la rencontre des troupes almoravides, leur donnant les chevaux, les armes et les équipements pris à l'ennemi lors de sa déroute. Abû Mâghalifa, l'un de ceux qui avaient proposé et négocié l'adhésion au Mahdî, se mit à la tête de ses compatriotes et, revenant rapidement à travers l'Atlas prendre des positions avantageuses à Tadrârt, ils coupèrent la route aux Almoravides et les déroutèrent. Les chefs ennemis furent tués et l'on fit tant de butin que chaque hintatî reçut un petit sac de dinars.

En revenant de Tifnaut à Tadrârt pour se joindre au Mahdî et alors que les Hintâta parvenaient dans la vallée du Sûs, les Almoravides ou plutôt, leurs mercenaires, la *hasham*, unis aux Banû Wâwazghît, voisins des Hintâta, leur coupèrent la voie à Ânsâ, dans les derniers contreforts de l'Atlas et mirent en déroute les Almohades.

Ces deux rencontres de Tadrârt et de Ânsâ ont été interverties par al-Baydhaq, dans le compte rendu des cinquième et sixième expéditions du Mahdî. Selon lui, l'escarmouche de Ânsâ eut lieu avant l'attaque de Tifnaut, et il ne la décrit pas comme une défaite almohade, mais comme une victoire au cours de laquelle le chef almoravide 'Umar b. Daiyân trouva la mort, tout en reconnaissant l'âpreté du combat et qu'Ibn Tûmart tomba au sol et dut être sorti du champ de bataille.

Quelle que soit l'importance de ces deux rencontres, ce qui est certain, en cet hiver 517 H / 1123-1124, c'est que Ibn Tûmart et ses Almohades se rendent compte après le blocus d'Idjîllîz et les rencontres de Tifnaut et d'Ânsâ, que la position de Hargha et la sécurité du Mahdî sont bien peu garanties, que les Almoravides, par leur grande supériorité en hommes et en équipements, peuvent mettre fin à cette rébellion et qu'il leur faut trouver un refuge plus sûr.

Les habitants de Tînmallal étaient déjà en contact avec le Mahdî et l'invitèrent, selon certains chroniqueurs, à transférer sa résidence et à s'installer parmi eux. En 518 H / 1124, Ibn Tûmart montait donc dans l'Atlas. Les Ganfîsa se soumirent ainsi que les

Banû Waghghâs aux sources du Nafîs. Il s'établit dans leur montagne, conquérant toute la haute vallée de ce fleuve, soumettant les Hunâya sur sa rive droite avant d'arriver à Tînmallal.

Le reste de l'année 518 H et de l'année 519 H, les Almohades se consacrèrent à la fondation et l'organisation de leur nouvelle base d'opération. Selon al-Yasa', les habitants de Tînmallal informèrent le Mahdî qu'une nouvelle tribu, les Hazmîra de la montagne, se soumettait et qu'il convenait de demeurer à Tînmallal pour être plus près d'eux et mieux connaître les Masmûda. Mais cette version partisane tait les protestations et les oppositions des habitants initiaux de Tînmallal devant l'appropriation illégale de leur territoire par les Almohades, leur extermination par les armes et la répartition de leurs biens.

Ce petit état établi sur les deux rives du haut Nafîs étant organisé, en 520 H / 1126, Ibn Tûmart pouvait l'étendre par la force vers les Gadmîwa de la montagne. En même temps qu'il envoyait ses meilleurs disciples comme propagandistes, mais sans grand résultat, plusieurs d'entre eux furent assassinés, surtout par les Haskûra qui furent les plus récalcitrants avant la prise de Marrakech.

À cette époque, les Almoravides devaient affronter un nouveau danger sur la frontière aragonaise d'al-Andalus, l'expédition d'Alphonse I le Batailleur et la révolte des Mozarabes.

COMMUNAUTES MOZARABES ET POUVOIR ALMORAVIDE EN 519 H / 1125 EN AL-ANDALUS

La confrontation, Islam almoravide -Christianisme mozarabe, en 519 H / 1125, est un aspect mal connu de l'histoire d'al-Andalus et du Maghrib al-Aqsâ que nous nous proposons d'éclairer par l'analyse de textes tirés du *Bayân* d'Ibn 'Idhârî et des ouvrages de consultations juridiques, dont le *Mi'yâr* d'al-Wansharîsî. S'il convient de préciser qu'au Xe siècle et même au XIe siècle, avant l'arrivée des Almoravides dans la péninsule, les communautés mozarabes d'Espagne vécurent sans encombre, dans l'ensemble, le poids et les conséquences de la reconquête, fait belliqueux majeur, celle-ci allait rendre par la suite, les Mozarabes plus suspects aux autorités islamiques. Quel est le rapport exact entre d'une part suspicion ou persécution, d'autre part opposition ? Où est la cause, où est l'effet ? Peut être que l'analyse détaillée de l'expédition entreprise par Alphonse I le Batailleur, à l'appel des communautés mozarabes d'al-Andalus, sera un élément de réponse.

Dès le IXe siècle, des Mozarabes d'al-Andalus s'enfuirent vers les terres chrétiennes du Nord : Asturie, Catalogne et Languedoc ; ces mouvements migratoires se poursuivirent par à coups dans les siècles suivants. Beaucoup de Chrétiens furent à plusieurs reprises déportés en terre marocaine : notamment de Malaga en 1106, de la région grenadine en 1126, de diverses zones d'al-Andalus en 1138 et vers 1170. Le lien entre ces déportations et les guerres contre les royaumes chrétiens d'Espagne se perçoit clairement, d'autant mieux par les contacts établis vers 1120-1125 entre les Mozarabes grenadins et le roi d'Aragon Alphonse I le Batailleur. Ses appels à la reconquête avaient été le préambule du raid que ce souverain effectuera en Andalousie en 1125-1126. En conséquence, diverses fatwas des jurisconsultes andalous ordonneront leur déportation vers 1126 et fixeront le détail de la vie de ces communautés mozarabes au Maroc, terre d'exil.

Les coups très graves portés aux communautés d'al-Andalus, coups en rapport avec cette expédition et le *djihâd* almoravide qu'elle souleva, nous permettent de percevoir l'existence de communautés mozarabes dans toutes les régions traversées par le roi aragonais et de déduire de l'aspect prémédité de cette expédition, que son itinéraire ne fut pas choisi au hasard des rencontres avec l'ennemi, mais en corrélation avec l'existence de communautés mozarabes fortes dans les villes et régions traversées, permettant de renforcer les effectifs du corps expéditionnaire ou d'évacuer les populations chrétiennes désireuses de s'installer dans le nord de l'Espagne.

À la lumière du texte d'Ibn al-Sayrafî, historien officiel de la dynastie almoravide, cité par Ibn 'Idhârî (81) dans le fragment publié par A. Huici-Miranda, il nous faut reprendre toutes les menues informations et comparer systématiquement ce que l'on sait des Mozarabes avec les diverses consultations juridiques émises par les grands cadis des régions de Séville, Cordoue, Grenade et Murcie, en charge de l'administration de la justice almoravide.

Dès l'année 519 H / 1125, encouragés par les victoires remportées par Alphonse I le Batailleur, roi d'Aragon, les Mozarabes de la région de Grenade décident de secouer le joug almoravide : ils envoient des messages, puis des ambassades auprès du souverain, l'encourageant à reconquérir Grenade, y joignant un registre renfermant 12.000 noms de combattants prêts à rejoindre ses troupes, et lui indiquer les endroits du pays les moins bien défendus. Ils l'informent aussi qu'en plus des personnes sus nommées et qu'ils connaissaient bien, car elles demeuraient dans le voisinage de Grenade, il y en avait bien d'autres qui ignoraient leur démarche, car elles vivaient très éloignées, mais se manifesteraient dès l'apparition du roi et de son armée. Pour l'encourager à entreprendre cette expédition, ils excitent sa convoitise, lui décrivant toutes les qualités de Grenade, sa bonne fortune face aux autres régions, la qualité de ses fortifications, sa vaste plaine fertile, riche terre à blé, orge, lin, vignes, oliviers et arbres fruitiers ; ses nombreuses sources et rivières ; la puissance de sa forteresse ; le bon caractère de son peuple. Convaincu, le roi d'Aragon met sur pied un corps expéditionnaire de 5.000 cavaliers et de 15.000 fantassins (chiffres très exagérés pour cette époque et les capacités démographiques de ce royaume) (82).

Ayant réuni la fleur de ses soldats, il se met en marche au début de *sha'bân* 519 H / début septembre 1125 et sort en grand secret de Saragosse en direction d'al-Andalus, suivi de ses gens, tous s'étant jurés sur les Évangiles, entraide et solidarité : parmi eux se trouvaient Gaston Vicomte de Béarn, présent lors du siège de Saragosse, Pedro, l'évêque de cette ville et Esteban; l'évêque de Huesca.

Tenant secret le véritable objet de cette expédition, « *il atteignit Valence (83), le mardi 20 ramadân 519 H / 20 octobre 1125. Il entreprit de dresser son campement et d'engager ses préparatifs. Puis il marcha sur la ville et l'assiégea* » (Ibn 'Idhârî). Au cours du siège, un grand nombre de chrétiens mozarabes de cette région viennent se joindre aux troupes d'occupation. Ces nouveaux alliés renforcent ses troupes, lui servent de guide et lui indiquent les moyens de porter préjudice aux Musulmans et de renforcer son emprise. Peut-on parler d'inconsistance historique du « mozarabisme » dans cette région, à ce moment de l'histoire ? L'affirmation de la présence d'éléments mozarabes à Valence en cette année, peut-elle être soutenue ?

Au vu des quelques sources historiographiques disponibles, peut-on éluder cette interrogation ? Bien qu'évanescents, ces Mozarabes nous ont laissé quelques traces de leur présence. Selon la *Primera parte de la Crónica general de toda España* d'Antón

Beuter, des Mozarabes vivaient regroupés dans un quartier de la ville. À la fin du XIe siècle, lors de la conquête de Valence par le Cid, existaient deux faubourgs peuplés de Mozarabes : celui d'*al-Rusafâ* au sud-est, un peu à l'écart de la ville, pourvu d'une église consacrée à San Valerio, et celui de *Rayosa,* situé dans la banlieu, avec une autre église dédiée à San Vicente martyr (84).La ville avait une garnison almoravide commandée par le gouverneur Abû Muhammad b. Badr b. Warqa. Le roi d'Aragon n'essaya pas d'escalader les fortes murailles. La seule chose qu'il put faire, fut de rassembler un grand nombre de mozarabes de la région qui lui servirent de guides et lui procurèrent de précieuses informations (85). Documentairement, il paraît difficile de contester l'authenticité de certaines données, dont il serait hasardeux de récuser le témoignage : l'existence à travers les textes, de chrétiens du pays (*Rûm al-baladiyûn*) ou « soumis au traité » (*nasâra'*). Le plus connu étant ce passage du *Bayân* d' Ibn 'Idhârî où l'on voit le Cid ayant occupé Valence en 1094, en faire garder les portes par « des Chrétiens indigènes » (*Rûm baladiyûn*) (86). Ces Chrétiens parlant l'arabe et vivant comme les arabes, ne peuvent être assimilés aux nombreux Chrétiens venus au cours du XIe siècle dans cette région, attirés par la prospérité des royaumes de Taifas.

« *Puis il décampa, se dirigeant d'un endroit à l'autre avant de parvenir à Wâdî Ash (Guadix)* » (Ibn 'Idhârî). Au cours de cette progression, il fond sur Alcira (87). Cette importante ville, dont il ne parvient pas à s'emparer, était peuplée de Chrétiens mozarabes résidant dans l'un de ses faubourgs appelé « *al-Kanîsa* » . En 862, elle était pourvue d'un siège apostolique occupé par un certain Beato. Son entreprise lui coûta de nombreuses pertes.

Traversant le Jucar, il se dirige vers Dénia (88) qu'il attaque au cours de la nuit de la fête de la rupture du jeûne (*Fitr*) de cette année, soit le 31 octobre 1125. Ravageant ses alentours, il sillone le Levant par petites étapes, se lançant à l'assaut des places fortes rencontrées. La forteresse stratégique de Peña Cadiella, qui joua un si grand rôle à l'époque du Cid, fut prise. Au Xe siècle, l'évêché de Dénia dépendait de l'archidiocése et du métropolitain de Tolède. « *La mise en cause globale du « fait mozarabe » dans la région levantine à laquelle se livrent Epalza et Llobregat ne manque pas d'aspects salutaires. Elle invite à une relecture critique de textes que l'historiographie n'avait guère questionnés en ce sens jusqu'à présent, sans doute trop influencée par la tendance « philo-mozarabe » prédominante. Ainsi le célèbre document de 1058 par lequel le souverain de la Taifa de Dénia, 'Alî b. Mudjâhid reconnaît à l'évêque de Barcelone la juridiction ecclésiastique sur les clercs et les églises de ses Etats. Miquel Barcelo a présenté récemment une critique serrée, mettant fortement en doute l'authenticité du document, du moins dans la forme sous laquelle il nous est parvenu* » (P. Guichard). Ces restrictions ne remettent pas en cause l'existence de populations mozarabes confirmée par le choix de l'itinéraire de marche du souverain aragonais.

Poursuivant sa progression, il traverse le défilé de Jativa, sans rencontrer de résistance et atteint Murcie (89). Déviant sa marche vers Vera, il suit la vallée du fleuve Almanzora, en direction de Purchena, dressant son campement dans la vallée du Tijola (*Tâdjâla*) pendant huit jours. Des Mozarabes subsistaient assez nombreux dans le royaume de Murcie en 1243, quand les Castillans y établirent leur protectorat, ce qui permet d'attester leur présence dans cette même région à l'époque almoravide. Leur faubourg s'appelait *al-Rashâqa* et Alphonse X signalera dans un de ses *Cantigas* qu'il y avait à Arreixaca (*al-Rashâqa*) une église ancienne, consacrée à Santa Maria où l'on rendait un culte à une image de la Vierge, protectrice des Génois, des Pisans et des gens de Sicile qui venaient la prier.

De là, sans rencontrer d'ennemi, il s'enfonçait vers Baza (90) dont il désirait s'emparer, vu qu'elle était édifiée sur un terrain plat et que la majeure partie de ses faubourgs était dépourvue de murailles. L'un des six sièges épiscopaux au IXe siècle de ce vaste territoire d'Elvira, cette ville et sa région possédaient une communauté mozarabe suffisamment attractive pour justifier son choix par Alphonse I le Batailleur. Seule la résistance locale almoravide ne lui permit pas de la subjuguer.

Enfin, très retardé par son désir de razzier et de faire du butin, le roi d'Aragon arriva devant Guadix (91), siège épiscopal au IX e siècle. « *Il dressa son campement dans un endroit nommé Alcazar (al-Qasr) à proximité de la ville, à une distance d'un parasange, 10 jours avant la fin du mois de shawwâl 519 H / le 19 novembre 1125* » (Ibn 'Idhârî). C'est alors, nous dit Ibn al-Sayrafî que fut éventé le complot des Mozarabes (*Mu'âhida*) ayant fait appel à lui et que leurs préparatifs pour le recevoir furent mis à jour. Al-Andalus était alors gouvernée par Abû-l-Tâhir Tamîm b. Yûsuf, résidant à Grenade. Il songea à rejoindre les

Aragonais et leurs alliés. Mais devant leur multitude et l'éloignement de la région où ils se trouvaient , il temporisa dans l'attente de renfort. « *Les Mozarabes rejoignaient Ibn Rudmîr (Alphonse I) par toutes les routes et de toutes les régions les plus profondes ... Ses effectifs se multipliaient, formant un énorme rassemblement. Il assaillit durement la ville de Wâdî Ash (Guadix), l'attaquant par le côté est... Il redoubla de fermeté dans son attaque le lendemain* » (Ibn 'Idhârî). Puis il leva son campement qu'il rétablit près du fleuve. La population de Guadix se trouvait bloquée par un siège dur, mais résistait par tous les moyens.

Dès que l'*Amîr al-Muslimîn* 'Alî b. Yûsuf b. Tâshfîn fut informé de la nouvelle de la « *présence d'Ibn Rudmîr, le maudit, il transmit aux provinces d'au delà du détroit, l'ordre d'envoyer des troupes armées en Andalus. Elles traversèrent la mer et, à marche forcée, atteignirent Grenade, effectuant leur jonction avec une armée Murcienne et Valencienne* » (Ibn 'Idhârî).

Alphonse I le Batailleur se mit en mouvement de Guadix en direction de Barbayta (?). La population de Grenade s'assemblait dans les lieux de prière, pour la prière de la crainte (*salât al-khawf*) et demeurait en armes. L'émir Abû Tâhir mit ses forces en mouvement, quitta Grenade pour rencontrer l'ennemi, mais après une marche de quelques milles de distance, il revint sur ses pas et regagna Grenade. Le siège de Guadix et son encerclement avaient duré un mois. Aussi le roi d'Aragon fêta-t-il la Nativité de cette année 1125 dans le village de Alcazar (*al-Qasr*), sur le versant nord de la Sierra Nevada, appelé le Sened de Guadix.

Début janvier 1126, Alphonse I le Batailleur se présentait dans la Vega, dressait d'abord son campement à Diezma, puis à Nivar, à quelques cinq kilomètres à l'est de Grenade. Le 7 janvier, les troupes musulmanes formaient un cordon de sécurité autour de Grenade. Ainsi débutait le siège de Grenade (92). Les habitants musulmans de toute la région qui ne pouvaient se défendre dans leurs villages, se regroupaient sur les places de la ville, dans ses mosquées, alors que la pluie et le froid maintenaient immobile l'armée aragonaise, que les Mozarabes de la région se chargeaient d'approvisionner. « *Ibn Rudmîr demeura sous sa tente dans son campement une dizaine de nuits, réduit à l'inaction, sans lancer la moindre attaque, ni fractionner ses régiments les uns des autres. Les Mozarabes lui faisaient parvenir le ravitaillement nécessaire et les fourages (pour ses chevaux). La cavalerie musulmane demeurait dans l'expectative et temporisait sans l'attaquer* »(Ibn 'Idhârî).

Au cours de cette période, Alphonse I envoya une ambassade à l'un des chefs des Mozarabes de Grenade (*ra'is min rû'us al-mu'âhida*) Ibn al-Qallâs pour lui reprocher de l'avoir appelé et le blâmer de l'avoir induit en erreur sur la facilité de l'entreprise. Les Mozarabes rétorquèrent à cet envoyé que le souverain aragonais ne devait s'en prendre qu'à lui-même, à sa lenteur d'intervention et à ses nombreux arrêts en cours de route, retard mis à profit par l'*Amîr* almoravide pour organiser des renforts et mettre sur la défense les troupes de Grenade, les abandonnant ainsi aux vexations dont ils allaient être les victimes. Grenade, avant la conquête almoravide était l'un des sièges épiscopaux d'al-Andalus. Les Mozarabes de la région d'Elvira, où le Christianisme conservait ses anciennes racines, avaient certes perdu de leur splendeur, sous l'effet des guerres précédentes. « *Ces Chrétiens avaient une église célèbre, à deux traits de flèche de la capitale, en face de la porte d'Elvira. Cette église avait été édifiée par un grand seigneur de leur religion qu'un prince avait mis à la tête d'une armée nombreuse de Chrétiens. Elle était sans pareille par la beauté de sa construction et son ornementation. Mais l'Amîr Yûsuf b. Tâshfîn ordonna de la détruire, cédant à l'ardent désir des fuqahâ' qui avaient promulgué une fatwa en ce sens* » (Ibn al-Khatîb) (93).

Ibn al-Sayrafî, l'historien de la dynastie almoravide, ajoute à ce sujet : « *les Grenadins se mirent à la détruire le lundi, dernier jour du mois de djumâdâ II 492 H / 23 mai 1099 et elle demeura ainsi complètement démolie, chacun emportait ce qu'il désirait de ses matériaux et des objets du culte. De nos jours, l'emplacement de cette église est connu et ses murs qui subsistent toujours, manifestent toute sa magnificence et sa solidité d'antan. Une partie de son ancien emplacement est occupée aujourd'hui, par le cimetière bien connu de Sahl b. Mâlik* ». Au cours de cette persécution, il est probable que les Almoravides chassèrent l'évêque de Grenade, dont la charge et la dignité s'étaient maintenues sans aucun doute, bien que nous ignorions les noms de ceux qui occupaient ce siège depuis Recemundo. Nous savons par contre qu'un évêque de Grenade dont on ne nous transmet pas le nom, se trouvait en 1116 auprès de la Reine de Castille Doña Urraca (94).

Même s'ils étaient dépourvus de hiérarchie, ces Mozarabes demeuraient regroupés en noyaux de population dans les campagnes, voisinant avec les propriétés des Musulmans, « *ils labouraient la terre et habitaient des hameaux gouvernés par des chefs savants en leur religion, intelligents, aimables et qui connaissaient exactement les impôts que les Chrétiens étaient obligés de payer* » (Ibn al-Sayrafî) (95). L'appel des royaumes chrétiens provoqué par la persécution ou la crainte de la persécution ne pouvait qu'augmenter ou déclencher cette persécution. Les Mozarabes grenadins, mais apparemment pas tous, tombèrent sous le coup des fatwas des grands jurisconsultes andalous, ordonnant leur déportation au Maroc à l'automne 1126. Encore convient-il de rappeler que parallèlement à ces transplantations forcées de Chrétiens en Afrique, il y a aussi, à ce moment comme à bien d'autres, des départs volontaires de Mozarabes d'al-Andalus, émigrant dans les royaumes chrétiens du nord de la péninsule. Selon Ordéric Vidal, quelques dix mille Mozarabes reçurent d'Alphonse I l'autorisation de le suivre en Aragon.

Qu'allaient devenir les biens abandonnés par ces populations exilées ? Quid de leur statut personnel ? Quelques fatwas tirées du *Mi'yâr* d'al-Wansharîsî abordent ces divers problèmes. L'une conserne les Mozarabes de Grenade : Chrétiens liés aux Musulmans par un pacte (*mu'âhadûn*), ayant constitué des biens de mainmorte (*ahbas*) au profit d'une église qu'ils avaient. Les prêtres les administraient et en consacraient les revenus aux besoins de leur temple, prenant pour eux les excédents. Cette situation dura jusqu'au moment où l'émir, les ayant chassés de chez eux, les Musulmans transformèrent la dite église en grande mosquée. Les habous demeurèrent en l'état et servirent à l'entretien de la mosquée, le surplus revenant aux imams. Plus de dix-huit ans plus tard, un agent du Trésor public de Grenade veut les intégrer au *Bayt al-mâl* sans produire de décret (*zahîr*) promulgué par l'émir à cette fin. Peut-il le faire ? Quid si l'émir le lui ordonne ? L'attitude de l'administrateur (*nâzir*) de ces habous dépend de la réponse. Réponse du cadi 'Iyâd qui exerça la fonction de Grand cadi (*qâdî-l-qudât*) de Grenade le 1 *safar* 531 H / 29 octobre 1136 (96). Les habous des tributaires (*ahl al-dhimma*) n'ont pas à être respectés. Si leur fondateur est en vie et qu'il veuille les annuler il n'y a pas à s'y opposer. Si ces habous sont anciens et aux mains des tributaires on n'y portera pas atteinte. Qu'à la suite de l'expulsion des tributaires du site de leur église, celui qui administrait les Musulmans l'ait transformée en mosquée, constitue un acte fort judicieux vu que les Musulmans installés à la place des tributaires évincés, avaient besoin d'une mosquée pour faire leur prière et l'imam ...(blanc) le mieux étant de se servir à cette fin de l'église et de la convertir en mosquée ; après l'expulsion de ces gens là, leur église et ses habous reviennent au *Bayt al-mâl* puisqu'ils n'y ont plus droit de regard ; toutefois, si le fondateur (*muhabbis*) de l'église ou d'une partie de ses habous est en vie, il peut reprendre son bien, le vendre et annuler le habous qu'il a constitué, sans qu'on y fasse opposition; quant aux biens dorénavant sans possesseur, ils reviennent aux Musulmans après l'expulsion de ceux qui en jouissaient en tant qu'habitant des lieux. On ne peut les considérer comme des bénéficiaires d'un pacte (*sulhiyûn*) aux termes duquel on respecterait leurs intentions en continuant d'assurer l'entretien de l'église devenue mosquée, la fournir de nattes et de combustible (*waqîd)* ; la pourvoir d'un imam, d'un domestique et subvenir aux frais de construction, tout cela sans faire appel aux revenus de ces habous, c'est faire preuve d'un jugement sûr et contribuer à faire enrager les infidèles ; dans le temple de leur mécréance et de leurs tyrans on glorifie Allâh et observe les rites de l'Islam.

Autre réponse du même 'Iyâd qui rapelle qu'il a répondu plusieurs années auparavant sur cette affaire à l'auteur de la question posée. La nature du statut des Chrétiens d'al-Andalus est un problème non résolu. Sont-ils bénéficiaires d'un pacte leur accordant la propriété des biens qu'ils détiennent ou ont-ils été conquis de vive force (*'anwatan*) et partant dépossédés de leurs biens ? Les juristes bien informés disent qu'al-Andalus a été conquise en partie de vive force et en partie par traité et que la plupart des biens de ces tributaires jouissant d'un pacte ont été conquis de vive force. Mais 'Iyâd dit que, selon lui, les biens que ces Chrétiens possèdent doivent être considérés comme leur propriété du fait qu'ils les détiennent. Les églises et les habous appartiennent à une autre catégorie ; ces biens ne deviennent pas licites ipso facto après qu'ils en ont été expulsés et qu'on les a empéchés d'en tirer profit, car leurs habous ne sont pas valables, n'ayant pas été constitués pour Allâh mais pour les idoles (*al-djibt wa-l-tâghût*), leurs constituants peuvent les récupérer s'ils les réclament ; tous les biens abandonnés par des propriétaires connus reviennent au Trésor Public sous le contrôle de l'Imam. Si leurs biens et leurs villages leur ont été achetés par les Musulmans qui les habitent ainsi que ceux qui se sont convertis, on doit y faire les prières et l'Imam y fonder une mosquée sans utiliser les habous des églises et des monastères qu'il fera passer au *Bayt al-mâl*, puisant ailleurs de quoi assurer l'entretien du sanctuaire(97).

Mais pour nombreuses qu'eussent été ces conversions et ces divers départs, soit vers le nord, soit vers le sud, ils n'avaient pas encore fait disparaître tous les Mozarabes de la péninsule, loin de là. En 1138, le fils et futur successeur du souverain almoravide 'Alî b. Yûsuf , Tâshfîn b. 'Alî, passa d'Espagne en Afrique en emmenant avec lui de « nombreux chrétiens appelés Mozarabes » au dire de la chronique du roi Alphonse VII de Castille(98). Fut-ce là, un transfert plus massif que les deux précédents ? C'est possible, mais même après ce troisième exode connu, à la veille de l'effondrement de l'empire almoravide, la région de Grenade continuait à avoir des groupes de populations mozarabes. Vers 1147, il y avait encore de nombreux Mozarabes dans la région, par exemple des citadins à Grenade et des cultivateurs, petits propriétaires, dans la Vega grenadine, ce qui conduit à constater que les Mozarabes n'étaient pas seulement cantonnés dans les villes. En 1162, la communauté mozarabe de Grenade restait assez importante : elle aida alors contre les Almohades, l'émir de Jaen Ibn Hamushku, si bien qu'elle fut quasi complètement exterminée par les troupes de 'Abd al-Mu'mîn, quand celles-ci enlevèrent la ville à ce roitelet andalou (99).

Alors Alphonse I le Batailleur, en cette fin janvier 1126, devant l'impossibilité de s'emparer de Grenade par surprise, se mettait en marche en direction de Cordoue. Passant par les villages de Maracena (*Marasâna*) et Picos-Puente (*Bûnûsh*) il se dirigeait vers Alcala la Real (100). Ses troupes mettent à sac toute la région de Luque, Baena, Ecija et Cabra (*Qabra*) où il dresse son campement quelques jours. Suivi par les armées musulmanes, il se déroute vers Lucena, aux abords de laquelle, se voyant très éloigné de ses bases et sans possibilité de retrait, il se décide à affronter en bataille rangée l'armée ennemie commandée par Tamîm, le gouverneur de Grenade. La rencontre eut lieu le 9 mars 1126 près de la forteresse d'Aranzuel (*Arnîsûl*) (101), connue de nos jours sous le nom de Anzul. Seul al-Sayrafî, cité par Ibn 'Idhârî, nous donne quelques détails sur le déroulement de cette bataille. Depuis son départ de Cabra, les armées musulmanes suivaient le roi d'Aragon dans tous ses divers déplacements. Les Musulmans attaquèrent par surprise au lever du jour, assaillirent quelques tentes chrétiennes. Alphonse ceint de son bouclier, met ses hommes en position de combat . Divisés en quatre colonnes il les lance contre les Musulmans. Les troupes almoravides se débandent : « *l'affaire devient trouble, la disposition des armées est rompue* ». L'émir Tamîm ordonne de lever le campement situé dans une dépression et de le replanter sur une haute colline. Ce transfert s'effectue dans le plus grand désordre, la panique gagne les troupes, provoquant la débandade et permettant à Alphonse I d'envahir le nouveau campement à la tombée de la nuit. Ensuite, il prend la direction de la plaine et revient en direction de Grenade. Se fiant à son évidente supériorité militaire et sûr de ne rencontrer aucune résistance, il entreprend de sillonner la province de Reyo, dans laquelle se situaient Malaga, Archidona et les Alpujarras, pour se montrer et parcourir la zone côtière de Salobreña à Velez-Malaga, à la recherche de l'appui des Mozarabes qui se décidaient à émigrer en terre chrétienne.

Son passage à Malaga (102) mérite un arrêt sur les communautés mozarabes de cette région. Lors de sa réconciliation avec son frère à Malaga, 'Abd Allâh b. Zîrî se montre généreux en lui cédant une région dont la population ne lui inspirait aucune crainte: les places de Riana et Jotron, dont les habitants étaient chrétiens et du fait qu'ils étaient situés entre deux territoires, ne pouvaient se rebeller contre aucun des deux ; il lui donna les villages où il pourrait s'approvisionner ; il lui laissa en son pouvoir les châteaux de la Garbia, comme Cartama (*Qartama*) , Mijas (*Mîshash*), *Humâris* et Camara (*Qâmara*) , région de céréales, pour qu'il puisse disposer de labours. Des Mozarabes de Malaga et des environs furent déportés au Maroc en 1106 (103). Dans la seconde moitié du XIe siècle, des villages et des campagnes étaient habités exclusivement par des Mozarabes. À proximité de Huete, dans la région de Cuenca, dit al-Himyarî (104), il y avait un village appelé *Bawtidj*, habité par des Chrétiens. Les sierras de l'arrière pays de Malaga constituent des régions « *pour lesquelles les sources textuelles et épigraphiques attestent de façon relativement continue, du IXe au XIIe siècle, l'existence d'une communauté chrétienne importante. Le dernier document est une bulle du pape Pascal II qui en 1117, s'adresse aux fidèles, clercs et laics de la ville de Malaga pour les exhorter à rétablir dans son siège épiscopal leur évêque Julien, venu se plaindre à Rome d'en avoir été dépossédé. En l'absence de ce dernier, emprisonné pendant plusieurs années par les autorités almoravides pour des raisons que le document n'indique pas, les Chrétiens de Malaga l'avaient en effet remplacé par l'archidiacre de la cathédrale, consacré par d'autres évêques de Bétique* ».(105)

En traversant l'étroite vallée du Guadalfeo, entre Salobreña et Motril, dominée par d'importants défilés, on rapporte qu'Alphonse aurait dit dans sa langue à quelques uns de ses capitaines : « Quelle tombe aurions-nous ici, si quelqu'un, d'en haut, nous abattait ? » (106). Parvenu à Velez-Malaga, il ordonne qu'on lui prépare une embarcation et qu'on lui pêche du poisson pour son repas. Le chroniqueur musulman s'interroge : aurait-il voulu par ce geste accomplir un voeu ?

Revenant sur ses pas, au début du printemps, il décide de traverser la Sierra Nevada, depuis Almuñecar, afin de se présenter de nouveau devant Grenade (107).

Durant six semaines, toute la région de Cordoue avait été sillonnée et ravagée sans que Alphonse I le Batailleur ne tente le siège de cette ville. Il semble cependant que les communautés mozarabes de Cordoue et Séville (108) ne restèrent pas neutres dès l'apparition du souverain aragonais. Nombre d'entre eux lui rendirent hommage et renforcèrent ses rangs, au point de justifier, lors du rétablissement de l'ordre almoravide, les rancoeurs des voisins musulmans et les sanctions les plus sévères. À Séville, comme à Cordoue, Tolède ou Saragosse, les Chrétiens se mêlaient aux musulmans, à la différence d'autres villes comme Valence, où ils étaient groupés dans des quartiers ou des faubourgs situés à l'intérieur de l'enceinte urbaine ou en dehors d'elle. Abû-l-Walid b. Rushd (109), Grand cadi de Cordoue, devant l'ampleur de cette révolte et ses conséquences, fit le voyage de Marrakech, pour rendre compte de la conduite à tenir pour y mettre fin. Vu la violation du pacte des Mozarabes de Séville, de Cordoue et de Grenade, sortis de la *dhimma* / protection, 'Alî b. Yûsuf b. Tâshfîn écouta les conseils d'Ibn Rushd, l'encourageant à promulguer une fatwa rendant licite leur exil et l'expulsion de leurs maisons, comme un moindre mal. 'Alî renforça cette décision juridique par un décret ordonnant la déportation des Mozarabes vers les régions de Meknès et de Salé. Un grand nombre d'entre eux fut frappé par cette mesure exécutée en *ramadan* 520 H. Une importante communauté mozarabe était installée à Triana, de l'autre côté du Guadalquivir : c'est là que se trouvait les principaux quartiers chrétiens de l'agglomération sévillane. Ibn 'Abdûn jugeait qu'on ne devait pas vendre à ces Chrétiens de livres de science, sauf s'ils avaient trait à leur propre loi : en effet ils traduisaient les livres de science et en attribuaient la paternité à leurs coréligionnaires et à leurs évêques, alors qu'ils étaient l'oeuvre de Musulmans. Ce même *muhtasib* aurait bien voulu leur imposer un signe distinctif qui permette de les reconnaître et soit pour eux une marque d'ignominie. De même, il prônait d'empêcher les femmes musulmanes d'entrer dans les églises dont « les clercs sont en effet des débauchés, des fornicateurs et des sodomites ». Il était interdit aux franques de pénétrer dans les églises d'autres jours que les jours d'office ou de fêtes religieuses : « car elles ont coutume d'y aller banqueter, boire et forniquer avec les clercs ».

Expulsés sans pouvoir régler leurs affaires, ces Mozarabes devaient adresser des réclamations à l'Émir des Musulmans 'Alî b. Yûsuf b. Tâshfîn qui lui-même consulta Abû-l-Qâsim b. Ward et d'autres juristes d'al-Andalus au sujet des biens haboussés au profit des couvents (*biya' al-nasâra*). La teneur de la lettre adressée au Grand cadi Abû-l-Qâsim Ahmad b. Muhammad b. Ward (110) et aux juristes conseillers de Grenade, est la suivante : a) Les Chrétiens tributaires déportés de Séville à Meknès nous ont demandé de leur envoyer quelqu'un pour procéder à la vente des biens qu'ils possèdent en al-Andalus, ce dont nous leur avons accordé la faculté. Comment peuvent-ils pratiquer leur religion ? Ils nous ont exposé leur desiderata au sujet des biens haboussés en al-Andalus au profit des couvents et des églises. Les Chrétiens installés à Meknès, ont fait valoir que leurs moines (*ruhbân*) et évêques (*asâqifa*) n'avaient pas d'autres ressources que les revenus des habous constitués au profit des églises en question. b) Nous avons reçu une lettre de notre fils Abû Bakr fournissant les renseignements suivants : les Chrétiens tributaires se sont convertis à l'Islam à Séville ; un groupe d'entre eux s'est enfui en territoire ennemi poursuivi par la cavalerie, les uns ont été tués, les autres ont été ramenés à Séville et incarcérés.

Réponse du Grand cadi (*qâdî al-qudât*) de Grenade, Abû-l-Qâsim b. Ward rédigée en 521 H / 1127.

a) Cette vente peut être conclue sur place selon les modalités de la vente sur description (*al-bay' 'alâ-l-sifa*). Si elle est conclue en al-Andalus, ces Chrétiens choisiront parmi eux un mandataire (*wâkil*) qui ira procéder à la vente ; mais un seul, car le retour en al-Andalus d'un groupe de ces gens-là serait chose dangereuse.

Ces déportés ne doivent pas édifier d'églises ; chacun d'eux peut pratiquer son culte à domicile sans utiliser de cloche et sans manifestation extérieure ; ils doivent la capitation comme en al-Andalus. Les habous des tributaires ne sont pas intangibles (*lâ hurma lahâ*). Peu importe que leurs prêtres et leurs moines affirment n'avoir que les revenus de ces habous comme ressources.À part ceux dont le constituant est en vie, ces habous doivent être versés au Trésor Public.

b) La conversion à l'Islam des Chrétiens de Séville en question est valable. Les prisonniers qui s'y trouvent seront déportés à l'instar de tous leurs coréligionnaires.

Ces consultations juridiques rapportées par al-Wansharîsî, signalent donc qu'une communauté de Mozarabes fut installée à Meknès, avec son clergé, mais non tous les Mozarabes de Séville. À la suite de la conquête de l'Andalousie et notamment la prise de cette ville par les troupes du Calife almohade 'Abd al-Mu'min en 1147, le métropolitain de Séville, l'évêque de Madina Sidonia et celui de Niebla devaient émigrer en Castille, preuve de la persistance de cette communauté durant la période almoravide.

Ces mêmes fatwas nous permettent de connaître la façon dont ces Mozarabes pouvaient pratiquer leur religion à domicile (111) : le cadi de Marrakech Mûsâ b. Muhammad (m. 535 H) consulte Abû-l-Walîd b. Rushd (m. 520 H), au sujet d'un converti à l'Islam soupçonné d'être demeuré chrétien. Le sultan ayant ordonné la perquisition de sa demeure, on y trouve : une sorte de chapelle avec une alcôve cintrée (*haniya*) tournée vers l'Orient, dépourvue de banquette de lit et munie d'une lampe à huile (*qandîl*) suspendue ; des restes de cierges fondus, des livres en caractères latins, de nombreux cierges, un lutrin à quatre pieds, un bâton terminé par une croix, des petits pains eucharistiques ronds dont la pâte est séche et porte l'empreinte d'un sceau. Réponse. Il sera corrigé avec vigueur. Il ne peut être condamné à mort comme un *zindîq* et sans faculté de venir à récipiscence que s'il est établi par preuve testimoniale irréprochable que ce converti est demeuré chrétien. L'un des évêques de ces communautés mozarabes victimes de ces déportations au Maghrib fut Miguel ben 'Abd al-Azîz, il vécut à Fès de 1126 à 1137 et y fit de sa main une copie en arabe des Évangiles (112). Ce prélat avait 56 ans et était déporté au Maroc depuis 11 ans, quand il data à Fès en 1137 cette copie arabe des Évangiles. Cette colonie mozarabe devait rester distincte, sans nul doute, des groupes de mercenaires chrétiens enrolés par les Almoravides. Il arriva à ces derniers d'avoir pour chapelain suprême, un évêque : on sait que plusieurs prêtres groupés autour d'un prélat rentrèrent du Maroc en Castille avec de nombreux fidèles en 1147, au moment de l'effondrement des Almoravides, deux ans après la mort de leur général, le catalan Reverter.

Les Almoravides avaient saisi le grand intérêt pour l'essor de leurs cités, de l'installation au milieu des Musulmans, de ces Mozarabes experts en maçonnerie, arboriculture et irrigation, arts dans lesquels les Musulmans n'excellaient guère et qu'ils n'exerçaient pas . (113)

Ce retour dans la Vega de Grenade (114), permit à Alphonse I le Batailleur de faire étalage de sa force durant quatre jours. Sa cavalerie affronta à plusieurs reprises le corps expéditionnaire de Meknès, commandé par Abû Hafs b. Tûdjîn. Après de nombreuses échauffourées avec les troupes almoravides, le roi d'Aragon convint, une nouvelle fois, de l'impossibilité de prendre la ville d'assaut ou de la surprendre, il entreprit de se retirer par Alicun de Ortega vers Guadix, où il subit l'attaque d'Inâlû al-Lamtûnî, commandant le corps expéditionnaire de Fès. Au cours de l'engagement, il perdit l'un de ses meilleurs capitaines, un grand nombre de ses effectifs, et fut contraint de poursuivre son retrait à travers la plaine de Caravaca (*Qaravâqa*), dans la région de Murcie, talonné par les troupes musulmanes. Chaque étape était marquée d'escarmouches, d'attaques d'arrière-garde. Passant près de Jativa, sa marche fut rendue plus difficile, ralentie par les nombreux cas de peste déclarés dans son campement, et par les familles mozarabes qui le suivaient. Enfin, Alphonse I regagnait ses terres, abandonnant les Mozarabes demeurés en Andalus.

Tous ces événements nous sont mieux connus, au travers de la lettre écrite par Abû 'Abd Allâh b. Abî-l-Khisâl à l'Émir des Musulmans 'Alî b. Yûsuf b. Tâshfîn (115). Le sujet en est la venue du *faqîh* et conseiller Abû-l-Walîd b. Rushd au Maghrib, sa rencontre avec l'*Amîr al-Muslimîn* et la description qu'il lui fit de la mauvaise situation d'al-Andalus, vouée à une extrême agitation après le passage d'Alphonse I le Batailleur. Un rapport plus détaillé nous est donné par Ibn al-Wazzân, disciple de ce grand cadi : « *La cadi Abû-l-Walîd se mit à expliquer le Kitâb al-tahsîl au commencement de muharram 518 H / Février 1124 ; mais il interrompit ses leçons dans le mois de ramadân 519 H / octobre 1125, à cause de l'invasion très alarmante que le roi Ibn Rudmîr fit alors dans le pays musulman. Préoccupé par l'invasion du roi chrétien, il ne donna plus de leçon jusqu'au moment où ce roi, après avoir combattu les Musulmans à Aranzuel près de Cordoue, le mercredi 13 safar 520 H / 9 mars 1126, retourna sur ses pas. Alors le cadi Abû-l-Walîd pria le Tout Puissant de bénir le voyage qu'il voulait faire au Maroc, afin d'aller expliquer à l'Émir des Musulmans, le défenseur de la foi, 'Alî b. Yûsuf b. Tâshfîn (Que Dieu lui accorde un régne long et glorieux), quel était l'état des choses dans la péninsule ; quand il eut fait ses préparatifs de départ au commencement de rabî' I de l'année susdite, je lui demandai dans la matinée du lundi, 2 ième jour de ce mois / 29 mars ... . Il partit pour le Maroc dans la matinée du lendemain, mardi 30 mars. Il fut accueilli de la manière la plus honorable par l'Émir des Musulmans, et il resta auprès de lui, entouré d'hommages jusqu'à ce qu'il lui eût expliqué, dans un grand nombre de conférences, les motifs qui l'avaient engagé à se rendre à la Cour. L'émir ajouta foi à ses rapports et promit de prendre les mesures exigées par les circonstances. Ensuite le cadi revint à Cordoue dans la matinée du mercredi 22 djumâda I de l'année susdite / 16 juin ... »*

Au cours de cette audience, deux mesures furent décidées : la destitution d'Abû Tâhir Tamîm du gouvernorat d'al-Andalus et l'expulsion des Mozarabes ayant aidé les soldats infidèles contre les Musulmans (116).

Tous les Mozarabes de Grenade ne devaient pas être déportés au Maroc, bien que beaucoup fussent complices et eussent collaboré à l'expédition d'Alphonse I le Batailleur, la majorité n'eut pas à subir les sanctions des graves dommages occasionnés par leur collaboration avec les Aragonais. Un an et demi après le retrait du Batailleur, ces Mozarabes grenadins devaient présenter une requête contre la tyrannie et la cruauté du nouveau gouverneur Inânû. L'*Amîr* des Almoravides 'Alî b. Yûsuf b. Tâshfîn le déposa et le convoqua avec ses détracteurs lors d'une session contradictoire au cours de laquelle les Mozarabes démontrèrent, preuves à l'appui, son injustice à leur égard et le firent condamner à l'emprisonnement et à la réparation des dommages commis (117).

D'autres Mozarabes de Malaga, sous la conduite de leur archidiacre, chassés de leur terre en 1125, s'établirent à Valdecarábanos en 1154, grâce à une donation d'Alphonse VI (118).

Tous ces événements attestent l'existence de communautés chrétiennes organisées disposant de prêtres, évêques, moines, vivant des produits des habous constitués au profit des églises qu'ils déservent. Si le minimum indispensable pour être chrétien est l'existence d'évêques, quelques noms émergent de nos documents.Y avait-il suffisamment d'évêques pour toute la population mozarabe de ces XI et XIIième siècles ? Le manque de documents et le silence des textes ne nous permettent pas d'y répondre. Si les communautés de Séville, Grenade et Malaga possédaient des moines, des prêtres, des évêques dont les ressources financières procédaient des revenus des habous constitués au profit des églises en question, tels que nous les laisse entrevoir la lettre des Chrétiens réinstallés à Meknès, ne peut-on en déduire qu'il s'agissait d'une situation commune à l'ensemble des communautés mozarabes d'al-Andalus, au cours de cette même période ? Si les Musulmans ayant chassé de chez eux les Chrétiens mozarabes trop compromis dans les menées d'Alphonse I le Batailleur, transforment leurs églises en grandes mosquées et décident de ne pas respecter les habous de ces tributaires, mais de les affecter à l'entretien du lieu, le surplus revenant aux imams, c'est qu'il y a transfert de responsabilité des prêtres (*qissisûn*) qui les administraient et en consacraient les revenus à leur temple prenant pour eux-mêmes les excédents, aux imams qui assumeront les fonctions et l'exercice du nouveau culte. Ces fatwas confirment l'existence de communautés chrétiennes organisées et encadrées par un clergé dont les ressources financières feront souvent l'objet de consultations juridiques (119). Quelle était la consistance de ces communautés andalouses ? Possédaient-elles des monastères et un nombre suffisant d'évêques pour assurer une continuité épiscopale dans ces régions ? Ce dont nous soyons sûr, c'est que du point de vue musulman, s'il ne peut y avoir de communauté chrétienne bénéficiant de la *dhimma* / protection, sans évêque, l'expulsion et la réimplantation des communautés mozarabes compromises au cours de cette expédition de 519 H / 1125 ne pouvaient donc concerner que des communautés encadrées par leur propre clergé, auxquelles serait accordé le droit de construire un couvent ou une église là où elles seraient réinstallées. C'est du moins l'opinion d'Abû-l-Walîd b. Rushd (m. 520 H) (120).

NOTES

72)- Ibn 'Idhârî, *Bayân Al*, p. 79-80; J. Bosch-Vila, *Los Almoravides*, p. 193.
73)- J.Bosch-Vila, *Los Almoravides*, p. 194.
74)- Ibn Khâqân, *Qalâ'id*, éd. Tunis, 1990, p. 581 ; P.Guichard, *Les Musulmans de Valence*, I, p. 88-89 ; A.Huici-Miranda, « Un fragmento de ibn 'idhârî sobre les Almoravides », *Hespéris-Tamuda*, 1961, II, fasc. 1, p. 77.
75)- J.Bosch-Vila, *Los Almoravides*, p. 193-195 ; P. Guichard, *Les Musulmans de Valence*, I, p. 89 ; *Al-Hulal al-mawshiya*, p. 62; trad.Huci-Miranda, p. 103 ; Ibn Abî Zar', *Rawd al-qirtâs*, p. 162-164; Nuwayrî, II, p. 186-187 ; Ibn al-Athîr, X, p. 558.
76)- Ibn al-Abbâr, *Takmila al-sila*, éd. el-Hosayni, 1956, p. 31 n°81, p. 433 n°1238, p. 472 n° 1320, p. 933, n°2171 ; Ibn al-Abbâr, *Al-Mu'djam*, éd. F.Codera et Zaydun, Madrid, 1885, p. 7, 8, 39, 56, 58, 67, 91, 111, 116, 131, 151, 159, 169, 188, 191, 197, 230, 231, 257, 268 ; Ibn Bashkuwâl, *Kitâb al-sila*, Le Caire, 1956, I, p. 144-146 n°330 ; Ibn Farhûn, *Al-Dibâdj*, Beyrouth, s.d., p. 104-105 ; Al-Qâdî 'Iyâd, *Al-Ghunoya*, Tunis, 1979, p. 193 n°47; V. Lagardère, « La Haute judicature à l'époque almoravide en al-Andalus », *Al-Qantara*, vol. VII, Madrid, 1986, p. 221-228.
77)- J.Bosch-Vila, Los Almoravides, p. 196-199 ; Nuwayrî, *Nihâyat*, éd. Gaspar Remiro, p. 185-186 ; *Al-Hulal al-mawshiya*, p. 63-70 ; trad. Huici - Miranda, p. 103-104 ; Ibn Abî Zar', *Rawd al-qirtâs*, p. 164; Ibn al-Athîr, X, p. 558 ; V.Lagardère, « Abû-l-Walîd b. Rushd qâdî al-qudât de Cordoue », *Revue des Etudes Islamiques*, LIV, 1986, p. 203-224.
78)- Al-Wansharîsî, *Mi'yâr*, Fès, VI, p. 71; Brockelmann, *Geschicht*, SI, p. 662 n°4, 10 ; M.Garcia Arenal, « Algunos manuscritos de figh andalusies y norteafricanos pertenecientes a la Real biblioteca de el Escorial », *AL-Qantara*, 1980, vol. I, p. 21 n°1132 (Casiri 1127), fol. 2v à 8v.
79)- A.Huici-Miranda, *Historia politica del império almohade*, Tétouan, 1956, 2 volumes ; Rachid Bourouiba, *Ibn Tumart*, SNED, Alger, 1974 ; Encyclopédie de l'Islam, art. Ibn Tûmart de J.F.P Hopkins p. 983-984.
80)- Ibn 'Idhârî, *Bayân Al*, p. 82 ; J.Bosch-Vila, *Los Almoravides*, p. 209-214 ; A.Huici-Miranda, *Historia politica del império almohade*, I, p. 65-78 ; Ibn Qattân, *Nazm al-djumân*, éd. Makki, Rabat, p. 81-86; « Les Mémoires

d'al-Baydhak », E.Lévi-Provençal, *Documents inédits d'histoire almohade*, Paris, 1928, p. 119-127.
81)- Ibn 'Idhârî, *Bayân Al*, p. 82-85 ; *Al-Hulal al-mawshiya*, p. 75-80, trad. Huici-Miranda, p. 108-119.
82)- Ibn 'Idhârî, *Bayân Al*, p. 83 ; *Al-Hulala al-mawshiya*, p. 75, trad. p. 109.
83)- Ibn 'Idhârî, *Bayân Al*, p. 83 ; Mikel de Epalza et E.A Llobregat, « Hubo mozarabes en tierras valencianas ? Proceso de islamizacion del Levante de la peninsula (Sharq al-Andalus) », *Revista del Instituto de estudios alicantinos*, 1982, p. 117-132; F. Simonet, *Historia de los Mozarabes de España*, Madrid, 1983, IV, p. 747 ; P; Guichard, « Les Mozarabes de Valence et d'al-Andalus entre l'histoire et le mythe », *Revue de l'Occident Musulman et de la Méditerranée*, 40, 1985, p. 17-27.
84)- Torres-Balbas, p. 184-185.
85)- A.Huci-Miranda, *Historia musulmana de Valencia y su region*, Valence, 1970, III, p. 53-54.
86)- E.Lévi-Provençal, « La toma de Valencia por el Cid », *Al-Andalus, XIII*, 1949, p. 27 ; A.L. de Prémare et P. Guichard, « Croissance urbaine et société rurale à Valence au début de l'époque des royaumes de Taifas (XIe siècle de J.C) », *Revue de l'Occident Musulman et de la Méditerranée*, 31, 1981, p. 15-30.
87)- A.Huici-Miranda, III, p. 53 ; Ibn 'Idhârî, *Bayân Al*, p. 83; Simonet, III, p. 545, IV, p. 746 ; *Al-Hulal al-mawshiya*, p. 76; trad. p. 110; Torres-Balbas, p. 185.
88)- Al-Hulal al-mawshiya, p. 76; trad. p. 110 ; Simonet, III, p. 651; Ch. E Dufourcq, « La coexistence des Chrétiens et des Musulmans dans al-Andalus et dans le Maghrib au XI ième siècle », *Occident et Orient au X ièmesiècle*, Paris, 1979, p. 209-224 ; P. Guichard, p. 23.
89)- Simonet, III, p. 549 ; *Al-Hulal al-mawshiya*, p. 76; trad. p. 110 ; Ibn al-Khatîb, I, p. 119-120; Torres-Balbas, p. 186; J.Torres-Fontes, « El poblamiento murciano en el siglo XIII », *Murgetana*, XVIII, 1962, p. 89.
90)- *Al-Hulal al-mawshiya*, p. 77; trad. p. 111 ; Simonet, III, p. 541.
91)- Simonet, III, p. 539 ; IV, p. 746-767; *Al-Hulal al-mawshiya*, p. 77; trad. 111; Ibn 'Idhârî, *Bayân Al*, p. 83-84.
92)- Ibn 'Idhârî, *Bayân Al*, p. 84-85 ; *Al-Hulal al-mawshiya*, p. 78; trad. p. 112-113 ; Simonet, III, p. 540 ; IV, p. 734-735, 745-748 ; Torres-Balbas, p. 178 ; R. Pastor de Togneri, « Problémes d'assimilation d'une minorité : les Mozarabes de Toléde (de 1085 à la fin du XIIIe siècle) », *Annales ESC*, 1970, p. 351-390; A.Huici-Miranda, III, p. 54-55.
93)- Simonet, III, p. 540 ; IV, p. 734 ; Torres-Balbas, p. 178.
94)- Simonet, IV, p. 735.

95)- Pastor, p. 363.

96)- Voir l'étude détaillée que j'ai consacrée à la Haute Judicature en Andalus à l'époque almoravide, publiée dans *Al-Qantara*, 1986.

97)- Al-Wansharîsî, *Mi'yâr* , Fès, VII, p. 47-49.

98)- *Chronica Aldefonsi Imperatoris*, éd. Sanchez Belda, Madrid, 1950, p. 162 paragraphe 140.

99)- Torres-Balbas, p. 175.

100)- Ibn 'Idhârî, *Bayân Al*, p. 84; *Al-Hulal al-mawshiya*, p. 78; trad. p. 112-113.

101)- Ibn 'Idhârî, *Bayân Al*, p. 85 ; *Al-Hulala al-mawshiya*, p. 78; trad. p. 113 ; A.Huici-Miranda, III, p. 55-56 ; Simonet, IV, p. 749.

102)- 'Abd Allâh, *El siglo XI en la primerra personna. Las « Memorias de 'Abd Allâh, ultimo rey de Granada, destronado por los Almoravides (1090)*, traduction par E. Lévi-Provençal et Emilio Garcia-Gomez, éd. Alanza Trés, 1981, p. 188 parag. 44 ; *Al-Hulal al-mawshiya*, p. 78; trad. p. 113-114 ; Pastor, p. 365; Torres-Balbas, p. 173; Ch. E Dufourcq, p. 239, 240, 242.

103)- *Anales Toledanos*, España sagrada, XXIII, p. 386 ; Ch. E Dufourcq, p. 239.

104)- Al-Himyarî, *Al-Rawd al-mi'tar*, éd. Lévi-Provençal, p. 194, 236.

105)- B. Bennassar, *Histoire des Espagnols*, éd. A.Colin, 1985, I, p. 80-81 ; Simonet, IV, p. 736-737.

106)- *Al-Hulal al-mawshiya*, p. 78 ; trad. p. 114.

107)- *Al-Hulal al-mawshiya*, p. 79 ; trad. p. 114-115; Ibn 'Idhârî, *Bayân Al*, p. 85 ; Simonet, IV, p. 749.

108)- Simonet, III, p. 552 ; Pastor, p. 363 ; E.Lévi-Provençal, *Séville* , paragraphes 153, 154, 164, 169, 204, 206.

109)- Sur Abû-l-Walîd b. Rushd voir *Al-Qantara*, 1986.

110)- Sur Abû-l-Qâsim b. Ward qâdî al-qudât de Grenade de 515 H à 530 H, voir *Al-Qantara*, 1986 ; Al-Wansharîsî, *Mi'yâr*, VIII, p. 39-45.

111)- Al-Wansharîsî, *Mi'yâr* , Fès, II, p. 271-272; Ch. E Dufourcq, dans *L'Europe médiévale sous domination arabe*, Hachette, 1978, p. 207, attribue de façon erronée à Averroés le philosophe, ce qui revient à son grand-père. La confusion est née du fait qu'ils portent le même nom, mais le fait que cette consultation émane de Mûsâ b. Hammâd mort en 535 H, ce dernier ne pouvait consulter Averroés le petit fils de notre cadi, né en 520 H.

112)- Simonet, IV, p. 752-753 ; Ch. E Dufourcq, p. 239.

113)- Al-Wansharîsi, *Mi'yâr*, Fès, II, p. 193.

114)- Ibn 'Idhârî, *Bayân Al*, p. 85 ; *Al-Hulal al-mawshiya*, p. 79 ; trad. p. 114; A.Huici-Miranda, III, p. 56-57.

115)- Mahmud 'Alî Makki, « Wathâ'iq ta'rîkhiya djadîda » *Revista del Instituto de Estudios Islamicos en Madrid*, VIII, 1959-1960, p. 123.

116)- Al-Wansharîsî, *Mi'yâr*, Fès, II, p. 118; *al-Hulal al-mawshiya*, p. 80-81; trad. p. 116 ; Ibn 'Idhârî, *Bayân Al*, p. 85-86 ; Al-Nubahî, *Histoire* , p. 99.
117)- Ibn 'Idhârî, *Bayân Al*, p. 87-89.
118)- Pastor, p. 365.
119)- Al-Wansharîsî, *Mi'yâr*, Fès, II, p. 141-143, 383 ; VI, p. 51; VII, p. 47-49 ; VIII, p. 39-45; Rabat, VIII, p. 56-58.
120)- Al-Wansharîsî, *Mi'yâr*, Fès, II, p. 141-143 ; R.H Idris, « Les tributaires en Occident musulman médiéval », *Mélanges Armand Abel*, Leiden, 1974, p. 182 et n°59.

LA DAWLA ALMORAVIDE FACE AUX FRONTIERES MOBILES ET AU DJIHAD

MISE EN DEFENSE DU MAGHRIB AL-AQSA DU GRAND ATLAS AUX PROVINCES D'AL-ANDALUS (520 H / 1126 - 525 H / 1130)

Conseillers politiques des princes almoravides, garants de l'orthodoxie malikite, les juristes sont aussi les initiateurs de cette politique de mise en défense de l'empire almoravide face aux dangers de la révolte almohade dont les racines sont politiques et idéologiques (121).

FORTIFICATION DE MARRAKECH.

Dès l'origine, les Almoravides formaient bien un groupe redoutable par son ardeur au combat et sa foi, mais ce groupe n'était pas très important face à tous les combattants terrés dans l'Atlas et un grand choc, homme contre homme, n'était pas gagné d'avance. Le problème se posait dès 1070 de garantir la nouvelle base Marrakech et ses trésors contre toute attaque et on comprend que la première préoccupation d'Abû Bakr b. 'Umar fût de bâtir un réduit sur la partie la plus haute du camp, le *Qasr al-hadjar*. Une seule porte a été retrouvée, celle de la face sud. On sait par les textes qu'il y en avait plusieurs. Elle était flanquée de deux bastions et s'ouvrait sur l'alignement du rempart. L'entrée proprement dite était constituée par un couloir droit, précédé de deux niches semi-circulaires dont le modèle est sans doute venu de la Qal'a des Banû Hammâd (XIe s.). Un escalier latéral, débutant par un plan incliné, conduisait à une chambre de défense et au chemin de ronde qui courait sur le rempart où courtines et tours se succédaient. Ce qui fait l'originalité du *qasr* d'Abû Bakr et la différence de toutes les forteresses almoravides connues et construites par la suite, c'est son appareil qui reste unique. Voici en quels termes le décrit M.J Meunié : « *Deux murs d'un mètre d'épaisseur, construits en moellons dégrossis dressés sur la face externe, courent parallèlement à 0 m 90 environ l'un de l'autre et sont reliés, de place en place, par des refends de pierres, larges également d'à peu près un mètre. Les vides ainsi aménagés entre les deux murs sont remplis d'argile tassée. Ce dispositif mesure 0 m 80 de hauteur, puis règne un sol de béton, au-dessus duquel le même dispositif se reproduit sur 1 m 20 de hauteur, mais les refends sont décalés par rapport à ceux du lit inférieur. De petits rondins de bois sont placés horizontalement et perpendiculairement aux murs, pour supporter les refends ; leurs extrémités sont visibles sur la face interne du mur sud du rempart. Le troisième lit est incomplet et ne dépasse guère 0 m 70, l'ensemble dans les parties les mieux conservées, atteint 2 m 75 de haut. Les moellons dégrossis sont liaisonnés par de forts joints de mortier de chaux ; en quelques points de la face extérieure du rempart, se remarquent encore de petits cailloux qui ont été enfoncés dans l'épaisseur du joint ... ».*

Mais d'où venaient l'architecte et les artisans ? Les Masmouda savaient-ils tailler la pierre du Guéliz et surtout choisir la variété qui précisément se laisse tailler ? On peut penser que le séjour des Almoravides à Sidjilmâsa ne devait pas être étranger à la construction de ce chef d'oeuvre. Or Sidjilmâsa était depuis longtemps en relation avec le reste du Maghreb et en particulier Kairouan sur le chemin de laquelle se trouvait Tlemcen ou la Qal'a des Banû Hammâd.

Yûsuf b. Tâshfîn honorait les juristes et vénérait les savants ; il leur soumettait les affaires publiques pour avoir leurs avis qu'il s'appliquait à suivre. Son fils et successeur 'Alî, andalou de coeur et d'esprit, ne devait manquer de faire appel à des architectes et des artisans andalous, pour la construction de son nouveau palais, achevé vers 520 H / 1126, de tradition hispano-mauresque, au dire de J. Meunié, soulignée dans ces vestiges par la richesse en eau qui court partout et la découverte d'un magnifique chapiteau omeyyade.

Le géographe al-Idrîsî (122), nous apprend que 'Alî b. Yûsuf b. Tâshfîn fit construire un pont sur le Tansift : « Il avait fait venir à cet effet des architectes espagnols et d'autres personnes habiles » ; l'ouvrage fut construit avec toute la solidité possible, mais au bout de quelques années, les eaux venant avec une force irrésistible, emportèrent la majeure partie des piles, disloquèrent les arches, détruisirent le pont de fond en comble (Charles Allain en découvrit les vestiges situés à 400 m environ en amont du pont actuel).

Si ‘Alî b. Yûsuf paraissait ne songer qu'à se livrer aux pratiques religieuses et spirituelles, il ne négligeait cependant pas, comme l'a prétendu al-Marrâkushî , « *de la manière la plus absolue, les intérêts de ses sujets* ». Nous en voulons pour preuve, non seulement les grands sanctuaires religieux qu'il fit édifier, mais aussi le nombre de villes andalouses et maghrébines dont il va entreprendre la fortification, ainsi que les 22 forteresses dont il sut garnir les montagnes de l'Atlas pour contenir les attaques de plus en plus sérieuses des Almohades.

Le souverain almoravide ne prit pas seul la décision de construire la muraille de Marrakech (123), au dire de l'auteur d'*al-Hulal al-mawshiya*, construction qui n'aurait coûté que 70.000 dinars or et duré que huit mois. Ce fut le Grand Cadi de Cordoue Abû-l-Walîd b. Rushd (m. 1126) qui convainquit le souverain almoravide d'entourer la ville et ses habitants d'un solide rempart, alors que d'autres sages, d'après Azammûrî, n'étaient point disposés à conseiller un travail qu'ils jugeaient ruineux pour le Trésor Public. Abû ‘Abd Allâh Muhammad b. Ishâq b. Amghâr, le saint chérif de Tît (prés de Mazagan), aurait envoyé une partie de ses biens à ‘Alî pour l'aider dans son entreprise défensive. Sans doute ne fut-il pas le seul.

C'est ce *djumâdâ* I 520 H / mai-juin 1126 que date le commencement de la construction des remparts de Marrakech ; ils durent être terminés vers janvier-février 1127. La plus grande partie des travaux fut exécutée pendant la saison sèche, particulièrement favorable pour le pisé (*tâbiya*), mais les finissions, donc les portes, ne le furent qu'en automne. Cet immense chantier, long de plusieurs kilomètres représente un effort considérable auquel toute la population de la ville fut convié.

Le tracé almoravide avait la forme d'un polygone irrégulier d'une quinzaine de côtés principaux avec une très longue face au sud et un angle obtus rentrant sur la face nord. Sans doute des circonstances locales les ont imposés en 1126. On pourrait imaginer aussi, pour expliquer les deux angles rentrants de la face ouest, un brusque changement de plan, un repentir. Un tracé initial aurait prévu le raccordement des sommets des deux angles de la muraille ouest avec les angles de la forteresse de Yûsuf b. Tâshfîn, et, au dernier moment, on aurait préféré isoler la forteresse à l'intérieur de la ville et lui annexer les jardins du palais.

Tel qu'il était, le périmètre représentait environ 9 kilomètres, ce qui correspond à peu près aux dimensions d'al-Idrîsî : « *plus d'un mîl (le mîl = 2940 m) de long sur à peu près autant de large* », la longueur étant comptée de l'est à l'ouest et la largeur du nord au sud.

Vu l'urgence de la fortification de Marrakech, devant la menace almohade, il ne pouvait être question de construction en pierre. Le temps pressait, les carrières du Guéliz étaient loin, le pisé s'imposa. On savait déjà que l'argile rougeâtre de Marrakech convenait excellemment . Le pisé (*tâbiya*) s'imposa aussi par sa facilité de travail et le peu d'importance de son prix de revient. Il nécessitait beaucoup d'eau, mais les khettaras étaient en plein développement et sans doute s'arrangea-t-on pour faire parvenir l'eau sur cet interminable chantier par des rigoles opportunément tracées plutôt que par un transport coûteux et fastidieux de millions d'outres.

La technique du pisé était connue, on l'a retrouvée en Phrygie au VIIe siècle avant notre ère. Ibn Khaldûn dans les *Prolégomènes*, décrit avec minutie la façon de bâtir en utilisant la forme à pisé : « *On peut aussi contruire tout en terre, à commencer par les murs, en prenant un coffrage en bois, dont les dimensions varient selon les régions mais sont en général de quatre coudées sur deux. On dresse ces planches sur les fondations, en les espaçant à une distance convenable. Elles sont reliées à des traverses en bois assujetties avec des cordes ; on ferme le tout avec deux autres petites planches. Puis, dans ce coffrage, on verse un mélange de terre et de chaux, spécialement préparé à cet effet. On en ajoute encore, jusqu'à ce que le vide soit tout à fait comblé. La terre et la chaux sont devenues comme une seule substance. Ensuite, on place deux autres planches de la même façon et l'on prépare le mélange de chaux et de terre. On dresse alors un nouveau coffrage vertical, jusqu'à ce que le mur entier soit construit, comme s'il était d'une seule pièce* ».

Pour la surveillance de ses abords immédiats, la courtine était flanquée tous les 25 à 30 mètres de tours barlongues et creuses simplement accolées à la muraille selon la tradition andalouse. Le mur était couronné par un chemin de ronde très étroit (0 m 60) que protégeait un parapet à merlons ; seuls quelques-uns de ceux-ci ont apparemment bravé le temps. Coiffés de leur pyramidion, ils ressemblent étrangement à ceux qui surmontent la porte de Cordoue à Séville et que les textes datent précisément de 'Alî b. Yûsuf b. Tâshfîn.

Les textes historiques ne nous permettent pas de donner à Marrakech, à l'époque almoravide, plus de douze portes. Sidjilmâsa en avait le même nombre, mais Cordoue n'en aurait eu que sept.

Pour l'étude des portes, nous renvoyons à l'ouvrage de G. Deverdun et nous nous limiterons à leur énumération et description rapide. La *bâb Haylâna* est une porte à coude simple, extérieure à la muraille ; la *bâb al-Dabbâghîn*, du quartier des tanneurs, toujours en place, a été remaniée. Les vantaux de la *bâb Fâs* auraient été ramenés d'Espagne. La *bâb Taghzût* placée au sommet de l'angle obtus de la muraille nord, n'a conservé de ses deux bastions qui l'encadraient que celui de l'ouest, la partie coudée et sa superstructure ont disparu. La *bâb Massûfa* est mal connue. La *bâb Dukkâla* est une porte en saillie entre deux bastions carrés imposants et inégaux donnant accès à un passage à double coude, dit à baïonnette. La *bâb al-'Arâ'is* est une porte à coude simple, tournant à droite, que deux bastions pleins semi-octogonaux encadrent toujours. Leur parement extérieur est en pierres régulièrement appareillées. Les merlons surmontés de pyramidions qui couronnent le sommet sont certainement anciens. La *bâb al-Makhzan* était un puissant bastion coudé, flanqué de deux tours. Les *bâb al-Sharî'a*, *bâb Nafîs*, *bâb al-Sâliha* ont disparu. La *bâb Aghmât* attestée en 1147, s'ouvrait entre deux bastions.

Le pisé apparaît bien comme une architecture de l'urgence dès 520 H / 1126 dans la fortification de Marrakech, il sera le recours pour l'édification de la chaîne de forteresses bâties à cette même époque, dans les montagnes du Grand Atlas.

FORTIFICATION DU GRAND ATLAS (124)

Les menaces se précisaient contre l'empire almoravide et ne pouvaient passer inaperçues à 'Alî b. Yûsuf b. Tâshfîn. Les difficultés, les inconvénients et les périls que supposaient une campagne dans les montagnes du Grand Atlas firent, qu'après l'échec de l'entreprise d'Abû Bakr b. Muhammad al-Lamtûnî en 1122 ou 1123, on décida d'entreprendre les travaux de défense nécessaires , en élevant face aux massifs montagneux du Grand

Atlas une ligne de forteresses mettant à l'abri de surprises désagréables la capitale Marrakech, mais surtout Aghmât qui par sa position, proche des montagnes et dépourvue de murailles, était plus exposée que tout autre ville aux attaques almohades. Les Almoravides, sur les conseils de leurs architectes andalous choisirent bien le terrain et les points stratégiques pour édifier ces forteresses.

Vers 1125, un aventurier andalou, al-Fallâkî (125), audacieux bandit de grand chemin, se vit chargé de l'organisation de la défense de la plaine d'Aghmât par 'Alî b. Yûsuf. Capturé alors qu'il se livrait au brigandage dans la banlieue de Marrakech, le sultan almoravide voulant s'assurer ses services, lui fit grâce et le chargea d'organiser la défense contre les tentatives almohades sur les premiers contreforts de l'Atlas, au sud de la plaine de Marrakech. C'est lui qui bâtit toute la ligne des vingt et un postes fortifiés à la lisière du massif avec l'aide d'architectes andalous.

La forteresse de Tâsghîmût / Tasghîmout (126)

Au dire d'al-Baydhaq, elle fut bâtie par Maymûn b. Yâsîn . Abû Bakr b. Mazan al-Lamtî y tenait garnison avec deux cents cavaliers et cinq cents fantassins ; de là, il surveillait le pays des Hazradja. Située entre le *wâdî Urîka* et l'Issil, magnifiquement défendue par ses ouvrages d'art et la nature, elle dominait tout le territoire de Marrakech au massif montagneux, des vallées aux torrents par lesquels les Almohades pouvaient descendre : les vallées du Nafis, du Raghâya et de l'Urîka.

Située à trente-cinq kilomètres environ au sud-est de Marrakech, à dix à l'est d'Âghmât, cette forteresse élève ses murailles à pic juste au-dessus de la vallée où était établie, selon toute vraisemblance la petite Âghmât Haylâna. Au premier coup d'oeil, les murs présentent ce mélange d'appareils si caractéristiques de la fortification maghribine dans la première moitié et vers le milieu du XIIe siècle, et confirmant cette première impression, de nombreux détails rappellent les constructions de la Qal'a des Banû Hammâd (XIe s.). Le plateau tout entier fut entouré d'une muraille double parfois, qui suivit toutes les sinuosités de la falaise. Vers l'ouest surtout, vers la plaine, la défense est forte : des tours et des bastions flanquent le mur. Au nord-ouest s'ouvrait la porte principale, ouvrage de défense en même temps qu'oeuvre d'art. Sur la face nord était une poterne et c'étaient les seules ouvertures de l'enceinte. À l'intérieur pas trace d'aménagements permanents sauf dans la partie occidentale où se trouvent les restes d'un vaste édifice, sorte de magasin et de réduit suprême. Tout était aménagé pour que la place pût soutenir un long siège. L'eau même, sur cette hauteur, ne devait pas manquer. Une source existait dans un creux du plateau où les eaux de pluie convergeaient aussi vers un vaste bassin-citerne. Les murs ont un développement de plusieurs kilomètres, mais ne sont pas partout construits avec le même soin. En moellons dégrossis dans les parties solides qui surveillent la plaine, ils sont faits ailleurs, au dessus des abîmes plus escarpés qui séparent le plateau du reste de la montagne, de parements de moellons, entre lesquels on a inséré un blocage de pierres mal cimentées ; souvent, au dessus d'une base de pierres, le mur est en pisé (*tâbiya*), technique économique et architecture de l'urgence qui caractérise cette époque.

En 526 H / 1132, au dire d'al-Baydhâq, « *les Almohades sortirent de Tînmallal contre cette forteresse, avec 'Abd al-Rahmân b. Zaggû. Nous la prîmes une nuit, veille d'un samedi, dispersâmes les occupants et emportâmes les vantaux des portes ; ce furent ceux que l'on plaça à Tînmallal, à la porte des Potiers (bab al-Fakhkhârîn)* ».

L'absence de tout organe inutile atteste la hâte avec laquelle on fortifia cet immense camp retranché. La seule porte, *bâb al-Muwahhidîn*, donnait accès à la forteresse. Elle forme un épais massis qui déborde largement la muraille, à l'extérieur plus encore qu'à l'intérieur. À l'avant deux tours en forte saillie, encadraient l'arc même de la porte. Le couloir, fort étroit, se brise, reste quelque temps perpendiculaire à l'axe de la porte puis reprend sa direction primitive. « *Il reste bien peu de chose des organes défensifs de cette porte. À l'arrière du massif de droite, le seul qui puisse encore être étudié, une chambre s'ouvrait. Sa voûte en berceau partant d'un double lit de briques. C'était là un simple corps de garde séparé de l'extérieur par toute la saillie externe de la tour. Mais au premier étage et en avant de cette salle, dans la tour elle-même, était ménagée une chambre de défense, aujourd'hui éboulée presqu'au ras du plancher. À droite de la porte, un curieux détail est encore visible : la muraille et la porte se raccordent par un ressaut à angle droit, formé par un massif plein. Les légers décrochements qui permettaient de mieux battre les angles morts, sont fréquents à la Qal'a des Banû Hammâd mais restent rares au Maghrib extrême* » (H. Basset).

La médiocrité de l'appareil est rachetée par l'excellente qualité du mortier, riche en chaux et qui mélange parfois au sable une forte proportion de brique pilée. Ce mortier est disposé en lits épais qui rachètent les irrégularités de taille. Il formait aussi un enduit, encore visible par endroits et qui n'avait pas été lissé.

« *Aussitôt après l'entrée se creuse dans le mur de droite du couloir, après deux défoncements vigoureux, une haute niche demi-circulaire qui se couvre d'une demi-coupolette à côtes modelée dans du mortier. Ces niches demi-circulaires sont nées dans la Perse parthe et sassanide où elles creusent les façades des palais de Warka et de Ctésiphon. Nous les retrouvons à peine modifiées aux propylées des palais de Rabbat Amman, aux confins de la Syrie. En Ifrîqiya, à la mosquée de Kairouan et à la Zitouna de Tunis, elles arrivent sous la forme que leur a donnée la Mésopotamie : sous une voûte en coquille profondément creusée, la niche est à fond plat. Elles se répètent comme un motif courant aux murs de la Qal'a des Banû Hammâd. L'imitation de la Qal'a les amène enfin, bien des siècles après leur naissance, sur les pentes de l'Atlas, presque aux limites du monde occidental* » (H.Basset).

Faut-il y voir un apport des nombreux disciples d'Abû 'Imrân al-Fâsî de Kairouan dont les disciples ifriqiyens, maghrébins et andalous devaient avoir tant d'influence sur l'administration almoravide ?

La forteresse de Tasghîmût fut bâtie vite et ceci explique, avec l'absence de pierre de taille, l'exclusion de toute forme compliquée, l'adoption de moellon dégrossi ou brut, parfois alterné en lits épais et minces et l'adoption du béton de pisé (*tâbiya*).

La forteresse d'Ânsâ des Banû Îmâdîdan (127)

« *C'est là*, précise al-Baydhâq, *que se trouvait 'Umar b. Daiyân. Elle fut attaquée par l'Imâm Mahdî avec les Almohades* ».Quand, avec de nombreuses troupes, 'Umar b. Daiyân sortit de Marrakech et arriva à Ânsâ, « *la nouvelle en parvint à l'Imâm qui dit : « Allez les combattre, avec la bénédiction d'Allâh! » Arrivés en contact avec l'ennemi, nous nous livrâmes un violent combat, à tel point que l'Imâm tomba. Un groupe nombreux des nôtres se retourna pour le protéger et il se releva.*

Les Mudjassimûn (Almoravides) furent défaits grâce à la bienveillance et à la miséricorde d'Allâh » (Al-Baydhâq). C'était un point stratégique situé à la lisière du Grand Atlas, sans doute à l'ouest du plateau du Tasghîmût : il ne paraît pas possible actuellement d'en identifier le site exact.

La forteresse de Tâfarkaggûnt, au Kik des Ghayghra (128)

Située sur le long plateau calcaire qui sépare la plaine de Marrakech du couloir qui relie la vallée du *Wâdî Rghâya* à celle du *Wâdî Nafîs*, « *elle fut attaquée par al-Bashîr et les siens, précise al-Baydhâq, 'Umar b. Yandûk qui y commandait, trouva la mort dans cette affaire ; nous lui prîmes cent cinquante chevaux et cinq cents partisans almoravides périrent. Parmi le butin fait, se trouvaient cinq cents ânes, sans compter les boeufs et les moutons* ».

La forteresse de Wîrkân dont le site est inconnu (129)

« *Les délégués almoravides qui s'y trouvaient moururent ; Allâh les dispersa, car il est puissant et sage* » (Al-Baydhâq)

La forteresse d'Âssikâbû (130)

Dans la montagne appelée Tinâghrum ou Tînâlfîq, elle n'a pas été localisée. « *C'est là*, précise al-Baydhâq, *que se trouvait Yûggîn Äkîdaran. L'Émir des Croyants descendit vers cette citadelle avec trois corps de troupes ; nous l'assiégeâmes et combattîmes pendant trois jours. Mais Reverter ayant rejoint la garnison avec un renfort, nous partîmes pour Maskarûtân où nous obstruâmes le chemin avec du bois et des pierres. Reverter, au retour, prit par Maskarûtân, mais y trouva le chemin obstrué. Alors nous descendîmes vers le Sûs, où nous prîmes les puits d'Abû Maymûn à Zahrîfa et Maghîla. De ce dernier point, nous gagnâmes Târûdânt, où se trouvait Ma'lâ b. Lu'lu' qui prit la fuite vers Tînâwantîn. Mais nous vînmes nous installer devant cet endroit et nous nous en emparâmes : Sâlih b. Sâra trouva la mort au combat qui eut lieu, et nous rapportâmes ses biens à Îgîllîz. Âkudî b. Mûsâ prit la fuite, et al-Fallâkî vint faire sa soumission à Îgîllîz des Hargha, ainsi que ses partisans. Il accompagna l'Émir des Croyants à Tinmallal. Ces événements se passèrent en 535 H / 17 août 1140 - 5 août 1141* ».

La forteresse de Tâsanult (131)

Ce toponyme existe encore dans la tribu de Mâssa, à l'embouchure du Wâdî Sûs et on y trouve des vestiges de fortifications attribués suivant les traditions aux Almoravides, mais n'ayant pas encore fait l'objet d'étude archéologique. « *Des cavaliers et des fantassins y tenaient garnison, sous le commandement de Mu'ad b. Mûsâ* » (Al-Baydhâq). Les forteresses d'Asakkâ-n-Kamât où se trouvait Ishâq b. Yintân, de Târûlûlat-n-Îgadmîwan, où se trouvait Abû Bakr b. al-Lamtiya, de Nafîs, où se trouvait al-Zubayr b. Nabtâsan, d'Ashbûr des Haskurâ, où se trouvait Abû Bakr b. al-Djawhar ne sont pas localisées.

La forteresse du Tâdalâ, dite Hisn Tâkazûrart (132)

Sans doute l'actuelle Qasba Tâdlâ, c'était, au dire du *Kitâb al-istibsâr* , une forteresse importante dominant les points alentours, gouvernée selon al-Baydhâq, par « *Yadâlîm (?), sous l'obédience de 'Alî b. Yûsuf* ». Aucune étude archéologique n'en a été faite.

La forteresse de Dây (133), où se trouvait Ibrâhîm b. Sâmmadan devait être différenciée de sa voisine mieux connue Tâgrârt (134) dont les ruines n'ont jamais été étudiées. Située à un douzaine de kilomètres au nord de Beni Mellal (carte 200.000, feuille de Tadla), elle se trouvait sur l'oued Derna, un gros affluent de l'Oumm er-Rebia, à deux kilomètres environ de la rive gauche et était gouvernée par Yahyâ b. Sâfûr.

La forteresse d'Âsrû des Banû 'Abd Allâh était commandée par Ibrâhîm b. Sîr (135), alors que celle d'al-Qal'a (136) de Mahdî b. Tawala al-Idjfashî, ancienne capitale du Fazâz était commandée par Yahyâ b. Sîr. Al-Baydhâq signale cinq autres forteresses : « *Tâsghamart où se trouvait Maymûn b. Sârâ; al-Fallâdj où se trouvait Madgûd b. Salmân des Banû Wârîtan. La forteresse de Karnâtâ / Karândah,où se trouvait 'Abd Allâh b. 'Assamt* » (137).

Établie dans la montagne du Zarhûn, **la forteresse de Tûmaktâyân** (138), où se trouvait 'Alî b. Hayyân avec ses fantassins et ses archers, pourrait correspondre aux ruines subsistant sous le nom de Qasbat al-Nasrânî dans le djabal Zarhûn.

La forteresse d'al-Wulga (al-Waladja) où se trouvait Muhammad Âkûnât et celle de Tâzaghdarâ des Ludjâya où se trouvaient al-Zubayr b. 'Â'isha et Dafâl b. Hawwâ', sont peu documentées. Cette dernière bourgade existe toujours à la limite des actuelles tribus al-Djâga (Ludjâya) et Banû Zarwâl (139).

Enfin la mieux connue de ces forteresses, **Âmargû / Amergo**, semble de construction antérieure à celles que nous venons d'énumérer. Amergo est sans nul doute la plus célèbre des forteresses élevées au Maroc et utilisée par les Almoravides : elle est mentionnée, plus encore que le Tasghimout, par les Chroniqueurs arabes (140).

Sur une crête rocheuse du massif calcaire dominant de près de cinq cents mètres la ville des Banû Taouda et tout le pays de l'Ouergha, orientée sensiblement sud-est, nord-ouest, longue de plus de 200 mètres, mais qui ne dépasse pas 50 m dans sa plus grande largeur, elle est bordée de falaises sur sa face la plus longue, au sud-ouest, et de pentes très raides sur les autres côtés. « *Les Almoravides n'ont voulu utiliser que la partie la plus forte de cette position naturelle : la forteresse est donc de dimensions réduites : 225 m de longueur et 62 m de largeur maxima, non compris les deux petites tours extérieures des pentes nord-est. ...Les dispositions et les formes de détail de la forteresse sont aussi curieuses que révélatrices. Par sa bâtisse et quelques unes de ses formes elle se rattache aux autres châteaux almohades et s'inscrit dans la tradition hispano-mauresque. Mais par d'autres traits - et non des moindres - elle apparaît étrangère à l'architecture de l'Occident musulman. L'appareil d'Amergo, de moellon dégrossi en assises régulières, parfois alternativement épaisses et minces au parement, de blocage à l'intérieur - le tout hourdé avec un bon mortier de chaux et sable - est celui du Tasghimout et de la Qasbat al-Nasrânî, les deux plus belles forteresses almoravides étudiées jusqu'à maintenant. Les joints soigneusement traités sont partout où le mur est bien conservé, ornés de traits dessinés à la pointe de la truelle. Cette rustique parure est de pratique courante dans les bâtisses almoravides de moellons qui nous sont parvenus. Cette courtine de pierre avait de 1 m 35 à 1 m 45 de largeur. Les murs des tours étaient de même épaisseur ou légèrement plus minces de 1 m 40 à 1m, sauf à la tour B, nettement plus massive que les autres. Nulle part on ne retrouve de béton comme au Tasghimout et dans d'autres forteresses du XIIe siècle. Amergo semble avoir été bâti entièrement en pierre, sur ce piton où la roche affleure de toutes parts et où l'eau devait être apportée de loin, cette solution était logique. Les murs ne présentaient ni gradins, ni fruit* » (H. Terrasse).

Les deux portes sont étroites avec un couloir d'entrée limité à l'épaisseur de la courtine à la poterne nord, passé à la grande porte ouest par une salle adossée à l'intérieur du rempart. « *Cette salle se prolongeait au nord-ouest tandis qu'au sud-est le couloir était flanqué d'une chambre de plan carré dont toutes les fondations se sont conservées. Il est très probable que dans ces annexes arrières de la porte était aménagé, suivant une pratique courante dans la fortification almoravide, un escalier qui donnait accès au chemin de ronde. La présence de portes droites ne doit pas étonner : cet archaisme est très fréquent dans les forteresses sanhâdjiennes. On ne retrouve pas les deux tours qui flanquent l'entrée des portes hispano-mauresques du XIIe siècle : le flanquement étant assuré, à près de six mètres et à douze mètres par deux tours rondes. Les tours qui jalonnent la courtine ont des plans qui varient du demi-cercle au cercle parfait. Alors que les bastions des enceintes hispano-mauresques s'efforcent de garder même largeur et même saillie, chaque tour a ici sa personnalité* » (H. Terrasse).

Au XIIe siècle, la tour ronde ou demi-ronde reste exceptionnelle : on la voit à Bab Qermadin à Tlemcen, au ribat de Tit. L'architecte qui a bâti Amergo était de longue date familiarisé avec cette forme qui restera exceptionnelle dans l'art hispano-mauresque. L'emploi systématique de la tour ronde est fréquent dans les châteaux du nord et du centre de la Péninsule (Loarre, Salvatierra de los Baños). Amergo a sans doute été bâti sous la direction de quelque contribule du comte catalan Reverter, chef de la garde des chevaliers chrétiens au service des Sanhâdja, un parmi tant d'autres de ses architectes mozarabes dont les juristes andalous célébraient les qualités d'aménageurs du territoire lors de leur expulsion d'al-Andalus en 520 H / 1126, vers Fès, Meknés et Marrakech.

Abû-l-Hasan al-Maghribî est d'avis que le Prince (*Imâm*) peut accorder certaines concessions aux Chrétiens quand il y a plus de profits que d'inconvénients à le faire. Ils sont experts en maçonnerie (*binâ'*), arboriculture (*ghars*) et en irrigation (*ihyâ'*), arts dans lesquels les Musulmans n'excellent guère et qu'ils n'exercent pas . Il y a là grand intérêt pour l'essor de la cité. Leur installation au milieu des Musulmans entraîne un affaiblissement des Infidèles. Les Almoravides y ont procédé en transférant les tributaires (*mu'âhadûn*) au Maroc. Ils demandèrent à élever des temples et Ibn al-Hâdjdj (m. 529 H / 1135) rendit une fatwa favorable à cette demande. Leur installation a entraîné un accroissement considérable de richesses qui servent à combattre l'ennemi (141). N'est-ce pas un ingénieur (*muhandis*) andalou 'Ubayd Allâh b. Yûnus (142), le créateur du système d'irrigation de Marrakech !

FORTIFICATION DES VILLES ANDALOUSES

Ces mêmes juristes, sous la conduite d'Abû-l-Walîd b. Rushd et d'Abû-l-Qâsim b. Ward, conseillèrent la mise en défense des villes andalouses, face aux foyers d'indépendances pro-almohades naissants et aux menaces chrétiennes d'Alphonse I le Batailleur. Cette même année 520 H / 1126, furent décidées les fortifications de Grenade, d'Alméria, de Séville, de Cordoue et la construction de la *Qasaba* de Jaen (143).

Les murailles et enceintes fortifiées d'Alméria semblent avoir supporté peu de modifications depuis leur construction ; elles se présentent dans l'état actuel de nos connaissances comme excessivement simples, si nous tenions compte des conquêtes et des sièges auxquels la ville fut soumise en 1147, 1157 et 1309. Dans ces constructions d'époque califale, il est difficile d'identifier les portions de murailles sur lesquelles en 1125, Ibn al-'Adjamî (al-Fahmî) fut chargé de veiller et dont il assura la restauration et l'achèvement selon les dires d'Ibn al-Sayrafî, repris par Ibn 'Idhârî. C'est la population de la ville qui supporta les frais et la charge des travaux jusqu'à leur achèvement.

Séville (141), capitale de la région occidentale d'al-Andalus, port de débarquement de troupes et lieu de concentration des corps d'armées provenant du Maghrib et des soldats d'al-Andalus recrutés par les *fuqahâ'* /s de Cordoue et de Séville, se devait d'être bien fortifiée. Au cours des vingt-trois ans de gouvernement de l'émir Sîr b. Abî Bakr (septembre 1091-mai 1114), Séville vécut une vie tranquille, sans séditions ni altercations notoires.

Le gouvernorat de son fils Yahyâ b. Sîr b. Abî Bakr (mai 1114-mai 1115) ainsi que celui de son successeur 'Abd Allâh b. Fâtima (juin 1115-février 1118) ne donnèrent lieu à aucune notice d'information sur un quelconque aménagement de l'enceinte de la ville. En février 1118, 'Alî b. Yûsuf nommait gouverneur de Séville, son frère Ibrâhîm b. Yûsuf b. Tâshfîn (jusqu'à août 1122). Quelque incident dut se produire. À peine arrivé à Séville, il ordonnait de décapiter deux hommes et de promener leurs têtes sur une pique à travers les marchés de la ville. Suite à la déroute almoravide du 16 juillet 1120, Ibrâhîm dut faire face à des manifestations de mécontentement. Est-ce la raison de son remplacement par Tamîm b. Yûsuf b. Tâshfîn (août 1112-23 janvier 1124) qui devait perdre ce gouvernorat, suite à l'expédition d'Alphonse I le Batailleur et aux consultations juridiques d'Abû-l-Walîd b. Rushd de la même année 1124. C'est à son successeur Abû Bakr b. 'Alî b. Yûsuf (février-mars 1124-juillet 1128) que devait incomber la charge de fortifier la ville.

Depuis l'époque de 'Abd al-Rahmân III en 913-914 où les murailles de Séville furent arrasées au niveau du sol, tâche ardue, car elles étaient construites avec de solides pierres de taille, la ville demeura ouverte au cours de la période califale. Durant la deuxième et troisième décénies du XIe siècle, selon le *Rawd al-mi'târ* , « l'enceinte fortifiée de Séville fut reconstruite en pisé (*tâbya*) de chaux, de sable et de cailloux. Selon un passage d'*al-Hulal al-mawshiya* , au cours de la dernière année de son règne, al-Mu'tamid aurait commencé à construire ou reconstruire les murailles et à faire le pont vers 484 H / 1091. Est-ce ce travail que l'almoravide 'Alî b. Yûsuf b. Tâshfîn demanda en 520 H / 1126 aux responsables d'al-Andalus de terminer ? Pour financer ces travaux de construction ou de fortification des murailles déjà existantes, fut instauré un impôt, le *ta'tîb* qui grevait les édifices, les maisons d'habitation, les halles aux blés et autres locaux commerciaux. Cette dépense fut financée par les communautés de chaque mosquée, « sans gaspillage et sans dommage ».

Ces murailles de pisé (*tâbya*) qui protégeaient Séville, selon ce que l'on peut déduire des textes qu'il faut interpréter avec prudence, entouraient alors 187 hectares et se développaient sur une longueur de 5.955 mètres, selon L.Torres Balbas. Les banchés de pisé avaient 84 cm de hauteur pour 225 cm de long.

À Cordoue (145), la population se vit confier les réparations des enceintes fortifiées de la ville, selon leurs habitudes. Chaque communauté de chaque mosquée de quartier devait prendre en charge la portion de muraille proche de son quartier. Cette restauration fut entreprise sans embarras et sans avoir recours au *ta'tîb* . Le chroniqueur Ibn Ghâlib (VIe H / XIIe s.) fournit pour la longueur totale du rempart de la *madîna* le chiffre de 33.000 coudées (*dhirâ'*, 0 m 47) soit environ 15,5 kilomètres, renforcé par 227 tours et ouvert sur 7 portes. Les vingt faubourgs de la ville étaient entourés d'un fossé d'une longueur de 23 *mîl* (si le *mîl* vaut 1.420 m) soit 32 km 660. Ces estimations d'Ibn Ghâlib sont plus élevées que celles d'al-Bakrî et d'al-Idrîsî. Nos sources sont unanimes à préciser que seule la partie centrale de l'agglomération cordouane, la *madîna* , ou la *qasaba,* fut à toutes époques de son histoire musulmane, ceinte d'un rempart continu. Ce rempart construit en pierre calcaire extraite de la Sierra voisine et assez peu résistante aux intempéries et aux atteintes du temps, avait ses assises posées sur celui de la Corduba romaine, il dut, à intervalles réguliers, faire l'objet de restaurations ou de réédifications partielles. En 401 H /1010, précise Ibn 'Idhârî, à la suite d'une crue du fleuve, la plus grande partie du rempart s'abattit, remplissant le fossé de ses décombres. Nous ignorons sur quoi portèrent les restaurations de l'époque almoravide.

Incapables de prendre d'assaut les imposantes défenses naturelles de l'Atlas, les Almoravides s'employèrent, avec des garnisons établies sur cette ligne de forteresses et avec le concours de dissidents, à ruiner la pauvre économie des tributs almohades et à attendre le moment où les forces réunies autour du Mahdî se dissoudraient et la discorde et l'anarchie endémique entre les Masmûda entraîneraient la perte de leur chef. Une armée considérable cernait les Almohades dans leur montagne, empêchant tout ravitaillement de parvenir aux assiégés. Les provisions vinrent à se faire rares au point que le Mahdî ordonna que chaque jour soit cuisinée une certaine quantité de bouillie dont chaque individu pouvait prendre l'équivalent d'une poignée.

En 521 H / 1127 (146), Ibn Tûmart entreprend une expédition dans le Sûs et prend Tasrîrt d'où il écrit une lettre - *al-Risâlat al-munazzama - l'Épitre bien composée* - adressée aux Almohades, y décrivant les campagnes militaires qu'il avait mises sur pied.

En 522 H / 1128, les Almohades assiègent les Haskûra dans la forteresse de Awsalîm ou Âzallîm sans parvenir à la prendre. Au cours de la violence des combats, le Mahdî fut blessé à la tête et ramené au campement par les siens. De là ils se dirigèrent vers

Gudjdâma, fraction des Haskurâ dont ils exterminèrent les habitants pour avoir tué le propagandiste Abû Muhammad 'Atiya en prière dans la *musâla* . Enfin, ils parvinrent à Tâsagdalt où ils déroutèrent un autre chef haskûrî, 'Umar b. Tûrtal (147).

Les hommes d'Ibn Tûmart, sans descendre dans la plaine - ils ne le feront pas avant 1129 - eurent quelques rencontres avec des groupes almoravides (148). Yintân b. 'Umar, à la tête de la *hashâm*, fut le premier protagoniste d'une escarmouche sur le territoire des Gadmiwa ou Ganfîsa, désastreuse pour les Almoravides.

LA BATAILLE D'ALCALÁ (523 H / 1129) (149)

La région valencienne est de nouveau le théâtre d'un nouveau revers militaire tout aussi dommageable que celui de 1125, pour le prestige almoravide auprès des Andalous. Alphonse I le Batailleur a bien pris conscience, au cours de son expédition andalouse, de l'incapacité des structures almoravides à faire face efficacement aux entreprises chrétiennes, et conçoit le projet de prendre Valence, pour en faire le point de départ d'une croisade en Terre Sainte. 'Alî b. Yûsuf reçut des informations de Valence sur les préparatifs du souverain aragonais et mobilise une nouvelle fois une importante armée qui comprend des corps d'esclaves noirs dont 300 jeunes noirs, armés et payés par la ville de Fès, ainsi que des contingents réguliers composés de troupes africaines. Ce corps expéditionnaire passe par Murcie dont le gouverneur militaire est Yîddar b. Warqâ' ; prend part à cette campagne, le gouverneur militaire de Cordoue 'Abd Allâh b. Abî Bakr b. Djanûna sous le commandement général du *qâ'id* Yahyâ b. 'Alî b. al-Hâdjdj b. Madjdjûz. Alphonse I le Batailleur était près de la forteresse *al-Qalî'a* / Alcalá dans la région d'Alcira où se rencontrent les deux armées. Ce fut une défaite complète pour les Musulmans. Les conséquences de ce revers militaire de l'été 1129, ne semblent pas avoir été catastrophiques et les projets grandioses d'Alphonse I le Batailleur ne se réalisèrent pas. Mais les prolongements à la fois politiques et psychologiques de l'événement sont importants, ils révèlent l'état d'esprit d'une partie de l'opinion andalouse à la suite de ce grave échec. L'ennemi s'empara d'une grande quantité d'armes, de bagages et de chevaux ; les pertes almoravides furent, selon Ibn al-Qattân, de plus de douze mille hommes, entre les morts et les prisonniers.

L'Émir des Musulmans, 'Alî b. Yûsuf, très affecté par les nouvelles de ce désastre, indigné par la couardise de ses soldats, qui, sans aucune cohésion, s'abandonnèrent les uns les autres et pensèrent seulement à fuir, ordonna à ses deux secrétaires andalous Abû 'Abd Allâh b. Abî Khisâl et Abû Marwân b. Abî Khisâl (150) d'envoyer chacun des récriminations aux chefs almoravides vaincus pour leur reprocher cette défaite. On ne peut qu'être surpris de la dureté du ton de ces lettres et de leur caractère insultant à l'égard des représentants en al-Andalus d'une *dawla* (régime) dont le souverain était la clé de voûte et le symbole : « *Oh fils de l'avilissement et de l'opprobre de la déroute ! Jusques à quand vous falcifiera celui qui vérifie la monnaie et vous repoussera un seul cavalier ? Puissiez-vous, au lieu de seller des chevaux, posséder des brebis que l'on trait assis. L'heure est venue pour nous de vous châtier, à moins que vous ne vous couvriez le visage avec le voile, et que nous ne vous renvoyions à votre désert et ne nettoyions la péninsule de votre impureté* ».

L'émir 'Alî, qui seulement après qu'elle fut envoyée, lut la lettre, alarmé par les commentaires qu'elle provoqua, démissionna son auteur et dit à son frère, Abû 'Abd Allâh qui avait été plus mesuré : « *Je doutais de la haine d'Abû Marwân envers les Almoravides, mais maintenant nous en sommes convaincus* ». La déroute fut si grande et la couardise des troupes si honteuse, que l'émir 'Alî b. Yûsuf écrivit en personne de Marrakech, à la suite de la bataille, en réponse au gouverneur de Cordoue, 'Abd Allâh b. Abî Bakr b. Djanûna qui avait essayé d'expliquer le cours de la rencontre et de justifier les causes de la déroute. Le souverain almoravide reconnaissait que, au début, la rencontre fut favorable aux Musulmans, mais suggérait que c'est la finalité et ses résultats que l'on censure : « *Vous rencontriez un ennemi inférieur en nombre et vous auriez du être plus énergiques et forts à défendre vos familles* ».Cette lettre acquit une grande célébrité en al-Andalus, où beaucoup de gens, mécontents de la domination almoravide, l'apprirent par coeur. « *On a quelque peine, dit P. Guichard, à comprendre les motivations exactes qui ont pu pousser Abû Marwân b. Abî Khisâl à risquer aussi imprudemment sa carrière et peut-être sa vie en s'en prenant aussi violemment à des traits distinctifs de l'aristocratie dirigeante d'origine africaine. On invoque, sans doute, le « patriotisme » andalou, mais est-il psychologiquement très vraisemblable de considérer le kâtib de 'Alî b. Yûsuf comme un véritable « martyr volontaire » de la cause andalouse, en le supposant pleinement conscient de la gravité de l'affront qu'il infligeait au régime almoravide et par voie de conséquence à la dynastie elle-même ? On peut penser également à l'entraînement verbal de la langue elle-même, particulièrement fort en arabe. Mais on peut se demander aussi si ce kâtib n'était pas à tel point intégré au système politique almoravide qu'il n'était plus véritablement conscient de sa nature profonde, et de la détention du pouvoir, en dernier ressort, par le groupe ethnique des sahariens. Il aurait alors assimilé inconsciemment les guerriers lamtuniens qui avaient si mal combattu à Alcalá à un élément militaire en quelque sorte « étranger » à l'État almoravide lui-même, et au service de cet État, mais ne s'identifiant pas avec lui, comme on en trouve constamment dans les organisations étatiques du Moyen-Âge musulman. Requis de les réprimander, il aurait eu recours aux insultes qui pouvaient venir le plus spontanément à un Andalou laissant courir sa plume au gré de son inspiration, sans se rendre compte que celles-ci atteignaient en réalité toute la dawla almoravide et le pouvoir lui-même. Cela supposerait qu'à ses yeux les éléments africains présents dans la péninsule ne représentaient plus qu'une composante parmi d'autres du système socio-politique* » (p. 92).

Cette grave défaite fut très bénéfique pour les Almohades, selon Ibn al-Qattân. D'autre part, les Castillans razziaient Galera et le gouverneur de Séville, Adjudây, sorti à leur rencontre, fut mis en déroute. Un convoi qui transportait des vivres vers un poste fortifié fut surpris, en conséquence de ces désastres, Adjudây fut destitué du gouvernorat de Séville et remplacé par Yahyâ b. Madjdjûz (151). Elle permit à Alphonse I le Batailleur d'agir dans trois directions . La première vers Teruel qui était un des points de friction les plus délicats et dont la possession lui faciliterait l'accès à Valence. Il échoua dans sa tentative d'établir un poste avancé à Cella et fortifia Monreal del Campo. La deuxième direction le mena vers Alcarria, d'où, par les Parameras de Molina, il fortifia Caselnuevo, à quatre kilomètres de Molina de Aragon, qu'il prit aussi en décembre 1128. Au sud-est, il installa une garnison à la forteresse d'Almazàn. Ces postes frontières bien assurés, il put s'aventurer à entreprendre une expédition vers Valence. Un document des archives de la cathédrale de Calahorra nous rapporte qu'en mai 1129, « *rex Adefonsis senior obsedebat Valentiam* ». Le 11 juillet de cette même année « *sedebat super Valentiam* » et selon un autre document non daté, à cette même époque, l'évêque de Saragosse se vit attribuer en terre valencienne, les deux forteresses de Liria et Villamarchante. Avant la constitution de la milice de Monréal, en 1128, il avait manifesté son intention d'occuper toutes les terres jusqu'à la mer pour ouvrir une voie maritime vers Jérusalem.

L'année suivante, au cours de l'été 1130, le vicomte Gaston de Béarn, feudataire d'Alphonse I et son bras droit lors de la conquête de Saragosse, dont il devint le gouverneur, sortit en compagnie de l'évêque Etienne de Huesca, en expédition sur les terres de Valence où ils trouvèrent la mort. Les *Anales Toledanos Primeros* notent brièvement : « *mataron los moros al obispo don Esteban e a don Gaston el vizconde, era MILXVIII* », soit l'année 1130. Une fois de plus, le *Bayân al-Mughrib* d'Ibn 'Idhârî, nous donne quelques informations sur cet épisode : « *Cette année là, dit-il, mourut le gouverneur de Valence Muhammad b. Yiddar (celui qui avait défendu la ville contre Alphonse I le Batailleur, lors de son expédition à travers le Levante et l'Andalousie) et 'Alî nomma son fils Yintân à sa succession. Le vicomte et l'évêque pénétrèrent sur ses terres au mois de djumâda II (12 mai-9 juin 1130) et furent mis tous les deux en déroute et tués, abandonnant leurs cadavres sur le champ de bataille. La tête de Gaston leur chef, fut envoyée à Grenade pour être présentée à Tâshfîn, le fils et futur successeur de 'Alî, qui tenait virtuellement sous sa juridiction tout le territoire musulman de la Péninsule. Placée sur la pointe d'une lance, ils la promenèrent à travers les souqs et les rues sous le son des tambours et ensuite momifiée, on l'envoya à Marrakech* ». Au reçu de cette nouvelle, après tant de désastres supportés par ses troupes, l'Émir des Musulmans se réjouit et le poète Abû Bakr Muhammad b. Yûsuf composa quelques vers dédiés à Tâshfîn b. 'Alî, pour célébrer cette victoire. Une ambassade chrétienne vint signer une trêve et peut-être racheter les corps du vicomte et de l'évêque. Tâshfîn la reçut très cordialement et la renvoya à son roi, sous bonne escorte.

LA BATAILLE D'AL-BUHAYRA : BREF REPIT POUR LES ALMORAVIDES (524 H/ 1129-1130) (152)

Le pouvoir central de Marrakech avait pris les mesures nécessaires pour contrecarrer la force croissante des Almohades qui dans la montagne, se renforçaient de jour en jour. Les expéditions envoyées contre eux ne parvinrent pas à les affaiblir, ni à étouffer leur révolte. Tout n'était pas assuré, non plus, parmi les tribus gagnées à la cause du Mahdî et à son nouveau système, il existait des éléments contraires à ce mouvement almohade, suspects, hyppocrites et des gens qui n'observaient pas les principes moraux édictés par le Mahdî. Al-Baydhâq fut chargé de faire le tri (*tamyîz*) et l'épuration sanglante qui devait mettre fin à toutes dissidences et donner à Ibn Tûmart la sécurité nécessaire pour aller de l'avant dans sa lutte contre les Almoravides.Abû Muhammad 'Abd Allâh b. Muhsîn, surnommé al-Bashîr, l'un des premiers compagnons du Mahdî et son bras droit, se chargea, avec ses sbires, d'effectuer la sélection et d'éliminer tous ses ennemis parmi les tribus soumises. Plusieurs fractions des In-Mâgûs et des Gadmîwa, à l'ouest du Nafîs, ainsi que les dissidents Hintâtâ, furent exécutés. Le ressentiment fut très profond et pour calmer les esprits, Ibn Tûmart promit aux tribus épurées le royaume de Marrakech et son fantastique butin. Tout l'hiver 523-524 H / 1128-1129, le Mahdî s'attacha à l'organisation de l'expédition contre la capitale.

Les rigueurs de l'hiver à peine atténuées, al-Bashîr, à la tête de trois mille fantassins et de trois cents cavaliers, dont Ibn Tûmart lui confia le commandement, se dirigea vers Tâghzût. Un détachement de cavalerie fit une diversion et attaquant et tuant 'Umar b. Yamallûk, prit d'assaut la forteresse de Tâfarqaggûnt dans le Kîk de Ghayghrâ (153), tuant ses cinq cents défenseurs et s'emparant de cent cinquante chevaux avec boeufs et brebis. 'Alî b. Yûsuf, presque au même moment, avait envoyé vers la vallée du Nafîs à travers les montagnes calcaires de Kîk, une armée dirigée par son frère Tamîm b. Yûsuf. Avec lui et comme chef de l'avant-garde, se trouvait le *wâlî* du Sûs, Abû Bakr al-Lamtûnî. Les Almohades qui suivaient le même chemin, le plus facile pour atteindre la plaine de Marrakech depuis Tinmallal, mirent en déroute l'armée d'Abû Bakr. Tamîm, jugeant le terrain défavorable, revint avec ses effectifs se réfugier derrière les murailles de Marrakech. Encouragé par cet exploit, al-Bashîr descendit vers

Âghmât et Badjdjû b. 'Alî b. Yûsuf, Ibrâhîm b. Ta'bast avec Yatî b. Isma'îl et d'autres chefs almoravides, à la tête de nombreuses troupes, vinrent lui faire face près des montagnes d'Ûrîka.

Le jour suivant, 18 *rabî'* II 524 H / 31 mars 1130, eut lieu la rencontre d'Amâghdâr, situé au sud d'Âghmât Ûrîka. Les contingents almoravides de 'Umar b. Turadjîr et de Yatî b. Isma'il, une fois de plus, furent déroutés et ce dernier perdit la vie. Ce nouveau désastre almoravide mettait les Almohades en position avantageuse pour attaquer Âghmât dont les habitants sortirent en masse, le mercredi 19 *rabî' II* 524 H / 1 avril 1130.À la vue de cette multitude indisciplinée, les chefs almohades l'attaquèrent et lui causèrent de nombreuses victimes, parmi lesquelles on comptait trois mille noirs Gnawa et ils s'emparèrent de leur campement.

Enhardis pas ces victoires successives, les disciples d'Ibn Tûmart se répandirent le jour suivant dans la plaine de Marrakech. Le jeudi 2, ils se présentèrent devant la porte de la *Sharî'a* de Marrakech (154). La population sortit pratiquement sans arme, résolue à l'affrontement. 'Alî b. Yûsuf, à la tête de ses troupes régulières, leur ordonnait de revenir en ville chercher davantage d'armement. Les Almohades, prenant ce retrait pour une fuite, sortirent de leur camp retranché et attaquèrent ceux qui se retiraient ; ils en tuèrent beaucoup et beaucoup périrent écrasés et asphyxiés contre la porte étroite. Stupéfait de cette horrible spectacle, 'Alî b. Yûsuf, sur l'instance de ses proches , se retira par la porte du *Makhzân* (actuellement *bâb Ahmar*). Les Almohades enhardis, transférèrent leur campement à la Buhayra al-raqâ'iq, vaste plaine cultivée qui s'étendait entre la porte *al-Dabbâghîn* (des tanneurs) et celle de *Aylân-Âghmât an-Ayalân* et s'emparèrent des greniers à grains qui s'y trouvaient. Durant quarante jours, ils demeurèrent face à Marrakech et livrèrent de violents combats. Mais 'Alî b. Yûsuf depuis le désastre du premier jour, s'enferma dans la ville ; peu sûr du moral de ses troupes, il attendit des renforts. Vingt jours passèrent avant que ne parviennent les premières aides. Wânûdîn b . Sîr arriva avec un détachement de Sidjilmâssa, mais ils fut anéanti près de la porte des tanneurs (*bâb al-Dabbâghîn*). Les renforts des Haskûra commandés par Abû Bakr b. al-Djawhar et les Sanhâdja avec Yahyâ b. Saqtân pénétrèrent dans la ville. Les contingents du Gharb arrivèrent les derniers, avec Yâsîn b. Fîlû et dressèrent leur campement sur le flanc gauche des Almohades, près de la porte d'Âghmât, sans accepter l'invitation de 'Alî de s'établir à l'intérieur des murailles, pressés qu'ils étaient d'en découdre avec l'ennemi.

Au bout de quarante jours de siège, 'Alî b. Yûsuf ne se décidait toujours pas à l'affrontement. Un andalou, habitué de la guerre des frontières avec les Chrétiens de la Péninsule, appelé 'Abd Allâh b. Hamshak ou Hamushk (155), qui servait sous les ordres du commandant almoravide Abû Ishâq avec cent cavaliers, protesta contre cette résistance passive. Ayant obtenu la permission de faire une sortie avec trois cents cavaliers andalous, il sortit avec ses hommes sonder par une escarmouche la façon de combattre ses ennemis. Voyant que ceux-ci avec leurs lances plus longues pouvaient atteindre et blesser les siens avant que ceux-ci ne parviennent à les atteindre, il ordonna de suspendre le combat et regagnant la ville, fit allonger jusqu'à six coudées, les lances de ses gens. Aux premières heures du jour suivant, il ressortit combattre et n'interrompit le combat qu'après avoir ramené à Marrakech trois cents têtes ennemies. Les assiégés ayant retrouvé le moral et les troupes de secours étant parvenues sur leur lieu de concentration, 'Alî b. Yûsuf ordonna une sortie générale contre les assaillants.

La garnison de la place sortit à l'aube par la porte d'Aylân, attaquant les Almohades de face, pendant que les contingents du Gharb avec Yâsîn b. Fîlû, de la porte d'Âghmât se lancèrent contre leur flanc gauche. Les Almohades résistèrent énergiquement, mais débordés par le nombre, se trouvèrent mis en déroute dans l'après midi. La bataille se déroula dans la *Buhayra al-raqâ'iq* jusqu'aux sources qui alimentent l'irrigation de cette plaine. Au cours de ce combat du 12 *djumâdâ II* 524 H / 13 mai 1130, al-Bashîr disparut au plus fort de la mêlée et personne ne le revit mort ou vivant. Abû Hafs 'Umar Întî fut gravement blessé. Les Almoravides poursuivirent les fuyards jusqu'à la porte de Marrakech à Âghmât où les Almohades se divisèrent en deux corps, l'un commandé par 'Abd al-Mu'min, remonta vers l'Atlas par la droite et l'autre sous les ordres de 'Abd Allâh b. Ya'lâ b. Malwîya, par la gauche.

Ce désastre subi par les partisans d'Ibn Tûmart allait éloigner de quelques années le péril almohade et laisser un moment de répit aux Almoravides. Quatre mois après cette victoire de 'Alî b. Yûsuf et des siens, en *ramadân* 524 H / août-septembre 1130, le

Mahdî Ibn Tûmart mourrait dans la montagne de Tinmallal. 'Abd al-Mu'min serait nommé calife, deux ans plus tard.

LE GOUVERNORAT DE TASHFIN B. 'ALI EN AL-ANDALUS (522 H / 1128 - 531 H / 1137)

Tout allait changer en al-Andalus, quand, au cours de la même année 520 H / 27 janvier 1126 - 16 janvier 1127, date de l'expulsion des Mozarabes et de la mise en défense des villes d'al-Andalus et des vallées de l'Atlas, Tamîm fut destitué du gouvernorat général d'al-Andalus, sur les conseils, une fois encore du *faqîh* Abû-l-Walîd b. Rushd et remplacé, deux ans plus tard, par Tâshfîn b. 'Alî.

PROCLAMATION DE SIR COMME PRINCE HERITIER (156)

Au printemps 522 H/ 1128, en *rabî' II* / avril, 'Alî b. Yûsuf se décide à imiter son père qui avait repris la tradition 'abbasside, en convoquant les gouverneurs et les hauts fonctionnaires de son empire pour les consulter sur la nomination d'un prince héritier et leur proposer son candidat, Abû Muhammad Sîr, fils de sa favorite, l'esclave chrétienne Qamar, qui n'était pas son premier né, de même qu'il ne l'était pas lui-même, quand il fut proposé par son père. L'acceptation de Sîr fut unanime et solennelle, la consacrait par sa présence, le frère de Yûsuf b. Tâshfîn, oncle de 'Alî et les deux frères de celui-ci, Tamîm qui avait été destitué du gouvernorat de Grenade après sa défaite dans la bataille d'Arnisol contre Alphonse I le Batailleur et Ibrâhîm, fils d'une noire nommée Tâ'ayyâsht, qui avait été gouverneur de Murcie et de Valence et qui défait à la bataille de Cutanda, en 514 H / 1120, fut destitué l'année suivante, dépossédé de ses biens et relégué à Marrakech.

Les secrétaires d'État rédigèrent le texte de la proclamation dont des copies furent envoyées immédiatement aux gouverneurs des provinces. Dans toutes les capitales provinciales d'al-Andalus on solennisa la reconnaissance du prince héritier, le vendredi 14 *djumâda I* 522 H / 16 mai 1128. Par contre *al-Hulal al-mawshiyya* et la *Ihâta* citent al-Warrâq qui avec moins de diplomatie et plus de vraissemblance, prétend que, quand 'Alî b. Yûsuf se décida, sur les instances de sa favorite, à proclamer Sîr, il le fit sans consultation et lui attribua le pouvoir pour le restant de sa vie avec toutes ses attributions.

Le *Rawd al-qirtâs* ignore la proclamation de Sîr, assurant faussement que Tâshfîn fut nommé gouverneur de Grenade, à la place de Tamîm, en 520 H / 1126 et que, avec le titre de gouverneur général d'al-Andalus, il passe dans la Péninsule avec 5.000 cavaliers, attaque Tolède, déroute les Castillans à *Fahs al-sabâb* et s'empare de trente forteresses. La *Cronica de Alfonso VII* est plus digne de foi : elle assure qu'après la mort d'Alphonse VI, 'Alî b. Yûsuf passa en al-Andalus avec une grande armée en compagnie de son fils Tâshfîn et le fait aller vers Tolède dont le siège échoue. Il lui fait prendre Madrid, ce qui est faux, mais il s'empare de Talavera dont il s'était rendu maître avant de se diriger contre Tolède, ainsi que de Olmos et Canales, ce qui est assuré.

Les chroniqueurs arabes font coincider la proclamation de Sîr avec la nomination de Tâshfîn au gouvernorat de Grenade avec juridiction sur Almeria. Un an et demi avant qu'il n'exerce cette charge, un autre fils de 'Alî, Abû Hafs 'Umar fut gouverneur de Grenade et nommé en *djumâda I* 522 H / mai 1128 et présida la proclamation de Sîr dans sa ville avant d'être destitué au bout de six mois en *ramadân* / septembre de cette même année. Lui succéda Abû 'Umar b. Abî Bakr al-Lamtûnî qui était en train de guerroyer au Levante contre Alphonse I le Batailleur avec des troupes venues de Maghrib et dont le successeur devait être Tâshfîn. Mais avant que celui-ci ne gagne Grenade, de graves événements se déroulèrent qui furent en relation avec sa nomination. En premier lieu, se révolta contre la proclamation de Sîr, son frère, premier né, Abû Bakr al-Bakûr qui était gouverneur de Séville depuis 518 H / 1124 et qui après un gouvernorat de quatre ans et cinq mois, fut déposé en *radjab* 522 H / juillet 1128, trois mois après que son frère ait été reconnu à Cordoue et Séville. Refusant de le faire, son père le rappela à Marrakech et le relégua au Sahara, nommant à sa place 'Umar b. Sîr.

En 523 H / 1129, avant que Tâshfîn ne fut envoyé en al-Andalus, Wadjday b. Sîr gouverneur de Cordoue, attaqua Galera (dans la région de Chinchilla, province d'Albacete) avec son armée renforcée par celle de son frère 'Umar b. Sîr, gouverneur de Séville et la mit à sac lors d'une expédition rapide, mais en repartant avec le butin, il fut poursuivi par un peloton ennemi de cinquante cavaliers. On lui conseilla d'envoyer contre lui un détachement pour les disperser, mais il ne tint pas cas de ce conseil et très vite ils furent trois cents cavaliers castillans à l'attaquer et le dérouter avec de grandes pertes. Mis an courant , 'Alî b. Yûsuf le destitua et l'obligea à racheter de ses deniers les prisonniers musulmans faits lors de cette rencontre. De même, son frère 'Umar b. Sîr fut destitué du gouvernorat de Séville et 'Alî nomma à sa place Yahyâ b. 'Alî b. al-Hâdjdj. Au cours de cette même période, Alphonse VII dispersa sans combat un contingent de cavalerie musulmane qui escortait un convoi de ravitaillement vers une forteresse frontalière.

C'est la gravité de la situation et la démoralisation des Almoravides qui poussa, après mûre réflexion, 'Alî b. Yûsuf à envoyer son fils Tâshfîn comme gouverneur de Grenade où il arriva le 27 *dhû-l-hidjdja* 523 H / 11 décembre 1129, six mois après la défaite d'Alcala (Cullera ?). Il ne lui donna pas le gouvernorat général d'al-Andalus, comme on l'a prétendu, mais seulement à mesure qu'il prouvait sa fidélité et son efficience, ses attributions furent étendues. Installé à Grenade, il réorganisa la garnison, élevant son moral et renforça les défenses de sa frontière. Au printemps les Castillans entrèrent de nouveau sur les terres de Cordoue et son gouverneur Tikalmat demanda secours à Tâshfîn qui accourut à Jaen pour surveiller la marche de l'ennemi, mais il n'y eut pas d'affrontement.

Au cours de l'été, août 524 H / 1130, Tâshfîn entreprit sa première campagne offensive contre la Castille. Avec les troupes de sa juridiction de Grenade et des volontaires auxquels s'unit la garnison de Cordoue, il partit faire le siège de la forteresse d'Azeca, dans la région de Tolède que les Castillans avaient choisie comme base de leurs expéditions contre le territoire musulman et qui était commandée par l'audacieux Conde Tello Fernandez. Il l'a prit d'assaut, mit à mort ses défenseurs et fit prisonnier Conde et ses principaux chevaliers qu'il ramena à Grenade où on lui fit un magnifique accueil. Les *Anales Toledanos segundos* confirment le succès et ajoutent que cent quatre vingt hommes moururent à Azeca et qu'ensuite Bargas fut assaillie avec cinquante autres morts et finalement Tâshfîn arriva jusqu'à San Servando, dans les environs de Tolède, où il causa vingt autres morts. La date proposée de 1166 soit 1128, doit être retardée de deux ans. La *Cronica de Alfonso VII* expose que quelques années après la mort de Doña Urraca, Tâshfîn passa le Tage et attaqua Azeca au milieu de la nuit jusqu'au lever du jour suivant, tuant presque trois cents de ses défenseurs et que Tello Fernandez, conduit à Cordoue et ensuite à la cour de 'Alî b. Yûsuf à Marrakech ne retourna pas dans sa patrie.

LE DJIHAD EN CASTILLE ET AU LEVANTE (157)

L'année suivante 525 H / 1131, le gouverneur militaire de Calatrava, Faradj et l'Almoravide de San Esteban 'Alî, animés par le succès de Tâshfîn à Azeca, réunissant toutes les troupes cantonnées de Oreja jusqu'au Guadalquivir, tendirent des embuscades au gouverneur d'Alfamin, Gutierre Armildez, le tuèrent et capturèrent Nuño Alfonsa, alcaide de Mora. Les Aragonais à leur tour, vinrent attaquer le Levante et assiégèrent la forteresse d'Arnaba (toponyme inconnu). Le nouveau gouverneur de Cordoue, Abû Muhammad 'Abd Allâh b. Abî Bakr, neveu de 'Alî b. Yûsuf et surnommé Ibn Djanûna, le fils de Djanûna, soeur de 'Alî, prépara un convoi pour la ravitailler et demanda secours à Tashfîn qui accourut avec ses troupes et les deux réunis à Yahyâ b. 'Alî b. Ghâniya, gouverneur de Murcie, obligèrent les Aragonais à se retirer sur le flanc de la montagne et Tâshfîn ordonna à Ibn Ghâniya d'occuper la vallée du fleuve et de couper le passage aux renforts aragonais. À la tombée du jour, les Musulmans abandonnèrent la vigilance dans la vallée et se retirèrent sous leurs tentes, mais au passage du fleuve, les Chrétiens furent attaqués, mis en déroute et en fuite. Tâshfîn renforça la garnison de la forteresse et se dirigea vers Almeria qui était de sa juridiction et de là à Grenade où il arriva en *rabî'a I* 526 H / 21 janvier-19 février 1132. Ibn al-Khatîb qui dans son *Ihâta* nous donne une biographie détaillée de Tâshfîn, dit qu'en *safar* 525 H / février 1131, l'ennemi entreprit le siège d'al-Sika qui pourrait être la même forteresse de la campagne antérieure, bien que les dates ne coincident pas.

De retour de sa campagne au Levante, début 526 H / 1132, Tâshfîn dut sortir de nouveau repousser une autre attaque des Castillans dans la région de Cordoue. Le *Bayân* précise qu'il les mit en déroute, fit prisonnier al-Conde qui commandait la colonne militaire et vingt de ses capitaines ; il les conduisit à Calatrava, forteresse la plus importante et la plus proche où ils furent retenus en attendant d'être échangés contre des captifs musulmans. Il est très possible que cette déroute chrétienne fut celle de Masatrigo que les *Anales Toledanos Primeros* signalent au mois de juillet de cette année 1132.

Mais une menace plus sérieuse se dessinait sur la frontière tolédane qui obligea Tâshfîn à de nouveaux préparatifs et à l'envoi d'informateurs pour rendre compte des préparatifs castillans. Rapidement parvinrent les informations suivantes : le Conde Rodrigo Gonzalez prenait le chemin de Séville, au milieu de *radjab* 526 H / 1 juin 1132. Tâshfîn mit ses troupes en alerte et stationna aux limites de sa juridiction. Quand le gouverneur de Séville, Abû Hafs 'Umar b. al-Hâdjdj al-Lamtûnî, connu sous le nom de Wamadjûz, s'en rendit compte, la cavalerie castillane était déjà entrée dans l'Aljarafe (158). Le gouverneur 'Umar sortit et stationna sur la rive gauche du Guadalquivir, tout en faisant passer sur l'autre rive le reste de ses troupes pour contenir les excès de la cavalerie ennemie qui se dirigeait vers eux ; elles vainquirent et capturèrent un peloton de cavaliers qu'elles présentèrent à l'émir 'Umar. Après les avoir interrogés, celui-ci les passa au fil de l'épée. Les assaillants demeurés sur la rive droite, à Azareda, furieux, traversèrent le gué. Les Musulmans abandonnèrent leur émir qui se maintint avec son escorte ; en donnant la charge, une pierre lancée par son coursier fit tomber cheval et cavalier, ce dernier opprimé par le poids de ses armes ne put se relever et mourut piétiné par les chevaux de ses propres soldats.

Le matin suivant, les Castillans campèrent à deux journées de Séville, après avoir saccagé toute la région et fait un ample butin, ils se retirèrent dans leur pays. Tâshfîn, sur le chemin de Cordoue, reçut la lettre du cadi Muhammad b. Asbagh, l'informant de ce qui était advenu, il s'empressa de gagner Séville pour la tranquiliser. Les *Anales Toledanos Primeros* confirment le fait, le datent et le situent à Azareda, lieu de la rencontre. La *Cronica de Alfonso VII* décrit la rencontre, donne le nom de son chef, le consul et alcaide de Tolède, Rodrigo Gonzalez, auquel on avait donné le gouvernorat de Tolède et de la Transierra, à la mort de Gutierre Armildez.

LE DJIHAD SUR LA MARCHÉ INFERIEURE DU GHARB (159)

La *Cronica de Alfonso VII* fait coincider avec l'expédition à Séville de Rodrigo Gonzalez, celle des gens de Salamanca vers Badajoz et affirme que Tâshfîn qui se portait au secours du gouverneur de Séville, informé de sa déroute et de sa mort, ainsi que de l'expédition entreprise par les Salmantins, partit à la rencontre de ceux-ci, les dérouta et les extermina. Aucune source arabe ne parle de ce combat qui semble être une confusion avec la bataille de *Hisn al-Baqar* dont nous reparlerons lorsque nous traiterons des événements de l'année 528 H / 1134. Contrairement aux affirmations de la *Cronica de Alfonso VII* , le *Bayân al-Mughrib* et le *Nazm al-djumân* , non seulement passent sous silence cette victoire sur les Salmantins, mais par contre, nous informent de la défaite conjointe de Tâshfîn et de son parent Ibn Djanûna, gouverneur de Cordoue, à Evora et précisément au moment où le Conde Rodrigo Gonzalez et les Tolédans se dirigeaient vers Séville. Cette rencontre dut avoir lieu un peu avant le 15 *radjab* / 1 juin, date de la mort de 'Umar b. al-Hâdjdj, gouverneur de Séville, vu que cinq jours plus tard, 'Alî b. Yûsuf avait reçu l'annonce de ce qui était advenu à Evora et en date du 20 de ce même mois / 6 juin, dictait une lettre de destitution de son neveu du gouvernorat de Cordoue qu'il attribuait à Tâshfîn, lui demandant d'y résider et de tranférer le commandement de Grenade à Abû Muhammad al-Zubayr b. 'Umar. L'incursion du côté d'Evora dut être à la charge des Salmantins, car les autres grands Concejos d'Avila, de Segovia et de Tolède se concentraient et se dirigeaient au cours de ces mêmes jours vers Séville.

Ibn Djanûna qui en *sha'bân* de cette même année, avait remplacé 'Umar b. al-Hâdjdj au gouvernorat de Séville, eut un comportement si désastreux, que deux mois plus tard, il est destitué en *ramadân* / août 1132 et incarcéré dans l'Alcazar. Tâshfîn le remplace provisoirement, mais ne conserve cette charge que jusqu'à *ramadân* 527 H / août 1133. Avant de se diriger vers Cordoue, Alfonso VII encouragé et accompagné par Sayf al-Dawla b. Hûd / Zafadola, pénètre en Andalousie, parvient à Jerez dont il s'empare et poursuit son expédition jusqu'à Algéciras, sans rencontrer de résistance. Quand il se retire, Tâshfîn attaque la forteresse d'Idania, aujourd'hui Idanha à Velha, dans la région de Castell-Branco, à 150 km à vol d'oiseau de Mérida. Ce petit triomphe ne suffit pas à Tâshfîn pour palier son impuissance devant l'expédition d'Alfonso VII et à son retour à Séville, en août 1133, on lui demanda de résider à Cordoue et le mois suivant, *shawwâl* 527 H / septembre 1133, Abû Ya'qûb Yintân, le plus jeune fils de 'Alî b. Yûsuf, occupait sa place à Séville, après avoir été transféré de Valence où il s'était distingué deux ans auparavant, en déroutant et donnant la mort au Vicomte Gaston de Béarn et à l'évêque de Huesca, Don Esteban.

Les Castillans eurent deux rencontres avec Tâshfîn au cours de l'année 528 H / 1134 : l'une avant la bataille de Fraga et l'autre deux mois plus tard. Avant la fin de l'hiver, les Grands de Castille avec plusieurs milliers de soldats se dirigèrent vers Badajoz, Beja et Evora, saccageant tout leur territoire, sans crainte de réaction des Musulmans vu l'éloignement où ils étaient parvenus. Seul s'était formé un petit groupe de soldats à Séville qui ne pouvaient rien entreprendre. Tâshfîn vint à leur secours et demanda à ses avant-gardes d'essayer d'intercepter l'ennemi avant qu'il ne se retire.

La rencontre eut lieu près de Zallâqa où avait triomphé son grand père Yûsuf b. Tâshfîn. Dès leur contact avec l'ennemi, les troupes almoravides plantèrent leur camp et se formèrent en lignes de combat. Au centre avec Tâshfîn se trouvaient les troupes almoravides et les chefs des circonscriptions militaires avec des drapeaux blancs, décorés d'inscriptions coraniques ; sur les deux ailes, les grands du royaume et les braves d'al-Andalus, sous des bannières rouges avec des versets effrayants et sur les côtés les gens des frontières et les vétérans aguerris ; en avant garde, les notables Zanata et les troupes mercenaires (*hashâm*), gens solides avec les drapeaux artistiques et les étendards levés. Tâshfîn l'emporta, il libéra les captifs des mains d'Alfonso VII, fit du butin et de nombreux morts. Revenu à Cordoue, il regagna Grenade en *djumâda I* 528 H / mars 1134.

LE DJIHAD SUR LA MARCHE SUPERIEURE DU SHARQ / LEVANTE (160)

Le Levante inquiétait de nouveau les gouverneurs almoravides. Il ne fait pas de doute que les entreprises de plus grandes envergures mises sur pied contre les Almoravides sont dues à Alphonse I le Batailleur. Cette fois, il allait devoir affronter l'énergie, la décision, la valeur et l'esprit d'organisation du *wâlî* de Grenade, Tâshfîn b. 'Alî, après s'être emparé triomphalement de Saragosse, Tudela et Calatayud et de nombreuses forteresses. Le héros qui réalisa cet exploit inespéré et peut être le plus important de l'empire almoravide, déjà menacé de disparition, fut le noble et célèbre émir Yahyâ b. Ghâniya, gouverneur de Valence et du Levante. Il était fils de 'Alî, grand chef de la tribu des

Massûfa à qui Yûsuf b. Tâshfîn donna pour épouse, une femme de sa parentelle, appelée Ghâniya, dont les fils, conformément à la coutume saharienne, de leur donner le nom de leur mère et non celui du père, furent appelés les Banû Ghâniya. L'aîné Yahyâ b. Ghâniya , né à Cordoue, reçut une brillante éducation et se passionna tant de la chose militaire, que selon son biographe Ibn al-Khatîb, il divorça de son unique épouse afin d'éviter que l'amour de sa beauté ne l'éloigne de ses devoirs guerriers. Il occupait depuis un peu plus d'un an, le gouvernorat de Valence, quand Alphonse I le Batailleur entreprit le siège de Fraga. Le *Bayân* ignore presque cette campagne et se limite à dire qu'en 528 H / 1134, Yahyâ b. 'Alî b. Ghâniya, gouverneur de Valence et Murcie, sortit défendre les cultures céréalières à la frontière ; il envoya ensuite des éclaireurs qui lui annoncèrent l'avance de l'armée ennemie vers le pays musulman. Yahyâ b. Ghâniya le prit à revers, l'extermina, libéra les captifs et s'en alla avec le butin. On ne peut assurer qu'Ibn 'Idhârî relate là la bataille de Fraga.

Plus étendue est la version que nous propose Ibn al-Qattân, avec des détails curieux sur les relations politiques entre l'Aragon et la Catalogne et les motifs immédiats du siège de Fraga. Citant al-Warrâq : quand le fils de Ramiro (Alphonse I le Batailleur) s'empara de la frontière supérieure, le Barcelonnais Ramon Berenguer IV qui occupait une position identique sur cette frontière, désira s'emparer de Lérida, Fraga et autres lieux. Les Almoravides s'en rendirent compte et craignirent qu'il tombât subitement sur eux. Ils firent la paix avec lui moyennant le versement annuel de 12.000 dinars pour garantir la sécurité de cette frontière. Cet accord avec 'Alî b. Yûsuf ne fut pas ignoré d'Alphonse I le Batailleur. Il s'en indigna et jura qu'il attaquerait le pays pour lequel on versait des tribus au Barcelonnais.Il réunit ses troupes et fit le siège de Fraga / *Ifrâgha* qui était dans cette région la ville fortifiée la mieux défendue et ses habitants les plus vaillants, jurant qu'il ne s'en irait pas avant de l'avoir prise.

Yiddar b. Warqâ' était gouverneur de Valence et Yahyâ b. 'Alî b. Ghâniya de Murcie. À la mort de Yiddar, on donna son gouvernorat à Ibn Ghâniya qui résida à Valence. Comme Alphonse I prolongeait le siège de Fraga, ses habitants écrivirent à Yahyâ b. Ghâniya, le priant de leur envoyer des vivres car ils en disposaient de peu. « *Si tu ne le fais pas, lui dirent-ils, nous nous rendrons à Ibn Radmîr / Alphonse I et lui donnerons notre gouvernorat* ». Dès la réception de cette lettre, il prépara un convoi, réunit des troupes, distribua des dons et annonça qu'il se disposait à rencontrer Alphonse I. Un de ses familiers lui objecta : « *Tu parts en campagne avec cette armée alors que les Musulmans en al-Andalus n'ont qu'elle. Comment te présenteras-tu à 'Alî b. Yûsuf, par la suite, si tu es battu ?* ». Qu'il fasse de moi ce qu'il voudra, répondit-il. Alphonse I poursuivait le siège de Fraga. Un moine venu de France, lui dit : « *J'invoquerai Dieu contre eux, leur forteresse s'écroulera et tu les assailliras* ». Le moine monta sur une colline, la plus proche de la muraille de Fraga. Ceux de Fraga dirigèrent vers lui un mangonneau chargé d'une pierre, la lancèrent dans sa direction alors qu'il invoquait Dieu contre les Musulmans. La pierre le coupa en deux. Ce que voyant, Alphonse I, rempli de crainte, se retira dans son campement, abattu et décomposé. Les gens de Fraga dirigeaient leurs efforts contre lui et lui contre eux jusqu'à ce que parviennent les armées musulmanes. À leur vue, les gens de Fraga revivèrent. Alphonse I sortit contre les contingents almoravides. Les gens de Fraga ouvrirent la porte de la ville et assaillant le campement chrétien, saccagèrent tout ce qu'il contenait avant de regagner leur ville. Battu, mis en déroute, le roi d'Aragon se réfugia à Saragosse, perdit l'esprit et mourut quelques mois plus tard. Le *Bayân* qui consacre beaucoup d'attention aux succès remportés par la suite par les Castillans, se limite à dire que cette année 528 H / 1134, Alphonse I le Batailleur mourut et son épouse céda le pouvoir à son frère Ramiro, avec l'accord de ses sujets. Par la suite furent célébrés des accords entre Abû Bakr Yahyâ b. 'Alî b. Ghâniya, gouverneur de Valence et de Murcie et Ramiro pour une trêve jusqu'à la fin de l'année 530 H / 28 septembre 1136.

RETOUR DU DJIHAD SUR LA MARCHE INFERIEURE D'EXTREMADURE (161)

Toutefois, selon Ibn al-Sayrafî, cité par Ibn 'Idhârî , cette même année 528 H / 1134, après la campagne de Badajoz contre les Salmantins, à la fin de l'hiver et la bataille de Fraga, en plein été, à laquelle participèrent les troupes de Tâshfîn, celui-ci dut entreprendre une nouvelle expédition en automne. Le calendrier de ces trois expéditions pose cependant quelques problèmes analysés par M. Velho. Cette expédition pourrait avoir eu lieu en 527 H / 1133 et répondre à une attaque des Rûm portugais, et non des Salmantins lors de la conquête par Alfonso VII de la forteresse de Pinhel. Tâshfîn partit au moment de la fête des Sacrifices - en 527 H, cette fête tombait le 12 octobre - avec les troupes de Grenade et de Cordoue, plus un groupe de volontaires (*mudjahidûn*) pour couper le passage à l'ennemi qui avait pénétré une nouvelle fois en al-Andalus. Il demanda à Abû Ya'qûb Yintân gouverneur de Séville, de sortir avec ses troupes et de le rejoindre dans la plaine d'Arrifana (*al-Rayhâna*). Situé à quelques kilomètres de Porto de Carros, l'ancien château d'Arrifana domine une région fertile, proche de la Serra da Guarda, en bordure d'une voie romaine reliant Mérida à Astorga. La jonction des deux armées se fit en *dhû-l-hidjdja* / octobre et ils poursuivirent leur route jusqu'à *al-Bakâr : al-Baqar* ou « campo » de Pinhel, région où abonde l'élevage et où passe la transhumance vers l'Alentejo.

Les Almoravides plantèrent leurs tentes et se distribuèrent les postes de commandement pour combattre le lendemain ; mais à l'avancée de la nuit, les Chrétiens profitèrent de l'occasion et deux mille de leurs cavaliers suivis de fantassins se détachèrent et attaquèrent le campement mal défendu. Par les cris et le désordre, les bêtes se dispercèrent, les cordes des tentes furent coupées. Au cours de la mise à sac du campement, l'ennemi se dirigea vers le secteur où se trouvait Tâshfîn. Celui-ci monta à cheval et le lança à l'attaque. Entouré d'un petit groupe d'une quarantaine d' Almoravides et d'Andalous qui s'interposèrent entre lui et les chrétiens, il maintint la lutte. L'un des esclaves transperça d'un coup de lance la poitrine du Comte des *Rûms* (*qûmis al-Rûm*). Au lever du jour, l'ennemi se retira vers son campement et saccagea al-Baqar jusqu'au milieu de la matinée, avant de se retirer. Tâshfîn le suivit et combattit jusqu'à son arrivée à la forteresse de Caceres. De là, il regagna Cordoue où les poètes le félicitèrent de leurs vers. Le *Nazm al-djumân* donne une version identique, ajoutant aux troupes de Séville, celles de Tavira et place la concentration des effectifs à Jerez.

REPRISE DU DJIHAD SUR LA MARCHE SUPERIEURE (162)

Malgré la trêve entre Ramiro le Moine et Ibn Ghâniya, les Aragonais intercéptèrent un convoi que Sa'd b. Mardanîsh, gouverneur de Fraga, envoyait à Huesca en reprise des relations commerciales avec les Chrétiens. Devant ses réclamations contre les prêtres, les moines et les notables chrétiens, Ramiro indigné par la remise en cause de son autorité et le déshonneur qu'on lui infligeait en rompant une trêve signée, réunit les responsables militaires et ecclésiastiques du royaume et au cours d'un conseil de guerre, ordonne la restitution des biens volés et condamne à mort les sept chefs coupables de cette haute trahison. Cette version du *Bayân* ne peut être séparée des luttes et des rébellions que Ramiro le Moine dut subir de comtes rebelles, au point de devoir se réfugier dans la forteresse de Besalu et de s'allier avec Ramon Berenguer IV pour les dominer et régler le problème de la succession avec les épousailles de Ramon Berenguer IV et de Doña Petronila. Cet épisode dépend de ce contexte.

En 530 H / 11 octobre 1135 - 28 septembre 1136, les Castillans envahirent la région du Djabal al-Qasr, toponyme non identifié, peut être localisable en Extrémadure, les assayants pouvaient être une troisième fois les Salmantins. Tâshfîn, informé à ses dépends de la couardise et de la panique avec lesquelles ses troupes le laissèrent tomber aux mains de ces mêmes Salmantins, deux ans auparavant, convoque les chefs des divers corps d'armée, almoravides, arabes, Zanâta et *hashâm* et tous furent unanimes à combattre sans réserve. Tâshfîn leur distribua de nombreux dons, délogea de leurs positions dans le *Djabal al-Qasr* les Chrétiens avec sa cavalerie, les poursuivit et leur causa de lourdes pertes, leur reprenant le butin et les captifs qu'ils avaient faits. Il regagnait Cordoue en vainqueur pour la fête de la rupture du jeûne le 1 *shawwâl* / 3 juillet 1136.

Cette même année 530 H / 1136, au cours de l'été, Sa'd b. Mardanîsh gouverneur de Fraga et Ibn Ghâniya se décidaient à assiéger Mequinenza qui s'était rendue trois ans auparavant à Alphonse I le Batailleur. Ibn Ghâniya demanda des renforts à Lérida, Tortosa et aux forteresses proches de ces places fortes et commença le siège. Les Saragossais tentèrent de faire parvenir un convoi de vivres aux assiégés, mais selon le *Bayân*, à la vue des troupes d'Ibn Ghâniya, remplis de crainte, ils abandonnèrent le convoi pour la fuite. Yahyâ b. 'Alî b. Ghâniya parvenu devant la place, son gouverneur capitula. Un sauf-conduit lui fut accordé ainsi qu'à tous les siens. Toutes les forteresses voisines se rendirent.

LE DJIHAD SUR LA MARCHE MOYENNE DE LA VALLEE DU TAGE (163)

En 531 H / 29 septembre 1136 - 18 septembre 1137, au mois de *rabî'a* I / décembre 1136, Tâshfîn dispersait un escadron de cavalerie castillane près de la forteresse *Hisn 'Atiya* et lui reprit le butin qu'il avait fait ; ensuite il attaqua Escalona et la prit d'assaut. Les défenseurs de cette ville furent tués, leurs femmes réduites en captivité et ses cloches emportées à Cordoue où l'on célébra son triomphe par un grand défilé.

Cette même année, l'infirmité qui avait frappé l'émir des Musulmans 'Alî b. Yûsuf b. Tâshfîn l'année précédente , s'aggravait et devant la menace de sa disparition, il rappela Tâshfîn à Marrakech, le destituant de son gouvernorat général d'al-Andalus, au moment où sa présence aurait été plus nécessaire pour contrecarrer les interventions croissantes d'Alphonse VII.

Les soupçons de Sîr, l'influence de sa mère, la favorite de 'Alî b. Yûsuf qui le voyait si malade et craignait que la popularité de Tâshfîn et les forces dont il disposait en al-Andalus, le poussent à assumer le pouvoir contre son frère, firent qu'il fut rappelé à Marrakech pour figurer passivement dans la suite de Sîr, comme l'un de ses vizirs.

Mais avant d'entreprendre ce voyage, Tâshfîn se transporta de Grenade à Cordoue, en vue de la grande expédition d'Alphonse VII en al-Andalus. Une partie des assaillants traversa, selon le *Nazm al-djumân*, le Guadalquivir dans son cours le plus haut vers Baeza et Ubeda et parvint dans sa razzia jusqu'aux Alpujarras, faisant peu de dégats à cause des pluies incessantes qui durèrent vingt jours, occasionnant le débordement du fleuve et empêchant la cavalerie qui l'avait traversé de revenir à son campement. Ils confectionnèrent des radeaux, certains se défirent et leurs occupants périrent . Le gouverneur de Jaen, à leur poursuite, atteignit certains d'entre eux. L'ennemi, après avoir attaqué Sabiote dans la région d'Ubeda, se retira.

Après se retrait d'Alphonse VII, Tâshfîn pouvait regagner le Maghrib, mais retardé par les pluies hivernales, il traversait le détroit au début de *djumâda I* / 15 janvier 1138 et gagnait Marrakech début *radjab* 532 H / 15 mars 1138.

Au cours des dix années que Tâshfîn consacra à la défense d'al-Andalus, par une succession annuelle d'attaques et de contre-attaques, d'expéditions rapides sans grandes batailles rangées décisives, il assura une certaine stabilité à la marche frontière castillane malgré la conquête ou la perte de forteresses stratégiques mais secondaires comme Azeca, Oreja, Albacar et Escalona, sans qu'aucune ville importante d'aucun des deux belligérants ne soit mise en péril, comme au temps de Yûsuf b. Tâshfîn et de son fils 'Alî. Les Almoravides, sous le commandement de Tâshfîn étaient en état de guerre permanent et remportaient souvent des succès appréciables après que l'Empereur castillan et son allié Sayf al-Dawla / Zafadola soient parvenus à Jerez et Algéciras et Alphonse I le Batailleur eut les mains libres pour s'emparer de Saragosse et Tudela. La majeure partie des attaques almoravides se réduisait à couper la route aux envahisseurs, mais la marche frontière demeurait stabilisée.

FAITS DIVERS OU REJET POLITIQUE : LES REVOLTES DE CORDOUE ET SEVILLE EN 529 H / 1135 (164)

Au début du XIIe siècle, les voyages d'études en Orient se multiplient, presque tous les futurs grands cadis almoravides andalous y découvrent la doctrine ash'arite, les oeuvres de Ghazâlî et la théologie dogmatique (*kalâm*). Cordoue ne suffit désormais plus comme centre d'enseignement. Le *kalâm* ash'arite peut s'implanter sans grande difficulté à partir du moment où de grands noms malikites (al-Baqillânî, al-Bâdjî, Abû 'Alî al-Ghassânî, Abû Bakr b. al-'Arabî, Ghâlib b. 'Atiyya ...) l'ont adopté. Mais dès le milieu de ce même siècle, à la fin du règne de 'Alî b. Yûsuf b. Tâshfîn et du gouvernorat d'al-Andalus de Tâshfîn b. 'Alî, son orthodoxie est remise en cause et le Malikisme ash'arite persécuté devra attendre une période plus favorable à l'époque almohade, ainsi que les oeuvres de Ghazâlî victimes de nombreux autodafés au cours de cette période.

L'événement qui va précipiter la énième révolte de Cordoue, pourrait être la conséquence de cette lutte entre deux courants de pensée, le Malikisme strict et la théologie dogmatique ash'arite. En cette année 529 H / 1135, Abû Bakr Yahyâ b. Muhammad al-Ansârî b. al-Sayrafî, chroniqueur officiel de la dynastie almoravide, nous rapporte le meurtre du cadi de Cordoue Ahmad b. Khalaf al-Tudjîbî par un homme qui s'est penché vers lui, alors qu'il se trouvait dans la grande mosquée, courbé, en train de faire la première des deux inclinaisons profondes de la prière du vendredi. Il fut frappé de coups de poignard, la prière fut interrompue, l'assassin maîtrisé, frappé de coups de bâton et tué d'un coup de sabre. Les gens s'agitent dans la grande mosquée, la plupart ignorant ce drame, avant de se diriger rapidement vers la *maqsûra,* dont les portes étaient fermées, pour la défendre. Les almoravides tirèrent leurs armes, firent sortir leur émir Tâshfîn par la porte *al-Sâbât* . Le cadi fut transporté sur une civière, il devait décéder dans l'après-midi. Le chroniqueur s'étonne que Cordoue se soit déshonnorée par un tel crime sur la personne d'un cadi juste, d'un *faqîh* , homme de bien dont apparemment il n'y avait aucune raison qui pût justifier son assassinat.

Qui était ce personnage ? Quelles hypothèses pouvons-nous avancer pour son assassinat ? Né en *safar* 458 H (165), Muhammad b. Ahmad b. Khalaf b. Ibrâhîm al-Tudjîbî , Ibn al-Hâdjdj suit l'enseignement d'Abû Marwân 'Abd al-Malik b. Sirâdj, d'Abû 'Abd Allâh Muhammad b. Faradj, d'Abû 'Alî al-Ghassânî (1033-1105) dont nous signalerons l'influence dans la diffusion de l'Ash'arisme. Grand jurisconsulte (*faqîh*), savant, traditionniste, homme de lettre (*adîb*), dispensateur de consultations juridiques, il fut le grand défenseur de la science théologique et du *kalâm,* au cours de son enseignement dans la mosquée cathédrale de Cordoue et l'auteur du *Kitâb fî nawâsil al-ahkâm.* Ce *qâdî al-djama'a* de Cordoue, exerça sa fonction après Abû-l-Qâsim Ahmad b. Muhammad b. Hamdîn en 521 H jusqu'à son assassinat en *safar* 529 H / 1135 où il fut remplacé à la judicadure suprême de Cordoue par Hamdîn b. Muhammad b. 'Alî b. Muhammad b. 'Abd al-'Azîz, deuxième fils d'Abû 'Abd Allâh b. Hamdîn du clan des Banû Hamdîn dont nous soulignerons le rôle dans l'annihilation de l'oeuvre et de l'influence de Ghazâlî en al-Andalus.

Plusieurs hypothèses peuvent être soulevées pour expliquer ce drame. S'agit-il d'une guerre d'influence entre *fuqahâ'* pour la maîtrise de cette haute charge de la judicature suprême à Cordoue, entre les Banû Hamdîn, malikites stricts opposés à toute théologie dogmatique, à l'étude des fondements de la religion et du droit et les autres familles dont les Banû Rushd ? Est-ce le signe annonciateur de la révolte des basses classes cordouanes contre l'administration almoravide qui va éclater en *radjab* de cette même année et prendre comme exutoire la communauté juive de Cordoue ? Sous prétexte d'un meurtre découvert dans leur quartier, les gens se précipitèrent sur leurs demeures, pillèrent leurs biens et tuèrent un groupe d'entre eux.

Au même moment, des « hommes de basse classe » (*al-sifla*) se révoltaient à Séville contre le grand cadi Abû Bakr b. al-'Arabî. Ce juriste avait été nommé en 528 H / 1134 au cadicat de Séville (166). Est-ce un hasard s'il s'agissait aussi d'un partisan de Ghazâlî et du *kalâm ash'arite* ? Abû Bakr Muhammad b. 'Abd Allâh al-Ma'âfirî b. al-'Arabî naquit à Séville le jeudi 22 *sha'ban* 468 H d'une grande famille de dignitaires abbadites. Il effectue sa première formation auprès de son père et de son oncle maternel Abû-l-Qâsim al-Hasan al-Hawzanî qui entretiendra de bonnes relations avec Yûsuf b. Tâshfîn, laissant augurer du rôle politique joué par son neveu, lors de la reconnaissance du gouvernorat almoravide par le califat abbasside. Au cours de cette période de sa vie, al-Andalus commence à s'ouvrir aux *usûl al-fiqh* (méthodologie du Droit). Jeune étudiant, Abû Bakr b. al-'Arabî voit un jour un libraire proposer à son père et en présence de l'un de ses maîtres, des ouvrages d'al-Samnânî et d'al-Bâdjî. Toutes les personnes présentes s'accordèrent à observer qu'on avait là des ouvrages considérables qu'al-Bâdjî avait rapportés d'Orient à son retour en Andalus vers 439 H.Et tous également de regretter que les juristes andalous de leur époque fussent dans l'incapacité d'en saisir la valeur réelle. Ces ouvrages intéressaient en premier lieu la méthodologie du Droit mais aussi le *khilâf* et le *kalâm ash'arite* . Abû Bakr b. al-'Arabî nous retrace dans l'introduction de son *Qanûn al-ta'wîl* , les diverses étapes de sa formation en Andalus et au Moyen-Orient où il découvre la théologie ash'arite, les oeuvres de Ghazâlî et l'enseignement des grands imams hanbalites de Bagdad.

Au cours des dix années à la recherche de la science, Abû Bakr b. al-'Arabî s'est acquis la réputation de détenir des connaissances diverses et approfondies. Il aborde Séville en 495 H, s'y installe, donne des consultations juridiques, enseigne le Droit et les fondements de la religion (*usûl al-dîn*), pratique l'exégèse coranique, attire de très nombreux disciples (153 sont recensés par Ibn Bashkuwâl). Porté à la judicature suprême de la ville, il reçut le rescrit de nomination en provenance de Marrakech, daté du dernier jeudi de *djumâdâ II* 528 H / 1134. Sa fonction de cadi, il l'exerce, au dire de 'Iyâd, avec une très grande fermeté, sévérité et efficacité, se forgeant l'image d'une personne redoutée des oppresseurs, ordonnant le bien et interdisant le mal, exemple de justice et de droiture. Ce serait, au dire d'Ibn al-Sayrafî, cette extrême sévérité dans le châtiment des criminels où le joueur de flute se voyait assener des coups sur les mains et percer les joues, les consommateurs de vin sévèrement réprimés, qui aurait occasionné cette révolte. Ne peut-on soulever les mêmes hypothèses que pour la révolte de Cordoue ? Ne faut-il pas y voir l'éviction d'un partisan de l'Ash'arisme, de la doctrine de Ghazâlî, d'un personnage qui connaissait Ibn Tûmart et avait quelques sympathies pour le mouvement almohade à une époque où leur calife 'Abd al-Mu'min attaquait les forteresses de l'Atlas ?

Le gouvernorat de Tâshfîn b. 'Alî s'achève en al-Andalus sur une instabilité des capitales provinciales née de problèmes religieux, politiques et d'interprétation de la foi sous l'influence de courants orientaux qu'il nous faut maintenant aborder : la pensée de Ghazâlî et sa condamnation d'un Malikisme restreignant la réflexion théologique et la difficile pénétration dans l'empire almoravide des sciences des fondements des religions et du droit (*usûl al-dîn wa-l-fiqh*) d'obédience ash'arite.

NOTES

121)- Salâma Muhammad Salmân al-Harafî, *Dawla al-Murâbitîn fî 'ahd 'Alî b. Yûsuf b. Tâshfîn, Dirâsat siyâsiyya wa-hadâriyya*, Beyrouth, 1985, p. 206-209, 228-236 ; A.Huici-Miranda, *Historia politica del Imperio almohade*, Tétouan, 1956, I, p. 75-76 ; A.Huici-Miranda, « Un fragmento inédito de Ibn 'Idhârî sobre los Almoravides », *Hespéris Tamuda*, II, 1961, fasc. I, p. 86-87; E.Lévi-Provençal, *Documents inédits d'histoire almohade*, Paris, 1928, p. 218-222 : 128-131 ; Ibn al-Qattân, *Nazm al-djumân*, éd. Makki, Rabat, sd, p. 85-86, 192,193,210 ; *Kitâb al-Istibsâr*, éd. Saad Zaghloul, Casablanca, 1985, p. 177,186,190,200 ; *Kitâb al-hulal al-mawshiyya*, éd. 'Abd al-Yâdir Zamâma, Casablanca, 1979, p. 113 ; M.J.Meunié, *Recherches archéologiques*,p. 11-26 et 80-82.

122)- Al-Idrîsî, *Description*, p. 6/ 79.

123)- *Al-hulal al-mawshiyya*, p. 90,97-98 ; G.Deverdun, *Marrakech des origines à 1912*, Rabat, 1959, p. 108-143 ; Ibn 'Idhârî, *Bayân Al*, p. 86 ; Ibn Khaldûn, *Muqaddima, Discours sur l'histoire universelle*, trad. V.Monteil, Beyrouth, 1968, p. 829-830 ; *Kitâb al-istibsâr*, p. 208-210, 201-206.

124)- « Les Mémoires d'al-Baidak », *Documents inédits d'histoire almohade*, p. 218-222 ; Patrice Cressier, « La fortification islamique au Maroc: éléments de bibliographie », *Archéologie Islamique, 5*, 1995, p. 163-196.

125)- « Les Mémoires d'al-Baidak », p. 90-92 ; *al-Hulal al-mawshiyya*, p. 113.

126)- « Les Mémoires d'al-Baidak », p. 136,218 ; Henri Basset et Henri Terrasse, « Le Tasghîmout », *Hespéris*, 1927,VII, p. 157-171 ; Ibn Khaldûn, *Histoire des Berbères*, trad. de Slane, II, p. 174 ; Ibn al-Qattân, *Nazm al-djumân*, p. 15, 192,194,226 ; *al-Hulal al-mawshiyya*, p. 113.

127)- « Mémoires d'al-Baidak », p. 122-123,218 ; al-Tâdilî, *al-Tashawwuf ilâ ridjâl al-tasawwuf*, éd. A.Faure, Rabat, 1958, p. 343 ; Ibn Khaldûn, *Histoire des Berbères*, II, p. 171.

128)- « Mémoires d'al-Baidak », p. 126 et note 1, 218 ; Ibn al-Qattân, *Nazm al-djumân*, p. 114.

129)- « Mémoires d'al-Baidak », p. 219.

130)- « Mémoires d'al-Baidak », p. 219 ;

131)- « Mémoires d'al-Baidak », p. 220 ; R.Montagne, « Massat », *Hespéris*, IV, 1924, p. 380.

132)- « Mémoires d'al-Baidak », p. 220-221 ; al-Tâdilî, p. 430 ; *Kitâb al-istibsâr*, p. 200 ; Al-Idrîsî, *Description*, p. 74-75 / 85-86 ; Ibn al-Qattân, *Nazm al-djumân*, p. 171,192,225,226 ; *al-Hulal al-mawshiyya*, p. 143.

133)- « Mémoires d'al-Baidak », p. 221 ; Ibn al-Qattân, *Nazm al-djumân*, p. 196 ; Al-Idrîsî, *Description*, p. 56,74,75,76 ; E.F.Gautier, « Medinat-ou-Dai », *Hespéris*, 1926, VI, p. 5-25.

134)- « Mémoires d'al-Baidak », p. 221 ; E.F. Gautier, p. 7-8 ; *Kitâb al-istibsâr*, p. 187.

135)- « Mémoires d'al-Baidak », p. 221; Ibn al-Qattân, *Nazm al-djumân*, p. 37.

136)- « Mémoires d'al-Baidak », p. 221, 145 note 2 ; Al-Idrîsî, *Description*, p. 79/90 ; *Kitâb al-istibsâr*, p. 185.

137)- « Mémoires d'al-Baidak »,p. 221 ; al-Idrîsî, *Description*, p. 56, 79,91 ; Ibn 'Idhârî, *Bayân III*, éd. Huici-Miranda, p. 12,15.

138)- « Mémoires d'al-Baidak », p. 221.

139)- « Mémoires d'al-Baidak », p. 148,221 ; H.Terrasse, « La forteresse almoravide d'Amergo », *Al-Andalus*, 1953, XVIII, fasc. 2, p. 391.

140)- « Mémoires d'al-Baidak », p. 101,149 et note 4, 166-167 ; *Kitâb al-istibsâr*, p. 190 ; Jean Léon L'Africain, *Description de l'Afrique*, éd. A.Epaulard, Paris, 1956, I, p. 256 ; E.Lévi-Provençal, « Les ruines almoravides du pays de l'ouergha », *Bulletin archéologique*, 1918, p. 194-199; H.Terrasse, « La forteresse almoravide d'Amergo », *Al-Andalus*, 1953, XVIII, fasc.2, p. 389-400.

141)- Al-Wansharîsî, *Mi'yâr*, Fès, II, p. 193; Rabat,II, p.241.

142)- Al-Idrîsî, *Description*, p. 78; *Opus geographicum*, Rome, 1970, fasc. III, p. 233-234.

143)- Ibn 'Idhârî, *Bayân Al*, p. 86-87 ; *Una description anonima de al-Andalus*, éd. et trad. Luis Molina, Madrid, 1983, II, p. 80 ; Basilio Pavon, *Ciudades hispanomusulmanas*, éd. MAPFRE, 1992, p. 245-247 ; L.Cara Barrionuevo, *La Almeria islamica y su alcazaba*, Almeria, 1990,p. 45,101-133,160 ; J.Angel Tapia Garrido, *Almeria musulmana*, I *(711-1172)*, Almeria, 1986, I, p. 336; *Les châteaux ruraux d'al-Andalus*, Casa de Velazquez, Madrid, 1988, p. 109 (plan de la qasaba de Jativa).

144)- Ibn 'Idhârî, Bayân Al, p. 87; J.Bosch-Vila, *La sevilla islamica 712-1248*, Colleccion de bolsillo, n°92, Séville, 1984, p. 136-145,295-314 ; L.Torres-Balbas, *Ciudades Hispano-Musulmanas*, II, p. 489 ; Ibn Hayyân, *MuqtabisV*, p. 80/71 ; *Al-hulal al-mawsiyya*, p. 72; Lopez Elum, « El castillo de Xativa desde la perspectiva de un estudio archivistico-arqueologico », *Fira d'Agost*, 1984, p. 73-76 ; Pavon Maldonado, « Angrelados de las yeserias del palacio de Pinohermoso de Jativa », BAEO, XV, 1979, p. 195-202 ; « Aproximacion al plano islamico de Jativa. Nuevas perspectivas urbanas de la villa medieval », BAEO, XV, 1979, p. 202-204 ; 204-206 ; M.J.Rubiera et M de Epalza, *Xativa musulmana (siglos VIII-XIII)*, Xativa, 1987.

145)- Ibn 'Idhârî, *Bayân Al*, p. 87 ; Muhammad 'Abd al-Wahhâb Khallâf, *Qurtuba al-islâmiyya fî-l-qarn al-hâdî 'ashr al-mîlâdî, al-hayât al-iqtisâdiyya wal-idjtimâ'iyya*, Tunis, 1984, p. 12, 74-79; E.Lévi-Provençal, *Histoire de l'Espagne Musulmane*, Paris, 1967, III, p. 356-395 ; Ibn Ghâlib, *Kitâb farhat al-anfus*, *Madjallat ma'had al-makhtûtât al-'arabiyya*, I, 1955 p. 295-296 ; al-Idrîsî, *Description*, p. 208/255 ; Ibn 'Idhârî, *Bayân* III, p. 105.

146)- Ibn 'Idhârî, *Bayân Al*, p. 87; A.Huici-Miranda, *Historia politica*, I, p. 76.

147)- « Les Mémoires d'al-Baidak », p. 223.

148)- Idem, p. 119-126 ; *al-Hulal al-mawshiyya*, p. 111-113.

149)- Ibn al-Abbâr, *Takmila*, éd. Alarcon, p. 500; Ibn al-Qattân, *Nazm al-djumân*, p. 109-112 ; A.Huici-Miranda, *Historia politica*, I, p. 77-78 ; P. Guichard, *Les Musulmans de Valence et la Reconquête (XIe - XIIIe siècles)*, Damas, 1990, I, p. 91-92 ; A.Huici-Miranda, *Historia musulmana de Valencia y su region*, Valence, 1970, III, p. 65-71.

150)- Sur ces deux secrétaires voir le chapitre consacré au *Diwân al-rasâ'il* ; al-Marrakûshî, *Al-Mu'djib*, Le Caire, 1949, p. 176 ; *Rasâ'il Ibn Abî-l-Khisâl*, éd. Muhammad Ridwân al-Dâyya, Damas, 1988.

151)- Ibn al-Qattân, *Nazm al-djumân*, p. 111; Lacarra, »Documentos para el estudio de la reconquista y repoblacion del valle del Ebro », *Estudios de la Edad Media de la Corona de Aragon*, II, p. 554 ; III, p. 549 n°151 ; A.Huici-Miranda, *Historia musulmana de Valencia*, III, p. 72-73 ; Ibn 'Idhârî, *Bayân Al*, p. 91.

152)-E.Lévi-Provençal, *Documents inédits*, p.40-42,49,50,53,55,58,90,126, 127, 190, 224 ; Ibn 'Idhârî, *Bayân Al*, p. 93-94 ; Ibn al-Qattân, *Nazm al-djumân*, p. 114-125 ; *al-Hulâl al-mawshiyya*, p. 114-120 ; A.Huici-Miranda, *Historia politica*, I, p. 78-85 ; J.Bosch-Vila, *Los Almoravides* , p. 214-220 ; Ibn Khaldûn, *Histoire des Berbères*, II, p. 166.

153)- « Mémoires d'al-Baidak », p. 78/127,129/218; Ibn Khaldûn, *Berbères*, II, p. 172; *Al-Hulal al-mawsiyya*, p.112; Ibn al-Qattân, *Nazm al-djumân*, p. 114-115; Ibn 'Idhârî, *Bayân Al*, p. 93.

154)- Ibn al-Qattân, *Nazm al-djumân*, p. 116-118; A.Huici-Miranda, *Historia politica*, I, p. 80-81; Ibn 'Idhârî, *Bayân Al*, p. 93.

155)- Faut-il y voir un frére ou un parent d'Ibrâhîm b. Hamushk, gendre du gouverneur de Murcie, Ibn Mardanîsh : Ibn al-Qattân, *Nazm al-djumân*, p. 118-120, 123-124; « Mémoires d'al-Baidak », p. 41-42,127-128; J.Bosch-Vila, *Los Almoravides*, p. 217-220.

156)- Ibn 'Idhârî, *Bayân Al*, p. 90-103 ; Ibn Abî Zar', *Rawd al-qirtâs*, trad. Huici-Miranda, I, p. 320-321; A.Huici-Miranda, « Contribucion al estudio de la dinastia almoravide, el gobierno de Tâshfîn ben 'Alî ben Yûsuf en al-Andalus », *Etudes d'Orientalisme dédiées à la mémoire de Lévi-Provençal*, Paris, 1962, II, p. 605-621 dont le reprends l'exposé avec quelques modifications. *Cronica de Alfonso VII*, éd. L.Sanchez Belda, p. 85-87; Muhammad Husayn, *Ta'rîkh al-Maghrib wal-Andalus fî 'asr al-Murâbitîn , dawla 'Alî b. Yûsuf*, Alexandrie, 1986, p. 169-179.

157)- *Cronica de Alfonso VII*, p. 86-87; Ibn 'Idhârî, *Bayân Al*, p. 94; Ibn al-Khatîb, *Ihâta*, éd. 'Inân, Le Caire, 1973, I, p. 446-453; J.Bosch-Vila, *Los Almoravides*, p. 237-240.

158)- Ibn 'Idhârî, *Bayân Al*, p. 94-95; J.Bosch-Vila, *Los Almoravides*, p. 238; A.Huici-Miranda, « Contribucion », p. 611-612.

159)- *Cronica de Alfonso VII*, p. 95-97; Ibn 'Idhârî, *Bayân Al*, p. 95-97; Ibn al-Qattân, *Nazm al-djumân*, p. 197-199; J.Bosch-Vila, *Los Almoravides*,p. 239-240; *Al-Hulal al-mawshiyya*, p. 121-122; F.Maillo Salgado, *Salamanca y los Salmantinos en las fuentes arabes*, Salamanca, 1994, p. 65-68.

160)- Ibn al-Qattân, *Nazm al-djumân*, p. 218-222; J.Bosch-Vila, *Los Almoravides*, p. 240-241; al-Himyarî, p .24-25/31-32; Ibn al-Khatîb, *A'mâl al-a'lâm*, éd. Lévi-Provençal, p. 253-254; A.Huici-Miranda, *Historia musulmana de Valencia*, III, p. 79-82; A.Huici-Miranda, « Contribucion »,p. 614-615 ; Ibn 'Idhârî, *Bayân Al*, p. 99; Ibn al-Khatîb, *Ihâta*, p. 446-453

161)- Ibn 'Idhârî, *Bayân Al*, p. 98-99; J.Bosch-Vila, *Los Almoravides*, p. 239-240 ; A.Huici-Miranda, « Contribucion », p. 616-617; Matim Velho, « Orecontro militar de Tashfin bin 'Ali em fahs al-Baqam em 1133 », *Boletin de la asociacion espanola de orientalistas, Año XVI*, 1980, p. 163-186.

162)- Ibn 'Idhârî, *Bayân AI*, p. 102-103; A.Huici-Miranda, « Contribucion », p. 617-618 ; A.Huici-Miranda, *Historia musulmana de Valencia*, III, p. 88-91; *Anales Toledanos Primeros*, éd. A.Huici-Miranda, I, p. 346; *al-Hulal al-mawshiyya*, p. 122-123.
163)- Ibn al-Qattân, *Nazm al-djumân*, p. 233; Ibn 'Idhârî, *Bayân Al, p.* 103; A.Huici-Miranda, « Contribucion », p. 619-621 ; J.Bosch-Vila, *Los Almoravides*, p. 241-242; Ibn Abî Zar', *Rawd al-qirtâs*, I, p. 321.
164)- Ibn 'Idhârî, *Bayân AI*, p. 100-101 ; V. Lagardère, « Abû Bakr b. al-'Arabî, Grand Cadi de Séville », *Revue de l'Occident Musulman et de la Méditerranée*, n°40, 1985, p. 91-102; Muhammad Husayn, *Ta'rîkh*, p. 137-147.
165)- Ibn Bashkuwal, *Sila*, p. 580-581 n°1278 ; al-Nubâhî, *Ta'rîkh*, p. 102; al-Dabbî, *Bughya*, p. 51 n°25 ; V.Lagardère, « La Haute judicature à l'époque almoravide en al-Andalus », *Al-Qantara*, vol. VII, Madrid, 1986, p. 146-147.
166)- V.Lagardère, « Abû Bakr b. al-'Arabî », *ROMM*, 1985, p. 91-102; Ibn 'Idhârî, *Bayân AI*, p. 101.

EVOLUTION DE LA NOTION DE DJIHAD A L'EPOQUE ALMORAVIDE (1039 - 1147)

« *Da'wat al-haqq wa radd al-mazâlim wa qat' al-maghârim* ».
« Propager la vérité, réprimer l'injustice, abolir les impôts illégaux ».(Al-Bakrî, *Description*, p. 311).

De la propagation de la vérité à la pratique de la guerre sainte (*djihâd*), du combat contre les diverses formes d'hétérodoxie au Maghrib al-Aqsa (*Kharidjites, Barghawâta, Badjaliyya,* secte *Ghumâra de Hâ-Mîm*) ou de polythéisme (*Ghâna, Sûdân, Malî*) à l'affrontement des associationistes chrétiens (*mushrikûn*) catalans, aragonais, castillans, l'histoire de la dynastie almoravide n'est qu'un approfondissement de la perception et de la pratique du *djihâd*, sous l'égide de certains jurisconsultes malikites andalous.

De la conception du *djihâd* d'Ibn Hazm (994-1064), « *au service de Dieu plus qu'au service des hommes* », aux consultations juridiques d'Abû-l-Walîd b. Rushd (m. 1126), d'Ibn al-Hâdjdj (m. 1135), aux lettres administratives de Ghazâlî (m. 1085), d'Abû Bakr al-Turtûshî, d'Abû 'Abd Allâh b. Abî Khisâl (m. 1145), les consciences andalouses vont découvrir la place prééminente du *djihâd* dans les obligations religieuses, ne le cantonnant plus strictement dans son caractère d'obligation pesant collectivement sur la communauté mais insistant sur l'obligation personnelle de chacun de ses membres à le pratiquer en participant à sa réalisation parmi les Volontaires de la Foi, à son soutien logistique par une contribution financière accrue pour l'acquisition des équipements militaires nécessaires à sa pratique.

L'ambiguïté de la notion de devoir collectif, a certainement encouragé les individus à réclamer la guerre sainte pour être protégés, mais à en rejeter l'exécution sur autrui jusqu'à la bataille de Zallâqa (1086). Mais la prise de conscience de l'inconséquence profonde d'une telle attitude se manifeste dans les consultations juridiques d'Abû-l-Walîd b. Rushd, d' 'Iyâd, d'Ibn al-Hâdjdj et les documents administratifs, dans les prêches d'Abû 'Abd Allâh b. Abî Khisâl, dans les bribes de la chronique d'Abû Bakr b. al-Sayrafî, historien officiel de la dynastie.

L'absence de mention du *djihâd* en al-Andalus dans la production poétique andalouse du Levante ne peut conduire à la conclusion « de la non-émergence d'une sensibilité au *djihâd* dans la culture andalouse du XIIe siècle » (1), d'autant que les chroniques, les lettres administratives, les recueils de consultations juridiques ayant échappé aux destructions de l'époque almohade, mentionnent très fréquemment le *djihâd* en al-Andalus à l'époque almoravide.

EVOLUTION DE LA DOCTRINE MALIKITE DU DJIHAD D'IBN ABI ZAYD AL-QAYRAWANI (m. 996) A ABU 'ABD ALLAH B. ABI-L-KHISAL (m. 1145)

Chacun sait que le Malikisme a été le rite dominant en al-Andalus et que les auteurs appartenant à cette école, d'Ibn Abî Zayd al-Qayrawânî (m. 996) à Khalîl b. Ishâq b. Ya'qûb (m. 1374), auteur de résumé sur la doctrine, sont célèbres pour leur attachement au *taqlîd* , imitation servile de la doctrine de Mâlik b. Anas. Théoriquement, la doctrine officielle ne devrait pas avoir varié durant toute l'histoire musulmane d'al-Andalus. Or le *djihâd* d'obligation communautaire apparaît au travers des consultations juridiques, des lettres administratives, des traités de morale politique des XIe et XIIe siècles, de plus en plus comme une obligation personnelle mobilisant ressources humaines et avoirs financiers de tout un pays, de tout un empire.

La guerre sainte, de la Risâla d'Ibn Abî Zayd aux Miroirs des Princes et lettres d'al-Ghazâlî, d'Abû Bakr al-Turtûshî, au XIe siècle

Dès l'origine, l'école malikite andalouse a pratiqué la controverse religieuse et subi l'influence de la scolastique (*kalâm*) et il ne fait pas de doute qu'il y eut des mu'tazilites andalous, puis des malikites ash'arites andalous aux XIe et XIIe siècles (2). Les discussions avaient été aussi vives qu'en Ifriqiya sur la définition de la guerre juste, de la guerre sainte (*djihâd*). La fameuse *Risâla* d'Ibn Abî Zayd dont une première version fut composée en 938, s'ouvre par un exposé des articles de la foi musulmane présentant des ressemblances frappantes, tant par la forme que par le fond, avec les professions de foi ash'arites. Cet auteur eut au moins deux maîtres ash'arites et consacra un chapitre de sa *Risâla* amplement diffusée au Maghrib al-Aqsa, au *djihâd* (3) : « *Le djihâd est une obligation d'institution divine. Son accomplissement par certains en dispense les autres. Pour nous, Malékites, il est préférable de ne pas commencer les hostilités avec l'ennemi avant de l'avoir appelé à embrasser la religion d'Allâh, à moins que l'ennemi ne prenne d'abord l'offensive. De deux choses l'une: ou bien ils se convertissent à l'islamisme, ou bien ils paieront la capitation (djiziya), sinon on leur fera la guerre* ».

C'est là, toute la procédure que les chroniqueurs et l'auteur de la lettre adressée à Tamîm b. al-Mu'izz b. Bâdîs, souverain ziride d'Ifriqiya, décrivant la traversée du détroit vers al-Andalus afin d'y mener le *djihâd* et la victoire de Zallâqa (1086), fait suivre à Yûsuf b. Tâshfîn : « *Le chrétien informé de notre avance, vint aussi vers nous et se mit à notre recherche, établissant ses quartiers dans ladite Coria, en nous attendant. Nous lui envoyâmes une lettre, l'invitant à l'Islam, et à se convertir à la religion de Muhammad - sur lui soit la paix - ou bien à payer la djiziya et remettre l'argent et les trésors qu'il possédait, comme l'ordonne Dieu Très Haut et nous l'expose dans son livre, au sujet des polythéistes qui paient la djiziya de leur main, car ils doivent être humiliés (Coran, IX,29). Il refusa insolemment de le faire, se rebella, fut incrédule et entreprit d'avancer vers nous, désireux de parvenir à notre rencontre* » (4).

Si la doctrine du *djihâd* est bien véhiculée par les juristes malikites tenant de l'ash'arisme, c'est dès la naissance de la confédération almoravide qu'il faut remonter pour rencontrer un juriste ash'arite qui codifie une doctrine de la guerre à l'usage des princes almoravides qu'il va servir sa vie durant : Abû Bakr Muhammad b. al-Hasan al-Murâdî al-Hadramî al-Qayrawânî (m. 489 H / 1095-1096) (5). C'était, au dire d'Ibn Bashkuwâl, « *un homme à l'esprit vif, doté de vastes connaissances juridiques, un maître de la science des sources de la religion dont il composa d'excellents ouvrages forts instructifs* ».Il séjourna à Cordoue en 1093 et selon le cadi 'Iyâd, enseigna les sciences des croyances (*'ulûm al-i'tiqâdât*), tout en cultivant la science du *kalâm* selon les canons ash'arites. Il fut le dernier au Maghrib à s'occuper de la science du *kalâm*. Al-Murâdî al-Hadramî se serait, comme d'autres lettrés de la région, mis sous la protection de la puissance ascendante que constituait alors le mouvement almoravide au service duquel il mit ses compétences et ses ambitions. Ibn Bassâm confirme ses ambitions politico-religieuses et insiste sur la place qu'il occupait auprès d'Abû Bakr b. 'Umar, aspirant pleinement à remplacer 'Abd Allâh b. Yâsîn mort dans les combats livrés aux Barghawâta en 1059. Il dut entrer en contact avec Abû Bakr b. 'Umar lors du séjour que ce dernier effectua à Aghmat Warika à la tête de ses troupes et accompagna ce chef *lamtûnî* dans son retour définitif au Sahara en 1070-1071. L'orientation essentiellement pédagogique du *Kitâb al-ishâra* d' al-Hadramî pourrait être un indice de cette volonté de prendre la direction spirituelle d'un mouvement qui venait de perdre en Ibn Yâsîn un éducateur, un prédicateur zélé et farouche du combat contre toutes les formes d'hétérodoxie. Son livre se présente comme un traité pratique de bonne conduite princière, sur l'apprentissage individuel de la vertu et du pouvoir, proposant les meilleures recettes pour s'y maintenir et insistant sur le bon choix des conseillers et des compagnons du prince dans la pratique de la guerre et de la paix.

Parmi les conseils donnés par Abû Bakr al-Hadramî al-Murâdî à Abû Bakr b. 'Umar, figure celui de considérer la guerre comme ultime recours : « *Le plus habile des peuples est celui qui ne recherche pas le pouvoir au moyen du combat de ce qui est différent de lui. Car la guerre (harb) fait perdre des existences et dépenser des fortunes.Les Sages disaient : l'ennemi est semblable à un abcès que l'on soigne d'abord par l'apaisement, l'examen et le soulagement. Si ces procédés ne suffisent pas, on en vient au percement après mûrissement et si cela ne suffit pas, à la cautérisation, ultime remède. La guerre est le remède ultime qu'il faut employer . ... Tout homme sensé, dès l'éloignement de son ennemi, doit se mettre à l'abri de son retour. S'il est vaincu, s'assurer qu'il ne reviendra pas. S'il s'approche, penser qu'il n'est pas à l'abri de son assaut. S'il le croit isolé, il n'est pas protégé de sa fourberie. S'il juge son armée peu nombreuse, il n'est pas à l'abri de son embuscade. L'homme sensé doit préparer la guerre en temps de paix, craindre l'ennemi en période de conciliation. Car l'ennemi qui se réconcilie avec toi par la contrainte que tu lui imposes, ne fait pas surgir la paix de son caractère.... Sache que toute personne sensée, même assurée de sa force, de son invincibilité, de sa suprématie, ne s'expose pas nécessairement à nuire, par l'agression et l'hostilité, à sa bonne fortune bâtie sur sa confiance et sa croyance en la force dont il dispose. Sache que le compromis est une forme de guerre pour empêcher l'ennemi de porter des déprédations. Si tu subis une guerre, ne fais pas confiance à ton ennemi même s'il est méprisable....* ».

Ces conseils n'englobent pas encore la nécessité et les modes de pratique de la guerre sainte, tant contre les mécréants musulmans (*kâfirûn*) que contre les associationistes (*mushrikûn*) chrétiens. L'éveil à la pratique du *djihâd* sera l'oeuvre des Andalous des communautés musulmanes des royaumes aftaside et abbadite de Badajoz et Séville dont les souverains, devant le danger castillan et aragonais, réactiveront cette obligation religieuse collective pour la défense de la communauté musulmane et de leurs royaumes. Dès 446 H / 1054-1055, 'Abd Allâh b. Yâsîn envoyait les Almoravides dans le pays des Lamtuna prêcher la conversion à l'Islam, la soumission à la loi de Muhammad et combattre les associationistes (*da'wa fî dukhûl al-islâm wa sharî'a Muhammad wa harb al-mushrikîn*) (6).

Les expéditions contre les tribus Sanhadja non ralliées, les Djudâla, les Massûfa, les Masmuda, les Barghawâta, les Ghumara et le pays des Noirs sont les premiers djihads menés par Abû Bakr b. 'Umar et 'Abd Allâh b. Yâsîn (7). Yûsuf b. Tâshfîn est alors considéré comme « assidu au djihad » (*muwâziban 'alâ-l-djihâd*). La première occurrence d'un appel au djihad, émanant d'al-Andalus, pourrait être datée de 474 H / 1081-1082 (8). Un groupe d'Andalous (*djamâ'at min ahl al-Andalus*) traverse le détroit de Gibraltar et vient présenter la situation désastreuse d'al-Andalus sur ses marches frontières. Cette même année, le souverain aftaside de Badajoz, al-Mutawakkil 'alâ Allâh b. al-Aftas, après la prise de Coria par Alphonse VI de Castille, adresse une lettre à Yûsuf b. Tâshfîn, dans laquelle il développe l'obligation pour les Almoravides de mener le djihad en al-Andalus et de combattre les associationistes chrétiens (9). Son argumentation développe plusieurs thèmes. Puisque l'almoravide, guidé par Allâh dans la voie droite (*hudâ*), sur le chemin de la vérité, fait reposer ses mérites sur la pratique du djihad, il est le plus puissant défenseur de l'Islam, apte à combattre l'associationisme (*shark*), « *seul capable d'apporter un remède et de répondre à l'appel de la péninsule tombée dans l'adversité. Contre les excès de l'oppression, de l'agression de la puissance des Chrétiens qui prélèvent des fortunes sur le dos des Andalous, font la conquête de leurs villes, abreuvent du sang des Musulmans leurs fers de lance et les tranchants de leurs épées, les réduisent à l'état de captifs et de prisonniers auxquels ils font endurer toutes sortes de tribulations et d'épreuves, le seul espoir est l'almoravide. Lui seul peut éviter que le mensonge n'agresse la vérité, l'associationisme ne l'emporte sur l'unicité (tawhîd), la mécréance sur la foi* » et que la victoire des Chrétiens ne révèle les malheurs des Musulmans.

Cet appel à combattre dans le chemin d'Allâh (*yudjâhidûn fî sabîl-illâh*) (10) sera repris dans la lettre adressée par al-Mu'tamid b. 'Abbâd de Séville à Yûsuf b. Tâshfîn en 479 H / 1086 : « *Allâh t'a affermi dans ton royaume, en reconnaissance tu dois pratiquer la guerre sainte (djihâduka), faire renaître sa Vérité (haqq) et pratiquer l'effort personnel (idjtihâd). Tu t'es imposé de faire triompher le Bien, d'éclairer et d'adopter ses lumières. Tu as auprès de toi des gens qui sont prêts à acheter le paradis (djanna) de leur vie et à participer à la guerre sainte avec leurs armes. Si tu désires le monde d'içi-bas (al-duniya), il est à portée de ta main, mais les jardins du paradis sont supérieurs, leurs fontaines considérables. Si tu espères l'autre monde, le djihad ne t'en dissuadera pas. ... Nous demandons à Allâh, à ses anges et à vous-mêmes de nous aider contre les mécréants (kâfirûn). Allâh, loué soit-il, le Très Haut n'a-t-il pas dit et il est le plus généreux des orateurs : Combattez-les, Allâh les châtiera par vos mains, il les couvrira d'opprobres ; il vous donnera la victoire ; il guérira les coeurs des croyants* » (Coran, IX, 14).

Quand Yûsuf b. Tâshfîn décide d'intervenir en al-Andalus, ce n'est plus pour mener une guerre tribale, ou combattre des polythéistes, mais pour pratiquer le djihad. Les chroniqueurs, d'Ibn al-Sayrafî, l'historien officiel de la dynastie, cité par Ibn 'Idhârî, à Ibn Kardabus (1183), 'Abd al-Wâhid al-Marrâkushî (1224), Ibn al-Abbâr (1199-1260) et Ibn Abî Zar' (1325) (11) ne s'y trompent pas : il s'agit du *djihâd al-'adwa*, du *'amr al-djihâd* , de l'amour pour le djihad (*al-mahabba fî-l-djihâd*), de l'ouverture des portes du djihad par les princes andalous qui les avaient eux-mêmes refermées, de l'appel de toutes les régions à la guerre sainte, de faire primer la guerre sainte.

Al-Mu'tamid de Séville, 'Abd Allâh le ziride de Grenade, Dawûd b. 'Âishâ' l'almoravide n'envisagent , lors de cette première traversée, que de faire la guerre sainte contre Alphonse VI. N'est-il pas dit à al-Râdî, fils d'al-Mu'tamid : « *nous ne sommes pas venus pour nous approprier le territoire de quelqu'un, ni pour faire mal à un quelconque prince, mais pour accomplir la guerre sainte* » (12). À l'époque de Zallâqa (1085-1086), le djihad, obligation collective est une affaire d'État. 'Abd Allâh le prépare en y consacrant l'argent et les hommes disponibles. Les Andalous se disaient que les Almoravides étaient des gens de Bien qui venaient pour s'assurer le Paradis dans l'autre vie et qu'eux-mêmes étaient décidés « *à employer personnes et biens pour faire annuellement avec l'émir, la guerre sainte, sachant que qui y survivrait, serait comblé d'honneur, assisté et protégé et qui succomberait, mourrait martyr. Tous, précise 'Abd Allâh, nous étions anxieux de commencer la guerre sainte, mettant en cela, le meilleur entrain et décidés à mourir* ».

C'est en *mudjâhid* que Yûsuf b. Tâshfîn se comporte vis-à-vis d'Alphonse VI : dans une lettre, il l'invite, conformément au droit malikite, « *à payer la djiziya , impôt de capitation ou à se convertir à l'Islam ou à supporter la guerre sainte* » (13).

De cette obligation d'aider un musulman qui appelle à l'aide, Yûsuf b. Tâshfîn va faire une obligation de solidarité de l'ensemble de la communauté musulmane andalouse en écrivant aux autres souverains d'al-Andalus pour les convier au djihad, même s'ils n'étaient pas directement menacés (14). Les armées qui affrontent le roi de Castille à Zallâqa, sont des éléments des djunds, des garnisons, des milices (*hasham*) auxquels se joignent des volontaires pour le djihad et la défense de la foi (*al-mutatawwi'ûn lil-djihâd*), n'appartenant pas à une armée de métier. C'est le conseil des shaykhs de Cordoue, sous la présidence du cadi 'Abd Allâh b. Muhammad b. Adham qui préconise le recrutement de ces volontaires de la guerre sainte provenant de toutes les régions d'al-Andalus. La population de Cordoue fournit une armée nombreuse. Ces volontaires avaient-ils conscience que le djihad devait être une obligation personnelle? Du vivant d'Ibn Hazm (15), en al-Andalus, la situation se prêtait assez bien au djihad, avec une frontière mobile entre les pays conquis par les Musulmans et le reste du territoire chrétien, avec des expéditions annuelles et des guérillas, avec des alternatives de trêves et d'engagements. « *D'une part, le Dâr al-Islâm , les pays musulmans, n'est plus uni ; il y a des guerres entre musulmans et, pis encore, des musulmans s'allient parfois avec des infidèles contre leurs frères en religion. D'autre part, la guerre revêt un caractère plus décidemment politique et si on la fait toujours au nom de motifs religieux, sa réalité d'entreprise humaine prend nettement le dessus* » (R.Arnaldez).

L'après Zallâqa et les préparatifs de la deuxième intervention almoravide d'Aledo (25 mai-23 juin 1088) (16) marquent une évolution de la notion de djihad, comme l'implacable condamnation des hommes politiques et de l'histoire andalouse. Le djihad est une obligation qui pèse sur tous les musulmans.Tous doivent s'en acquitter, repousser l'ennemi et porter la guerre dans ses foyers, défendre les villes frontières. Celui qui, dans le *Dâr al-harb* qu'est devenu al-Andalus, reçoit l'ordre de combattre, doit obéir. Mais obéir à qui ? Yûsuf b. Tâshfîn, trois ans après sa victoire de Zallâqa, avait stoppé l'ennemi dans ses entreprises frontalières, « *il était rempli de crainte, se protégeant derrière ses murailles, sans effectuer de sortie, malgré cela, les rois de Taifas se montrèrent rétissant à s'unir et certains d'entre eux entreprirent de s'allier avec l'ennemi contre lui* ». Alors l'émir almoravide s'empara de leurs terres et des forteresses de ces rois (*ru'asâ'*) qui s'étaient lancés contre lui. Quelques uns sur la frontière orientale d'al-Andalus, liés par pacte avec les Chrétiens, firent cause commune et refusèrent la solidarité musulmane de la guerre sainte. Lors de la convocation par l'Émir des Musulmans (*Amîr al-Muslimîn*) à la guerre sainte, à sa demande de prestation de serment de fidélité (*bay'at al-djumhûr*), ils répondirent : « *Nous n'accompagnerons à la guerre sainte qu'un Imâm de la descendance de Quraysh et tu ne l'es pas, ou le représentant d'un Imâm et tu ne l'es pas davantage* ». Yûsuf b. Tâshfîn eut beau leur affirmer qu'il servait l'Imam abbasside, ils lui rétorquèrent : « *Alors montre-nous de quelle façon il t'a donné préséance sur nous* ». La demande d'Abû Bakr Muhammad b. al-'Arabî faite à Ghazâlî, d'émettre une fatwa en faveur de l'intervention de Yûsuf b. Tâshfîn en al-Andalus, illustre bien cette obligation de réunification de la communauté de croyance sous un seul chef mandaté à pratiquer cette obligation collective. Aussi, ajoute Ibn al-'Arabî, conviendrait-il que l'Imam abbasside envoie à Yûsuf b. Tâshfîn un édit lui donnant pouvoir de combattre les princes andalous opposés à la réunification de la communauté musulmane pour la pratique du djihad, lui qui fait prononcer la *khutba* au nom du calife al-Mustazhir, depuis plus de deux mille chaires (*minbar*), frapper monnaies en son nom et affirme « *n'être pas un souverain suprême (mustabidd), mais le serviteur de l'Émir des Croyants al-Mustazhir* » (17).

La fatwa de Ghazâlî, en réponse à cette consultation d'Abû Bakr b. al-'Arabî va dans le sens de l'obligation de réunification de la communauté musulmane : « *Dieu garde ceux qui se mettent sous sa protection, car reconnaître le Calife est ce que doit faire toute personne détenant une autorité sur quelque territoire musulman, tant en Orient qu'en Occident, et être dans l'obligation d'orner ses minbars de l'invocation de l'Imam véridique, même si l'investiture (taqlîd) explicite de l'Imam ne lui est pas encore parvenue ou a été retardée par quelque imprévu. Si un tel gouvernant (malik) en exercice proclame sa fidélité au califat abbasside, tous, sujets et autorités, doivent le respecter avec soumission, se sentir obligés de l'écouter et de lui obéir, étant entendu qu'en se soumettant à lui, ils se soumettent à l'Imam et en s'éloignant de lui, de l'Imam ils s'éloignent ; quiconque se rebelle et s'oppose à lui, niant son obédience, sera jugé comme transgresseur. Dieu - louange lui soit rendue - dit : « Si deux groupes de croyants se combattent, rétablissez la paix entre eux. Si l'un des deux se rebelle encore contre l'autre, luttez contre celui qui se rebelle, jusqu'à ce qu'il s'incline devant l'ordre de Dieu. S'il s'incline, établissez entre eux la concorde avec justice. Soyez équitables ! Dieu aime ceux qui sont équitables » (Coran, XLIX, 9).... L'émir (almoravide) et ses gents doivent combattre ses insoumis, spécialement quant ils ont demandé aide aux Chrétiens polythéistes, leurs alliés, devenant ennemis de Dieu par opposition aux Musulmans qui sont les alliés de Dieu* » (18).

La lettre envoyée par la suite, par Ghazâlî à Yûsuf b. Tâshfîn (19), confirme la primauté du souverain almoravide, défenseur de la religion, pour mener le djihad et défendre les frontières musulmanes d'al-Andalus, mettre fin aux humiliations et aux opprobres subies par les musulmans andalous, aux guerres et aux amoindrissements auxquels les réduisait la domination des Chrétiens (*mushrikûn*). Maître d'al-Andalus, il supprime les impôts illégaux (*mazâlim*), manifeste les signes de la religion, disperse les corrompus, les remplace par des hommes de bien, et alors, seulement, met al-Andalus et l'ensemble du Maghrib al-Aqsa en état de guerre sainte.

Abû Bakr al-Turtûshî (1059-1120) (20), vers 1099, rappelle au souverain almoravide ce que doit être la doctrine du djihad : une obligation pour tous les Musulmans (*farada al-djihâd 'alâ kâffati al-Muslimîn*). « *Sache Abû Ya'qûb, qu'Allâh Très Haut a rendu obligatoire le djihad pour tous les Musulmans, aucun tyran ne l'a réfuté, ni aucun impi ne s'est éloigné de Dieu sans que son heure n'arrive. Allâh Très Haut a dit : « Combattez ceux qui ne croient pas en Dieu, ni au dernier jour » (Coran, IX,29), jusqu'à ce qu'ils se disent humiliés. Il n'est pas permis à cette communauté ('Umma) d'abandonner le djihad contre son ennemi tant qu'il n'a pas accepté de payer tribut (djiziya) ou accepté l'Islam, car ce verset abroge tout autre verset qui dans le Livre d'Allâh - Très Haut - traite de l'opposition aux infidèles. Abû Bakr al-Siddîq, Allâh soit satisfait de lui, a transmis que l'Envoyé de Dieu - Dieu le bénisse et le sauve - disait : « Une communauté n'abandonne pas la guerre sainte, sans que tous ne reçoivent des châtiments ». Le djihad contre les mécréants (kuffâr) est une obligation pour toi sur les frontières du pays d'al-Andalus dont tu es proche (thughûr bilâd al-Andalus), car tu es le roi musulman le plus proche d'elles et tu as des chevaux (kurâ'), des armes, des effectifs, des machines de guerre, des armées musulmanes, des soldats, tous à tes ordres. Il en est de même pour tous les combattants, guerriers ayant force et pouvoir qui sont voisins et proches de toi. Tu es sur le point de laisser perdre ces Musulmans, avec leurs femmes et leurs enfants qui se trouvent sur les frontières d'al-Andalus. Pourquoi n'imiterais-tu pas les défenseurs et guerriers de l'Islam qui vinrent jusqu'ici des terres du hidjaz, les conquérir et étendre sur elles la parole d'Allâh et le dogme de l'unicité (tawhîd) ?* »

Abû Bakr al-Turtûshî ne considère plus le djihad comme obligation collective de l'unique Commandeur des Musulmans, Yûsuf b. Tâshfîn mais comme une obligation personnelle des musulmans combattants (*muqâtilûn*), des adeptes du djihad (*mudjahidûn*) et de l'ensemble des Musulmans (*kaffat al-muslimîn*) dont les effectifs de volontaires pour la foi, viendront grossir les effectifs des armées, tout en diminuant leur efficacité par leur méconnaissance du métier des armes.

La guerre sainte (djihâd) obligation personnelle de tous les Musulmans andalous au XIIe siècle

Le poète Abû Bakr b. Sawwâr disait de Yûsuf b. Tâshfîn qu'au cours de son règne, le djihad conduisait au djihad (21). Ses quatre traversées, 1086, 1088, 1090, 1097 se firent toutes sous le signe du djihad (*bi-rasm al-djihâd*) (22). Son combat dans le Levante (*sharq al-Andalus*) fut une guerre contre les Chrétiens (*Rûm*). C'est sous le règne de son fils 'Alî b. Yûsuf b. Tâshfîn, dès 503 H / 1109, que le djihad en al-Andalus devient l'affaire des armées régulières (*'asâkir, adjnâd*), des concentrations militaires (*hushûd*), des garnisons andalouses (*al-djuyûsh al-andalusiya*) et des volontaires de la foi (*mutatawwi'ûn*) lors de la conquête de Talavera (23). Ses volontaires, conscients de l'obligation personnelle de la pratique du djihad, n'entrent pas dans la composition régulière des garnisons andalouses. À la tête de la garnison de Cordoue, son gouverneur Muhammad b. Mazdalî doit faire face en hâte, en *safar* 509 H / juin-juillet 1115, à une expédition chrétienne menaçant la ville. L'affrontement fut violent. Les Musulmans subirent de grosses pertes : des gouverneurs, quatre-vingt personnalités almoravides, un nombre important de mercenaires et de soldats andalous y trouvèrent la mort, mais aucun volontaire pour la foi n'est signalé (24).

Lors de ses deuxième et troisième traversées en al-Andalus, en 503 H / 1109-1110 et 511 H / 1117-1118, placées sous le signe du djihad contre Tolède et la ville de Coimbra, les *mudjâhidûn* almoravides sont des cavaliers (*khaylan*) et des fantassins (*radjulûn*) de l'armée régulière, renforcés de *mudjâhidûn* sévillans appartenant à la garnison et de volontaires pour la foi (*mutatawwi'ûn*) de la province de Grenade (25). Pour mater la révolte de Cordoue en 515 H / 1121, lors de sa quatrième traversée, l'armée almoravide est composée exclusivement des *djunûd sanhâdja* , troupes d'origine Sanhâdja, Zanata, Masmuda, Berbères, sans volontaires, ni garnisons, ni miliciens (26). Tout le règne de 'Alî b. Yûsuf b. Tâshfîn est placé sous le signe du djihad. Dans une lettre datée de 512 H / 1118-1119, le calife abbasside 'Abd Allâh Abû-l-'Abbâs al-Mustazhir bi-Illâh, félicite le souverain almoravide de son assiduité à mener la guerre sainte (27).

Conscient que cette obligation collective ne peut être uniquement du devoir du souverain et de ses armées régulières, 'Alî b. Yûsuf consulte les grands cadis de son empire pour en faire une obligation religieuse personnelle pour chaque musulman, plus prégnante encore que le pèlerinage (*hadjdj*) (27).

Cette consultation intervient après le désastre de Cutanda (514 H / 1120) où les armées almoravides se composaient de troupes régulières (*djund*) et de nombreux volontaires andalous (*mutawwa'a*). Convaincus par les prêches du grand cadi de Murcie Abû 'Alî al-Sadafî, de nombreux juristes, de nombreux Murciens et andalous du Levante (*Sharq al-Andalus*), adeptes de la pratique de la guerre sainte comme obligation personnelle, s'engagent à faire front aux armées d'Alphonse I le Batailleur et constituent d'importants contingents de volontaires, dénués de toute formation militaire. Au cours de l'affrontement sanglant, ce sont ces contingents de volontaires qui paient le plus lourd tribut : 20.000 morts, au dire d'Ibn al-Abbâr (28), dont une trentaine de juristes, leur chef Abû 'Alî al-Sadafî et son ami Abû 'Abd Allâh b. Faradj, tous aussi inexpérimentés dans le maniement des armes. Sous la poussée de la révolte almohade, 'Alî b. Yûsuf b. Tâshfîn ne pouvait plus consacrer l'ensemble des forces armées régulières à la défense des frontières andalouses, d'où la nécessité de faire prendre conscience à chaque croyant de la communauté musulmane andalouse, de son devoir de pratiquer le djihad, de le considérer comme une obligation personnelle l'emportant même sur le pèlerinage, autre obligation personnelle de tout musulman . Abû Bakr al-Turtûshî, Ibn Hamdin, al-Mâzarî, al-Burzulî avaient déjà affirmé dans leurs consultations juridiques que la prescription du pèlerinage n'était plus obligatoire pour les Andalous de cette époque, vu l'insécurité de leurs frontières (29). Dans sa lettre à Abû-l-Walid b. Rushd, l'Émir des Musulmans 'Alî b. Yûsuf demande si le pèlerinage est préférable pour les gens d'al-Andalus au djihad. Sa réponse fut la suivante: « *J'ai lu ta question - Allâh nous fasse miséricorde, à toi et à moi - et j'ai arrêté la réponse suivante : l'obligation du pèlerinage tombe pour les populations andalouses de notre époque, du fait de l'impossibilité de le réaliser selon les conditions établies par Allâh pour le rendre obligatoire. Car sa possibilité est liée à la capacité d'y parvenir dans la sécurité des personnes et des biens ce qui est irréalisable en ce moment. Si l'obligation du pèlerinage tombe pour cette raison, elle devient une entreprise répréhensible par les dangers qu'elle fait courir. Il est clair pour notre propos, que le djihad, dont les nombreuses vertus et les effets sont énumérés dans le Coran et la Sunna, est préférable au pèlerinage ».* ... Lorsque l'Émir des Musulmans l'a interrogé de Ceuta, au début de l'année 515 H / 1121, au sujet des populations de l'autre rive du détroit, pour savoir si elles étaient à la même enseigne que les populations andalouses au sujet du djihad ou pas, il répondit : « *Toute personne autre que les Andalous parmi les habitants de l'autre rive du détroit, est dans la même situation que les gens d'al-Andalus, si elle ne peut parvenir à la Mecque sans crainte pour ses biens et sa personne. ... Mais pour moi, le djihad est préférable pour eux plutôt que de s'empresser à accomplir le pèlerinage, jugé impossible à réaliser. ...Quant à ceux qui optent pour l'obligation du djihad, parmi les défenseurs des Musulmans et leurs troupes, le djihad demeure pour eux une obligation* ».

Aussi explicite dans son *Kitâb al-bayân wal-tahsîl* (30), Abû-l-Walîd b. Rushd prétend, devant le renforcement des craintes aux Marches frontières d'al-Andalus et les menaces d'une attaque de l'ennemi sur l'ensemble des frontières, que le djihad est préférable pour tout musulman, même s'il y avait moins à craindre sur les Marches frontières, pour préserver la sécurité face à toute attaque ennemie.

Et des attaques il y en eut qui obligèrent 'Alî b. Yûsuf b. Tâshfîn à restructurer l'organisation défensive d'al-Andalus. Face à la campagne militaire aragonaise de 519-520 H / 1125-1126, il renforça les garnisons avec des Noirs venus du Maghreb, imposa à Fez une levée de 300 jeunes, résidents dans la ville, équipés et pris en charge par celle-ci. La défaite de Cullera (*radjab* 523 H / juin 1129), face à Alphonse I le Batailleur, causa, selon le *Nazm al-djumân* , douze mille pertes humaines entre les morts et les blessés. Indigné, l'Émir almoravide destitua le chef de l'armée. Ses secrétaires, les deux frères Abû Marwân b. Abî-l-Khisâl et Abû 'Abd Allâh b. Abî-l-Khisâl reprochèrent aux Almoravides leur couardise et les couvrirent d'opprobre dans des lettres célèbres adressées à l'administration andalouse. Nous sommes loin des appréciations élogieuses d'Ibn al-Hâdjdj (m. 1137), qualifiant Abû Muhammad Sîr b. Abî Bakr de plus valeureux capitaine de la guerre sainte (31). Dès sa nomination au gouvernorat de Grenade, le 11 décembre 1129, Tâshfîn b. 'Alî b. Yûsuf, fils du souverain, assuma le gouvernorat général d'al-Andalus, réorganisa le djihad par la restructuration des garnisons des villes, le renforcement des défenses aux frontières, le recrutement de volontaires pour la foi (32). « *Il ferma les Marches frontières, dit al-Hulal al-mawshiyya, envoya des espions contre l'ennemi, donna la préférence au djund / armée de métier, multiplia les archers (rumât) et les équipa de montures et se lança dans une politique de guerre (siyâsa al-hurûb)* ». Ce gouverneur était aimé de la population de Cordoue, pour son respect des lois religieuses, sa recherche de la voie droite et son dévouement au djihad. Sous son commandement, les Almoravides voient la déroute et la mort de Gaston de Béarn, la prise de la forteresse d'Azeca près de Tolède. Défaites et victoires vont se succéder sur la Marche inférieure du Gharb et la Marche supérieure du Sharq où la bataille de Fraga voit s'affronter Yahyâ b. Ghâniya et Alphonse I le Batailleur, menant le siège de la ville. Ses habitants prièrent l'Almoravide de venir les secourir. Dès réception de leur lettre, il prépara un convoi, réunit ses troupes, la garnison de Murcie, un effectif réduit si l'on en croit la réflexion d'un de ses intimes : « *Tu parts en campagne avec cette armée alors que les Musulmans d'al-Andalus n'ont qu'elle. Comment te présenteras-tu à 'Alî b. Yûsuf, après ce jour, si tu es dérouté? - Qu'il fasse de moi ce qu'il voudra, aurait-il répondu* ». Nouvel indice d'un manque d'effectifs dans les armées almoravides andalouses, nouvelle preuve que le djihad ne peut plus être une obligation collective du seul ressort de l'administration militaire, mais doit s'étendre à l'ensemble de la communauté musulmane andalouse. Dans sa campagne victorieuse de Badajoz (528 H / 1134), Tâshfîn b. 'Alî n'a engagé que des troupes Zanata et les régiments de mercenaires (*hasham*), pas de volontaires. Lors de la rencontre d'al-Bakar, en octobre 1134, le corps expéditionnaire est composé de troupes de Grenade et de Cordoue, plus un groupe de volontaires qui ne résistèrent guère à l'attaque des chevaliers chrétiens. La situation fut rétablie par une quarantaine d'almoravides et d'andalous obligeant l'ennemi à se retirer.

En 530 H / 1135-1136, il convoqua les chefs des divers corps qui formaient son armée, almoravides, arabes, Zanata et *hasham,* tous furent unanimes pour lutter sans réserve lors de la bataille de djabal al-Qasr en Extrémadure, ce fut un triomphe, sans participation de volontaires.

Malgré les avis des jurisconsultes, conscients de l'insuffisance en nombre des effectifs almoravides et désireux de les renforcer par des apports de volontaires, le djihad, comme obligation personnelle ne parvient pas à gagner un nombre suffisant d'andalous. Il suffit pour s'en convaincre, de noter la composition des armées almoravides, entre 527 H / 1132 et 533 H / 1138 date du rappel de Tâshfîn au Maghrib al-Aqsa pour combattre les Almohades.

Ce n'est pas faute pour l'administration almoravide et les juristes andalous, d'inciter les Andalous à la pratique du djihad, tant dans leurs consultations juridiques, que dans leurs lettres administratives et leurs prédications. Un prêche / *khutba* d'Abû 'Abd Allâh b. Abî-l-Khisâl (m. 540 H / 1145) allant dans ce sens, nous est parvenu (33). Écrit sous le gouvernorat de 'Alî b. Yûsuf b. Tâshfîn, il est donc antérieur à 1141, son auteur structure cette incitation au djihad autour d'une dizaine de versets coraniques : « *Que celui qui pense que Dieu ne le secourra ni en cette vie, ni dans l'autre, tende une corde jusqu'au ciel, puis qu'il la tranche ; il verra si sa ruse anéantit ce qui l'irrite !* »(Coran, XXII, 15); « *N'invoque aucune autre divinité avec Dieu. Il n'y a de Dieu que Lui ! Toute chose périt, à l'exception de sa face. Le jugement lui appartient. Vous serez ramenés vers lui !* »(Coran, XXVIII, 88) ; « *Ô vous, les gens de la Maison ! Dieu veut seulement éloigner de vous la souillure et vous purifier totalement* » (Coran, XXXIII, 33) ; « *Les hôtes du Jardin crieront aux hôtes du feu : « Nous avons trouvé vrai ce que votre Seigneur nous a permis ; trouvez-vous vrai ce que votre Seigneur vous a permis ? ». Ils diront : « oui, certainement ! ». Un crieur parmi eux, criera alors; « Que la malédiction de Dieu soit sur les injustes* » (Coran, VII, 44) ; « *Dieu dit : « Voilà le jour où la sincérité des justes leur sera profitable : ils demeureront, à tout jamais immortels, au milieu des jardins où coulent les ruisseaux* » (Coran, V, 119) ; «*Des anges sont attachés aux pas de l'homme ; devant lui et derrière lui : ils le protègent, sur l'ordre de Dieu. Dieu ne modifie rien en un peuple, avant que celui-ci ne change ce qui est en lui. Quand Dieu veut un mal pour un peuple, nul ne peut le repousser: il n'y a pas pour lui de défenseur en dehors de Dieu* » (Coran, XIII, 11) ; « *Nous avons fait planer sur vous la nuée ; nous avons fait descendre la manne et les cailles : « Mangez des bonnes choses que nous vous avons accordées ». Ils ne nous ont pas lésé, mais ils se sont fait tort à eux-mêmes* ».(Coran, II, 57) ; « *Si seulement elles s'étaient humiliées lorsque notre rigueur les a atteintes ! Mais leurs coeurs se sont endurcis et le Démon leur a présenté leurs propres actions sous des apparences belles et trompeuses* ».(Coran, VI, 43) ; « *Je suis proche en vérité.Quand mes serviteurs t'interrogent à mon sujet ; je réponds à l'appel de celui qui m'invoque. Qu'ils répondent donc à mon appel ; qu'ils croient en moi. - Peut-être seront-ils bien dirigés -* » Coran, II, 186). C'est à une conversion personnelle, une révolution morale que le prédicateur exhorte ses auditeurs, leur demandant de prendre exemple sur Hâritha al-Ansârî, compagnon du Prophète, dont l'âme, à la recherche de la vérité dans la croyance, s'applique à se détourner du monde d'ici-bas à s'attacher au mal qui y règne et à l'en retrancher. C'est aussi un encouragement à combattre les ennemis environant, ceux qui se cachent à la surface terrestre, versent prématurément le sang des justes et dont les troupes de l'infidélité se déchaînent contre les croyants. C'est l'immobilisme, les tourments de l'époque, l'associationisme des peuples de l'incroyance, les insuffisances de la défense des frontières face à la reconquête, l'assimilation et la persécution que fustige l' orateur. Dieu n'altérera pas les bienfaits accordés aux Andalousiens, ni ne les abandonnera, ni ne les trahira s'ils changent ce qu'il y a de mauvais en eux-mêmes.

Ce prêche / *khutba* émane d'une époque de grande activité militaire contre les royaumes chrétiens. Tout le gouvernorat général de Tâshfîn b. 'Alî en al-Andalus (1132-1138) est conditionné par la guerre sainte aux frontières. En 526 H / 1131-1132 « il part en guerre sainte » (*kharadja ilâ-l-djihâd*) contre Calatrava. Cette victoire sera célébrée par les poètes (34).

Le transfert du siège du gouvernorat général de Grenade à Cordoue est effectué à cette même période, pour mieux organiser la pratique du djihad (35). En 527 H et 528 H / 1134, c'est l'avance de l'ennemi vers Jerez qui est stoppée ; Tâshfîn lance alors ses armées du djihad vers Badajoz, Beja et Evora, rencontre les Chrétiens / *Rûm* à Zallâqa, toponyme rendu célèbre une nouvelle fois par une victoire glorifiée par les poètes andalousiens (36). Le chroniqueur officiel de la dynastie, Ibn al-Sayrafî, cité par Ibn 'Idhârî, décrit la composition de cette armée du djihad en position de combat dans la plaine de Zallâqa : au centre (*fî-l-qalb*) accompagnant l'émir Tâshfîn b. 'Alî se trouvent les notables almoravides (*udjûh al-Murâbitîn*), les gouverneurs des provinces (*ashâb al-tâ'ât*) surmontés de banières blanches ornées d'inscriptions coraniques. À côté d'eux les ministres d'état (*khufât al-dawla*) et les défenseurs du parti (*humât al-da'wa*), parmi les braves d'al-Andalus (*abtâl*), surmontés de merveilleux étendards ornés d'images magnifiques . Sur les deux ailes, les gens de la Marche (*ahl al-thaghr*) et les troupes aguerries dotées de patience et de fermeté. En avant-garde, les fameux Zanata, la troupe de la milice / *hasham*, « gens ayant manifesté de la constance par le passé (*ahl al-'azâ'im al-mâdiya*) et d'intelligence sûre, dotée d'étendards galonnés (*al-musanafa*) et de drapeaux ».

Si cette victoire fut célébrée par les poètes, dont Ibn 'Idhârî cite quelques vers, Abû Zakariyâ Yahyâ b. Muhammad b. Yûsuf al-Ansarî al-Gharnâtî Ibn al-Sayrafî écrivit un poème / *qasîda* de 112 vers à la gloire de Tâshfîn b. 'Alî et de sa politique de guerre sainte (37).

Cette expédition ne fut pas le fruit d'une entreprise spontanée. Regroupant professionnels de la guerre et peut-être des volontaires de la foi, elle laisse entrevoir une organisation et une formation par Tâshfîn de ces volontaires andalousiens, sous la qualification de « défenseurs et braves d'al-Andalus » . Ce ne sont plus de simples volontaires mais des *mudjahidûn* organisés en corps d'armée (cavalerie, infanterie) qui vont accompagner Tâshfîn en 528 H / 1134, à la tête des armées de Grenade, de Cordoue et de Séville, dans la rencontre d'Albacar (*razwat al-Bakar*). Leur équipement et leur armement : épée (*sayf*), bouclier en cuir (*daraqa*), cotte de mailles (*dir'a*), lance (*rumh*) n'a plus rien à voir avec l'improvisation et la légèreté des volontaires pour la foi, partis joyeusement au massacre, lors de la bataille de Cutanda (1120). Inlassablement Tâshfîn, au cours de cette même année, met en défense la Marche de la province de Valence, fait face aux ruptures de trêve d'Ibn Rudmîr dans le Sharq d'al-Andalus, mis en déroute par Ibn Ghâniya, gouverneur de Murcie.

En 530 H / 1135-1136, Tâshfîn poursuit la guerre sainte contre les *Rûm* avec les chefs des Almoravides (*zu'mâ' al-Murâbitîn*) (38) concients de leurs obligations collectives : « *L'État (dawla) nous appartient. Quand à son abandon ou à sa défense, personne ne nous devance pour rencontrer notre ennemi. Si nous obtenons le martyre, l'affaire appartiendra à celui que Dieu voudra mettre à notre place* ». Tous appellent les Andalous (*'Arab*), les milices (*hasham*) à leur devoir de mener la guerre sainte contre les royaumes chrétiens. Cette même année, Sa'd b. Mardanîsh, gouverneur de Fraga et Ibn Ghâniya, gouverneur de Valence et Murcie, la conduisent à Mequinenza et contre les nombreuses forteresses frontalières. Au printemps de l'année 531 H / 1137,

Tâshfîn la mène et conquiert des forteresses appartenant aux Chrétiens. Comment aurait tourné cette entreprise si ce grand chef militaire n'avait été rappelé en 533 H / 1138 au Maroc pour combattre les Almohades de 'Abd al-Mu'min ?

Cette politique de guerre sainte, devoir collectif et individuel de toutes les forces vives d'al-Andalus, commençait à porter ses fruits. Tâshfîn, au cours de son gouvernorat d'al-Andalus, avait stoppé les armées chrétiennes et par endroits les avait contraintes au recul. Son départ allait faire renaître les foyers de division en al-Andalus. Abû Bakr al-Sayrafî, le poète almoravide andalou, a bien saisi la valeur de Tâshfîn, fils du prince 'Alî b. Yûsuf, dans un poème où il vante sa fermeté sur le champ de bataille et lui rappelle, sous forme d'avertissements et d'encouragements, un grand nombre de choses utiles qui ont trait à la guerre sainte. Voici ses vers :

« Quel est donc votre roi, vous autres, gens du voile ?
« Surpris, abandonné il resta indomptable.
« Sa lance a repoussé le choc des cavaliers;
« qui ont dû fuir, battus par ses troupes loyales.
« La nuit, à la lueur des casques, a brillé
« comme le jour qui se lève sur les guerriers.
« Sanhadja aujourd'hui, où donc est votre asile ?
« Effrayés, vous avez abandonné Tâshfîn.
« Il pourrait vous punir : oeil resté sans paupière,
« coeur sans côte, ô lions qui, loin de leur tanière,
« sont anxieux, tendent l'oreille au moindre bruit.
« C'était leur destinée et puis, c'était la nuit !
« (...) Je vais t'instruire ici, quant à l'art de la guerre
« que tant de rois de Perse ont cherché avant toi.
« Il est vrai qu'en cet art je ne me connais guère,
« mais un aide-mémoire encourage la foi.
« Revêts une de ces doubles cottes de mailles
« qu'un Tubba' inspira à l'habile artisan
« et, pour venir à bout des cuirasses, une lame
« indienne va venir te prêter son tranchant.
« De solides chevaux font un fort imprenable.
« Poursuivant, poursuivi, au camp retranche-toi.
« Ne franchis point le gué : reste sur le rivage,
« laisse l'eau séparer ton ennemi de toi.
« Bats-toi l'après-midi, adossé aux montagnes :
« jouer des lances rompt le cercle trop étroit.

« Attaque sur-le-champ, car le doute accompagne
« le désastre. Il te faut choisir, pour éclaireurs,
« des gens hardis et dévoués. Pour que tu gagnes,
« n'écoute pas les alarmistes, les menteurs ».(39)

LE DJIHAD AU SERVICE DE L'ETAT / DAWLA ALMORAVIDE OU DE LA COMMUNAUTE MUSULMANE (533 H / 1138-539 H / 1145)

« *On a vu le réconfort qu'inspire aux combattants une solide ligne de recueil sur leurs arrières, quand ils utilisent la technique de l'attaque et du repli. C'est pour cela que les rois du Maghreb ont fini par recruter des Francs (Chrétiens d'Europe), car les Maghrébins ne connaissent que l'attaque et le repli. Le souverain, en effet, a tout intérêt à disposer d'une solide ligne de soutien, derrière les combattants. Or, il faut pour cela des hommes habitués à tenir bon en formation serrée. Sinon, ils se débanderaient aussi bien que les autres, et le prince et son armée seraient mis en déroute. Les souverains du Maghreb avaient donc besoin de gens habitués à se battre de pied ferme, ce qui était le cas des Francs. Ils eurent donc recours à eux. C'était là, il est vrai, faire appel aux infidèles. Mais nécessité fait loi. Ces princes craignent de voir leurs propres troupes lâcher pied, tandis que les Francs tiennent bon, parce qu'ils sont habitués aux rangs serrés. Ils conviennent donc mieux que d'autres. Pourtant, les rois maghrébins n'emploient ces Francs que pour soumettre des Arabes ou des Berbères rebelles, mais non pour faire la guerre sainte, de peur de les voir se retourner contre les Musulmans* » (Ibn Khaldûn) (40).

Ce jugement d'Ibn Khaldûn illustre bien l'évolution que va connaître la structure militaire almoravide, sous la direction de Tâshfîn b. 'Alî, dans le combat mené contre les Almohades, sur les contreforts de l'Atlas.

Dans son ouvrage intitulé *A'azzu mâ yutlab* (41), Ibn Tumart, le fondateur et théoricien du mouvement almohade, consacre un long chapitre au djihad. Incapable de repenser l'idée de guerre sainte, avant son affrontement avec les Almoravides, il accepte l'optique mâlikite fixée par les grands textes de Mâlik et de Sahnûn. Son texte est un remarquable condensé de toutes les traditions attribuées au prophète Muhammad ou à ses compagnons sur le djihad ; la légitimité de sa pratique ; l'apport financier que l'on doit consentir pour le pratiquer ; l'équipement et le ravitaillement en arme et monture qu'il nécessite ; le moment propice pour le pratiquer ; la patience et l'endurance que l'on doit y témoigner ; l'obligation d'y combattre la subversion et la confusion ; l'interdiction de tuer femmes et enfants ; la façon de disposer légalement du butin ou des dons au cours de sa pratique ; du pillage des richesses ennemies lors de la victoire ; de la fidélité à la protection accordée aux femmes ; du combat de la trahison ; de la fidélité à ses engagements ; de l'impôt de capitation ; de ceux qui en sont redevables ; de son assiette ; de ceux qui pratiquent le djihad dans la voie de Dieu jusqu'au martyre ; du djihad contre les hérétiques, les auteurs d'innovations blâmables, ceux qui s'éloignent de la communauté des croyants, des préceptes de Dieu ; du djihad pratiqué concrètement ou par la parole. Aucunes références aux événements andalous. L'appel au djihad change totalement de nature, dans les lettres adressées par Ibn Tûmart à la communauté almohade, lors de l'affrontement avec les Almoravides. Ibn Tûmart retourne les arguments de Ghazâlî contre Tâshfîn b. 'Alî en prétendant que les Almohades doivent mener le djihad contre les Almoravides dont les troupes sont constituées de Chrétiens polythéistes et dont l'accusation d'anthropomorphisme confirme l'hétérodoxie provenant d'une innovation blâmable.

Dès la mort de son frère Sîr (533 H / 1138), héritier présomptif, Tâshfîn b. 'Alî se voit investi par son père et l'ensemble des responsables almoravides de ce devoir de succession, en *radjab* 533 H / mars-avril 1139 (42). L'année suivante (534 H / 1139-1140), à la tête d'une grande armée composée de Lamtuna, de la milice (*hasham*), de Zanata et d'une troupe de mercenaires chrétiens commandée par le catalan Reverter, il combat pendant deux mois les Almohades (43). Des Chrétiens andalous faisaient déjà partie de la milice créée par son grand-père Yûsuf b. Tâshfîn vers 1085. Les travaux de mise en défense du Grand Atlas, la construction des fortifications de Marrakech et la ligne de forteresses la protégeant des incursions almohades furent entrepris, sur les conseils d'architectes andalous, vers 1125 (al-Fallakî en bâtit vingt et une) et la haute main de Reverter. On conçoit dès lors l'angle d'attaque que va choisir Ibn Tûmart et le renversement de la légitimité du djihad qu'il va opérer au profit de sa cause contre les Almoravides qui se prétendent musulmans mais n'hésitent pas à combattre d'autres musulmans au côté de troupes chrétiennes mercenaires polythéistes. « Sachez, dit Ibn

Tûmart à l'assemblée des Almohades (44), que combattre les Almoravides, est une obligation religieuse pour la plupart d'entre vous, pour ceux qui sont capables de lutter. Appliquez-vous au djihad des infidèles voilés, car il est plus important de les combattre que de combattre les Chrétiens (*Rûm*) (aux frontières andalousiennes) et tous les infidèles, deux fois ou plus encore ; en effet, ils ont attribué un aspect corporel au Créateur - qu'il soit glorifié ! - rejeté l'unicité de Dieu (*tawhîd*), été rebelles à la vérité ».Cette dernière accusation d'anthropomorphisme, justification doctrinale du djihad almohade, n'est, à ma connaissance, fondée sur aucun texte doctrinal almoravide qui nous soit parvenu. C'est l'alibi doctrinal à une révolte de tribus mises à l'écart des bénéfices du pouvoir. Si la doctrine almoravide avait été contraire à la foi et à la loi de l'Islam, on imagine mal qu'elle ait pu recevoir la caution morale de Ghazâlî, d'Abû Bakr al-Turtûshî, des grands jurisconsultes orientaux et de l'administration centrale abbasside.

Peu de prêche, semblable à celui de Abû 'Abd Allâh b. Abî Khisâl, nous sont parvenus. Il y en eut assurément de nombreux dans ces périodes de double danger aux frontières andalouses et dans les massifs montagneux de l'Atlas. Tous devaient inciter à la guerre sainte, à la défense de l'État (*Dawla*) almoravide, garant de la communauté musulmane et de son orthodoxie. Pour ce faire, il convient que l'orateur, à l'exemple de 'Alî b. 'Abd al-Rahmân b. Hudhayl (XIVe s.), auteur de *L'ornement des âmes et la devise des habitants d'al-Andalus* , « *emploie, en tout cela, des termes explicites faciles à saisir par la généralité de ses contemporains et compatriotes, dont la masse puisse goûter le charme, tout en usant à bon escient des termes de la loi religieuse, propres à inspirer le désir de l'autre vie, la dévotion ici-bas, à fortifier les coeurs, rendre l'énergie aux âmes, réveiller la force de la conviction, faire tendre au plus haut degré du sacrifice, démontrer l'excellence du martyre, éveiller les plus hautes pensées, implanter le courage dans les coeurs, faire naître l'horreur de la honte, enseigner l'humilité devant le Très-Haut, faire saisir qu'il est le présent, jamais absent, le témoin jamais en défaut. Celui qui contrôle toutes les âmes, qui surveille toutes les nations. L'orateur éloquent recourt fréquemment à l'idée que le Très-Glorieux regarde les deux troupes aux prises qu'il voit les deux adversaires en présence, qu'il fait admirer à ses anges les gens fermes et endurants, qu'il est généreux de son assistance envers les patients. Il doit rappeler ce que la fuite entraîne de châtiments immédiats et à venir, ce que la fermeté amène de gloire durable, éternelle. Qu'il évoque la sollicitude des bêtes pour leurs petits, celle de l'oiseau pour ses oiselets rappelant que combattre pour la défense des enfants et des femmes est le fait des plus nobles parmi les hommes. Que le musulman est sociable, bienveillant, porté à défendre tout ce qui lui est cher, généreux envers ses voisins. Que les gens qui professent la même foi sont comme un seul corps ; que l'homme noble n'abandonne pas plus ses enfants qu'il ne saurait se séparer de ses membres ! Qu'il grandisse pareillement pour ses auditeurs, l'Islam et ses sectateurs, et qu'il stigmatise le rameau de l'infidélité, sa souche même. Évoquer la puissance du musulman animé de l'esprit de famille, lors de la mélée et l'avilissement de l'infidèle lorsqu'il est au corps à corps avec un adversaire croyant* » (45).

Les lettres envoyées par Ibn Tûmart aux Almohades, aux Almoravides traitent souvent du djihad, présenté pour les uns comme un négoce « *du fait de ce qu'il constitue un acte de vente et d'achat, car le pratiquant de la guerre sainte vend son âme et son bien à son Seigneur et son Seigneur lui achète son bien et son âme pour le prix inchangé, éternel et sans limite du paradis (djanna)* » (46), pour les autres « *la troupe des injustes, la horde des impies qui oppriment le pays et y font le mal* », le djihad sera mené par une « *armée d'Arabes que l'autorité divine dirigera : elle bouillonnera sur vous comme bouillonne l'eau d'une marmite sur un feu ardent ! Malheur à ceux du Gharb ! Les pires d'entre eux les feront périr ensuite ; malheur à ceux du Sus, à leurs voisins les Gazula d'al-Kust et les Lamta, à ceux du sud, tous ! ... alors il y aura une bataille ; on y verra, au début, de la poussière ; au milieu, l'annonce d'une bonne nouvelle ; à la fin, un grand événement chez les Chrétiens, extraordinaire !* ». Cette prédiction, annonce de la destruction de l'État (*dawla*) almoravide, sera prise comme telle par Tâshfîn b. 'Alî qui la combattra comme une révolte contre le pouvoir du clan Lamtuna-Banû Turdjût et la confédération berbère almoravide. Les chroniqueurs n'utilisent pas le terme djihad pour relater les nombreux affrontements des années 1139-1143. Les termes *haraba* / faire la guerre, *qatâla* / combattre, *iltaqâ* / rencontrer, usités pour rendre compte de ces combats, dans les oeuvres d'Ibn al-Sayrafî, Ibn 'Idhârî, Ibn Hamadah, al-Baydhâq, Abû Marwân al-Warrâq tranchent avec la terminologie omniprésente de la guerre sainte chez Ibn Tûmart (47).

Si la doctrine almoravide à l'intérieur du *Dâr al-Islâm* était de propager la Vérité, réprimer l'injustice, abolir les impôts illégaux, le djihad ne pouvait être conçu que pour défendre ou repousser les frontières des royaumes chrétiens castillan et aragonnais ou des royaumes animistes, polythéistes du sud saharien et non comme un recours contre la révolte interne de tribus musulmanes se réclamant du Mahdî Ibn Tûmart. C'est devenu une obligation personnelle pour tout musulman, andalou ou maghrébin, à laquelle chacun doit contribuer de sa personne, de ses compétences, de sa richesse (par le versement d'un impôt suplémentaire / *ma'una* pour financer cette défense aux frontières) et y sacrifier même l'obligation canonique d'effectuer le pèlerinage à la Mecque. Jurisconsultes, prédicateurs, hommes d'État, andalousiens se feront les propagateurs de cette nouvelle conception du djihad, obligation collective et personnelle de tous membres de la communauté musulmane andalousienne et maghrébine almoravide.

NOTES

1) - P. Guichard, *Les Musulmans de Valence et la Reconquête (XIe-XIIIe siècles)*, Damas, 1990,I, p. 92-100 : l'auteur juge de la non émergence d'une sensibilité au djihad dans la culture andalouse au XIIe siècle, uniquement à travers la poésie d'Ibn Khafadja, ce qui est réduire le champs d'investigation. Les occurences du mot djihad sont trés abondantes dans les chroniques, les lettres administratives, les recueils de consultations juridiques de cette même époque. C'est l'ensemble de la littérature écrite de cette période, éditée ou manuscrite, qui, par son dépouillement, permettrait de saisir au contraire une profonde évolution de la notion de djihad, à partir de la bataille de Zallâqa. V.Lagardère, *Le Vendredi de Zallâqa (23 octobre 1086)*, L'Harmattan, Paris, 1989; V.Lagardère, *Les Almoravides*, l'Harmattan, Paris, 1991 ; J.Bosch Vila, *Los Almoravides* , Granada, 1995.

2) - V.Lagardère, « Une théologie dogmatique de la frontière en al-Andalus aux XIe et XIIe siècles : l'ash'arisme », *Anaquel de Estudios Arabes*, Madrid, 1994, V, p. 71-98.

3) - Ibn Abi Zayd al-Qayrawani, *La Risâla*, éd. et trad. L.Bercher, Alger, 1975, p. 162-167.

4) - V.Lagardère, *Le Vendredi*, p. 84-85, 195 ; *Al-Andalus, XV,* 1950, p. 114-124 ; Al-Himyarî, *Kitâb al-rawd al-mi'târ fî khabar al-aqtâr* , éd. et trad. E.Lévi-Provençal, Brill, Leyden, 1938, p. 103-116.

5) - Abdel Wedoud Ould Cheikh, « Vie(s) et mort(s) de al-Imâma al-Hadrâmî », *Arabica*, XXXIV, 1981, p. 215-222. Al-Murâdî, *Kitâb al-ishâra ilâ adab al-imâra*, éd. Ridwân al-Sayyid, Beyrouth, 1981, p. 215-222 (chapitre sur la guerre).

6) - A.Huici-Miranda, « Un fragmento inèdito de Ibn 'Idhârî sobre los Almoravides », *Hesperis Tamuda*, 1961, II, p. 49 (abr. *Bayân Al*).

7) - Ibn Abî Zar', *Rawd al-qirtâs*, Rabat, 1973, p. 120-136.

8) - *Al-Hulal al-mawshiyya*, Casablanca, 1979, p. 33-34.

9) - *Al-Wathâ'iq* / EL Ouataîq, Recueils périodiques publiés par la direction des Archives Royales, Rabat, 1976, I, p. 187-188 ; *Al-Hulal al-mawshiyya* , p. 33-34.

10) - *Al-Hulal al-mawshiyya*, p. 45-46 ; *al-Wathâ'iq* , p. 182-183 ; Ibn Abî Zar', p. 144, 215-217 ; Ibn Kardabûs, *Kitâb al-iktifâ'*, RIEIM, Madrid, 1965, p. 204 ; 'Abd al-Wahid al-Marrâkushî, *Al-Mu'djib*, Le Caire, 1963, p. 207 ; Ibn al-Abbâr, *Al-Hullat al-siyarâ'* , éd. Hussain Monés, Le Caire, 1923, p. 209 ; Ibn Khallikân, *Wafayât al-a'yân*, Le Caire, 1948, p. 210.

12) - *El siglo XI en la primera personna. Las « Memorias de 'Abd Allah, Ultimo rey ziri de Granada, destronado por los Almoravides (1090) »*, trad. E.Lévi-Provençal et E.Garcia Gomez, Madrid, 1981, p. 199,201.

13) - Ibn Abî Zar',p. 145,146.

14)- *Al-Hulal al-mawshiyya*, p. 52-53 ; Ibn Abî Zar', p. 148 ; Ibn al-Athîr, *Kâmil*, X, p. 151-154 ; V.Lagardère, *Le Vendredi*, p. 202.

15) - R.Arnaldez, « La guerre sainte selon Ibn Hazm de Cordoue », *Etudes d'orientalisme dédiées à la mémoire de Lévi-Provençal*, Paris, 1962, II, p. 445-459.

16) - V.Lagardère, *Les Almoravides*, p. 121-126.

17) - M.J.Viguera, « Las cartas de al-Ghazâlî y al-Turtûshî al soberano almoravid Yûsuf b. Tâshfîn », *Al-Andalus*, Madrid, 1977, 42, p. 341-353.

18) - Idem, p. 353-356.

19) - Idem, p. 356-361.

20) - Idem, p. 361-374 ; *Al-Wathâ'iq*, p. 210-219.

21) - *Bayân Al*, p. 66.

22) - Ibn Abî Zar', p. 136, 152, 153 ; *Al-Hulal al-mawshiyya*, p. 68, 80.

23) - *Bayân Al*, p. 70.

24) - Idem, p. 76-77.

25) - Idem, p. 78, 79 ; *Al-Hulal al-mawshiyya*, p. 83,84,85 ; Ibn Abî Zar', p. 161,162.

26) - *Al-Hulal al-mawshiyya*, p. 86.

27) - Idem, p. 88.

28) - Ibn al-Abbâr, *Takmila al-sila*, éd. el-Hosayni, Le Caire, 1956, p. 31 n°81, 433 n°1238, 472 n°1304, 480 n°1320, 933 n° 2171 ; Ibn al-Abbâr, *Al-*

Mu'djam,éd. F.Codera et Zaydun, Madrid, 1885, p. 7, 8, 39, 56, 58, 67, 91, 111, 116, 131, 151, 159, 169, 188, 191, 197, 230, 231, 257, 268 ; 'Iyâd, *Al-Ghunya, Fihrist shuyukh al-qâdî 'Iyâd*, Tunis, 1978, p. 193-201.
29) - Abû-l-Walîd b. Rushd, *Kitâb al-Fatâwâ*, éd. al-Tlili, Beyrouth, 1987, II, p. 759-760 n°175, 1021-1027 n°297 ; III, 1423-1425 n°521, 1429-1430 n°524.
30) - Abû-l-Walîd b. Rushd, *Al-Bayân wal-tahsîl*, Beyrouth, 1988, II, p. 515-615, 522 ; Al-Wansharîsî, *Mi'yâr*, Rabat, 1981, I, p. 432-436.
31) - Al-Wansharîsî, IX, p. 613 ; V.Lagardère, *Histoire et société en Occident musulman au Moyen-Âge*, Collection de la Casa de Velazquez, n°53, Madrid, 1995, p. 420.
32) - A.Huici-Miranda, « Contribucion al estudio de la dinastia almoravide, el gobierno de Tâshfîn ben 'Alî ben Yûsuf en el Andalus », *Etudes d'Orientalisme dédiées à la mémoire de Lévi-Provençal*, Paris, 1962, II, p. 605-621 ; *Al-Hulal al-mawshiyya*, p. 121, 124 ; *Bayân Al*, p. 90.
33) - Abû 'Abd Allâh b. Abî al-Khisâl, *Rasâ'il*, éd. Dâr al-Fikr, Damas, 1988, p. 522-529.
34) - *Bayân Al*, p. 95-96.
35) - Idem, p. 96.
36) - Idem, p. 97-98 ; *al-Hulal al-mawshiyya*, p. 122.
37) - Idem, p. 98 ; Idem, p. 124-130.
38) - Idem, p. 101-102.
39) - Ibn Khaldun, *Discours sur l'histoire universelle*, trad. Vincent Monteil, Beyrouth, 1968, II, p. 564-565.
40) -Idem, p. 562.
41) - Muhammad Ibn Tûmart, *A'azzu mâ yutlab*, éd. Tâlbî, Alger, 1985, p. 359-422.
42) - *Bayân Al*, p. 104.
43) - E.Lévi-Provençal, *Documents inédits d'histoire almohade. Les Mémores d'al-Baîdak*, Paris, 1928, p. 139-156 : 90-92 ; *Al-Hulal al-mawshiyya*, p. 113.
44) - E.Lévi-Provençal, *Documents*, p. 15.
45) - 'Aly Ben 'Abderrahman Ben Hodeïl el Andalusy, *L'ornement des Âmes et la devise des habitants d'al-Andalus*, trad. Louis Mercier, Paris, 1936, p. 184.
46) - Ahmad 'Azâwî, *Rasâ'il muwahhidiyya* , Rabat, 1995, I, 45.
47) - *Bayân Al*, p. 104-107.

UNE THEOLOGIE DOGMATIQUE DE LA FRONTIERE EN AL-ANDALUS AUX XIe ET XIIe SIECLES : L' ASH'ARISME

Dès l'origine, l'école malikite andalouse a pratiqué la controverse religieuse et subi l'influence de la scolastique (*kalâm*) et il ne fait pas de doute qu'il y eut des mu'tazilites andalous. Les discussions avaient été aussi vives qu'en Ifriqiya sur la définition de la foi, la création du Coran et le libre arbitre.

Les docteurs malikites andalous et maghrébins, eurent alors à affronter, dès le début du XIe siècle, la pénétration d'une nouvelle doctrine à laquelle ils n'étaient pas préparés, l'Ash'arisme, dont certains, bien avant l'époque d' Ibn Tûmart et la naissance de la doctrine almohade, discutèrent l'orthodoxie. H.R. Idris, J.M. Fórneas et Abdel Magid Turki ont déjà démontré, par des études minutieuses que l'Ash'arisme fut une doctrine (*'aqîda*) introduite en al-Andalus et au Maghreb dès le début du Ve H / XIe siècle et non un siècle plus tard, selon l'opinion d' I. Goldziher (1). C'est l'introduction et le développement de cette doctrine, venue du Moyen-Orient, que nous voudrions mieux cerner, par la saisie des lettrés andalous ou maghrébins qui en furent les propagateurs et les défenseurs face à une classe de *fuqahâ'* malikites peu disposés à en accepter les principes, au point de lui dénier toute coexistence avec le Malikisme.

A. DIFFUSION DE L'ASH'ARISME EN AL-ANDALUS AUX XIe ET XIIe SIECLES

Bien avant l'époque almoravide, « *l'Ash'arisme s'était rapidement répandu à Kairouan dont les juristes malikites prédisposés à le recevoir, avaient compris d'emblée le parti à tirer de cette subtile dialectique, habile compromis entre le Sunnisme et le Mu'tazilisme, d'autant plus, qu'à tort ou à raison, les Malikites revendiquaient son fondateur comme l'un des leurs* » (2). La fameuse *Risâla* d'Ibn Abî Zayd dont une première version fut composée en 327 H / 938, s'ouvre par un exposé des articles de la foi musulmane présentant des ressemblances frappantes, tant par la forme que par le fond avec les *'aqîda /s* ash'arites. Cet auteur eut au moins deux maîtres ash'aristes : Abû Maymûna Darrâs b. Ismâ'îl al-Fâsî (m. 357 H / 967) (3), marocain qui voyagea en Espagne, en Orient et en Ifrîqiya. Il séjourna à Kairouan où il était l'hôte d'Ibn Abî Zayd, composa l'apologie de l'Ash'arisme que le virulent polémiste Ibn Hazm (m. 456 H / 1064) dit avoir réfutée. En réponse à la lettre par laquelle Ibn Mudjâhid demande à Ibn Abî Zayd, en 368 H / 978, son *Mukhtasar* et ses *Nawâdir*, ce dernier chargea deux jeunes kairouanais, Muhammad b. Khaldûn et Ismâ'îl b. 'Adrâ de remettre à Ibn Mudjâhid un exemplaire colligé du *Mukhtasar* et une *idjâza*. Ibn 'Adhrâ fut l'élève d'Ibn Mudjâhid dont il transmit la célèbre *Risâla* sur la dogmatique ash'arite qu'il tenait de l'auteur. Nous le retrouvons au Qasr al-Kabîr de Monastir, l'enseigner à Abû Marwân 'Abd al-Malik b. Ziyâdat Allâh al-Tubnî qui la transmit à l'andalou Abû 'Alî al-Ghassânî, l'un des pôles de l'enseignement de l'Ash'arisme à l'époque almoravide.

Disciple d'al-Qâbisî (m. 403 H / 1012), auteur d'une *Risâla* pro-ash'arite et fervent admirateur d'Abû Tâhir al-Baghdadî, Abû 'Imrân al-Fâsî (m. 430 H / 1048) se rendit à Bagdad en 399 H / 1008 où il suivit les cours d'al-Bâqillânî qui apprécia hautement son savoir (4). De retour à Kairouan, il inculqua l'Ash'arisme à ses nombreux auditeurs kairouanais, mais aussi marocains et andalous, constituant par ses disciples un autre pôle de diffusion de cette doctrine à l'époque almoravide.

Le pôle kairouanais : Abû 'Imrân al-Fâsî

On sait toute l'importance du rôle que Kairouan a joué au Moyen-Âge comme métropole culturelle assurant la liaison entre l'Orient et l'Occident musulman dont l'Espagne. Les nécessités de la quête du savoir religieux transmis par tradition orale et celles du pèlerinage poussaient les Maghrébins et les Andalous à se rendre en Orient où ils séjournaient souvent des années entières avant que les aléas politiques en Ifrîqiya et au Moyen-Orient n'interdisent ses *rihla* /s au début du XIIe siècle . On est donc amené à se demander quand, comment et de quelle façon l'Ash'arisme accueilli à Kairouan depuis le Xe siècle (5), va se diffuser en

Andalus au cours de la période almoravide (XIe-XIIe s.) avant d'inspirer la doctrine de la dynastie almohade qui subjuguera l'ensemble du Maghreb en 555 H / 1160. Si la diffusion de l'Ash'arisme a favorisé le retour officiel de l'Ifrîqiya dans le giron de l'orthodoxie sunnite, elle occasionnera de même le retour d'al-Andalus dans l'obédience abbasside. La mission des disciples d'al-Ash'arî et d'al-Bâqillânî pourrait très bien avoir été à la fois politique, par la constitution de la confédération almoravide et son encouragement à intervenir en Espagne, et religieusement en favorisant l'adoption de l'Ash'arisme par les malikites d'al-Andalus et du Maghrib al-Aqsâ. Une des raisons de l'anti-ash'arisme d'Ibn Hazm pourrait être la position pro-abbasside des ash'arites, car nous savons notamment par Ibn Bassâm (6), qu'Ibn Hazm était un zélé partisan des 'Umayyades.

L'enseignement d'Abû 'Imrân al-Fâsî joue un rôle important dans la naissance du mouvement almoravide. C'est grâce à lui, en partie du moins, que l'Ash'arisme va se répandre en al-Andalus et au Maroc. Abû 'Imrân Mûsâ b. Abî Hâdjdj Budjbudj al-Ghafakhûmî al-Fâsî (m. 430 H / 1038) (7) appartenait à une célèbre famille de Fès, les Banû Abî Hâdjdj. Il naquit en 365 ou 368 H / 975,978, suivit à Kairouan l'enseignement de trois maîtres : al-Qâbisî (m. 403 H / 1012) qui lui enseigna le *fiqh* , Abû Bakr al-Zawîlî (m. vers 395 H / 1004) et 'Alî b. Ahmad al-Lawâtî al-Sûsî. Abû 'Imrân se rendit ensuite à Cordoue, guidé par son ami Abû 'Umar Yûsuf b. 'Abd al-Barr (m. 464 H / 1071) ; il y fut l'élève de al-'Asîlî (m. 392 H / 1001), Abû 'Uthmân Sa'îd b. Nasr, Ahmad b. Qâsim al-Abzârî et d'autres, avant de se rendre en Orient où il séjourna plusieurs années puisqu'on nous dit qu'il accomplit maintes fois le pèlerinage. Toutes nos sources signalent sa présence à Bagdad en 399 H / 1008 où il demeura des mois et suivit l'enseignement d'Abû Bakr al-Bâqillânî (m. 403 H / 1012) en *usûl al-fiqh* / méthodologie du Droit et *kalâm* / théologie dogmatique : « *Je me rendis à Bagdad. J'avais étudié le fiqh au Maghrib et en Andalus, auprès d'Abû-l-Hasan al-Qâbisî et d'Abû Muhammad al-'Asîlî, tous deux savants en principes du Droit. Mais lorsque j'assistais à l'assemblée tenue par le cadi Abû Bakr al-Bâqillânî, je l'entendis traiter du fiqh et de ses principes en citant les opinions conformes aux siennes ou contraires, avec une telle maîtrise que je me méprisais et me dis : « Je ne possède pas la moindre parcelle de science »; en sa présence, je me trouvais pareil à un débutant* » (8). On ne saurait trop insister sur l'influence de ce célèbre docteur ash'arite sur la formation de notre juriste. Dans la longue liste des maîtres orientaux d'Abû 'Imrân, figurent 3 égyptiens, 2 hedjaziens et 15 iraquiens. On ne connaît pas la date de son retour à Kairouan, mais on sait que l'andalou Abû-l-Qâsim Hâtim b. Muhammad l'y rencontra en 402 H / 1011 et qu'il s'y trouvait en *rabî'* 403 H / 1012 à la mort d'al-Qâbisî. D'après Ibn Nâdjî (9), Abû 'Imrân se rendit à Kairouan peu de temps avant sa mort. Sa carrière professorale fut inaugurée par l'enseignement du Coran - probablement avant son voyage en Orient - puis, à son retour, il se consacra au *hadîth* et au *fiqh* . Il était versé dans les sept lectures et le *tadjwîd* , la critique des traditionnistes et les principes du Droit (*usûl al-fiqh*). Sa célébrité grandissante et peut-être aussi des divergences doctrinales, lui attirèrent l'inimitié de certains juristes. Auteur de plusieurs ouvrages dont le *Kitâb al-ta'âliq 'alâ-l-Mudawwana,* recueil d'annotations de la *Mudawwana* qu'il laissa inachevé, ce fut avant tout un professeur. Il donnait ses cours et présidait aux débats (*mudhâkara*) dans sa maison, toute la matinée jusqu'au *zuhr*. Tous ses biographes insistent sur l'importance de l'auditoire dont nous ne cernerons que les élèves venus de Fès, de Ceuta ou d'autres villes d'al-Andalus, acteurs de la diffusion de l'Ash'arisme dont ils découvraient les fondements en sa compagnie.

a) Disciples andalous.

Dix huit andalous furent disciples d'Abû 'Imrân al-Fâsî et auraient pu transmettre ou transmirent les oeuvres d'al-Ash'arî, d'al-Bâqillânî, d'Ibn al-Furâk ou d'Ibn Mudjâhid en Andalus.

1°)- Ibn al-Hadhdhâ (m. 410 H ou 416 H / 1019,1025) (10) est l'un des principaux transmetteurs des oeuvres d'Abû 'Imrân al-Fâsî.

2°)- Abû-l-Walîd Hishâm b. Sa'îd al-Khayr b. Fathûn (m. vers 430 H / 1038) le rencontra et suivit son enseignement à Kairouan (11).

3°)- Abû 'Abd Allâh Muhammad b. Ahmad b. 'Abd Allâh al-Bâdjî , cadi sévillan, consultait fréquemment Abû 'Imrân al-Fâsî ; le cadi Ibn Sahl a recueilli dans son ouvrage un grand nombre de fatwas rendues par ce juriste en réponse aux questions posées par notre personnage (12).

4°)- Abû Hârûn Mûsâ b. Khalaf b. 'Îsâ b. Abî Dirham al-Tudjîbî al-Washqî (m. après 445 H / 1053) recueillit auprès d'Abû 'Imrân le *Sahîh* de Bukhârî (13).

5°)- Abû Hafs 'Umar b. 'Ubayd Allâh b. Zâhir (m. après 440 H / 1048), andalou d'origine, se fixa à Bone. Il eut pour maîtres : Abû 'Imrân al-Fâsî, Abû 'Abd al-Malik Marwân al-Bûnî et Abû-l-Qâsim Ismâ'îl b. Yarbû' al-Sabtî (14).

6°)- Muhammad b. Ismâ'îl b. Muhammad, cadi de Saragosse, appelé Ibn Fûrtash (m. 453 H / 1061) (15), se rendit en Orient avec son père Ismâ'îl. Il suivit les cours d'Abû 'Imrân al-Fâsî en 410 H / 1019. Il étudia le *hadîth* avec 'Uthmân b. Ibrâhîm al-Qarawî, Abû 'Imrân al-Fâsî, Abû 'Abd al-Malik al-Bûnî et Abû 'Umar al-Safâqusî.

7°)- 'Umar b. Sahl b. Mas'ûd al-Lakhmî (m. après 442 H/ 1050) (16). Ce tolédan fut l'élève d'Abû 'Imrân al-Fâsî, d'Abû 'Abd al-Malik Marwân al-Bûnî et d'al-Qâbisî. Ce dernier dans une réponse à une question émanant de Tunis déclarait : « *Sachez qu'Abû-l-Hasan al-'Ash'arî, qu'Allâh soit satisfait de lui, n'a utilisé cet art, c'est-à-dire le kalâm, que dans l'intention d'éclairer les traditions, de les fixer et d'en élaguer tous les éléments douteux. Cela est compris de quiconque reçoit d'Allâh la grâce de le comprendre et échappe à quiconque Allâh attribue l'aveuglement en partage. Abû-l-Hasan al-'Ash'arî n'est autre que l'un de ceux qui ont oeuvré pour faire triompher la vérité et nous n'avons jamais entendu une personne équitable le placer en dessous de ce rang qui fut le sien, ni lui préférer l'un quelconque de ses contemporains ou de ses successeurs parmi ceux qui ont marché sur ses traces pour imposer les ordres d'Allâh, Grand et Puissant, et défendre Sa religion selon leurs moyens. Quant à cette déclaration, dit al-Qâbisî, que vous avez faite : « Si la théologie n'était parachevée que grâce à l'opinion d'al-'Ash'arî ... », elle indique que vous comprenez qu'al-'Ash'arî a émis en théologie une opinion qui l'a rayé du nombre de ceux qui suivent la vérité. Si cette proposition vous a été donnée comme étant d'al-'Ash'arî, celui qui l'a émise a proféré contre lui un mensonge. Al-'Ash'arî est trépassé, qu'Allâh soit satisfait de lui, et le jour de sa mort, les sunnites l'ont pleuré et sa disparition a soulagé les hérétiques. C'est ne pas connaître que de la présenter sous un autre jour* »(17).

8°)- Hishâm b. Muhammad b. Sulaymân al-Qaysî (m. 420 H / 1029) (18). Ce tolédan fut l'élève de al-Qâbisî, Abû 'Imrân al-Fâsî et 'Abd al-Rahmân b. Muhammad al-Rub'î à Kairouan.

9°)- Khalaf b. Ahmad b. Dja'far al-Djarâwî (m. 475 H / 1082) (19).

10°)- Abû Zayd 'Abd al-Rahmân b. Muhammad connu sous le nom d'Ibn al-Hashshâ', cadi de Tolède (20). Il fut l'élève de 'Abd al-Haqq b. Hârûn al-Siqillî et de 'Abd Allâh b. Yûnus al-Tûnisî. À Kairouan, il suivit l'enseignement de Abû 'Imrân al-Fâsî, Muhammad b. 'Abbâs al-Khawwâs et Muhammad b. Mansûr.

11°)- Abû-l-'Abbâs al-Dja'farî fut l'élève d'Abû 'Imrân al-Fâsî et d'Abû 'Abd al-Malik Marwân al-Bûnî. On lui doit plusieurs récits sur le rôle d'Abû 'Imrân (21).

12°)- Tâhir b. Hishâm b. Tâhir al-Azdî (m. 477 H/ 1084) (22).

13°)- Abû Muhammad al-Qâsim b. al-Fath connu sous le nom d'Ibn al-Rayûlî (m. 451 H / 1059) (23).

14°)- 'Abd Allâh b. Rashîq al-Qurtubî (m. 419 H / 1028).Ce cordouan s'installa à Kairouan où il vécut plusieurs années. Il s'attacha à Abû 'Imrân al-Fâsî pour lequel il composa de nombreux vers. Vers la quarantaine il partit pour le pèlerinage et mourut en route (24).

15°)- Waddâh b. Muhammad al-Ru'aynî de Saragosse se rendit en Orient en 418 H / 1027 et fut l'élève d'Abû 'Imrân al-Fâsî à Kairouan (25).

16°)- 'Îsâ b. Muhammad connu sous le nom d'Ibn Sâhib al-Ahbâs (m. 470 H / 1077) fut l'élève d'Abû 'Imrân al-Fâsî et d'al-Khawwâs (26).

17°)- Le sévillan Ahmad b. Muhammad b. 'Abd allâh b. 'Abd Allâh b. 'Abd al-Rahmân b. Ghalbûn al-Khawlânî (m. 508 H / 1114) reçut l'*idjâza* d'Abû 'Imrân al-Fâsî (27).

18°)- Quant à Khâtim b. Muhammad b. al-Tarâbulusî (378-469 H / 988-1076), élève en 402 H d'Abû 'Imrân al-Fâsî, son cas est exemplaire sur le mode de transmission de la doctrine ash'arite en al-Andalus.Selon Ibn 'Atiyya dans sa *Fahrasa*, la *Risâla* d'Ibn Mudjâhid (m. 370 H / 980) fut transmise à Ibn 'Adrâ qui la tenait directement de son auteur, puis à Abû-l-Qâsim Hâtim b. Muhammad al-Tarâbulusî et enfin à Abû Dja'far Ahmad b. Khalaf b. al-Qulay'î qui transmit cette oeuvre et d'autres ouvrages ash'arites au cadi Ibn 'Atiyya (28). Or selon la *Fahrasa* d'Ibn Khayr, ce même Tarâbulusî avait transmis la *Risâla* d'Ibn

Mudjâhid à Abû 'Alî al-Ghassânî. Ce qui est sûr, c'est que au début du Ve s. H / XIe siècle, la *Risâla fî 'uqûd ahl al-sunna* de Abû 'Abd Allâh Muhammad b. Ahmad b. Muhammad b. Ya'qûb b. Mudjâhid, basrien établi à Bagdad, compagnon et disciple d'al-Ash'arî et aussi maître en *kalâm* d'al-Bâqillânî, circulait déjà à travers al-Andalus. Juriste, expert en droit malikite, mais surtout théologien, Ibn Mudjâhid se vit attribuer de nombreuses oeuvres dont un livre sur les principes du droit et un ouvrage intitulé *Tahdîyat* ou *Hidâya al-mustabsir wa ma'ûnat al-mustansir*. Le cadi 'Iyâd nous conte comment s'établit le contact entre Ibn Mudjâhid et Ibn 'Adhrâ al-Qayrawanî. En réponse à la lettre par laquelle Ibn Mudjâhid demande à Ibn Abî Zayd en 368 H / 978 son *Mukhtasar* et ses *Nawâdir*, ce dernier chargea deux jeunes kairouanais, Muhammad b. Khadûn et Ismâ'îl b. 'Adhrâ de remettre à Ibn Mudjâhid un exemplaire colligé du *Mukhtasar* et une *idjâza*. Ils partirent ensemble de la Mecque pour se rendre auprès d'Ibn Mudjâhid. Ibn 'Adrâ devint l'élève d'Ibn Mudjâhid dont il transmit la célèbre *Risâla* sur la dogmatique ash'arite qu'il tenait de l'auteur. Nous le retrouvons au Qasr al-Kabîr de Monastir où il enseigne cette oeuvre à Abû Marwân 'Abd al-Malik b. Ziyâdat Allâh al-Tubnî qui la transmit à l'andalou Abû 'Alî al-Ghassânî (29). Or ce dernier et Abû Dja'far Ahmad b. Khalaf b. al-Qulay'î devaient exercer des fonctions de premier ordre dans l'administration almoravide (32). Abû Dja'far Ahmad al-Qulay'î (m. 498 H / 1104) fut *qâdî al-qudât* de Grenade. Abû 'Alî al-Ghassânî eut de nombreux disciples chargés de même, de hautes fonctions judiciaires.

1°)- Abû-l-Walîd b. Muhammad b. Ahmad b. Rushd grand père du philosophe Averroés et Grand cadi de Cordoue de 511 H à 513 H / 1117-1119.

2°)- Muhammad b. Ahmad b. Khalaf b. Ibrâhîm al-Tudjibî b. al-Hâdjdj, *qâdî al-qudât* de Cordoue de 521 H à 529 H / 1135 date de sa mort.

3°)- Abû-l-Hasan Shurayh b. Shurayh al-Ru'aynî, Grand cadi de Séville de 511 H à 513 H / 1119 et professeur d'Ibn Bashkuwâl et du cadi 'Iyâd.

4°)-'Abd Al-Haqq b. Ghâlib b. 'Atiyya al-Muhâsibî. Originaire de Grenade, ce cadi andalou, homme de science, noble et généreux, fut aussi un *faqih* célèbre pour ses connaissances de la jurisprudence, du *hadîth* et du *tafsîr*. Il fut nommé Grand cadi de Murcie en 541 H / 1147.

5°)- Abû-l-Qâsim Ahmad b. Muhammad b. Ward (m. 540 H / 1146), grand juriste malikite de l'époque almoravide, traditionniste, lettré, grammairien, historien, exégète, connaissant les fondements de l'Islam (*usûl*), organisait avec Abû Bakr b. al-'Arabî des séminaires où ils discutaient entre eux , se surpassant devant leur auditoire. Il exercera la judicature suprême à Séville en 514-515 H et à Grenade de 515 H à 530 H.

6°)- Abû Bakr Muhammad b. Ibrâhîm b. Aswad al-Ghassânî (m. 536 H / 1142) sera chargé par un rescrit de l'administration almoravide, du *qadâ' qudât al-sharq* à Murcie, du 8 *sha'ban* 521 H / 20 août 1127 à *muharram* 529 H / octobre-novembre 1134.

7°)- Abû-l-Qâsim Ahmad b. 'Alî b. Muhammad b. 'Abd al-'Azîz b. Hamdîn exercera la fonction de *qâdî al-qudât* de Cordoue par deux fois, de 508 H à 511 H et de 513 H à *rabî' II* 521 H / 1127 date de sa mort. Vers 501-505 H, il fut chargé par 'Alî b. Yûsuf b. Tâshfîn de réunir une assemblé de *fuqahâ'* à Cordoue, qui proclamera l'autodafé de l' *ihyâ' 'ulûm al-dîn* de Ghazâlî. Il devait rédiger par la suite contre ce même auteur un ouvrage dont le titre ne nous est pas parvenu.

8°)- Asbagh b. Muhammad b. Asbagh al-Azdî (m. 505 H / 1111) et Muhammad b. Asbagh b. Muhammad b. Asbagh al-Azdî (m. 536 H / 1142), père et fils, exercèrent la haute judicature à Cordoue. L'un laissa la réputation d'un *imâm* savant en *masâ'il* , l'autre son fils, exercera la haute judicature à Cordoue de 532 H à 536 H.

9°)- 'Abd Allâh b. Ahmad b. Ismâ'îl b. 'Îsâ b. Ahmad b. Ismâ'îl b. Simak al-'Âmili (m. 540 H / 1145), originaire de Malaga, sera un lettré, un *faqih* féru en *masâ'il* avant d'être nommé *qâdî al-qudât* de Grenade de 537 H à 540 H. Suite à une querelle avec les Banû Hassûn de Malaga, il quittera Grenade, traversera le Détroit et gagnera Marrakech, au début de la révolte almohade.

On ne peut réellement affirmer que tous les disciples andalous d'Abû 'Imrân al-Fâsî étaient ash'arites comme leur maître. Abû 'Imrân enseignait avant tout le *fiqh* malikite et c'est sa réputation dans ce domaine qui, semble-t'il, lui attirait un nombreux auditoire. Sur ses 18 disciples andalous, les seuls ash'arites pourraient être assurément Khâtim b. Muhammad b. al-Tarâbulusî (n°18) et probablement 'Umar b. Sahl b. Mas'ûd al-Lakhmî (n°7) et Hishâm b. Muhammad b. Sulaymân al-Qaysî (n° 8) qui ont été également les disciples d'al-Qâbisî. De même parmi les disciples d'Abû 'Alî al-Ghassânî, les tenants de l'Ash'arisme devaient être Abû-l-Walîd b. Muhammad b. Ahmad b. Rushd (n°1), Abû-l-Hasan Shurayh b. Muhammad b. Shurayh al-Ru'aynî (n°3) et 'Abd al-Haqq b. Ghâlib b. 'Atiyya al-Muhâsibî (n°4). Mais que penser d'Abû-l-Qâsim Ahmad b. 'alî b. Muhammad b. 'Abd al-'Azîz b. Hamdîn, grand pourfendeur de l'oeuvre d'al-Ghazâlî ?

b) Disciples marocains.

Abû 'Imrân al-Fâsî a joué un rôle considérable dans la genèse du mouvement almoravide (31). Seul un petit nombre de ses disciples marocains ou ayant vécu au Maroc nous est connu :

1°)- Wadjdjâdj b. Zalû al-Lamtî originaire du Sous extrême, vint à Kairouan s'instruire auprès d'Abû 'Imrân al-Fâsî et, de retour dans son pays, il édifia une maison qu'il appela *Dâr al-murâbitîn* pour y recevoir des étudiants. 'Abd Allâh b. Yâsîn, le fondateur du mouvement almoravide, fut l'élève de Wadjdjâdj. À son retour du pèlerinage, Yahyâ b. Ibrâhîm, chef des Lamtûna, s'arrêta à Kairouan pour y suivre les cours d'Abû 'Imrân al-Fâsî auquel il demanda de choisir parmi ses élèves un missionnaire qui irait avec lui islamiser ses contribules. Abû 'Imrân l'aurait adressé à Wadjdjâdj qui désigna 'Abd Allâh b. Yâsîn, probablement avec l'assentiment d'Abû 'Imrân al-Fâsî. On relèvera que certaines sources vont jusqu'à affirmer que c'est sur l'ordre de ce dernier que les Almoravides sortirent du désert pour fonder leur empire (32).

2°)- Ayyûb b. Muhammad (33). Ce juriste des Masmuda se rendit en Orient et fut l'élève d'un certain nombre de chaykhs kairouanais dont Abû 'Imrân al-Fâsî. Au moins deux ifriqiyens, Muhammad b. Sa'dûn (m. 485 ou 486 H / 1092,1093) et 'Abd al-'Azîz al-Tûnisî (m. 486 H / 1093) dont un élève d'Abû 'Imrân al-Fâsî, ont fini leurs jours à Aghmat, aux mains des Almoravides depuis 449 H / 1057-1058.

Aghmat devait être un centre de diffusion de l'Ash'arisme sous l'influence d'Abû Bakr Muhammad b. al-Hasan al-Murâdî al-Hadramî al-Qayrawânî (m. 489 H / 1095) (34). Né et ayant grandi à Kairouan, il visita al-Andalus et y enseigna. Abû-l-Hasan al-Muqrî' fut de son auditoire. Il le dépeint comme un homme à l'esprit vif, doté de vastes connaissances juridiques, un maître (*imâm*) de la science des sources de la religion (*usûl al-dîn*), auteur d'excellents ouvrages forts instructifs. Il était doué d'une très grande élégance de style. Un autre de ses auditeurs, Abû-l-'Abbâs al-Kinânî, au dire d'Ibn Bashkuwâl, précise qu'il arriva à Cordoue en 487 H, doté d'opinions originales dans le domaine de la science des croyances et des sources de la religion. Peu de choses nous sont parvenues sur son séjour andalou, si ce n'est qu'il visita Murcie et Alméria. « Il n'était pas étranger à la littérature et savait à l'occasion, ciseler quelques beaux vers. Il fit quelques apparitions chez Abû Marwân b. Sirâdj, écoutant ses commentaires sur *al-Tabsîra* de Makkî b. Abî Tâlib. Il m'entretint personnellement du *kitâb fiqh al-lugha* de Abû Mansûr al-Tha'âlibî qu'il avait étudié auprès d'Abû-l-Qâsim 'Abd al-Rahmân b. 'Umar b. Muhammad al-Tamîmî al-Qasdirî, lequel l'avait étudié auprès de Abû Bakr Muhammad b. 'Alî b. al-Hasan b. al-Barr al-Tamîmî qui l'avait étudié auprès de Abû Muhammad Ismâ'îl b. Muhammad b. 'Abdûs al-Nisâbûrî qui l'avait étudié auprès de al-Tha'âli-bî » (35). Le cadi 'Iyâd ajoute qu'il est en 489 H / 1095-1096, cadi de la ville d'Azûgi / Azukkî.

C'est en évoquant son disciple Abû-l-Hadjdjâdj Yûsuf b. Mûsâ al-Kalbî al-Darîr, mort à Marrakech en 520 H / 1126 que 'Iyâd nous fournit plus de précision sur la teneur de son enseignement. Al-Murâdî cultivait les sciences du *kalâm* ou théologie dogmatique selon les canons ash'arites et aurait composé dans ce domaine des ouvrages célèbres. Toujours selon 'Iyâd, « il fut le dernier au Maghrib à s'occuper de la science du *kalâm* (*wa kâna 'âkhir al-mushtaghilîn bi 'ilm al-kalâm bil-Magrib*) » (36). D'autres témoignages confirment ses séjours andalous et l'installation d'une partie de sa famille à Grenade (37). La liste de ses maîtres donnée par Ibn Bashkuwâl : un seul maghrébin (al-Qasdirî) pour deux moyen-orientaux, et la tonalité générale « orientale » de son *kitâb al-ishâra* , avec ses préoccupations théologiques et théosophiques étrangères au malikisme de stricte obédience dominant au Maghrib et en Andalus, font supposer un séjour d'étude au Moyen-Orient (38).Al-Murâdî aurait suivi l'émir almoravide Abû Bakr b. 'Umar al-Lamtûnî dans ses expéditions sahariennes en direction du *bilâd al-Sûdân.* Là dans la dernière ville du Maghrib al-Aqsâ avant d'entrer dans le pays de Salâ, de Takrûr et de Ghâna, dans la ville d'Azukkî (*hisn Azukkî*) comme résidence permanente dans sa lutte contre les royaumes du Mali, du Niger. Cette ville (*madîna*) appartenant au pays des Massoufa et des Lamta, est la première station du Sahara. Elle n'est pas grande mais bien peuplée (39).Al-Murâdî, comme d'autres lettrés de la région se serait mis sous la protection de la puissance ascendante des Almoravides. Son ambition politique auprès d'Abû Bakr b. 'Umar était peut-être, si l'on en croit Ibn Bassâm (40), d'occuper pleinement la place laissée vacante par Ibn Yâsîn, mort dans les combats livrés en 451 H / 1059, aux Barghawâta.

L'orientation essentiellement pédagogique de l'oeuvre d'Abû Bakr al-Murâdî ou du moins de ce qui nous en est parvenu, pourrait être un indice de cette volonté de prendre la direction spirituelle du mouvement. Seul un court poème sur les croyances, le *kitâb al-tadjrîd* (le livre du dévoilement), sa grande *urdjuza* (poème), un abrégé des sciences de la foi intitulé : *Ikhtisâr tanbîh al-Ânâm* et le *kitâb al-ishâra* nous sont parvenus. On peut voir dans l'option en faveur de la forme versifiée, l'expression d'un choix didactique. Autre indice de l'attitude professorale d'al-Murâdî et de son désir de se substituer à 'Abd Allâh b. Yâsîn dans ses fonctions de guide spirituel de la confédération almoravide, son *kitâb al-ishâra* se présente comme un guide de bonne conduite princière. Ses spéculations théologiques et théosophiques, son attachement à la théologie dogmatique (*kalâm*) ash'arite dont il fut , de l'avis du cadi 'Iyâd et d'al-Tâdilî, le propagateur au Maghrib, justifieraient la censure posthume à laquelle le malikisme maghrébin, à la fin du régne de 'Alî b. Yûsuf b. Tâshfîn, l'aurait condamné.

Le pôle andalou : al-Bâdjî, Abû Bakr b. al-'Arabî, Ghâlib b. 'Atiyya

Le malikisme, sans sortir des limites qu'il s'était fixées, s'était donné une certaine vitalité en al-Andalus au Xe siècle (41). Cette école du *hadîth*, engagée sur la voie de la facilité, en était venue à vivre d'une distinction opérée entre le *hadîth* et la chaîne des transmetteurs, formant une structure légitimant le Malikisme comme doctrine constituée et transmise par une autre structure de maîtres et de disciples. Cette situation limite du *taqlîd* devait se heurter au XIe siècle à un retour à l'étude du *hadîth*, choquant pour les juristes, mais providentiel pour le renouveau de la pensée, la doctrine ash'arite et l'introduction des oeuvres des fondateurs orientaux de cette doctrine théologique rationnelle (*kalâm*). Ainsi l'apparition des *shuyûkh al-'ilm*, rapidement devenus aux yeux du peuple les seuls véritables *shuyûkh* qui devaient redonner de la vitalité à la classe des jurisconsultes, était remise en question par la réaction de la catégorie sociale rivale dans la domination des esprits, des juristes occupant des postes administratifs et des responsabilités gouvernementales. D'où le durcissement du Malikisme, la nécessité pour l'Ash'arisme de l'appliquer, réservant leur doctrine à la simple spéculation. D'où l'interrogation surgit au cours du gouvernorat de 'Alî b. Yûsuf b. Tâshfîn, et posée par certains *fuqahâ'* proches de l'administration centrale de Marrakech : l'Ash'arisme est-il une doctrine malikite ? L'Ash'arisme est-il une doctrine orthodoxe ?

Au XIe et au début XIIe siècle, les voyages d'étude en Orient se multiplient, presque tous les futurs grands cadis almoravides andalous y découvrirent la doctrine ash'arite. Cordoue ne suffit désormais plus comme centre d'enseignement. Séville joue le rôle de second pôle. En outre le champ de circulation s'élargit à Grenade, Murcie et au Maghrib al-Aqsâ. Le *kalâm* ash'arite peut s'implanter sans grande difficulté à partir du moment où de grands noms malikites (al-Bâdjî, Abû 'Alî al-Ghassânî, Abû Bakr b. al-'Arabî, Ghâlib b. 'Atiyya ...) l'ont adopté. Mais dès le milieu du XIIe siècle, à la fin du règne de 'Alî b. Yûsuf b. Tâshfîn, son orthodoxie est remise en cause et le Malikisme ash'arite persécuté devra attendre une période plus favorable, à l'époque almohade.

a) Transmission des oeuvres d'Ibn al-Fûrak (m. 406 H / 1015)

Abû Bakr Muhammad b. al-Hasan b. Fûrak (m. 406 H / 1015) shafi'ite fut un grand polémiste dont la principale oeuvre aux yeux des andalous sera le *kitâb mushkil al-hadîth wa bayâni-hi* dans lequel il tente d'expliquer toutes les traditions de caractère anthropomorphique attribuées au Prophète et à certains compagnons où il est question par exemple, du « bras » de Dieu, de ses « doigts », de ses « pieds » etc.., de manière à éviter à la fois l'anthropomorphisme et la conception mu'atazilite (42).Il intervint dans les controverses de son temps sur des questions telles que : l'emploi de l'*istithnâ'* en matière de croyance individuelle ; un saint peut-il savoir qu'il est un saint ; l'application à l'homme des conceptions atomistiques ; la relation des attributs et des noms de Dieu aux attributs humains. Ce livre figure parmi les nombreux ouvrages que 'Abd al-Haqq b. 'Atiyya reçut par transmission de son père Ghâlib b. 'Atiyya. La diffusion de cet ouvrage en al-Andalus est suivie par Ibn Khayr, le cadi 'Iyâd et Ibn al-Abbâr (43), selon des chaînes de transmetteurs différentes, preuve de la large audience qu'il rencontra. Dans la première chaîne transmise par 'Abd al-Haqq b. 'Atiyya, c'est le tunisien Abû 'Alî Hasan b. Hammud al-Fûlî (ou Abû 'Alî Hasan b. Mahmûd) disciple d'al-Ibyânî, qui voyagea en Orient et eut des contacts avec Ibn Fûrak, qui à son retour à Kairouan en 423 H / 1031, transmit cette oeuvre à Abû Bakr Muhammad b. Ni'ma al-'Âbir al-'Abbâs al-Qayrawânî (m. 482 H / 1089) (44), qui l'enseigna à l'andalou de Grenade Abû Bakr Ghâlib b. 'Abd al-Rahmân b. 'Atiyya (441-518 H / 1049-1124) père de 'Abd al-Haqq, auteur de la *Fahrasa* (45). Cet ouvrage circulait en Afrique du Nord du temps d'al-Ghubrînî (1246-1315) (46) et Ibn Khayr signale sa diffusion en Espagne par deux chaînes différentes: Abû Bakr Muhammad b. 'Alî al-Mutawwi'î al-Nisâbûrî, Abû-l-Walîd al-Bâdjî (1012-1081), 'Îsâ b. Muhammad b. 'Abd Allâh al-Zuhrî al-Shantârinî (m. 530 H / 1135), Abû-l-Hasan 'Alî b. 'Abd Allâh b. Muhammad b. Mawhab al-Djudhâmî (1049-1137) et Abû Muhammad al-Sharâbî, Ahmad b. Muhammad al-Nahwî (434 H / 1042), Muhammad b. Shurayh b. Ahmad al-Ru'aynî al-Ishbîlî (1002-1084), Abû-l-Hasan Shurayh b. Muhammad (1059-1144).

Par deux fois Ibn 'Atiyya précise que son père lui transmit non seulement le *kitâb mushkil al-hadîth* mais aussi toutes les autres oeuvres d'Ibn Fûrak. Une dizaine d'autres ouvrages est signalée par Brockelmann et Sezgin. Il faut y ajouter le livre perdu des *Tabaqât al-mutakallimîn* , très utilisé par Ibn 'Asâkir dans son *Tabyîn* et trois livres cités par Ibn Khayr : a) le *kitâb i'tiqâd al-muwahhidîn* (à rapprocher peut-être de la *Risâla fî 'ilm al-tawhîd*, signalée par Brockelmann). Cette oeuvre fut transmise en Andalus selon l'une des deux chaînes de transmission du *kitâb mushkil al-hadîth* : Ibn Fûrak, al-Sharâbî, Ahmad b. Muhammad al-Nahwî, Muhammad b. Shurayh, Shurayh b. Muhammad, Ibn Khayr.

Le *kitâb mushkil i'râb al-Qur'ân* et le *kitâb ta'wîl al-akhbâr al-mutashâbaha wal-radd 'alâ-l-mulhida* pénétrèrent en al-Andalus par les intermédiaires suivants : Abû Muhammad 'Abd al-Malik al-Siqillî. Abû 'Amr 'Uthmân b. Sa'îd al-Dânî (47) (371-444 H / 981-1052) jurisconsulte malikite et surtout lecteur, est né à Cordoue. Après avoir accompli de 397 à 399 H / 1006-1008, le pèlerinage à la Mekke et séjourné au Caire, il rentra dans sa ville natale, mais dut fuir pour se rendre à Alméria et enfin Dénia où il se fixa et mourut. Abû Dâwûd Sulaymân b. Nadjâh (413-496 H/ 1022-1102) (48) séjourna à Dénia et Valence et fut disciple d'Abû-l-Walîd al-Bâdjî. Abû-l-Hasan 'Alî b. Muhammad b. Hudayl (471-564 H / 1078-1168).

b) Transmission de l'oeuvre d'Abû Bakr al-Bâqillânî (338-403 H / 950-1013)

L'ouvrage de théologie ash'arite le plus connu en al-Andalus est le *kitâb al-tamhîd* qu'Abû Bakr al-Bâqillânî écrivit vers 980 à Bagdad, loin de l'Espagne. Mais son auteur passe pour avoir appartenu au rite malikite officiel dans la Péninsule ibérique, même si certains juristes almoravides du XIIe siècle en douteront. À ce titre, Abû Bakr al-Bâqillânî intéressait l'Espagne. Sa doctrine en matière d'*usûl* se diffusera rapidement chez les musulmans andalous : elle est bien connue d'Ibn Hazm et d'al-Bâdjî au XIe siècle et un manuscrit du *Tamhîd* sera copié en 1080 pour la bibliothèque du prince aftaside de Badajoz. Le *kitâb al-tamhîd fî-l-radd 'alâ-l-mulhida al-mu'attila wal-râfida wal khawâridj wal-mu'tazila* est une oeuvre polémique de théologie ash'arite dont nous pouvons suivre la diffusion en al-Andalus à travers le *kitâb al-fahrasa* du cadi grenadin 'Abd al-Haqq b. 'Atiyya (481-542 H / 1088-1147) (50), unique ouvrage reproduisant les chaînes de transmission du *Tamhîd* en al-Andalus, où, par ailleurs, la mention des livres d'al-Bâqillânî est très rare. Ibn al-Abbâr, dans le *Mu'djam,* précise que le cadi 'Iyâd transmit de Abû 'Alî al-Sadafî les oeuvres d'al-Bâqillânî dont le *Tamhîd* (51).

Ce livre parvient à 'Abd al-Haqq b. 'Atiyya par cinq voies différentes dont trois confluent vers son père Abû Bakr Ghâlib (441-518 H / 1049-1124).

La première fois qu'Ibn 'Atiyya mentionne le *Tamhîd* dans sa *Fahrasa,* c'est lors du séjour de son père à la Mecque : celui-ci l'aurait lu, ainsi que le *kitâb al-lâmi'* d'al-Azdî, en détail et de façon minutieuse, en compagnie du *faqih* Abû 'Abd Allâh Muhammad b. 'Abd Allâh al-Nahwî. Par la suite, il précise que ce juriste tenait l'oeuvre d'al-Azdî qui l'avait reçue par *idjâza* d'al-Bâqillânî lui-même. En un second passage, Ibn 'Atiyya indique, selon le même cheminement, que son père lui transmit les oeuvres complètes d'al-Bâqillânî (*djamî' tawâlif al-qâdî*). Or Abû Bakr Ghâlib b. 'Atiyya séjourna à la Mecque en 470 H / 1077 et rentra l'année suivante en al-Andalus ; l'entrée du *Tamhîd* en Espagne est donc bien datée.

En second lieu, Ibn 'Atiyya relate que son père, lors de son passage à Mahdiyya, en route pour le pèlerinage à la Mecque en 469 H / 1076, eut l'occasion de suivre l'enseignement du très illustre *mutakallim* Abû Sulaymân b. al-Qadîm (m. 482 H / 1089) et de lire devant lui, de façon critique et minutieuse, le *Tamhîd* d'al-Bâqillânî. Il tenait cet ouvrage d'al-Azdî, l'ayant reçu, par *idjâza* de son auteur.

En troisième lieu, Ibn 'Atiyya tenait de son père le *Tamhîd*, cette fois par l'intermédiaire d' Ibn Ni'ma (m. 482 H / 1089) dont le chaînon direct avec al-Bâqillânî avait été Abû 'Imrân al-Fâsî, pour la transmission de toutes ses oeuvres.

Le cadi grenadin avait eu connaissance aussi de ce *Tamhîd* par l'intermédiaire de 'Abd al-'Azîz b. 'Abd al-Wahhâb al-Qayrawânî (52), shaykh ifriqiyen arrivé à Grenade en 494 H / 1100, puis installé à Alméria où il mourut l'année suivante ; celui-ci le tenait de Abû-l-Qâsim 'Abd al-'Azîz b. 'Alî al-Shirâzî, propre disciple d'al-Bâqillânî (53).

Le rôle d'intermédiaire de l'Ifrîqiya, primordial lors de la fondation de la confédération almoravide, se vérifie dans la transmission des oeuvres d'al-Bâqillânî et la diffusion en al-Andalus de la doctrine ash'arite.

Dans le *kitâb 'unwân al-dirâya* d'al-Ghubrinî et la *Fahrasa* d'Ibn Khayr, c'est la voie andalouse qui est mise en valeur par l'intermédiaire de Abû Bakr b. al-'Arâbî, d'Abû 'Alî al-Ghassânî et de tous les autres transmetteurs andalous ou d'origine andalouse (56).Si Ibn 'Atiyya disait à plusieurs occasions avoir reçu toutes les oeuvres d'al-Bâqillânî, Ibn al-Khayr précise la chaîne de transmission de la *Risâla al-hurra* et son introduction en al-Andalus par l'intermédiaire d'Abû 'Alî al-Ghassânî.Confirmation nous est donnée par le cadi 'Iyâd (57), de la circulation de cette *Risâla* en Occident musulman : le cadi de Ceuta, Abû-l-Qâsim 'Abd al-Rahmân b. Muhammad al-Ma'âfirî (m. 502 H: 1108) qui avait côtoyé al-Djuwaynî à la Mecque, aurait transmis cette oeuvre à son compatriote.

c) Transmission des ouvrages d'al-Djuwaynî (419-478 H / 1028-1085) en al-Andalus

Importante figure de l'Ash'arisme, Abû-l-Ma'âlî 'Abd al-Malik b.'Abd Allâh b. Yûsuf al-Djuwaynî, « Imâm al-Haramayn »(58) fut probablement le premier à vouloir dégager une méthode juridique sur des bases ash'arites. Dans ses *Tabaqât* (III, 254), al-Subkî signale les réserves apportées par al-Djuwaynî à propos d'al-Ash'arî et de Mâlik, réserves qui auraient empêché son oeuvre juridique de devenir vraiment populaire, surtout chez les Mâlikites. Al-Djuwaynî présente cet intérêt d'être en *kalâm* à la charnière de l'Ash'arisme ancien et de l'école qu'Ibn Khaldûn appellera moderne. Son *kitâb al-irshâd ilâ qawâti' al-adilla fî usûl al-i'tiqâd*, oeuvre fondamentale de l'étude de l'Ash'arisme, parvint au grenadin 'Abd al-Haqq b. 'Atiyya par l'intermédiaire de Muhammad b. Ahmad al-Nahwî et de Ghâlib b. 'Atiyya son père. Ce cadi de Grenade précise que son père lui transmit l'*Irshâd* , le *kitâb al-talkhîs* et tous les ouvrages d'al-Djuwaynî dont certainement le *kitâb al-shâmil* et le *kitâb al-burhân*, cités par Ibn Khayr, parmi les oeuvres circulant en al-Andalus, selon la chaîne de transmission suivante : Al-Djuwaynî (m. 1085), Al-Ghazâlî, Muhammad al-Zandjanî, Abû-l-Hasan 'Alî b. Mutarridj al-Siqillî (59), Abû Bakr Muhammad b. 'Abd Allâh b. al-'Arabî (1076-1148), Ibn Khayr.

Selon al-Ghubrinî, dans son *kitâb 'unwân al-dirâya* (60), l' *Irshâd* parvint en al-Andalus selon la chaîne de transmetteurs suivante : Ismâ'îl al-Tûsî, Abû Mansûr al-Turkî, Abû Bakr b. al-'Arabî, Abû Muhammad 'Ubayd Allâh, Abû-l-Hasan b. al-Sarrâdj (560-657 H / 1165-1259), Abû 'Abd Allâh Muhammad b. Sâlih b. Ahmad al-Kinânî al-Shâtibî (614-699 H / 1217-1297).

Quant au *kitâb al-talkhîs* d'al-Djuwaynî (61), s'agit-il du *kitâb talkhîs al-taqrîb* cité par al-Baghdâdî ou du *kitâb talkhîs nihâyat al-mutallib* ? Ibn Khayr ne le précise pas, même s'il inclut cet ouvrage parmi les oeuvres de théologie dogmatique.

Les figures les plus importantes de l'ash'arisme sont donc bien connues des *Fahrasa* /s d'Ibn Khayr et d'Ibn 'Atiyya. Manquent al-Isfarâ'înî (m. 418 H / 1027), 'Abd al-Qâhir al-Baghdâdî (m. 429 H / 1037) et al-Sumnânî (m. 444 H / 1052) dont la présence des oeuvres en al-Andalus peut cependant être déduite d'allusions sommaires. Au cours de ses études en al-Andalus, Abû Bakr b.

al-'Arabî (468 H-543 H) commençant à s'ouvrir aux *usûl al-fiqh* (méthodologie du Droit), vit un jour, un libraire proposer à son père et en présence de l'un de ses maîtres, des ouvrages d'al-Sumnânî (361-444 H / 972-1052) et d'al-Bâdjî. Toutes les personnes présentes s'accordèrent à oberver qu'on avait là des ouvrages considérables qu'al-Bâdjî avait rapportés d'Orient à son retour vers 439 H / 1046-1047. Et tous également de regretter que les juristes andalous de leur époque fussent dans l'incapacité d'en saisir la valeur réelle. Ces ouvrages intéressaient en premier lieu la méthodologie du Droit, mais aussi la controverse (*khilâf*) et le *kalâm* ou théologie dogmatique ash'arite (62).

Plusieurs consultations juridiques (*fatwâ*) parviendront à Abû-l-Walîd b. Rushd (m. 520 H / 1126), Grand Cadi de Cordoue, au cours du gouvernorat de 'Alî b. Yûsuf b. Tâshfîn et porteront sur la remise en cause de l'orthodoxie des oeuvres d'Abû-l-Hasan al-Ash'arî (m. 330 H / 941), d'Abû Ishâq al-Isfarâ'înî (m. 418 H / 1027), d'Abû Bakr al-Bâqillânî, d'Abû Bakr b. Fûrak, d'Abû-l-Ma'âlî al-Djuwaynî, d'Abû-l-Walîd al-Bâdjî et de leurs disciples, preuves de la pénétration de leurs oeuvres en al-Andalus à l'époque almoravide (63).

B. DE L'ACCEPTATION AU REJET DE L'ASH'ARISME

L'Espagne musulmane dans son état de tension à l'époque des Taifas, entre les divers royaumes de Séville, Grenade, Malaga, Badajoz, Alméria ...et les royaumes chrétiens de Castille et d'Aragon, cherchait à restructurer son Islam. Croyant trouver cette structuration dans une forme durcie du Mâlikisme, elle se condamnait par ce choix malheureux à subir les pressions de ceux qui en sentaient l'insuffisance et recherchaient dans l'Ash'arisme une théologie dogmatique de la frontière en Andalus (64). Yunûs b. al-Saffâr (338-429 H / 949-1022) après avoir été cadi de Badajoz, devint successivement *khatib* de la grande mosquée de Madînat al-Zahrâ', puis cadi suprême de Cordoue jusqu'à sa mort (65). Reconnue par le pouvoir politique, une telle autorité attire des étudiants comme Ibn Hazm, Ibn 'Abd al-Barr et al-Bâdjî. Autorité suprême du malikisme de son temps, c'est à lui seul que se réfère al-Bâdjî. Ce n'est pas seulement l'incarnation du *madhhab* officiel, mais aussi l'auteur de divers traités ascétiques, créant une faille dans le Mâlikisme, par ailleurs si volontiers triomphaliste, que les trois disciples vont utiliser. La carrière d'Ibn Hazm le conduisit du Mâlikisme de ses études, d'abord au shâfi'isme, seul mouvement qui prenait une allure un peu importante à son époque, puis au Zâhirisme (66). S'il est un adversaire acharné du Hanafisme, à un moindre degré du Shâfi'-isme, sur le plan à la fois théorique et pratique, son grand ennemi est le Mâlikisme qui sévissait de son temps en Espagne. Si Ibn Hazm est passé au Zâhirisme, c'est qu'il a vu là, un moyen efficace de repousser et de condamner la tyrannie des juristes mâlikites. En ce sens, son oeuvre de juriste est une oeuvre de libération des fidèles.

« On trouve au début du *kitâb al-Muhallâ* (67), un chapitre intitulé *al-Tawhîd* , qui constitue l'exposé de la *'aqîda* d'Ibn Hazm. La première chose qui oblige tout homme, et sans laquelle il n'y a pas d'*islâm*, c'est de savoir dans son coeur avec certitude et sincérité totale, d'une science qui ne garde aucune trace de doute, et également d'articuler avec sa langue qu'il n'y a de divinité que Dieu et que Muhammad est Son Envoyé ...Cela étant, Ibn Hazm démontre philosophiquement, par une étude de la temporalité et du temps, que le monde est crée (*muhdath*) et qu'il a un créateur (*muhdith*, repris par *khâliq*), que ce créateur est unique. Il a créé sans cause qui exerce sur lui une nécessité (*bi-ghayr 'illa awdjabat 'alayhi*). L'âme est créée ; elle n'est pas différente de l'esprit : elle est le vivant, l'être doué de sensibilité, l'être doué de parole ... Le trône est créé, car il est dit de Dieu qu'il est Souverain du Trône (IX,130), et ce qui a un maître est créé. Enfin, rien n'est semblable à Dieu ... Le Paradis est un séjour créé pour les croyants. L'Enfer, est une demeure créée, mais aucun croyant n'y reste éternellement... Il faut croire aux anges, aux djinns, à la résurrection, au *sirât* , aux balances, au bassin, aux feuillets sur lesquels les anges inscrivent les actions des hommes et au compte des actes : tout cela est réél ... Il n'est permis à personne d'appeler Dieu par d'autres noms que ceux dont il s'est appelé Lui-même, ni de Le qualifier par autre chose que ce qu'Il nous a appris sur lui-même ... Sur les attributs, Ibn Hazm déclare que la science de Dieu est *haqq* . Elle est éternelle et s'étend à tout ce qui est et sera. Il en est de même de Sa puissance que rien ne limite et qui est capable de réaliser l'impossible (*muhâl*) ... On ne peut identifier comme le font les Mu'tazila, la science de Dieu avec Son essence, c'est-à-dire avec lui-même, car aucun texte n'appelle Dieu Science. Le même raisonnement vaut pour les autres attributs. Quant en disant « Savant », nous voulons dire « Dieu », nous entendons par « Savant » identiquement ce que nous entendons par « Dieu ». ... Ces noms sont, rapportés à Dieu, des désignations (*a'lâm*) qui ne dérivent pas d' attributs. Nous ne devons pas inversement en faire dériver des attributs. En cela, Ibn Hazm s'oppose aux Ash'arites qui pratiquaient l' *ishtiqâq* (68). Leur tort a été de vouloir sauver la réalité des noms de Dieu en restant à l'intérieur de la problématique mu'tazilite. Or, si on lit le Coran, on s'aperçoit, comme Ibn Hazm l'a vu, que les attributs ne risquent pas de multiplier l'essence divine, mais qu'ils sont une sorte d'épanouissement du *tawhîd* et du *laysa ka-mithlihi shay'* : il n'y a de science qu'en Dieu ; il n'y a de puissance qu'en Dieu puisqu'il est le seul véritable savant et puissant... Dieu crée les actes humains, bons et mauvais. Il faut l'entendre en ce sens qu'Il est le créateur du libre choix (*ikhtiyâr*), de la volonté (*irâda*), de la connaissance (*ma'rifa*) dans les âmes humaines. Dans le *Fisal*, Ibn Hazm dit que Dieu crée l' *istitâ'a* . En somme, l'homme est créé libre en chacun de ses actes, et cela avec sagesse, car Dieu met chaque être à sa place. La liberté appartient à l'homme sans cesser d'être dans la main de Dieu. Tous ces articles de foi, exposés brièvement dans ce chapitre du *Muhallâ*, sont dégagés au cours de multiples controverses, surtout avec les Mu'tazilites et les Ash'arites, dans le *Fisal* ».

Après sa mort, Ibn Hazm fut attaqué par le cadi Abû Bakr b. al-'Arabî, très influencé par la doctrine ash'arite et la pensée de Ghazâlî, dans un ouvrage intitulé *kitâb al-qawâsim wal-'awâsim* . Nettement plus jeune qu'Ibn Hazm, al-Bâdjî n'était pas comme lui obsédé par le risque d'indifférentisme, apparu pendant la période 'âmiride. L'Ash'arisme que lui-même et les disciples d'Abû 'Imrân al-Fâsî diffusent, sert dès lors à donner consistance à la réformation des *fuqahâ'* discrédités par leur conduite lors de la période amiride et sous les rois de Taifas. Cette doctrine bénéficie de l'atout considérable que constitue l'appartenance au Malikisme d'un des principaux ash'arites, Abû Bakr al-Bâqillânî, dont l'influence, nous l'avons vu, s'est exercée sur l'ensemble de l'Occident musulman. « *Par contre l'Ash'arisme va souffrir de la situation ambiguë dans laquelle il s'implante : les fuqahâ' mâlikites visant à la fois à se réformer et à reprendre l'avantage, il était possible que les deux termes s'opposent* » (D. Urvoy). C'est ce qui se produisit avec la condamnation des oeuvres de Ghazâlî par certains juristes, au cours du règne de 'Alî b. Yûsuf b. Tâshfîn et la remise en cause de la doctrine ash'arite.

L'ambiguité se manifeste dès Abû-l-Walîd al-Bâdjî (1012-1081) : d'une part son oeuvre restauratrice du sunnisme trouve un héritier en la personne d'Abû 'Alî al-Sadafî b. Sukkara (452-514 H / 1060-1120) représentant type de l'orthodoxie, Grand Cadi de Murcie de 505-508 H / 1112-1115, mort martyr à la bataille de Cutanda (514 H / 1120) ; d'autre part, un autre de ses disciples illustres, Abû Bakr al-Turtûshî demeurera tiraillé entre deux tendances : son désir d'assurer la restauration du sunnisme en assurant au *fiqh* stabilité et ouverture, et son caractère ascétique devant le conduire à entrer en contact avec le sûfisme. (70)

Se faisant le champion d'un Mâlikisme fort strict, 'Abd Allâh b. Yâsîn, fondateur du mouvement almoravide, entendait avant tout enseigner les prescriptions du Coran et de la Sunna et faire appliquer les sanctions que la loi prescrit (*hudûd*). Le mouvement almoravide qui avec lui, prenait son départ était et resterait un mouvement mâlikite, mais les circonstances dans lesquelles il était né, parmi les gens du *ribât* (*murâbitûn*) qui se rattachaient à un disciple de Djunayd et étaient à la recherche d'une théologie de la Frontière, prônée en Ifrîqiya, donnent à penser que le Mâlikisme de son fondateur ne fit jamais obstacle à un Ash'arisme et un Sûfisme respectueux des prescriptions de la Loi (71). Un docteur kairouanais qui illustra l'Ash'arisme en Orient et en Ifrîqiya, Abû 'Ubayd Allâh Muhammad b. Abî Bakr 'Atiq b. Muhammad b. Abî Nasr b. 'Alî b. Mâlik al-Tamîmî al-Qayrawânî (m. 512 H / 1118) n'avait-il pas étudié les principes du Droit à Kairouan, sous la direction d'Abû 'Abd Allâh al-Husayn b. Hâtim al-'Azdî, compagnon du cadi Abû Bakr al-Bâqillânî et après avoir été le disciple d'Abû 'Imrân al-Fâsî, ne devint-il pas la preuve éclatante de la force de l'Ash'arisme en Occident musulman, où on le qualifiait d'*al-Mutakallim al-Thaghri*, le théologien de la Frontière ? N'était-ce pas ainsi que se présentait l'Ash'arisme en al-Andalus ? Mais les *fuqahâ'* du Maghrib al-Aqsâ, ceux qui gravitaient autour de l'administration centrale de Marrakech ne l'entendaient pas ainsi. Il y aura une fracture entre les *fuqahâ'* maghribins, plus fermés à cette théologie dogmatique (*kalâm*) et ceux d'al-Andalus. Cette scission se manifestera au cours du régne de 'Alî b. Yûsuf b. Tâshfîn.

Consulté par cet émir des Musulmans, Abû-l-Walîd b. Rushd transcrit les éléments de cette remise en cause de l'Ash'arisme, dans son *kitâb al-fatâwâ* (72).

« *Question de l'Émir des Musulmans - Dieu soit satisfait de lui - au cadi Abû-l-Walîd b. Rushd - Dieu soit satisfait de lui - : Que pense le faqih et le cadi admirable et unique Abû-l-Walîd - Dieu lui accorde Son assistance et Sa fermeté, et lui fraye son chemin vers tout ce qui est bien - du shaykh Abû-l-Hasan al-Ash'arî, d'Abû Ishâq al-Isfarâ'înî, d'Abû Bakr al-Bâqillânî, d'Abû Bakr b. Fûrak, d'Abû-l-Ma'âlî al-Djuwaynî, d'Abû-l-Walîd al-Bâdjî et de leurs semblables qui professent la science du kalâm et dissertent sur les usûl al-diyânât (les fondements des religions) et réfutent les Ahl al-'Ahwâ' (les adeptes des cultes) ? Sont-ils des Imâm /s bien dirigés et dans la voie droite (hidâya) ou les chefs des ténèbres et de l'égarement ? Que penses-tu des gens qui médisent d'eux et en parlent en mal ? De ceux qui médisent de tous ceux qui se rattachent à l'Ash'arisme ('ilm al-ash'ariyya) et les traitent d'infidèles, s'affranchissent d'eux et se détournent de leur mode de gouvernement ? De ceux qui pensent qu'ils sont dans l'erreur (dalâla) et se complaisent dans l'ignorance (dja-hâla) ? Que faut-il leur dire ? Comment agir envers eux ? Que penser d'eux ? Faut-il les laisser dans leurs égarements ou mettre fin à leurs excès ? Est-ce une corruption (djurha) de leurs croyances contenue dans leur foi (fi-imânihim)? Est-ce licite ou non de faire la prière derrière eux? Eclaire-nous sur l'importance de ces Imâm /s et leur place dans la religion (dîn). Expose-nous clairement ce qu'il y a de répréhensible dans leurs pensées, ce dont on doit se préserver, la façon de se détourner d'eux et ce qu'il y a de profitable dans leur doctrine, de façon concise et détaillée, dans l'attente d'une réponse, si Dieu Très Haut le veut ».Ibn Rushd lui répondit - Dieu lui fasse miséricorde - : j'ai considéré ta question - Dieu nous préserve ainsi que toi - et j'en déduis ceci : Les savants nommés sont des Imâm /s parfaits et bien dirigés, de ceux dont il faut rechercher l'imitation car ils s'adonnent à faire triompher la Loi (Sharî'a) . Ils ont réduit à néant les prérogatives des porteurs de doute et d'égarement (ahl al-zaygh wal-dalâla), apporté des éclaircissements aux problèmes, exposé clairement les croyances religieuses (mu'taqidât) auxquelles on doit se soumettre. Par leur connaissance des fondements des religions (usûl al-diyânât), ceux sont des savants par la vérité de leur connaissance de Dieu Puissant et*

Grand, de ce qui est nécessaire, de ce qui est injuste et de ce qui doit être banni. Car il n'y a pas d'appréhension des conséquences (furû'), sans connaissance des principes (ma'rifat al-usûl). Il faut connaître leurs bienfaits et reconnaître les services qu'ils ont rendus. C'est à eux que le Prophète de Dieu fait allusion dans ce dit : « Leurs semblables ont apporté cette connaissance de toute hérésie, ils ont chassé le trouble de ceux qui dépassent les bornes, combattu la doctrine des gens frivoles et l'interprétation des ignorants ». « Seul un imbécile, ignorant ou un novateur, doutant de la Vérité et chancelant, pense que ceux-ci sont dans l'égarement et l'ignorance. Seul l'impie médit d'eux et leur attribue des propos contraires à leur doctrine. Dieu, Puissant et Grand, a dit : « Ceux qui pervertissent les Croyants et les Croyantes, en contredisant ce qu'ils ont acquis, commettent une dissimulation et un crime notoire ». Il faut rendre clairvoyant l'ignorant, éduquer l'impie, convertir le novateur doutant de la Vérité. S'il se trouve atteint d'innovation, qu'il se repente, sinon on le frappera sans cesse jusqu'au repentir, comme le fit 'Umar b. al-Khattâb - Dieu soit satisfait de lui - avec Sabîgh, soupçonné dans sa croyance et qui fut frappé jusqu'à ce qu'il dise : « Ô Prince des Croyants, si tu voulais ma guérison, tu aurais dû me placer dans un lieu de soin, mais si tu voulais ma mort, alors achève-moi! » Il le relâcha, que Dieu lui accorde Sa protection et Son assistance par Sa miséricorde. Tel est le propos de Muhammad b. Rushd ».

Ancien disciple d'Abû 'Alî al-Ghassânî (m. 1105), transmetteur de l'Ash'arisme en al-Andalus, notre Grand Cadi ne manifeste aucune opposition à cette doctrine. Au contraire, il développera le même système de défense de l'orthodoxie de l'Ash'arisme, lors d'une nouvelle consultation juridique provenant de Fès (73).

« *On lui écrivit de la ville de Fès, pour l'interroger sur les Ash'arites, ceux qui professaient leur doctrine et dont on lui énumérait les noms. Voici le texte de la consultation : Que pense le jurisconsulte, le Cadi Suprême, l'Imâm incomparable Abû-l-Walîd - Dieu le dirige, l'assiste et lui fraye un chemin vers le Bien - du shaykh Abû-l-Hasan al-Ash'arî, d'Abû Ishâq al-Isfarâ'înî, d'Abû Bakr al-Bâqillânî, d'Abû Bakr b. Fûrak, d'Abû-l-Ma'âlî, d'Abû-l-Walîd al-Bâdjî, de leurs semblables qui professent la science du kalâm , dissertent sur les fondements des religions (usûl al-diyânât) et composent des ouvrages de réfutation de ceux qui suivent les cultes (ahl al-'Ahwâ'). Sont-ils des Imâm /s bien dirigés et dans la voie droite ? Ou bien sont-ils les chefs des ténèbres et de l'égarement ? Que penses-tu des gens qui médisent d'eux, en disent du mal, médisent de tout ce qui se rattache à la doctrine ash'arite (madhhab al-ash'ariyya); se montrent incrédules à leur égard, s'affranchissent de leurs opinions, récusent leur autorité et pensent qu'ils sont dans l'erreur et se complaisent dans l'ignorance ? Que leur dire ? Comment agir envers eux ? Que penser d'eux ? Faut-il les abandonner à leurs passions ou combattre leurs excès ? Est-ce une défaillance de leur croyance et un vice de leur foi ? Est-il permis de prier derrière eux ou non ? Explique-nous l'importance de ces Imâms et leur place en religion (dîn)? Expose-nous clairement la position de leurs adversaires, de leurs opposants et la condition de leurs contempteurs et de leurs partisans en général ! ». Il adressa - Dieu lui fasse miséricorde - cette réponse dont voici l'intégralité : « J'ai considéré la question et m'y suis arrêté. Ces savants mentionnés sont des Imâm /s de la Vérité et de la Voie droite, de ceux qu'il faut imiter car ils s'attachent à faire triompher la Loi (Sharî'a) ; ils réfutent les incertitudes des adeptes du doute et de l'égarement, ils éclairent les problèmes et explicitent les croyances religieuses (mu'taqidât) que l'on doit suivre. Ceux sont, par leur connaissance (ma'rifat) des fondements des religions, des savants de la Vérité (haqîqa), du fait de leur savoir par Dieu, Puissant et Grand, de ce qui est licite, illicite ou réprouvé. Car on ne peut tirer des conséquences (furû') qu'après avoir pris connaissance des fondements. Il faut reconnaître leurs bienfaits et les services qu'ils ont rendus. C'est à eux que le Prophète de Dieu fait allusion - Dieu est le plus savant - dans ce dit : « Leurs semblables ont apporté cette connaissance de toute hérésie, ils ont chassé le trouble de ceux qui dépassent les bornes, combattu la doctrine des gens frivoles et l'interprétation des ignorants ». « Seul un imbécile ignorant ou un novateur doutant de la Vérité et chancelant pense que ceux-ci sont dans l'égarement et l'ignorance. Seul l'impie médit d'eux et leur attribue des propos contraires à leur doctrine. Dieu, Puissant et Grand, a dit : « Ceux qui pervertissent les Croyants et les Croyantes, en contredisant ce qu'ils ont acquis, commettent une dissimulation et un crime notoire ». Il faut rendre claivoyant l'ignorant, éduquer l'impie, convertir le novateur doutant de la Vérité. S'il se trouve atteint d'innovation notoire, qu'il se repente, sinon, on le frappera sans cesse jusqu'au repentir, comme le fit*

'Umar b. al-Khattâb - Dieu soit satisfait de lui - avec Sabîgh soupçonné dans sa croyance et qui fut frappé jusqu'à ce qu'il dise : « Ô Prince des Croyants, si tu voulais ma guérison, tu aurais du me placer dans un lieu de soin, mais si tu voulais ma mort, alors achève-moi! ». Il le relacha - que Dieu lui accorde Sa protection et Son assistance par Sa miséricorde ».

Enfin l'attaque de certains juristes malikites portera sur trois points : les Imâms ash'arites sont-ils ou non malikites? Est-ce-que Ibn Abî Zayd et ses disciples sont ash'arites ou non? Abû Bakr al-Bâqillânî est-il ou non malikite? Des précisions seront demandées par l'émir almoravide de Séville, Abû Ishâq Ibrâhîm b. Yûsuf b. Tâshfîn (m. 514 H / 1120) dans une consultation adressée au Grand Cadi de Cordoue Abû-l-Walîd b. Rûshd.

« *L'émir Abû Ishâq fils de l'émir des Musulmans, lui écrivit de la ville de Séville au sujet des Imâm /s ash'arites (74). Sont-ils mâlikites ou non ? Est-ce-que Ibn Abî Zayd et ses disciples, parmi les juristes maghribins (fuqahâ' al-Maghrib), sont ash'arites ou non.? Abû Bakr al-Bâqillânî est-il mâlikite ou non ? » « Il lui répondit : « Voici le texte de ma réponse. Les doctrines des Gens de la Sunna (madhâhib ahl al-Sunna) divergent sur les fondements des religions (usûl al-diyânât) et ce qu'il est nécessaire de croire, concernant les attributs (al-sifât) ou l'interprétation des enseignements du Coran, de la Sunna et des traditions qui posent problèmes. Les Imâms ash'arites ne s'opposent pas fondamentalement dans leurs propos sur les fondements de la religion et leur appréhension particulière des doctrines des jurisconsultes concernant les statuts légaux dont la connaissance est nécessaire pour ce qui a trait aux diverses modalités pratiques du culte rendu à Dieu. Même s'il y a divergence entre eux sur certaines, leurs doctrines se distinguent en cela, que toutes, malgré leur divergence, sont construites sur les fondements des religions dont la connaissance caractérise les Imams ash'arites et ceux qui y font référence après eux. Il n'est pas pensable de croire qu'Ibn Abî Zayd et ses disciples soient ignorants de cela. Pour preuve de sa connaissance des fondements de la religion, il suffit de lire ce qu'il mentionne dans le cours de sa Risâla sur ce qu'il est nécessaire de croire en religion. Quant à Abû Bakr al-Bâqillânî, c'est un savant en fondements des religions (usûl al-diyânât) et méthodologie du Droit (usûl al-fiqh) selon la doctrine de Mâlik - Dieu lui fasse miséricorde - et des autres doctrines. Je ne m'arrêterai pas à savoir si la doctrine de Mâlik l'emporte chez lui sur les autres doctrines ou non, même si ne peut être mâlikite que celui chez qui l'emporte la doctrine de Mâlik sur les autres doctrines, pour la connaissance des fondements de la préférence (usûl al-tardjîh). Je pense qu'il s'agit du meilleur des rites ... et celui qui connaît la Vérité est le savant en usûl et furû' et non celui qui est préoccupé d'observer les furû' sans connaître avec certitude les usûl . »*

Ces trois textes traduisent bien le malaise et les polémiques soulevés par l'Ash'arisme en al-Andalus. Ibn Hazm avait dans ses *Fisal* , par trois reprises, réfuté ce qu'il appelait « les stupidités des ash'arites » (75). Ces résistances de certains *fuqahâ'* andalous à l'introduction dans leur pays des ouvrages de *hadîth*, d'*usûl al-fiqh* et d' *usûl al-dîn* seront relevées par Ibn Tumlûs (560-620 H / 1164-1223) dans son « Traité de Logique ». Son argumentation n'est pas aussi partisane que l'affirme Dominique Urvoy (76), si on la rapproche du témoignage d'Abû Bakr b. al-'Arabî que nous avons déjà mentionné et des consultations juridiques d'Abû-l-Walîd b. Rushd. Sa stigmatisation de l'aveuglement doctrinal de certains hommes de religion ne peut être récusée. La démarche de ces « ulémas aurait ainsi été une sorte de dialectique en trois fois deux temps : D'abord intérêt pour les seules questions ponctuelles (*masâ'il*). Sous l'inspiration de Baqî b. Makhlad et sous la contrainte de l'émir Muhammad I , régnant de 852 à 886, ouverture au *hadîth* et aux doctrines que les docteurs orientaux ont fondées sur lui (*wa ma naqala 'an al-â'imma*). Deuxième temps, hostilité aux *usûl al-dîn*, mais assimilation partielle de celles-ci (*thumma anasû aydan bi-hadhâ-l-madhhab*) par l'introduction des ouvrages d'al-Ash'arî et de ses disciples. Une poche de résistance subsiste chez les spécialistes des formulaires (*arbâb al-masâ'il a'nî ahl al-furû'*). En troisième lieu, cette résistance se renforce quand les oeuvres de Ghazâlî, introduites par Abû Bakr b. al-'Arabî, manifestent des éléments nouveaux, notamment soufis (*min masâ'il al-sûfiyya wa ghayrihim min sâ'ir al-tawâ'if)* . Cette résistance à l'Ash'arisme ne cédera qu'à la suite d'un changement de régime politique et devant la pression du pouvoir almohade.

La doctrine de Ghazâlî est séduisante pour les Musulmans d'al-Andalus. Elle ne rejette absolument que les thèses extrêmistes peu répandues en Espagne, mais donne droit de cité au *kalâm* ash'arite, comme à la logique, comme à des thèses néo-platoniciennes enfin (77).

Fort peu d'ouvrages de *kalâm* ash'arite émanant d'al-Andalus à cette époque almoravide nous sont parvenus. Un recueil intitulé *al-Nakab wal-amâlî fî-l-naqd 'alâ-l-Ghazâlî* (Histoire et texte concernant la destruction de Ghazâlî) attribué à Abû 'Abd Allâh Muhammad b. Khalaf b. Mûsâ al-Ansârî al-Ilbîrî (457-537 H/ 1064-1142 / 1143) (78) englobe tous les stades de l'activité religieuse d'al-Andalus décomposés par Ibn Tumlûs . L'auteur, un *mutakallim* , unit ce qu'Ibn Tumlûs opposait : « - fidélité à la stricte tradition mâlikite, avec la composition d'une explication des obscurités du *Muwatta'* de Mâlik; - assimilation du *hadîth* avec un travail du même genre pour le *Sahîh* de Bukhârî ; - pratique des *usûl al-fiqh* et surtout des *usûl al-dîn* selon l'école ash'arite ; - ouverture enfin à la mystique avec un résumé de la *Ri'âya* de Muhâsibî » (D. Urvoy). L'ensemble de cet ouvrage est une réflexion générale sur le *kalâm* , une compilation d'interprétations données à des dits du Prophète, selon la méthode suivante : « texte du *hadîth* ; commentaire dans le sens des *ahl al-Sunna*, éventuellement renforcé par des références aux autorités ash'arites » (D. Urvoy). L'analyse et le commentaire du *hadith* transmis par 'Abd Allâh b. 'Umar : « la vergogne vient de la foi ; la foi est la connaissance de Dieu » (*nukta* 101 folios 2v-6v, Ms. AR.1483), comporte une analyse de la foi faisant appel aux *mutakallim* /s et aux autorités ash'arites ayant traité du thème de la différence entre la foi et l'infidélité : Abû-l-Hasan al-Ash'arî; Abû Bakr al-Bâqillânî, par une citation du *Taqrîb al-adilla fî usûl al-umma* ; une citation du *Shâmil* d'Abû-l-Ma'âlî al-Djuwaynî ; Abû Bakr Muhammad b. al-Hasan al-Murâdî (sans doute Abû Bakr Muhammad b. al-Hasan al-Murâdî al- Hadramî al-Qayrawânî (m. 489 H / 1095) ash'arite, auteur de nombreux ouvrages perdus, et non Ibn Fûrak comme le propose D. Urvoy .(79)

De ce sondage, il ressort que l'Ash'arisme ne fut pas seulement diffusé par al-Bâdjî (409-474 H / 1012-1081) et ne put développer à l'époque almoravide qu'une argumentation sommaire, à travers des compilations purement scolaires malgré un réél effort de théorisation.

NOTES

1)- R.H.Idris, « Essai sur la diffusion de l'Ash'arisme en Ifrîqiya », *Cahiers de Tunisie*, 1953, n°2, p. 137-158 ; J.M.Forneas, « De la transmision de algunas obras de tendencia ash'arî en al-Andalus », *Awrâq*, Revista del Instituto Hispano Arabe de Cultura, Madrid, 1978, n°1, p. 4-11; Abdel Magid Turki, *Polémique entre Ibn Hazm et Bâdjî sur les principes de la loi musulmane*, Alger, 1973, p. 49,66.

2)- R.H.Idris, *La Berbèrie orientale sous les Zirides Xe-XIIe siècles*, Paris, 1962, II, p. 700-705.

3)- R.H.Idris, « Deux juristes kairouanais de l'époque ziride ; Ibn Abî Zayd et al-Qâbisî », *AIEO*, XII, 1954, p. 122-198.

4)- Idem,p. 42-60.

5)- R.H.Idris, « Essai », p. 137-158.

6)- Ibn Bassâm, *Al-Dhakhîra fî mahâsin ahl al-Djazîra* , Beyrouth, 1979, I, p. 167-180.

7)- R.H.Idris, « Deux maîtres de l'école juridique kairouanaise sous les Zirides (XI e siècle) ; Abû Bakr 'Abd al-Rahmân et Abû 'Imrân al-Fâsî », *Annales de l'Institut d'Etudes Orientales*, 1955,XIII, p. 42-60, à la riche bibliographie on rajoutera : 'Iyâd, *Tartîb al-madârik wa taqrîb al-masâlik*, éd. A.B. Mahmûd, Beyrouth, 1968, II, p. 702-707; Idem, *Al-ghunya, Fahrasat shuyûkh al-qâdî 'Iyâd*, éd. Muhammad 'Abd al-Karîm, Tunis, 1978, p. 113, 286.

8)- 'Iyâd, *Tartîb* , p. 703-704; ibn al-'Imâd al-Hanbalî, *Shadharât al-dhahab*, III, p. 247-248.

9)- Dabbâgh-Ibn Nâdjî, *Ma'âlilm al-Imâm*, Tunis, 1320 H, III, p. 199-205.

10)- R.H.Idris, « Deux juristes », p. 158.

11)- Ibn Bashkuwâl, *Sila*, n°1316, II, p. 590; al-Humaydî, n°866, p. 342-343.

12)- 'Iyâd, *Madârik*, II, p. 758.

13)- Ibn al-Abbâr, *Takmila*, éd. Codera, II, n°2144.

14)- Ibn bashkuwâl, *Sila*, n°859, p. 390.

15)- Ibn al-Abbâr, *Takmila*, éd. Codera, I, n°406 ; Ibn Bashkuwâl, *Sila*,n°1750,II, p. 113-114.

16)- Ibn Bashkuwâl, *Sila*, n°855, I, p. 390-391.

17)- Ibn 'Asakir, *Tabyîn*, p. 117; H.R.Idris, »Essai », p. 8-9.

18)- Ibn Bashkuwâl, *Sila, n°* 1312,II, p. 588-589.

19)- Idem,n°385,I, p.172.

20)- Idem, n°725, I, p. 334-335.

21)- *Ma'âlim*, III, p. 202; Ibn Bashkuwâl, *Sila, n°* 147, I, p. 72.

22)- Ibn Bashkuwâl, *Sila*, n° 540, I, p. 237.

23)- Idem, n°1014, II, p. 462-463.

24)- Ibn al-Abbâr, *Takmila* , éd. Codera, II, n°1281; Al-Maqqarî, *Nafh al-Tîb, éd. Le Caire*, 1949, III, p. 402.

25)- Ibn Bashkuwâl, *Sila*, n°1303,II, p. 585-586.

26)- Idem, n° 936, II, p. 430.

27)- Idem, n°157,I, p.76.
28)- J.M.Forneas, « De la transmision de algunas obras », p. 5 ; Ibn Khayr, *Fahrasa*, éd. F.Codera et J. Ribera Tarrago, Bagdad, 1963, p. 493, 258.
29)- R.H.Idris, « Essai », p. 128 ; 'Iyâd, *Tartîb*, III-IV, p. 477-478 ; Ibn Khayr, *Fahrasa*, p. 257-258.
30)- V.Lagardère, « La haute judicature à l'époque almoravide en al-Andalus », *Al-Qantara*, Madrid, 1986, VII, fasc. 1 et 2, p. 135-228, où se trouvent mentionnées toutes les références bibliographiques concernant les personnages que nous évoquons.
31)- *Mafâkhir al-Barbar*, éd. E.Lévi-Provençal, p. 52, 69-70; Ibn al-Athîr, Kâmil, IX, p. 258-259 ; V.Lagardère, *Les Almoravides*, éd. L'Harmattan, Paris, 1989/ 1991.
32)- Ibn 'Idhârî, *Bayân*, III, éd. E.Lévi-Provençal, Paris, 1930, p. 242; A;Huici-Miranda, « Un fragmento inédito de Ibn 'Idhârî sobre los Almoravides », *Hespéris-Tamuda*, 1961, II, fasc.I, p. 47-51.
33)- 'Iyâd, *Tartîb*, III-IV, p. 780.
34)- 'Iyâd, *Al-Ghunya*, p. 282-283 ; Ibn Bashkuwâl, *Sila*, II,p. 604-605 n°1326; Al-'Abbas b. Ibrâhîm al-Marrâkushî, *Al-I'lâm biman halla bi Aghmât wa Marrâkush min al-a'lam*, II, p. 312; Al-Tâdilî, *Al-Tashawwuf ilâ ridjâl al-tasawwuf*, éd. A.Faure, Rabat, 1958, p. 833-834; Abdel Wedoud Ould Cheikh, « Vie(s) et mort(s) de al-Imâm al-Hadrâmî », *Arabica*, 1987, XXXIV, p. 48-79.
35)- Ibn Bashkuwâl, *Sila*, p. 605.
36)- 'Iyâd, *Ghunya*, p. 282.
37)- Idem, p. 216, 238, 278.
38)- Al-Murâdî, *Kitâb al-ishârat ilâ adab al-imâra*, éd. Ridwân al-Sayyid, Beyrouth, 1981, p. 12-13.
39)- Al-Idrîsî, *Description de l'Afrique et de l'Espagne*, éd. Dozy, p. 59-60; al-Zuhrî, *Kitâb al-dja'rafiyya*, éd. M.Hadj Sadok, BEO, Damas, 1968, XII, n°312,336,365; al-Bakrî, *Description*, p.297.
40)- Ibn Bassâm, *al-Dhakhîra fî mahâsin ahl al-djazîra*, Beyrouth, 1979, IV, 1, p. 364-367.
41)- D.Urvoy, « Une étude sociologique des mouvements religieux dans l'Espagne musulmane de la chute du califat au milieu du XIIIe siècle », *Mélanges de la Casa de Velazquez*, 1972, p. 223-293.
42)- *Encyclopédie de l'Islam*, 2 ième éd., III, p. 790 article de M.Watt; Brockelmann, G.A.L.I, p. 175-176; Suppl.I, p. 277-278; J.M.Forneas, « De la transmision », p.6,7.
43)- Ibn Khayr, *Fahrasa*, éd. Codera, 1963, p. 199,259,467,473,479; 'Iyâd, *Ghunya*, p. 205; Ibn al-Abbâr, *Takmila*, p. 554; *Mu'djam*, p. 215.

44)- Ibn Bashkuwâl, *Sila*, p. 571 n°1323; Idris, « Deux maîtres », p. 49 et note 39.
45)- J.M.Forneas, « Los Banû 'Atiyya de Granada », *Miscelanea de Estudios Arabes y Hebraicos*, 1977, XXVI, p. 27-60; 'Iyâd, *Tartîb*, III-IV, p. 711.
46)- Al-Ghubrînî, *'Unwân al-dirâya*, éd. 'Âdil Nuwayhid, 1969, p. 396; éd. M.Ben Cheneb, 1910, p. 234; Ibn Khayr, *Fahrasa*, p. 467,473,479,199,259.
47)- E.I (2), II, art. al-Dânî, p. 112.
48)- Ibn Bashkuwâl, *Sila*, p. 203-204 n°458; J.M.Forneas, « De la transmision », p. 7.
49)- Ibn al-Abbâr, *Takmila*, éd. Codera, n°1858; *Ghâyat al-nihâya*, n°2329; J.M.Forneas, « De la transmision »,p. 7,10.
50)- J.M.Forneas, « Al-Tamhîd de al-Bâqillânî y su transmision en al-Andalus », *Miscelanea de Estudios Arabes y Hebraicos*, Granada, 1977, XXVI, fasc. 1, p. 433-440; Idem, « Los Banû 'Atiyya de Granada, *Miscelanea*, 1976,XXV, p. 72-80.
51)- 'Iyâd, *Tartîb al-madârik*, III-IV, p. 601-602; Ibn al-Abbâr, *Al-Mu'djam*, éd. F.Codera et Zaydin, Madrid, 1886, p. 10 n°4, n°6, p. 12 n°9-10, p.14 n°11, p. 15 n°12, p. 35 n°22.
52)- Ibn Bashkuwâl, *Sila*, n°804.
53)- Ibn 'Atiyya, *Fahrasa*, fol. 27,39.
54)- Ibn Bashkuwâl, *Sila*, n°1241.
55)- Ibn 'Atiyya, *Fahrasa*, fol. 39.
56)- Al-Ghubrînî, *'Unwâm al-dirâya*, éd. 'Âdil Nuwayhid, Beyrouth, p. 395-396 ; Kahhâla, *Mu'djam al-mu'allifîn*, XI, p. 32 ; Ibn al-Abbâr , *Takmila*, n° 1416 et supplément p. 762-763; Ibn Khayr, *Fahrasa*, éd. Codera, 1963.
57)- Ibn al-Abbâr, *Takmila*, n°1648 ; 'Iyâd, *Ghunya*, p. 133-139 n°10.
58)- EI (2), II, p. 620-621, art. al-Djuwaynî de C. Brockelmann-L. Gardet ; *Kahhâla, Mu'djam al-mu'allifîn*, VI, p. 184-185; Ibn al-Khayr, *Fahrasa*, p. 258-259, 469,476,482,496; Anawati-Gardet, *Introduction à la théologie musulmane*, Paris, p.65-67, 156-157, 367-368; M.Allard, *Textes apologétiques de al-Djuwaynî*, Beyrouth, 1968; Idem, « Un pamphlet contre al-Ash'arî », BEO, 1970, XXIII, p. 129-165.
59)- Ibn al-Abbâr, *Takmila*, n°1583 ; J.M.Forneas, « De la transmision »,p. 8 et 11 note 88.
60)- Al-Ghubrînî, *Kitâb 'Unwân al-darayâ*, p. 396.
61)- Al-Baghdâdî, *Hadiyya*, I, p. 696 ; J.M.Forneas, « De la transmision », p. 8; Ibn Khayr, *Fahrasa*, p. 258-259.
62)- Ibn al-'Arabî, *Qanûn al-Ta'wîl*, manuscrit de la Bibliothèque de al-Hagg Salim Aga, n°499, fol. 136-187; V. Lagardère, « Abû Bakr b. al-'Arabî, Grand Cadi de Séville », *Revue de l'Occident Musulman et de la Méditerranée*, 1985 n°40, p. 91-102.

63)- Abû-l-Walîd b. Rushd, *Kitâb Fatâwâ Ibn Rushd*, éd. Dâr al-Gharb al-Islâmî, Beyrouth, 1987, II, n°189 p. 802-805 ; n°265, p. 943; III, n°3160 p. 1060-1061.

64)- D.Urvoy, « Une étude sociologique », p. 263.

65)- Ibn Bashkuwâl, *Sila*, n°1397 ; Asin Palacios, *Abenhazam*, I, p. 109-110; Pons Boigues, *Ensayo*, n°84.

66)- La carrière d'Ibn Hazm est suffisamment connue : EI(2),III, art. Ibn Hazm de R.Arnaldez, p. 816-822 ; Asin Palacios, *Abenhazam de Cordoba y su historia critica de las ideas religiosas*, Madrid, 1927-1932 ; Abdel Magid Turki, *Polémiques entre Ibn Hazm et Bâdjî sur les principes de la loi musulmane*, Alger, 1973.

67)- EI (2), III, p. 820-821 ; Ibn Hazm, *al-Muhallâ*, éd. Ahmad Muhammad Shâkir, Le Caire, 1347 H, I, p. 2-55.

68)- Daniel Gimaret, *La dcotrine d'al-Ash'arî*, éd. Cerf, 1990, p. 259-289,345-365 ; Idem, *Les noms divins en Islam*, éd. Cerf, 1988.

69)- Asin Palacios, « La indiferencia religiosa en al España musulmana segun Abenhazam », *Cultura Española*, V, 1907, p. 297-310 (traduction d'un passage du *Fisâl* , V, p. 119-14); D.Urvoy, « Une étude sociologique », p. 270-271.

70)- Ibn al-Abbâr, *Mu'djam*, Madrid, 1886 ; V.Lagardère, « La haute judicature », p. 221-228; Idem, « Al-Turtûshî, unificateur du Malikisme aux XIe et XIIe siècles », *Revue des Etudes Islamiques*, Paris, 1979, XLVII, fasc. 2, p. 173-190.

71)- H.Laoust, *Les Shismes dans l'Islam*, Paris, Payot, 1965, p. 215 ; R.H.Idris, « Essai sur la diffusion », p. 11-12.

72)- Abû-l-Walîd b. Rushd, Kitâb al-Fatâwâ, II, p. 802-806 n°189.

73)- Idem, II, p. 943-945 n°265.

74)- Idem, III, p. 1060-1061 n°316; Ibn al-Abbâr, *al-Hullat al-siyyâra'*, II, p. 118 ; Ibn al-Abbâr, *al-Mu'djam*, p. 55-56.

75)- Abdel Magid Turki, *Polémiques*, p. 18-19,20,30,49,66.

76)- M.Asin Palacios, « La logique de Ibn Tumlûs d'Alcira », *Revue Tunisienne*, 1909, rééd. *Obras exogidas*, II-III,Madrid, 1948, p. 155-162 ; D.Urvoy, « Le manuscrit Ar. 1483 de l'Escurial et la polémique contre Ghazâlî dans al-Andalus », *Arabica*, 1993,XL, p. 114-119.

77)- D.Urvoy, *Pensers d'al-Andalus*, CNRS, 1990, p. 167-174.

78)- Ibn al-Abbâr, *Takmila*, n°607 ; D.Urvoy, *Pensers d'al-Andalus*, p. 170-171; Idem, « Le manuscrit », p. 116. 79, *Arabica*, 1993, XL, p. 118.

DE L'ACCEPTATION AU REJET DE LA PENSEE DE GHAZALI : LA REVOLTE DES MURIDUN

Plusieurs événements politico-religieux, touchant au gouvernorat de 'Alî b. Yûsuf b. Tâshfîn en Andalus, nous sont rapportés par les chroniqueurs d'obédience almohade, Ibn Qattân, Ibn al-Abbâr, Ibn Sâhib al-Salât, de façon peu explicite et sans corrélation : l'autodafé des oeuvres de Ghazâlî en 500-501 H, renouvelé sous le règne de Tâshfîn b. 'Alî en 538 H / 1143 ; l'éclatement de la révolte des Murîdûn, au cours de l'année 539 H dans la région de l'Algarve ; les diverses persécutions dont firent l'objet des sûfis célèbres comme Ibn Barradjân, Ibn al-'Arîf et leurs disciples. Ces diverses mesures répressives, adoptées par les autorités politiques et religieuses almoravides, sont la résultante de l'existence d'un grand mouvement d'opposition à la politique des *fuqahâ'* maliktes, que l'on peut désigner sous le terme générique de révolte des Murîdûn.

Ce mouvement soufi, héritier de l'école d'Ibn Masarra, durement réprimé par les jurisconsultes almoravides, parviendra à instaurer une forme d' *Imâma* indépendant et favorisera la pénétration du courant almohade, avant d'en reconnaître la légitimité.

C'est cette évolution politique et religieuse que nous voudrions aborder, en exploitant les divers textes manuscrits ou inédits permettant de saisir les liens ténus qui unissent et coordonnent ces événements.

ACCEPTATION ET AUTODAFES DES OEUVRES DE GHAZALI

Dans les *Shismes dans l'Islam* (Paris, 1965, p. 208, note 67), H. Laoust attirait l'attention sur l'intérêt qu'il y aurait à étudier « l'histoire de la réputation de Ghazâlî (m. 505 H / 1111), dont les oeuvres et la pensée, diversement comprises selon les moments et les milieux, suscitèrent si souvent des adhésions et des admirations enthousiastes, mais se heurtèrent aussi à des oppositions, des critiques tout aussi passionnées »(1). Pour apporter une petite contribution à cette étude, nous voudrions évoquer la survie de Ghazâlî, dans l'Occident musulman à l'époque almoravide.

Composé en 489 H / 1096 et 495 H / 1103 (2), l' *Ihyâ 'ulûm al-dîn* fut introduit, semble-t-il, en al-Andalus par l'un de ses disciples Abû Bakr b. al-'Arabî (3) qui eût à souffrir de l'intolérance et de la persécution des *fuqahâ'*, au point d'y perdre la vie, s'il n'avait bénéficié de la protection d'Abû Bakr al-Turtûshî, du calife abbasside al-Mustazhir bi-Llâh et de l' *amîr al-muslimîn*, Yûsuf b. Tâshfîn. Abû Bakr b. al-'Arabî (468-543 H / 1076-1148), au cours d'un voyage effectué avec son père 'Abd Allâh b. 'Umar b. al-'Arabî (mort à Alexandrie, au retour, en 493 H / 1099), fut chargé de solliciter du calife une reconnaissance des droits de Yûsuf b. Tâsfîn à exercer la souveraineté sur le Maghrib et al-Andalus, avec le titre d'Émir des Musulmans (*amîr al-muslimîn*) et le laqab honorifique de « Défenseur de la religion » (*nâsir al-dîn*), ce qu'il obtint par un rescrit daté de *radjab* 491 H / juin 1098 qu'il ramena à Marrakech (4). Au cours de ce voyage, Abû Bakr b. al-'Arabî compléta sa formation à Damas et à Bagdad. Il rencontra Abû Bakr al-Turtûshî (5) dans la mosquée al-Aqsâ à Jérusalem, où il suivit son enseignement, fit le pèlerinage en nov-déc. 1096, le même mois et la même année que Ghazâlî, revint à Bagdad où il étudia sous la direction de Ghazâlî, avant de se rendre en Égypte avec son père, au Caire et à Alexandrie, où il retrouva de nouveau Turtûshî qui lui remit une lettre destinée à Yûsuf b. Tâshfîn (6) dans laquelle il exhortait l'*amîr* au bon gouvernement. Ghazâlî lui-même accepta de donner une fatwa (7), répondant à la consultation sollicitée par Abû Bakr b. al-'Arabî, ainsi qu'une lettre (8), destinée au souverain almoravide, qui devait par la suite se procurer auprès de ces mêmes savants orientaux, les fatwas justifiant son intervention en al-Andalus contre les rois de Taifas. Nous n'insisterons pas sur les rapports cordiaux qui pouvaient donc exister entre Ghazâlî et Yûsuf b. Tâshfîn, ni sur la correspondance échangée ; la connaissance des textes (9) permet d'en saisir les divers aspects. De retour en al-Andalus, Ibn al-'Arabî exerça le cadiquat dans sa ville natale Séville, avant de s'adonner à une vie retirée et studieuse.

Dès la mort de Yûsuf b. Tâshfîn et l'accès au pouvoir de son fils 'Alî, la situation se renverse totalement. À une période de mutuelle compréhension va succéder la persécution la plus tatillonne qui durera une quarantaine d'années. Entre 501 H et 505 H, date de la mort de Ghazâlî, le cadi de Cordoue Ibn Hamdîn et l'assemblée des *fuqahâ'* de la ville, avec la permission de l'*amîr*, ordonne un premier autodafé de l'*Ihyâ' 'ulûm al-dîn* (10) qui aura lieu près de la porte occidentale (*al-Gharbî*) sur la place de la mosquée : en présence de toute l'élite de la région, les ouvrages furent imprégnés d'huile et incendiés. Des messagers gagnèrent l'ensemble du pays pour étendre l'efficacité de cette mesure à l'Andalus.

Tel fut le sort réservé au chantre de l'*amîr* et de ses Lamtûna-Banû Turdjût, « combattant les insoumis, spécialement ceux qui demandaient aide aux chrétiens, devenant ennemi de Dieu, en s'opposant aux musulmans, alliés de Dieu ... au point de dénier toute obéissance à l'*amîr* juste, garant de l'obédience du calife abbasside »(11).

Un tel acharnement contre l'oeuvre de cet homme peut-être mieux compris à la lecture du prologue de l'*Art de la logique* d'Ibn Tumlûs d'Alcira (560-620 H / 1164-1223) (12). Après avoir examiné l'introduction progressive en al-Andalus des ouvrages d'*usûl al-dîn* / fondements de la religion, de *hadîth* /s, des écoles et systèmes juridiques, ce disciple d'Ibn Rushd analyse ce comportement vis à vis des oeuvres de Ghazâlî. En véritable historien critique de la philosophie, il esquisse le tableau des altérations du dogme éprouvées à travers les siècles chez les musulmans andalous, soulignant le manque d'instruction des *fuqahâ'*. Ceux-ci ne connaissaient en fait de science, « *que celle qui leur était forcément nécessaire pour résoudre les cas juridiques et qui leur avait été transmise par les docteurs de la seconde et de la troisième génération islamique, c'est-à-dire les questions casuistiques de droit canon que ces personnes apprenaient par coeur et retenaient de mémoire... De là vient, qu'à cette époque, les emplois principaux s'obtenaient au moyen de cette science* » (13). Manifestant une perpétuelle réticence à adopter les différents systèmes des maîtres célèbres et les ouvrages de *hadîth* /s que rapportaient certains andalous, de leur séjour en Orient, les *fuqahâ'* ne toléraient pas de remise en cause partielle ou totale de leur système de pensée. « *Quiconque contredisait ce même système devait être infidèle, comme s'opposant à la doctrine de la vérité apportée par le Prophète de la part de Dieu ; ils crurent pour cela même, que tous ceux qui arrivaient d'Orient avec les doctrines des différentes écoles enseignées par les principaux docteurs et avec les livres de hadith /s, étaient incrédules et athées, ils le firent croire aussi à la plèbe ignorante et à la famille du sultan, élevant la voix pour demander le sang de ces savants et leur diffamation publique, prétendant défendre ainsi la religion de Dieu* » (14). C'est le sort que subirent les auteurs d'ouvrages d'*usûl al-dîn* et leurs propagateurs, tel Baqî b. Makhlâd qui voulant enseigner le *Musnad* d' Ibn Abî Shayba, faillit perdre la vie et fut déshonnoré par toutes sortes de calomnies, avant que le temps ne convertisse en dogme de foi ce qui était considéré comme infidélité. Les partisans d'al-Ash'arî n'étaient-ils pas tancés vertement comme « athées simulés », avant que d'illustres docteurs et savants ne se consacrent à l'étude de ses oeuvres ? Cette aversion de l'étude des *'usûl al-dîn* et autres matières philosophiques, demeurera bien implantée dans le fond des âmes des *fuqahâ'* , jusqu'à l'époque de l'introduction des oeuvres de Ghazâlî. « *Ces livres blessèrent les oreilles des fuqahâ' , parce qu'ils contenaient des choses auxquelles ils n'étaient pas habitués, choses qu'ils ne connaissaient même pas, question complétement étrangères à leurs études habituelles, comme l'étaient les doctrines mystiques des sûfiyya et celles d'autres écoles, doctrines que les habitants d'al-Andalus n'étaient pas habitués à discuter et pas même à traîter. De là vient que leurs intelligences se refusaient à les admettre. En conséquence, ils déclarèrent : « S'il existe en ce monde l'impiété et l'athéisme, les doctrines contenues dans les livres d'al-Ghazâlî sont l'athéisme et l'impiété personnifiés* »(15).

Pour exorciser un tel risque, un nouvel autodafé frappa les oeuvres de Ghazâlî , sous le gouvernorat de Tâshfîn b. 'Alî : une lettre envoyée au gouverneur de Valence en *djumâdâ* I 538 H / novembre 1143 (16), un an avant la révolte d'Ibn Qasî (17) et de ses *murîdûn*, manifeste les préoccupations de l'almoravide, encourage les autorités de la ville à ordonner le Bien, interdire le Mal et faire régner la justice, avant de les mettre en garde : « *Quand vous rencontrez un livre hérétique, ou le fauteur de quelque hérésie, gardez-vous d'eux et spécialement des ouvrages d'Abû Hâmid al-Ghazâlî. Suivez-les à la trace, afin que sa mémoire soit totalement détruite, au moyen d'un autodafé incessant ; faites des perquisitions et exigez des serments de ceux que vous soupçonnez d'en cacher* » (18).

Une telle persistance dans l'effort d'anihilation de la pensée d'un homme, ne peut être mise uniquement à l'actif des *fuqahâ'* andalous, déroutés, au dire d'Ibn Tûmart, par la façon de penser de Ghazâlî. La diplomatie almoravide ne pouvait que se féliciter des bons rapports qu'elle entretenait avec Bagdad, grâce aux bons offices de notre philosophe, qui hâta la reconnaissance du gouvernorat de Yûsuf b. Tâshfîn sur le Maghrib et al-Andalus. Les interventions d'Abû 'Abd Allâh b. al-'Arabî et de son fils Abû Bakr, auprès de Turtûshî, de Ghazâlî et de l'administration califienne n'avaient d'autre objectif que de faire de Yûsuf b. Tâshfîn, non un souverain suprême (*mustabidd*), mais un serviteur de l'*amîr* des croyants al-Mustazhir, et le réunificateur de la Communauté musulmane, « faisant prononcer la *khutba* au nom de l'abbasside, du haut de plus de deux mille chaires, frappant monnaie à ce même nom » (19). La fatwa de Ghazâlî accordée à Yûsuf b. Tâshfîn, reconnaissait par anticipation ce droit à celui qui oeuvra avec justice à la proclamation de l'obédience califale. « Reconnaître le calife est ce que doit faire tout homme qui détient une autorité quelconque sur une terre musulmane, tant en Orient qu'en Occident, dans l'obligation de prononcer l'invocation en faveur de l'*imâm* véridique, même s'il n'en a pas reçu l'investiture (*taqlîd*) explicite ... Si un tel gouverneur (*malik*) en exercice proclame la suprématie du califat abbasside, tous, sujets et autorités, doivent lui être soumis, l'écouter et lui obéir, attendu qu'en se soumettant à lui, ils se soumettent à l'*imâm*, et s'écartant de lui, de l'*imâm* ils s'écartent ; celui qui se révolte et s'oppose à lui, niant son obédience, doit être jugé comme transgresseur (de la Loi) » (20). S'appuyant sur ce verset coranique : « Si deux groupes de croyants se combattent, rétablissez la paix entre eux. Si l'un des deux se rebelle encore contre l'autre, luttez contre celui qui se rebelle, jusqu'à ce qu'il s'incline devant l'Ordre de Dieu » (Coran, XLIX,9), Ghazâlî justifiait ainsi la reconnaissance de l' *amîr* almoravide, loyal serviteur du califat abbasside, sur les émirs andalous. « Tout rebelle à la Vérité, doit être converti à la Vérité par l'épée. L'*amîr* et ses gens doivent combattre ces insoumis, spécialement lorsqu'ils ont demandé aide et assistance aux chrétiens polithéistes, leurs alliés, devenant ennemis de Dieu du fait de leur opposition aux musulmans qui sont les alliés de Dieu ». Même si

Yûsuf reçut son acte d'investiture bien après la bataille de Zallâqa, il n'en est pas moins, aux dires de Ghazâlî », le délégué du calife, de facto, l'*imâm* de la métropole (*misr*) », l'obtention d'un tel acte « ayant été retardée par l'interposition de quelque imprévu ».

Dès 466 H / 1073, les *shayr* /s des tribus Lamtûna-Banû Turdjût avaient conseillé à Yûsuf, de ne plus se contenter du simple titre d'*amîr*, pour celui d'*amîr al-mu'minîn* (21). Il refusa ce titre réservé au seul calife, dont il se considérait le serviteur, mais adopta l'appellation d'*amîr al-muslimîn wa nâsir al-dîn* , ce qui déjà lui permettait de se distinguer des autres émirs. Il n'est pas impossible qu'il y ait eu dès cette époque, des démarches entreprises pour légitimer l'autorité de l'almoravide auprès de Bagdad. Ce qui expliquerait l'insistance de Ghazâlî et son regret devant la rédaction tardive (13 ans plus tard) de cette proclamation. C'est cependant, l'intervention du philosophe auprès de la diplomatie abbasside qui fit prendre conscience au calife al-Mustazhir que l'*imâm* véridique était responsable (*'âqila*) de la famille musulmane et qu'il n'était pas licite de laisser se développer une guerre civile, sans l'étouffer d'une manière ou d'une autre et qu'il fallait donc jouer la carte almoravide, étant donnée la distance considérable qui le sépare d'al-Andalus et du Maghrib. Cette démarche active , Ghazâlî la justifie dans sa lettre adressée au souverain almoravide, manifestant le grand intérêt qu'il portait à la cause des *murâbitûn.*

Pourquoi Ghazâlî connut-il la même rigueur et la même intolérance qui avait frappé, quelques années auparavant, un Ibn Hazm, révolté de ces procédés ?

« *Si vous brûlez le papier (qirtâs), disait-il,vous ne détruisez pas la pensée à lui confiée, encore moins le contenu de mon cerveau. Ma pensée voyage partout où me portent mes montures, elle s'arrête où je m'arrête et elle sera inhumée avec moi. Laissez-moi tranquille avec cet autodafé de parchemin et de papier, et exprimez vos opinions en vous basant sur des arguments scientifiques pour que les gens sachent discerner ceux qui savent. Ou sinon retrounez tout d'abord dans les salles d'école, comme des débutants, car combien de voiles, par Dieu, s'interposent entre ce que vous désirez (et vous)* » (22).

Véhémence que l'on pourrait rapprocher du récit prémonitoire, à caractère hagiographique, de la rencontre d'Ibn Tûmart et de Ghazâlî, rapportée par l'historiographe almohade Ibn Sâhib al-

Salât , d'après 'Abd Allâh b. 'Abd al-Rahmân al-'Irâqî (23), un *shaykh* de Fès qui aurait assisté à la rencontre. Informé du sort réservé à son *Ihyâ'*, il aurait exprimé ce souhait : « Puisse leur empire être mis en pièces comme ils ont mis en pièces mon livre! ». À quoi le Mahdî aurait rétorqué : « Leur sort sera entre mes mains si Dieu le veut ». Ce récit justifiant à posteriori la réhabilitation des oeuvres de Ghazâlî en al-Andalus, par le fondateur du courant almohade, traduit le désir des chroniqueurs almohades d'asseoir la légitimité d'une révolte contre un gouvernorat garant de l'obédience abbasside. Ce que Ghazâlî avait scellé: la reconnaissance officielle de l'émirat almoravide, Ghazâlî pouvait le rompre. « Il ne fait pas de doute, aurait-il dit, que ce Berbère ne devienne souverain du Maghrib al-Aqsâ et qu'il n'y fonde un vaste et puissant empire. Il porte en lui les signes décrits dans les traditions ». Si ce récit est entaché de légende, il précise qu'Ibn Tûmart fut un de ses élèves assidus pendant trois ans.

Par la suite, il invitera les *fuqahâ'* andalous, à étudier les livres de Ghazâlî, leur révélant l'harmonie qui existait entre les doctrines de celui-ci et les siennes. « On commença à lire ces livres et l'on devenait émerveillé en voyant l'excellence et l'harmonieuse organisation des matières qui brillait en eux tous, comme jamais on ne l'avait vu en aucune oeuvre. À la fin, il ne resta plus une seule personne en ces pays qui ne fût subjuguée par l'amour des livres d'al-Ghazâlî, excepté celles qui restaient passionnément attachées au principe d'autorité. De cette manière, la lecture des livres d'al-Ghazâlî qui, auparavant, avait été un acte d'impiété et d'athéisme, arriva à être morale et dogmatiquement orthodoxe » (24).

Alméria était aux XI-XIIe siècles, un des foyers les plus vivants du soufisme andalou, un des hauts lieux de l'opposition aux *fuqahâ'* malikites almoravides. Là, fut solennellement condamné dans une fatwa collective, l'autodafé des oeuvres de Ghazâlî. L'*Ihyâ' 'ulûm al-dîn* infusait un sang jeune et frais à la vieille école ésotérique espagnole, lui communiquant une vitalité nouvelle. Des hommes comme Ibn Barradjân de Séville (25), Ibn al-'Arîf d'Alméria (26), Abû Bakr al-Mayûrqî de Grenade (27), Ibn Qasî, le révolté de l'Algarve, y ont puisé le meilleur de leur résolution et de leur intransigeance.

Mais plus qu'Ibn al-'Arîf, c'est Ibn Barradjân qui fut l'inspirateur le plus ardent de cette opposition soufie à l'inquisition almoravide. Ibn al-Abbâr précise qu'il l'emportait par le mérite et les capacités, sur ses collègues, et qu'on le surnommait le Ghazâlî d'al-Andalus. L'agitation qui accompagna le développement de l' *imâma* d'Ibn Barradjân - il aurait été reconnu *imâm* dans 130 villages - excita la méfiance des *fuqahâ'* locaux, avant qu'ils ne se lancent dans l'éradication du mal, par l'arrestation des principaux meneurs en 536 H / 1141, l'extirpation des doctrines qui les avaient inspirés : autodafé des oeuvres de Ghazâlî, d'Ibn al-'Arîf, d'Ibn Barradjân et d'Ibn Qasî, lutte armée contre les Murîdûn, en 539 H / 1144 (28). Contraint d'émigrer au Maghrib Ibn Qasî fut reçu avec honneur en 540 H par l'émir almohade 'Abd al-Mu'min b. 'Alî, l'assurant du soutien des *murîdûn* et l'invitant à venir combattre les Almoravides en Andalus. Ce mouvement soufi, héritier de l'école d'Ibn Masarra, imprégné de l'oeuvre de Ghazâlî, favorisera la pénétration du courant almohade, avant d'en reconnaître la légitimité.

Ces quelques éléments permettent de mesurer l'impact de Ghazâlî sur la vie politique andalouse de ce XI-XIIe siècle, en pleine mutation, mettant en lumière l'intérêt porté aux oeuvres mystiques ou ésotériques attribuées ou non à Ghazâlî.

LA REVOLTE DES MURIDUN (29)

Aboutissement politique de l'évolution du grand courant mystique fondé par Ibn Masarra, cette grave révolte contre les Almoravides en al-Andalus va être le fait d'un chrétien converti à l'Islam, de la région de Silvés : Abû-l-Qâsim Ahmad b. al-Husayn b. Qasî (30).

Ibn Qâsî grandit au milieu du sérail gouvernemental, avant de s'adonner à l'ascétisme. Il vendit tous ses biens, les distribua en aumônes, voyagea à travers le pays et s'adjoignit au cercle d'étude d'Abû-l-Abbâs b. al-'Arîf à Alméria (31). Il dirigea ses pas vers Marrakech, puis revint en al-Andalus où il entreprit l'étude des oeuvres d'Abû Hamîd al-Ghazâlî (32), avant de regagner son village. Encourageant les populations de cette région à la révolte et à la rébellion contre tout ce qui pouvait être contraire à la voie droite (*al-hidâya*), il prétendit à l'*Imâma* , entrant officiellement en révolte contre le pouvoir almoravide. Recherché, ainsi que ses compagnons, il dut se cacher, mais ne put éviter la capture de certains d'entre eux qui furent dirigés sur Séville.

De sa retraite, il dispensait ses conseils à ses compagnons qu'il dénomma les *Murîdûn*, leur attribuant comme guide Muhammad

b. Yahyâ al-Shaltîsî, surnommé Ibn al-Qâbila al-Mustafâ (33) (l'élu), son secrétaire, parfaitement au courant des affaires du mouvement.

Simultanément, un ancien *muwallad* de Silvés, Muhammad b. 'Umar b. al-Mundhir (34), notable de cette ville, d'une très belle prestance, homme de lettres, ayant accompli ses études à Séville, distingué par ses connaissances littéraires et juridiques, décida de rejoindre le mouvement des *Murîdûn* . Ancien administrateur de la charge de conseiller juridique (*khutta al-shûrâ*) pour sa région, il décida de s'adonner à l'ascétisme et de se retirer des afffaires. Il fit une retraite au ribat de Rayhana (35), fondé par Ibn Qasî, fit don de tous ses biens, avant de le seconder en gagnant sa région à la révolte contre les Almoravides. Il fut aidé en cela par Abû Muhammad Sidrây b. Wazîr (36), responsable du mouvement des *Murîdûn* à Evora, qu'il avait entraînée dans la mouvance du nouvel Imam. Une profonde amitié s'instaura entre ces deux personnalités qui manoeuvrèrent de concert, se dirigèrent vers la forteresse de Monchique (*Mardjiq*) (37), dans la province de Silvés et en délogèrent les Almoravides, avant de massacrer la garnison (38).

La nouvelle fit tache d'huile, gagna Béja dont la population demanda l'aman des *Murîdûn*, tout en espérant des secours de Séville. Profitant d'une sortie des Almoravides, Ibn al-Mundhir pénétra dans la ville, en compagnie du corps expéditionnaire qu'Ibn Wazîr lui avait confié pour lui faciliter la tâche et qui était commandé par son frère Ahmad et son oncle maternel 'Abd Allâh b. 'Alî b. Sumayl.

C'est au cours de l'année 539 H qu'Ibn al-Qâbila décida de profiter de l'amenuisement du pouvoir Lamtûna-Banû Turdjût, à la mort de l'émir Tâshfîn b. 'Alî b. Yûsuf, pour s'emparer par surprise de la forteresse de Mertola (39), défendant la région occidentale d'al-Andalus. S'étant embusqué dans ses environs avec à peu près 70 hommes, il réussit, à l'aube du jeudi 12 *safar* de cette même année, à surprendre les portiers de la forteresse, et à en prendre possession au nom d'Ibn Qasî. Demeurant dans la place, il attendit l'arrivée d'Ibn Qasî et d'un groupe important de Murîdûn, dont le mot de ralliement était le *tahlîl* et le *takbîr* (40). Ibn Qasî s'installa dans le palais de la place forte, y convoqua tous les notables du pays, auxquels il dévoila sa doctrine, plusieurs d'entre eux répondirent à son appel, en premier lieu les gens d'Evora (41), puis ceux de Silvés.

Alors qu'Ibn Qasî se trouvait depuis un mois à Mertola, il y fut rejoint au début de *rabî'a* II 539 H, par Ibn al-Mundhir et Ibn Wazîr, qui lui prétèrent serment d'allégeance et se mirent à sa disposition. Ibn Wazîr se vit attribuer le gouvernorat de la région de Béja (42) et Ibn al-Mundhir celui de Silvés avec les mêmes fonctions. Le premier regagna sa province, alors qu'Ibn al-Mundhir s'attarda quelques jours à Mertola, vit la garnison d'Ocsonoba (43) rejoindre ses compagnons Murîdûn et les habitants de Silvés dans leur sédition. Élargissant l'influence du mouvement, Ibn al-Mundhir se présenta de nouveau à Ibn Qasî, l'informa du développement de sa cause et du bonheur que lui procurait cette victoire. L'Imam se réjouit de sa présence, le confirme dans ses attributions et lui confère le titre d'*Al-'azîz bi-Llâh* (44). Reparti en campagne, Ibn al-Mundir traverse l'Âna à la tête de ses troupes en direction de Huelva (45) dont il fait la conquête. De là, il poursuit jusqu'à Niébla (46) que lui livre son gouverneur Yüsuf b. Ahmad al-Bitrûdjî (47), gagné à la révolte des *Murîdûn*, malgré la résistance de quelques Almoravides retranchés dans ses tours.

Emporté par l'espoir de vaincre, il ambitionna de s'emparer de Séville : cette ville se trouvait à ce moment là dépourvue de gouverneur. Quittant Niébla, il se mit en marche vers Séville, dont il gagna les fortifications par les hauteurs de Talyâta (48). En cours de route, sa troupe s'était étoffée et ses effectifs enrichis. Parvenant à la forteresse al-Zâhir, il en prit possession, avant de se trouver stoppé en vue de Triana (49), par un contingent de l'armée d'Abû Zakariyâ' Yahyâ b. 'Alî b. Ghâniya (50).

Informé de la sédition de la région occidentale d'al-Andalus, ce gouverneur almoravide quitta Cordoue, se hâta vers Séville, alors qu'Ibn al-Mundhir en pillait les environs. Repoussé et mis en fuite, Ibn al-Mundhir se dirigea vers Niébla de nuit, y demeura deux jours pour la fortifier, y laissa Yûsuf al-Bitrûdjî avant de rejoindre Silvés. Parvenu devant Silvés, Yahyâ b. 'Alî b. Ghâniya l'assiégea avec son armée durant trois mois, au cours de l'hiver, jusqu'à ce que lui parvienne la nouvelle du soulèvement d'Ibn Hamdîn (51) à Cordoue, l'obligeant à lever le siège et se diriger vers Séville.

Informé du soulèvement d'Ibn Hamdîn, Ibn Qasî ordonna à Ibn al-Mundhir de mettre sur pied un corps d'armée et de s'acheminer, en compagnie de Muhammad b. Yahyâ b. Qâbila, son secrétaire et ami, en direction de Cordoue, afin d'en prendre possession (52), à l'appel d'un groupe de sympathisants au mouvement des Murîdûn, habitant le faubourg : Abû-l-Hassan b. Mu'min et d'autres. L'armée de Silvés et de Niébla rencontra Ahmad b. 'Abd al-Malik b. Hûd, Sayf al-Dawla, venu entre-temps, à l'appel de la population de certaines villes frontières voisines de Cordoue, chasser Ibn Hamdîn de la ville.Celui-ci s'était retiré dans la forteresse de Hornachuelos (*Furnadjûlush*) (53), en attendant qu'une nouvelle révolte de la population de Cordoue ne renverse Ibn Hûd et n'élimine son vizir Ibn Shammâkh, douze jours après son entrée dans la ville.

Les compagnons d'Ibn Qasî repartirent donc frustrés d'un pouvoir détenu par le puissant cadi. Cet épisode devait engendrer un différent entre Ibn Wazîr et Ibn al-Mundhir dont nous ignorons les causes profondes et qui devait entraîner un affaiblissement de la révolte des Murîdûn. Prenant parti pour Ibn al-Mundhir, Ibn Qasî lui ordonna de combattre Ibn Wazîr. La situation tournant à son désavantage, Ibn al-Mundhir fut vaincu et retenu prisonnier dans la ville de Béja. On lui creva les yeux dans sa prison où il demeure séquestré jusqu'à la conquête de la région occidentale d'al-Andalus et de la ville de Béja par les Almohades. Délivré par leurs mains, il retourna dans sa ville de Silvés.

LE MOUVEMENT MURIDUN ET LA RECONNAISSANCE DE L'OBEDIENCE ALMOHADE (54)

Manquant d'homogénéité et de l'esprit de corps nécessaire à ce genre d'entreprise, le mouvement des Murîdûn commença à s'entredéchirer, dès l'année 540 H. La population de Silvés, sous l'inspiration d'Ibn Wazîr et celle de Béja, conseillée par le frère d'Ibn Qasî, remit en cause ses agissements, au point qu'il fut destitué, puis rétabli dans ses fonctions à Mertola, avant d'être contraint d'émigrer au Maghrib. Débarquant à Ceuta dont le gouverneur almohade l'accueillit et l'honnora, lui fournissant une escorte qui l'accompagna à Marrakech, Ibn Qasî contacta, en *rabi'a* II 540 H, l'émir almohade 'Abd al-Mu'min b. 'Alî (55) qui le reçut avec honneur, lui manifesta ses bienfaits et le renvoya en al-Andalus, en *muharram* 541 H, à la tête d'une armée chargée de gagner à la cause almohade Tarifa et Algésiras, premières têtes de pont nécessaires à l'intervention almohade.

Comme toute résistance almoravide au Maghrib était anéantie et que le soulèvement général d'al-Massatî ne s'était pas encore produit, 'Abd al-Mu'min prêta attention aux instigations d'Ibn Qasî, l'invitant à venir combattre les Almoravides en al-Andalus. Il le renvoya donc avec un corps d'armée, sous le commandement de Barrâz (56), *qâ'id* almoravide de la tribu Massûfa, gagné à la doctrine almohade. Ce contingent almohade arriva au cours de l'été 1147.

Après avoir occupé Tarifa et Algésiras, Ibn Qasî se dirigea vers l'Algarve où se soumirent à lui, Abû-l-Djamr b. 'Azzûn (57) à Jerez, Yûsuf al-Bitrûdjî à Niébla. Il reprit Mertola, rétablit son obédience sur Silvés, gagna Bela et Badajoz dont le gouverneur Sîdrây b. Wazîr reconnut l'autorité almohade, puis retourna hiverner à Mertola.

Au début de l'année suivante, Barrâz, ayant reçu en renfort les contingents Murîdûn des territoires de l'Algarve, prit possession de Séville le 12 *sha'ban* 541 H, s'étant auparavant emparé de Téjada et Aznalcazar (58). Les Sévillans envoyèrent par la suite une ambassade présidée par le cadi Abû Bakr b. al-'Arabî (59), dont le fils était décédé au cours de l'assaut contre la ville, reconnaître 'Abd al-Mu'min comme leur souverain.

De retour à Silvés, Ibn Qasî partagea le gouvernorat de la ville avec Ibn al-Mundhir. Nous ignorons quels furent les motifs qui brusquement le poussèrent à récuser l'obédience almohade, au point de vouloir livrer la ville et la région au gouverneur chrétien de Coimbra, Alfonso Henrique (*Ibn al-Rîq*) (60), qui lui envoya secours et assistance en armes et chevaux. Il semble cependant que la conduite des frères du Mahdî Ibn Tûmart à Séville ne soit pas étrangère à ce revirement. Non contents de persécuter et pressurer la population de Séville, ceux-ci décidèrent de retirer à Yûsuf b. Ahmad al-Bitrûdjî son gouvernorat de Niébla. Quittant discrètement Séville, al-Bitrûdjî accompagné de quelques Murîdûn, regagna Niébla où il proclama l'état de rébellion contre les Almohades et les expulsa de la ville. Au cours des années 543-544 H, Ahmad al-Bitrûdjî dut faire face à la répression almohade ; poursuivi, il parcourt la région occidentale d'al-Andalus, passant par Silvés, résidence d'Ibn Qasî, revenant à Niébla, faisant une incursion à Tabîra, avant d'être mis en fuite.

La population de Silvés réprouva cette volte-face. Aidée par Ibn al-Mundhir qui regroupa les notables de la région et organisa la gérance des affaires intérieures malgré sa cécité, elle prémédita l'assassinat de l'imam des Murîdûn. Assiégé en *djumada* I 546 H, dans son palais de *Sharâdjîb* , Ibn Qasî ne put longtemps résister à ses assaillants, qui, usant d'un stratagème, purent pénétrer dans la forteresse, s'en rendre maître et le tuer. Établi en ses lieux et place par la population, Ibn al-Mundhir promulga la doctrine almohade. N'étant pas assuré de sa totale loyauté au mouvement almohade, lui aussi fut cependant dessaisi de ses fonctions, tranféré à Séville et remplacé à Silvés par Ibn Wazîr, avant de regagner Salé où il devait mourir en 548 H / 1153.

LES MURIDUN ET L'ECOLE SOUFI D'ALMERIA (61)

Alméria était aux XIe et XIIe siècles, un des foyers les plus vivants du soufisme andalou, un des hauts-lieux de l'opposition aux *fuqahâ'* malikites almoravides. Là, fut solennellement condamné, dans une fatwa collective, l'autodafé des livres de Ghazâlî, ordonné en 500-501 H par l'émir 'Alî b. Yûsuf b. Tâshfîn. Si l'on en croit Ibn Qattân (62), cet émir, avec l'accord du cadi de Cordoue Ibn Hamdîn et des *fuqahâ'* de la ville, ordonna de rassembler tous les volumes disponibles de l'*Ihyâ' 'ulûm al-dîn* sur la place de la mosquée, de les imprégner d'huile et d'y mettre le feu, avec interdiction à toute personne d'en garder le moindre exemplaire.

L'enseignement d'Ibn Masarra (883-931) a exercé une influence profonde et durable sur les milieux soufis andalous jusqu'à l'époque de la diffusion en Occident musulman des doctrines de Ghazâlî, par l'intermédiaire de disciples d'Abû Bakr al-Turtûshî (63) ayant suivi aussi l'enseignement du maître, comme Abû Bakr b. al-'Arabî (64).

L'*Ihyâ' 'ulûm al-dîn* infusait un sang jeune et frais à la vieille école ésotérique espagnole, lui communiquant aussi une vitalité nouvelle. Des hommes comme Ibn Barradjân (65) de Séville, Ibn al-'Arîf (66) d'Alméria, Abû Bakr al-Mayûrqî (67) de Grenade, Ibn Qasî le révolté de l'Algarve ont puisé dans l' *Ihyâ'* le meilleur de leur résolution et de leur intransigeance.Mais plus qu'Ibn al-'Arîf, c'est Ibn Barradjân qui fut l'inspirateur le plus ardent de cette opposition soufie à l'inquisition almoravide. Ibn al-Abbâr (68) précise qu'il l'emportait par le mérite et les capacités sur ses collègues et qu'on le surnommait le Ghazâlî d'al-Andalus. Cette dernière remarque confirme l'hypothèse qu'Ibn al-'Arîf fut le disciple d'Ibn Barradjân et partisan de son *Imâma* . Trois fragments de lettres écrites par Ibn al-'Arîf à Ibn Barradjân le confirment. Ibn al-'Arîf s'y adresse au soufi de Séville en l'appelant son Grand Maître, son *Shaykh*, son *Imâm*. Au début de son itinéraire spirituel, Ibn al-'Arîf, découragé par la vue de ses nombreux défauts et négligences, expose à Ibn Barradjân, dans un fragment de sa correspondance, ce qui lui semble nécassaire pour suivre son exemple dans le Tasawwuf : « *L'essentiel pour moi revenant à ceci, j'avais besoin en ce monde d'un homme savant et vertueux qui me prenne fermement en main, comme un père strict et sage le fait pour son fils, ne laissant point passer une négligence de ma part sans m'en corriger par le fouet, autant que ma santé et mon corps pourront en supporter et cela jusqu'à ce que je devienne membre des Sâlikîn (ascètes). Dieu fera alors ce qu'il voudra, je suis en effet par tempérament comme un enfant ou une femme qui ne se corrige que sous la direction d'un tuteur* »(69). Plus qu'un tuteur, Ibn Barradjân a été pour lui le guide suprême, l'Imam qui détient la bénédiction de Muhammad, comme son représentant légitime.

Dans une autre lettre adressée à son disciple Abû-l-Hasân 'Alî b. Ghâlib al-Ansarî (70), Ibn al-'Arîf ajoute : « *Dieu soit le protecteur de l'Imam, le juriste Abû-l-Hakâm 'Abd al-Salâm, mon Shaykh et mon grand maître (kabîrî) et que sa miséricorde soit sur lui, de la part de celui qui a acquis sa science auprès de lui et qui vit dans l'attente de ses nouvelles, l'esclave de Dieu, Ahmad b. Muhammad. Que la paix et la miséricorde de Dieu soit sur toi. Seigneur réalise en ce Shaykh, mon Imam et mon maître, l'union de la Vérité de son existence et de l'existence en lui de la Vérité de Ta connaissance et de Ta familiarité. Fais de lui l'Imam de ceux qui montrent les voies de la purification de l'âme et de ceux qui déterminent les chemins du salut* ».

Versé dans la science des *Qirâ'at* / Lectures du Coran, dans celle de la Tradition et du *kalâm*, Ibn Barradjân offrait l'exemple d'une vie austère. Il composa un commentaire du Coran conçu dans l'esprit de sa doctrine ésotérique, ainsi qu'un commentaire des noms d'Allâh. Comme les autres soufis d'al-Andalus, il se rattache à la grande tradition d'Ibn Masarra, tout en ayant subi l'influence de Ghazâlî. Ibn Khaldûn (71) le range dans la catégorie des gens du *tadjallî* / dévoilement qu'il oppose à celle des théoriciens du monisme (*wahda*), pour qui Dieu est la totalité du monde manifesté et non manifesté, la seule réalité.

Formé à Alméria aux disciplines religieuses et philosophiques, Ibn al-'Arîf se fit connaître comme traditionaliste, lecteur de Coran et poète. Il enseigna à Saragosse, à Valence, à Alméria.

Initié au soufisme par Abû Bakr b. 'Abd al-Bâqî et Abû Sa'îd Ahmad b. al-'Arabî (m. 311 H / 923-924), un seul de ses ouvrages nous est parvenu : le petit opuscule des *Mahâsin al-madjâlis* , dont Ibn 'Arabî de Murcie fera le plus grand cas, ainsi qu'un recueil de correspondance.

L'agitation qui accompagna le développement de l'Imamat d'Ibn Barradjân (il aurait été reconnu Imam dans 130 villages) (72), excita la méfiance des *fuqahâ'* locaux. Alerté par eux, l'émir almoravide 'Alî b. Yûsuf b. Tâshfîn convoqua Ibn Barradjân, Ibn al-'Arîf et Abû Bakr al-Mayûrqî (73) à Marrakech. Ce dernier réussit à prendre la fuite et put se réfugier à Bougie et, de là, reprendre le chemin de l'Orient où il avait déjà séjourné. Les deux autres furent traités de manière bien différente. Ibn Barradjân paraissait fort dangereux et fut prié, devant une assemblée de *fuqahâ'* , de s'expliquer sur certaines de ses propositions jugées hérétiques. Jeté en prison, il devait décéder en 536 H / 1141. 'Alî b. Yûsuf donna des ordres pour que son corps , privé de la prière des morts, fût jeté au dépotoir de la ville. Seule l'intervention de 'Alî b. Hirzihim (74), courageux soufi de Fès, sauva le maître de cette disgrâce et permit qu'il fût inhumé sur la place au blé (*rahbat al-hinta*).

Ibn al-'Arîf, par contre, bénéficia d'un traitement plus libéral. L'émir lui fit ôter les chaînes dont on l'avait chargé à l'instigation du cadi d'Alméria, Ibn Aswad (75). Rendu à la liberté, il trépassait la même année, le 23 *safar* 536 H / 1141, empoisonné, suppose-t-on, par ce même cadi qui se serait ingénié à lui faire absorber une aubergine empoisonnée. L'un de ses plus intimes disciples, Abû 'Abd Allâh al-Ghazzâl d'Alméria (76), plus réaliste, attribue la disparition de son maître à une mort naturelle, plaçant le fait à Ceuta, avant qu'Ibn al-'Arîf fût conduit à Marrakech.

Quelle est la dépendance des responsables de la révolte des Murîdûn envers Ibn al-'Arîf ? Agissaient-ils sous l'influence de sa doctrine soufie ? Seul le dépouillement des lettres qu'Ibn al'Arîf adressa à ceux qu'il considérait comme ses frères, ses disciples, peut nous permettre de répondre à ces questions. Contenues dans un ouvrage intitulé : *kitâb miftâh al-sa'âda wa tahqîq tarîq al-irâda* (77), attribué faussement à Ibn al-'Arîf et regroupant les écrits de plusieurs soufis, certaines sont adressées aux trois principaux responsables de la révolte des Murîdûn : Ibn Qasî, Ibn al-Mundhir et Abû Muhammad b. al-Hâdjdj al-Lûraqî .

Auteur du *kitâb khal'a al-na'layn wa iqtibâs al-anwâr min mawdu' al-qadamayn* (78), Ibn Qasî, Imam et Mahdî des Murîdûn, se révolta dans l'Algarve quelques temps après la mort d'Ibn al-'Arîf et d'Ibn Barradjân, ce qui fit penser à certains historiens qu'il avait déclenché ce mouvement pour venger la mort de ce *shaykh*. Les lettres qu'adressa Ibn al-'Arîf à Ibn Qasî prouvent au contraire qu'Ibn Qasî était alors un *shaykh*, savant et expert en *tasawwuf* lorsqu'Ibn al-'Arîf fit sa connaissance, au point que ce dernier trouva extraordinaire qu'Ibn Qasî ait eu connaissance de son nom. Ne lit-on pas, en effet, dans l'une de ces lettres : « Abû Muhammad (le porteur de la lettre) m'a dit que tu connais mon nom ... » (79). Écrites entre 525 H et 529 H, suivant les dates mentionnées par Ibn al-'Arîf, à une époque où Ibn Qasî commençait à rassembler ses Murîdûn et avait fait la connaissance d'Abû-l-Walid Ibn al-Mundhir, une autre de ces lettres manifeste l'étonnement et l'admiration d'Ibn al-'Arîf pour Ibn Qasî et l'oeuvre qu'il a accomplie. Malgré la difficulté d'interprétation de ce langage épistolaire, du guide (*murshid*) envers son disciple (*murîd*), nous pouvons cependant en déduire que la personnalité d'Ibn Qasî était totalement constituée avant la rencontre d'Ibn al-'Arîf et que son activité soufie et sa révolte n'ont pas été commanditées par le Shaykh d'Alméria, même si Ibn Qasî lui a rendu visite, comme beaucoup de soufis le faisaient à son époque. Ibn al-'Arîf lui-même nous signale dans l'une de ses lettres, que chaque année, dès 524 H, il n'hésitait pas à s'embarquer ou partir visiter d'autres disciples et adeptes de l'ascétisme.

Ce que nous venons de déduire des relations entre Ibn al-'Arîf et Ibn Qasî, nous pouvons l'appliquer aux rapports existant entre le *shaykh* d'Alméria et Ibn al-Mundhir. Si l'on en croit la correspondance qu'ils échangèrent, Ibn al-'Arîf ne le connaissait pas à cette époque, se contentant de lui écrire en réponse à la demande d'un visiteur nommé Abû Muhammad al-Muwâq. Il semble cependant, au vu de ces lettres, que des relations plus solides s'établirent et se développèrent entre ces deux personnalités, parvenant à un niveau non atteint avec Ibn Qasî. Ibn al-Mundhir répondait aux lettres d'Ibn al-'Arîf et celui-ci manifestait tout le plaisir que lui procurait la lecture des missives en provenance de Silvés : « *Ta précieuse lettre m'est parvenue. Le besoin que j'en ressentais et le désir de m'y arrêter n'a d'égal que celui de l'altéré envers la pluie* »(80). Or , Ibn al-Mundhir fut l'un de ceux qui secondèrent Ibn Qasî dans sa révolte, au point de se voir confier le commandement des armées Murîdûn contre les Almoravides, avant d'exercer le gouvernorat de Silvés.

Une autre correspondance d'Ibn al-'Arîf sera adressée à Abû Muhammad b. al-Hâdjdj al-Lûraqî (81) à l'époque où éclata la première révolte d'Ibn Hamdîn à Cordoue. Détenant le pouvoir au cours de la révolte de Murcie contre les Almoravides, il fera appel à Ibn Hamdîn, mais ne tardera pas à être évincé du pouvoir. Nous ne savons rien de précis sur ses liens avec Ibn al-'Arîf, si ce n'est que ces lettres mettent en évidence des rapports déjà anciens et l'existence d'une rencontre entre ces deux personnages.

LA TARIQA DES MURIDUN (82)

Après avoir disserté dans le prologue de son *Art de la logique*, sur la progressive introduction en al-Andalus des fondements de la religion, du hadîth et des diverses écoles et systèmes juridiques, Ibn Tumlûs de Alcira (83) aborde la diffusion et l'influence de la doctrine de Ghazâlî, les craintes que soulevèrent ses théories mystiques parmi les *fuqahâ'* , peu habitués à en discuter. Pareille innovation provoqua l'ire de ces juristes malikites qui d'un commun accord , exigèrent du pouvoir almoravide la destruction de ces ouvrages. Tous ceux qui se trouvaient en possession de ces ouvrages se voyaient soumis à une véritable inquisition. Le plus célèbre de ces persécutés fut Abû Bakr b. al-'Arabî.Cette intolérance envers Ghazâlî redoubla d'intensité sous le gouvernorat de Tâshfîn b. 'Alî : une lettre envoyée au gouverneur de la région de Valence, nous permet de saisir les liens existant entre la doctrine de ce philosophe et mystique et la naissance des mouvements de révolte des Murîdûn et des Almohades.

Le cadicat de Valence était vacant, le faqih Muhammad b. Djahhâf en assurait l'intérim jusqu'à ce que, le 24 *dhû-l-hidjdja* 538 H / 28 juin 1144, Tâshfîn b. 'Alî en confiât la charge à Abû Marwân b. 'Abd al-'Azîz. Écrite en *djumâdâ* I 538 H / novembre 1143, quelque temps avant la révolte d'Ibn Qasî, cette lettre (84) manifeste les préoccupations de Tâshfîn b. 'Alî et encourage les autorités de la ville à ordonner le Bien, interdire le Mal et faire régner la justice, avant de les mettre en garde contre l'influence de livres jugés hérétiques, les oeuvres de Ghazâlî : « Quand vous rencontrerez un livre hérétique, ou le fauteur de quelque hérésie, gardez-vous d'eux et spécialement des ouvrages d'Abû Hamid al-Ghazâlî. Suivez- les à la trace afin que sa mémoire soit totalement détruite, au moyen d'un autodafé incessant ; faites des perquisitions et exigez des serments de ceux que vous soupçonnez d'en cacher ».

Existe-t-il une relation mystique entre Ghazâlî, Ibn Qasî, auteur du *kitâb khal'a al-na'layn* et l'école d'Ibn Masarra ? Pour en décider, il faudrait avoir accès au commentaire d'Ibn Abî Wâtil dont Ibn Khaldûn nous donne quelques extraits dans sa *Muqaddima* (85). Il n'est peut-être pas inutile de les citer : « L'époque antérieure à l'Islam n'est qu'erreur et aveuglement. Puis, grâce à la prophétie, c'est le tour de la vérité et de la bonne voie. La prophétie est suivie par le califat et le califat par la monarchie. Celle-ci tourne ensuite à la tyrannie, à l'orgueil et à la vanité. Or, puisqu'on constate la tendance divine à faire revenir les choses à leur point de départ, il s'ensuit que la vérité et la prophétie seront nécessairement revivifiées par la sainteté (*wilâya*). Celle-ci sera naturellement suivie par le califat.Après quoi, ce sera le tour de l'Antéchrist (*dadjdjal*) qui prendra le pouvoir et l'autorité royale. Enfin, l'impiété redeviendra ce qu'elle était avant le Prophète. Ceci fait allusion au califat après la prophétie et à la monarchie après le califat : ce sont trois phases successives. De même, il y aura aussi trois phases correspondantes : la sainteté du Fatimide, qui doit faire revivre le prophétisme et la vérité ; le califat, après le Fatimide ; et le temps de l'Antéchrist, qui est celui de l'erreur. Ensuite, l'impiété redeviendra ce qu'elle était avant le Prophète ».

« D'autre part, le califat est la propriété légale des Qorayshites d'après un consensus général que ne peut affaiblir le désaccord des ignorants. À plus forte raison, si le prétendant à l'imâmat est encore plus proche du Prophète. Cette parenté peut être physique, pour les descendants de 'Abd al-Muttalib, comme elle peut être spirituelle pour les membres de la famille de Mahomet - au sens profond du mot famille, qui signifie qu'au moment où ils seront présents, celui qui est leur famille ne sera pas absent ».

« ...En ce qui concerne le saint attendu, qui prendra en main la cause de Dieu, sous le nom de Muhammad al-Mahdî, le Sceau des Saints, ce ne sera pas un prophète mais un saint - envoyé par son esprit et son ami. Le prophète a dit : « Le savant est à son peuple ce que le prophète est à sa nation ». Il a dit encore : « Les savants de ma nation sont comme les prophètes des enfants d'Israël ». Les bonnes nouvelles de son avènement ne cesseront pas, du commencement du « jour de Mahomet » jusqu'à peu de temps avant l'an 500 H / 1106 - qui est la moitié de ce jour. Elles deviendront de plus en plus fortes et nombreuses et les Cheikhs continueront à proclamer l'annonce de la venue du Mahdî et de son temps, à partir de la fin de l'an 500 H ».

« D'après les Shî'ites, (le Fatimide) est le Messie ; le Messie des Messies de la famille de Mahomet. Certains lui appliquent la tradition : « Point de Mahdî, en dehors de Jésus ». C'est-à-dire : « Point de Mahdî, en dehors du Mahdî qui sera, pour la Loi de Mahomet, ce que Jésus a été pour la Loi mosaïque - il la suit et ne l'abroge pas ».

Ayant pleine conscience, dans son *Mishkât al-anwâr* , qu'il ne faut pas isoler le sens caché du sens littéral dans l'interprétation symbolique des deux sandales que Dieu ordonne à Moïse d'ôter en sa présence, Ghazâlî semble avoir guidé Ibn Qasî dans sa démarche mystique.

« Le sens littéral de l'enlèvement des sandales éveille la conscience à l'abandon des deux mondes. Le symbole dans son apparence extérieure est vrai et sa transcription à la réalité profonde et cachée est une vérité intérieure. Ceux qui ont cette prise de conscience sont ceux qui ont atteint le degré (de transparence) du verre » (86).

Ayant repris ce symbole dans le titre de son ouvrage, Ibn Qasî s'était-il permis de rejeter la lettre des textes et était-il convaincu de la fausseté du sens littéral, selon l'opinion des *Bâtiniyya* (Intérioristes) qui, selon Ghazâlî, « sont borgnes et ne considèrent qu'un seul des deux mondes, ignorant l'homologue qui existe entre eux et ne comprenant pas cet aspect des choses » ? Ou bien adoptait-t-il la position des littéralistes (*Hashwiyya*) niant toute signification intérieure ? Était-t-il un intérioriste qui isole le sens caché ? Ou bien, l'interprète parfait qui unit les deux sens ?

Initié au *kitâb khal'a al-na'layn*, par le propre fils d'Ibn Qasî, à Tunis en 590 H / 1193, Ibn 'Arabî (87), grâce au volumineux commentaire qu'il en écrit plus tard, semble le mieux à même de nous faire pénétrer la pensée mystique de l'auteur. D'autant qu'il prit contact avec l'école soufie d'Alméria, dirigée en 595 H par Abû 'Abd Allâh al-Ghazzâl, disciple d'Ibn al-'Arîf, ne répugnant pas à commenter et expliciter certaines phrases du *Mahâsin al-madjâlis* : « ... Jusqu'à ce que s'éteigne ce qui n'a pas été et que reste ce qui n'a jamais cessé d'être » (88).

Établi à Séville, al-Ghazzâl mettait en garde Ibn 'Arabî contre les juristes qui, « avides des biens de ce monde, étudient le fiqh par vanité, pour qu'on les remarque et que l'on parle d'eux, et qui se complaisent dans les arguties et les vaines controverses. Ce sont de telles gens qui s'attaquent aux hommes de l'Au-delà, à ceux qui craignent Allâh et reçoivent une science de chez lui. Ces juristes cherchent à réfuter une science qu'ils ne connaissent pas et dont ils ignorent les fondements » (89). Tel devait être le comportement des juristes qui ordonnèrent l'autodafé des oeuvres de Ghazâlî, Ibn Barradjân et Ibn Qasî.

Le soufisme d'Ibn Qasî devait aménager le contact entre l'Islam orthodoxe universellement uniforme des Malikites andalous et des réalités locales forts diverses. Cet universalisme est pensé par l'élite des fuqahâ', tandis que la réalité locale de la région d'Alméria et de l'Algarve est vécue par les masses populaires qui soutinrent le mouvement des Murîdûn, tremplin du pouvoir almohade. Cette opposition entre les juristes almoravides, accusés d'anthropomorphisme et les mystiques partisans du *tawhîd*, sympathisants mu'tazilites, fut préjudiciable à Ibn al-'Arîf, Ibn Barradjân, al-Ghazâlî et Ibn Qasî. Une comparaison de la notion de *ma'rifa*, sommet des stations religieuses de Ghazâlî, avec celle d'Ibn al-'Arîf (90), la reprise de l'examen de conscience d'Ibn Masarra par l'*Ihyâ* de Ghazâlî (91), le parallélisme entre le concept de l'Un et la doctrine ésotérique du Trône, chez Ibn Masarra, al-Ghazâlî et Ibn 'Arabî (92) ou la notion de *fanâ* et de *tawhîd* chez Ibn al-'Arîf et Ghazâlî (93) ne sont que quelques éléments permettant de justifier l'intérêt d'une meilleure connaissance de la pensée d'Ibn Qasî, à travers le commentaire de son *kitân khal'a al-na'layn* , effectué par Ibn 'Arabî .

NOTES

1)- H.Laoust, « La survie de Ghazâlî d'après Subkî », *B.E.O*, XXV, 1973, p. 153.

2)- H.Laoust, *La politique de Ghazâlî*, P.Geuthner, Paris, 1970, p. 115.

3)- *E.I* (2), III, article de J. Robson, p. 729.

4)- E.Lévi-Provençal, « Le titre souverain des Almoravides et sa légitimité par le califat abbasside », *Arabica*, 1955, II, p. 265-280.

5)- *E.I* (1), II, p. 378, article Ben Cheneb ; V. Lagardère, « L'unificateur du Malikisme oriental et occidental à Alexandrie : Abû Bakr al-Turtûshî », *R.O.M.M*, 1981, 31, I, p. 47-61. Ajouter à la biographie : M. Isabel Fierro, « El principio mâlikî « sadd al-dharâ'i » en el *kitâb al-hawâdith wa-l-bida'* de al-Turtûshî », *Al-Qantara*, 1981, II, p. 68-89.
6)- Maria J. Viguera, « Las cartas de al-Ghazâlî y al-Turtûshî al soberano almoravid Yûsuf b. Tâshfîn », *Al-Andalus*, 1977, XLII, fasc. 2, p. 361-374.
7)- Idem, p. 351-356.
8)- Idem, p. 356-361.
9)- Idem, p. 341-351.
10)- A.Huici-Miranda, « Un fragmento inédito de Ibn 'Idhârî sobre los Almoravides », *Hespéris Tamuda*, 1961, II, fasc. 1, p. 76 ; *Al-Hulal al-mawshiyya*, Casablanca, 1979, p. 104-105.
11)- *Arabica*, 1955, II, p. 265-280.
12)- *E.I (2)*, III, article de J. Vernet, p. 984-985 ; M. Asin Palacios, « La logique de Ibn Tumlûs d'Alcira »,(publié dans la *Revue Tunisienne*, Tunis, 1909), *Obras Escogidas*, II et III, Madrid, 1948, p. 155-162 ; M.Asin Palacios, *Introduccion al arte de la logica por Abentomlus de Alcira*, Madrid, 1916.
13)- « La logique d'Ibn Tumlûs », p. 157.
14)- Idem, p. 158.
15)- Idem, p. 160-161.
16)- Dario Cabanelas, « Notas para la historia de Algazel en España », *Al-Andalus*, 1952, XVIII, p. 223-232.
17)- *E.I (2)*, III, article Ibn Kasî de A Faure, p. 839-840.
18)- Dario Cabanelas, p. 229-230.
19)- « Las cartas de al-Ghazâlî », p. 353.
20)- Idem.
21)- V.Lagardère, *Les Almoravides jusqu'au règne de Yûsuf b. Tâshfîn*, L'Harmattan, Paris, 1989.
22)- Al-Makkarî, *Analectes*, I, p. 515 ; II, p. 130 ; H.Perés, *La poésie andalouse en arabe classique au XIe siècle*, Paris, 1953, p. 451.
23)- R.Bourouiba, *Ibn Tumart*, SNED, Alger, 1974, p. 24-29.
24)- « La logique d'Ibn Tumlûs », p. 161.
25)- *E.I (2)*, III, p. 754-755 (art. de A.Faure).
26)- Idem. p. 734-735.
27)- Ibn al-Abbâr, *Takmila*, p. 440 ; al-Makkarî, *Analectes*, I, p. 563 ; II, p. 155.
28)- V.Lagardère, « La Tarîqa et la révolte des Murîdûn en 539 H / 1144 en Andalus », *R.O.M.M*, 1983, n°35.

29)- Sur le sens de *murîd* : disciple, aspirant, celui qui a détaché son coeur de tout excepté Dieu, voir : Dozy, *Supplément*, I, p. 569 ; Ibn Khaldûn, *Discours*, I, p. 312-313 ; II, p. 663-664 ; Ibn Sâhib al-Salât, *Al-Man bil-Imâma*, introduction p. 29-31 sur le *kitâb thûra al-Murîdîn*, (Oxford, Bodléienne Marsh 433 catalogue d'Uri numéro 758).

30)- Sur Ibn Qasî voir : Ibn al-Khatîb, *A'mal*, p. 248-252 ou éd. Rabat, 1934,p. 285-290 ; Ibn al-Abbâr, *al-Hulla*, II, p. 197-202 ; al-Tadilî, *Tashawwuf*,p. 280 ; Ibn al-Abbâr, *Takmila*, p. 287 n° 771 ; Ibn al-'Arabî, *Soufis*, p. 19-20 ; Ibn 'Idhârî, *Bayân Al*, p. 109-111 ; Ibn 'Idhârî, *Bayân iktishâf*, p. 101 et s.; Ibn Khaldûn, *Berbères*, II, p. 184.

31)- *E.I (2)*, III, art. Ibn al-'Arîf de A.Faure, p. 734-735.

32)- Sur l'influence de Ghazâlî en al-Andalus voir : Ibn 'Idhârî, *Bayân Al*, p. 76 ; H.Monés, « Nusûs », p. 99-114 ; D.Cabanelas, « Notas », p. 223-232.

33)- Sur Ibn Qâbila, voir: Ibn al-Khatîb, *A'mal*, p. 250 ; Ibn al-Abbâr, *al-Hulla*, p. 197-198,206 ; H.Monés, « Nusûs », p. 101 et s.; J.Bosch-Vila, *Los Almoravides*, p. 287 note 6, 288.

34)- Sur Ibn al-Mundhir, voir: Ibn al-Khatîb, *A'mal*, p. 248-252 ; Ibn al-Abbâr, *al-Hulla*, II, p. 200,202-211 ; P.Nwiya, « Rasâ'il », *al-Abhâth*, p. 43-46.

35)- Sur le ribat de Rayhana : Ibn al-Khatîb, *A'mal*, p. 249.

36)- Sur Ibn Wazîr : Ibn al-Abbâr, *al-Hulla*, II, p. 203, 207 ; Ibn 'Idhârî, *Bayân iktishâf*, p. 83,84,87,93 ; J.Bosch-Vila, *Los Almoravides*, p. 288-290; Huici-Miranda, *Historia*, I, p. 146.

37)- La forteresse de Monchique se trouve dans la province de l'Algarve, au sud du Portugal ; la ville de Monchique porte le nom de la montagne *Mudhshîq*, Sierra de Monchique, dans la province de Faro.

38)- Silvés (*Shilb*), chef-lieu d'Ocsonoba ; cette ville se trouve au sud de Béja, cf. : Al-Himyarî, *Mi'târ*, p. 129,n°96.

39)- Sur Mertola à cette époque et la façon dont elle fut prise, voir : al-Himyarî, *al-Mi'târ*, p. 210 n°165 ; Ibn al-Abbâr, *al-Hulla*, p. 198 et note 1 ; Ibn al-Khatîb, *A'mal*, p. 250 ; Ibn 'Idhârî, *Bayân Al*, p. 109-111.

40)- H.Monés, « Nusûs », p. 97.

41)- Sur Evora, ville du cercle de Béja, voir al-Himyarî, *al-Mi'târ*, p. 239-240 n°194.

42)- Idem, p. 22,42,45-46,105,130,139,193,231,239,249.

43)- Idem, p. 42,129,249.

44)- Ibn al-Abbâr, *al-Hulla*, II, p. 204.

45)- Al-Himyarî, *al-Mi'târ*, p. 44,81,135,203,352.

46)- Idem, p. 25,42,44,105,125,203,249.

47)- Ibn al-Abbâr, *al-Hulla*, II, p. 204,206 ; Ibn 'Idhârî, *Bayân iktishâf*, p. 84,85,87,89,92,93,94 ; J.Bosch-Vila, *Los Almoravides*, p. 288,293 ; Huici-Miranda, *Historia*, p. 146.

48)- Ces hauteurs de Talyâta correspondent à la Sierra de Andévalo faisant partie de la Sierra Morena, cf. : al-Idrîsî, *Description*, p. 178; al-Himyarî, *Mi'târ*, p. 19 n°14.

49)- Triana, l'un des faubourgs de Séville, situé au bord du Guadalquivir : Abû-l-Fidâ dans son *Taqwîm al-buldân*, p. 167, prétend qu'il était relié à Séville par un grand pont ; al-Himyarî, *al-Mi'târ*, p. 127, n°117, prétend qu'il s'agissait d'un quartier industriel.

50)- Abû Zakariyâ Yahyâ b. 'alî b. Ghâniya était le chef de la famille des Banû Ghâniya qui s'opposera aux Almohades après l'éviction du pouvoir almoravide d'al-Andalus. Ibn al-Abbâr,*al-Hulla*, II, p. 205, 212,215,218,220-221,241 et note 2 p. 205 (sur l'origine de la famille) ; Ibn al-Wahîd al-Marrâkushî, *al-Mu'djib*, p. 272,351,352,397,433 ; Ibn 'Idhârî, *Bayân iktis-hâf*, p. 81,86 ; Ibn 'Idhârî, *Bayân Al*, p. 80; D. Cabanelas, « Notas »,p. 225.

51)- Sur Abû 'Abd Allâh Muhammad b. 'Alî b. 'Abd al-'Azîz b. Hamdîn, cadi de Cordoue, révolté contre les Almoravides , cf.: Ibn Abî Zar', *Qirtâs*, p. 334,509,319; Ibn 'Idhârî, *Bayân Al*, p. 76-77; Ibn al-Khatîb, *A'mal*, p. 290-292,285 ; Ibn Khaldûn, *Berbères*, II, p. 184 ; Ibn Bashkuwal, *al-Sila*, n°1138; Ibn al-Abbâr, *Takmila*, p. 274 n°733, 286 n°771 ; Ibn al-'Arâbî, *Les soufis*, p. 152-153; Ibn Sa'îd, *al-Mughrib*, I, p. 57,61,100,162,168 ; Nubâhî, *Ta'rîkh qudâ' al-Andalus*, p. 103; Ibn Qattân, *Nazm al-djumân*, p. 18 ; Ibn al-Abbâr, *al-Hulla*, II, p. 206-207 ; al-Dabbî, *Bughiyat*, p. 276 n°685 ; H.Monès, « Nusûs », p. 108 et s.; J.Bosch-Vila, *Los Almoravides*, p. 248-249 note 32, 288-289 ; E.Lévi-Provençal, « Du nouveau sur Ibn Quzmân », *Al-Andalus*, IX, 1944, p. 366 ; Codera, *Decadencia*, p. 54.

52)- Sur cette campagne voir : Ibn al-Abbâr, *al-Hulla*, II, p. 206-207.

53)- Hornachelos est un petit village dans la province de Cordoue, cf. : al-Himyarî, *al-Mi'târ*, p. 143 n°128; Madoz, IX, p. 231.

54)- Ibn al-Abbâr, *al-Hulla*, II, p. 199-200, 208-209; Ibn al-Khatîb, *A'mal*,p. 251; Huici-Miranda, *Historia*, I, p. 145-146.

55)- Sur cette rencontre voir : Ibn 'Idhârî, *Bayân iktishâf*, p. 83-84; Ibn al-Khatîb, *A'mal*, p. 251; Ibn al-Abbâr, *al-Hulla, II* ,p. 199.

56)- Barrâz b. Muhammad al-Massûfî, qâ'id almoravide qui lors de la discorde qui éclata entre les Lamtûna-Banû Turdjût et les Massûfa, au début du règne de Tâshfîn b. 'Alî, opta pour le courant almohade : Ibn Budjayr, p. 52-54; Ibn 'Idhârî, *Bayân*, III, p. 13; Ibn 'Idhârî, *Bayân iktishâf*, p. 84,88,90,93; *al-Hulal al-mawshiyya*,p. 118-119 ; A.Bel, *Les Benou Ghâniya*, p. 9,12,14; J.Bosch-Vila, *Los Almoravides*, p. 257,275 note 43, 285,293,294.

57)- Ibn 'Idhârî, *Bayân iktishâf*, p. 84.

58)- Ibn Khaldûn, *'Ibar*, I, p. 311.

59)- Sur Abû Bakr b. al-'Arabî voir : V.Lagardère, « Abû Bakr b. al-'Arabî, grand cadi de Séville », *Revue de l'Occident Musulman et de la Méditerranée*, 40,1985, 2, p. 91-102.

60)- Ibn al-Abbâr, *al-Hulla*, II, p. 200,207; Ibn al-Khatîb, *A'mal*, p. 251.

61)- Sur l'école soufie d'Alméria et ses rapports avec les Murîdûn, voir: *E.I (2)*, III, art. Ibn al-'Arîf de A.Faure, p. 734-735 ; *E.I (2)*, III, art. Ibn Barradjan de A.Faure, p. 754-755 ; P.Nwyia, « Note sur quelques fragments inédits de la correspondance d'Ibn al-'Arîf avec Ibn Barradjân », *Hespéris*, XLIII, 1956, p. 217-221; I. Goldziher, Ibn Barradjân, *ZDMG*, LXVIII, 1914, p. 544; Asin-Palacios, *Abenmasarra y su escuela*, Madrid, 1914; P.Nwyia, « Rasâ'il », p. 43-56; Asin-Palacios, « El mistico Abû-l-'Abbas b. al-'Arîf de Alméria y su *Mahâsin al-madjâlis* », *Obras escogidas*, I, p. 219-242; Ibn 'Abbâd de Ronda, « Lettres de direction spirituelle », Appendice E, p. 213-222; Ibn 'Arabî, *Les soufis*, p. 26, 65, 110,113 ; B. Halff, « Le *Mahâsin al-madjâlis* d'Ibn al-'Arîf et l'oeuvre du soufi hanbalite al-Ansarî », *REI*, 1972, XXXIX, fasc. p. 321-335; « Ibn al-'Arîf et Ibn Barradjân mystiques du XIIe siècle », *Hespéris*, 1956, 43, p. 217-221.

62)- Ibn 'Idhârî, *Bayân Al*, p. 76; al-Tâdilî, *al-Tashawwuf*, p. 124.

63)- Sur Abû Bakr al-Turtûshî, *E.I (1), II*, p. 378, art. Ben Cheneb.

64)- Abû Bakr b. al-'Arabî traditioniste originaire de Séville, né en 468 H / 1076, mort en 543 H / 1148.

65)- *E.I (2)*, III,art. Ibn Barradjân de A.Faure, p. 754-755.

66)- Cf. note 31.

67)- Abû Bakr Muhammad b. al-Husayn al-Mayûrqî mystique, disciple d'Abû Bakr al-Turtûshî ainsi que d'Ibn Barradjân, mort vers 537 H ; al-Makkarî, *Analectes* ,I, p. 563, II, p. 155 ; Ibn al-Abbâr, *Takmila*, p. 440; *Dhayl wal-takmila*, VI, p. 63 ; J.Bosch-Vila, *Los Almoravides*, p. 286 note 3 ; Asin-Palacios, *El mistico Abû-l-'Abbâs b. al-'Arîf*, p. 223-225 ; P.Nwyia, « Note sur quelques fragments », p. 217-221.

68)- Ibn al-Abbâr, *Takmila*, n°1797 et *Mu'djam*, p. 19 n°14.

69)- P.Nwyia, « Note sur quelques fragments », p. 219-220; P.Nwyia, « Rasâ'il », p. 43-56.

70)- Disciple d'Ibn al-'Arîf, al-Ansârî mourut au Qasr al-Kabîr, en 573 H / 1177 ou 586 H / 1190.

71)- Ibn Khaldûn, *Shifâ*, p. 51-52.

72)- Sha'rânî, *al-Tabaqât*, I, p. 15 ; P.Nwyia, « Rasâ'il », p. 43 ; Asin-Palacios, Ibn al-'Arîf, *Mahâsin al-madjâlis*, p. 5; Ibn al-Abbâr, *Takmila*, p. 287 n°771.

73)- Sur cette convocation voir : Ibn al-Khatîb, *A'mal*, p. 249; J.Bosch-Vila, *Los Almoravides*, p. 286-287.

74)- Abû-l-Hassan 'Alî b. Ismâ'il b. Muhammad b. 'Abd Allâh b. Hirzihim faqih, soufi de Fès, mort en 559 H, étudia plus particulièrement les oeuvres de Ghazâlî. Al-Tâdilî, *al-Tasawwuf*, p. 147-153.
75)- J.Bosch-Vila, *Los Almoravides*, p. 286.
76)- Abû 'Abd Allâh al-Ghazzâl disciple d'Ibn al-'Arîf, sera le maître spirituel d'Ibn 'Arabî. Asin-Palacios, *Ibn al-'Arîf, Mahâsin al-madjâlis*, introduction p. 7, 20-21,26; Ibn al-'Arabî, *Les soufis*, p. 26, 110,113 ; al-Tâdilî, *al-Tasawwuf*, p. 97,99,100.
77)- Quelques unes ont été publiées : P.Nwyia, « Note sur quelques fragments », p. 217-221 ; P. Nwyia, « Rasâ'il », p. 44-45,47-56 ; Ibn 'Abbâd de Ronda, *Lettres de direction spirituelle*, Appendice E, p. 213-222. Cet ouvrage est à l'état de manuscrit à la bibliothèque royale de Rabat, sous le numéro 1562.
78)- Sur cet ouvrage inédit voir : Ibn al-Khatîb, *A'mal*, p. 249 ; Ibn Khaldûn, *Discours*, I, p. 312-313; II, p. 663,667 ; Ibn 'Arabî, *Les soufis*, p. 19-20 ; Ibn 'Arabî étudia en 590 H / 1193 cette oeuvre à Tunis, sous la direction du propre fils de l'auteur, avant d'en faire un commentaire à l'état de manuscrit. Osman Yahya, *Histoire et classification de l'oeuvre d'Ibn 'Arabî*, Institut Français de Damas, Samas, 1964, n° 681. Il est répertorié aussi par Brockelmann affirmant qu'il en existe plusieurs manuscrits dont un au Caire et trois à Istambul : a) le manuscrit de Konya, Yusuf Aga 5624 (Eski), 109-338 (appartenant à une bibliothèque privée) ; b. Aya Sofya 1879, fol. 1-70 ; c) Sehit Ali, 1174, fol. 89-175.
79)- P. Nwyia, « Rasâ'il », p. 50-51.
80)- Idem, p. 51-52.
81)- M. 'Inan, *'Asr al-Murâbitîn* , Le Caire, 1964, I, p.357 ; P.Nwyia, « Rasâ'il », p. 54-55.
82)- Sur la pensée mystique des Murîdûn : Ibn al-'Arîf, *Mahâsin al-madjâlis*, éd. et trad. Asin-Palacios, Paris, 1933; Asin-Palacios, *Abenmasarra y su escuela*, Madrid, 1914, ch. VII, p. 107; Ibn al-Khatîb, *A'mal*, p. 249; P.Nwyia, »Rasâ'il », p. 47-56.
83)- *E.I (2)*, III, art. Ibn Tumlûs de J.Vernet p. 984.
84)- D.Cabanelas, « Notas », p. 223-232; Husayn Monès, « Nusûs », p. 110-114.
85)- Ibn Khaldûn, *Muqaddima*, trad. V.Monteil, II, p. 663-664, 666-672.
86)- Ghazâlî, *Le Tabernacle des Lumières, Miskât al-anwar*, trad. Seuil, p. 71-73.
87)- Ibn 'Arabî, *Les soufis d'Andalousie*, p. 19-20.
88)- Idem,p. 65; *Mahâsin al-madjâlis*,p. 60 / 97.
89)- Ibn 'Arabî, *Les soufis*, p. 114.
90)- F.Jabre, *Lanotion de Ma'rifa*, p. 42 et s.

91)- Asin-Palacios, *Abenmasarra y su escuela*, p. 81-82.
92)- Idem, p. 110.
93)- al-Ghazâlî, *Le Tanernacle*, p. 104 et note 53.

LA CHANCELLERIE OU DIWAN AL-RASA'IL A L'EPOQUE ALMORAVIDE (1035-1146) EN ANDALUS ET AU MAGHREB

La chancellerie des Almoravides nous apparaît moins complexe que celle des Omeyyades d'Espagne, des Abbassides d'Orient auxquels ils ont fait allégeance, ou des rois de Taifas qu'ils ont détrônés, tout en adoptant les principales structures de ces grandes administrations.

Le *dîwân al-inshâ'* ou *al-rasâ'il* ou *al-mukâtabât* (1), chancellerie d'État abbasside, était subdivisé en trois départements. La *sahâbat dîwân al-inshâ' wal-mukâtabât* ou *dîwân al-nazar,* service de direction et de contrôle dont le chef était appelé *ra'îs* ou *mutawallî* (surintendant) ou *sâhib* (maître) ou *mushidd* (directeur). Sa situation élevée provenait de son influence sur le calife à qui il apportait les papiers de l'État et qu'il conseillait sur les réponses à faire. Les deux autres départements du *dîwân al-inshâ'* abbasside étaient le service d'appel (*tawqî'ât bi-l-qalam al-daqîq*) qui s'occupait des décisions du calife au sujet des plaintes que tout le monde pouvait déposer devant lui pendant les audiences publiques, et le service d'enregistrement (*tawqî'ât bi-l-qalam al-djalîl*) qui exécutait les décisions du service d'appel, avec d'abondantes notes judiciaires pour le requérant.

D'autres services de moindre importance étaient le bureau de la correspondance avec les princes étrangers (*mukâtaba ilâ-l-mulûk*); le service des nominations (*inshâ'ât* , *taqlîd*); le bureau de la correspondance avec les hauts fonctionnaires des provinces et les nobles ; le bureau des lettres patentes (*manâshir*), des décrets secrets (*kutûb litâf*) et des copies (*nasakh*). Outre ces départements, on mentionne quatre secrétaires de rang inférieur qui ne dirigeaient pas des bureaux indépendants : le copiste (*nâsikh*), un employé chargé de conserver les archives dans un ordre méthodique afin qu'elles puissent servir de modèles ; le gardien des documents originaux (*khâzin*) et le chambellan (*hâdjib*) qui veillait à ce que personne n'entrât auprès du chef du *dîwân* sans autorisation.

Pour ce qui est de l'Espagne musulmane, on ignore ce que les premiers conquérants, au début du VIIIe siècle purent trouver et adopter de l'administration civile et militaire des Wisigoths, sans doute influencée par le système bysantin.

Au XIe siècle, à l'époque Umayyade, on voit fonctionner trois *dîwân* /s (2) fondamentaux, correspondant aux trois besoins essentiels d'un État et dirigés chacun par un ministre spécial (*wazîz* ou *sahîb*). Ce sont la chancellerie et le secrétariat d'État (*dîwân al-rasâ'il* , *al-tarsîl wal-kitâba*) qui s'occupaient de la correspondance officielle, au départ et à l'arrivée, et aussi de la rédaction des divers diplomes et brevets (*sidjillât, sukûk*) ; le ministère des finances, *dîwân al-kharâdj wal-djibâyat* , *dîwân al-ashghâl* ou *al-a'mâl al-kharâdjiyya* ou *al-mâliyya, dîwân al-hisbân, dîwân al-zimâd,* chargé du recouvrement des divers impôts, de la surveillance des agents du fisc et de la comptabilité des recettes et des dépenses. Plus ou moins directement s'y rattachait le *dîwân al-khizâna* qui gérait le Trésor laic de l'État, distinct du *bayt al-mâl* à caractère religieux ; le ministère de l'armée qui avait un triple rôle financier, tenir à jour le registre de contrôle de l'armée régulière, comptabiliser et verser les soldes (*arzâq*) et les primes d'entrée en campagne (*'atiyyât*), distribuer aux officiers supérieurs leurs dotations domaniales (*iqtâ'ât*). Mais il n'avait aucune part au commandement des troupes ni à la direction des opérations.

Pour le fonctionnement de l'administration centrale à Cordoue, de ce qu'on appelait alors la *khidmat al-khilafa* , il fallait, à côté du représentant de la souveraineté califienne, un secrétaire d'État, ayant sous son autorité directe tous les agents des divers bureaux. Ces hauts fonctionnaires qui portaient le nom de *kâtib* , « secrétaire », avaient en général droit au titre de vizir et à la solde correspondante.

La *kitâba* , dit Ibn Sa'îd (1213-1286) (3), comporte deux offices : le plus élevé est celui qui est confié au secrétaire chargé de la correspondance officielle (*kâtib al-rasâ'il*) ; les Andalous l'appellent *al-kâtib* tout court et ne lui permettent point la moindre défaillance dans l'art épistolaire, que lui-même et ses adjoints doivent posséder à la perfection. L'autre office qui est celui de l'administration des finances publiques, est confié au *kâtib al-zimâm,* le secrétaire qui tient le registre des recettes et des dépenses et qu'on a appelé aussi le *sâhib al-ashghâl al-kharâdjiyya* , l'administrateur des revenus fiscaux. Cette fonction du *kâtib al-zimâm* fut souvent attribuée, ajoute Ibn Sa'îd, à un chrétien ou à un juif, aussi bien en Espagne que dans l'Afrique du Nord. La charge de *kâtib al-zimâm* est supérieure dans la hiérarchie à celle du vizir et son titulaire a à sa disposition des témoins instrumentaires (*shuhûd*) et des inspecteurs (*nuzzâr*).

En ce qui concerne la charge de secrétaire d'État proprement dit, les renseignements n'abondent pas pour la plus grande partie du règne de 'Abd al-Rahmân III al-Nâsir. Au titre de *kâtib* est parfois substitué celui de *sâhib al-rasâ'il* qui présente probablement la même signification (4).

Dès les premières années de son règne, 'Abd al-Rahmân III confie au fils de son *hâdjib* la charge de son secrétariat particulier (*al-kitâba al-khâssa*) (5). En 301 H / 913, le titre fut même donné à un autre fils de Badr, l'office était tenu par deux secrétaires de métier (6). Le secrétariat d'État devait dans ces conditions, ne pas avoir d'organisation définie, ni le titulaire, des attributions nettement précisées. Mais en 344 H / 955, le calife procéda à une réforme importante : la charge de *kâtib* fut doublée, et, aux services correspondants, vinrent s'ajouter des services de contrôle. Les bureaux du secrétariat d'État furent placés sous l'autorité de quatre fonctionnaires, ayant chacun rang de vizir, le premier, Djahwar b. Abî 'Abda, fut chargé de l'inspection des correspondances de l'administration centrale (7) ; le second, 'Îsâ b. Futays, eut dans ses attributions l'examen des lettres officielles provenant des agents califiens résidant dans les villes des Marches et dans les ports du littoral (8) ; 'Abd al-Rahmân al-Zadjdjâlî eut à s'occuper de la mise à exécution des traités (*'uhûd*) et des décrets (*tawqî'ât*), une fois que le prince les avait ratifiés ; le quatrième enfin, Muhammad b. Hudayr, fut chargé des bureaux de l'intérieur ; il devait examiner les demandes adressées par les sujets en général et assurer l'exécution des rescrits qui les concernaient (8).

Cette organisation dut, sans doute , subsister à Cordoue sans grands changements jusqu'à la fin du régime califien. « L'usage de la prose rythmée et rimée, l'abondance des citations et des allusions littéraires et coraniques, la coupure harmonieuse du texte en périodes cadencées suivant un canevas rigide, depuis les eulogies de l'exorde jusqu'à l'invocation finale, tout cela supposait, de la part des secrétaires de l'administration, l'acquisition préalable d'une très forte culture et un long apprentissage ; et si l'on en juge par les assez nombreux échantillons qui nous sont parvenus des productions des officines cordouanes au Xe siècle, on peut considérer que l'art épistolaire andalou n'avait rien à envier à l'Orient arabe à la même époque. Mais c'est au siècle suivant, dans les cours des royaumes des Taifas, qu'il devait parvenir à son complet épanouissement » (9).

Une intéressante circulaire rédigée au nom de 'Abd al-Malik al-Muzaffar b. al-Mansûr b. Abî 'Âmir, par le chef du *dîwân al-rasâ'il*, Ahmad b. Burd (m. 418 H / 1027 à Saragosse) (10) rapelle aux divers échelons de l'administration centrale et provinciale, à propos des régles de l'art épistolaire officiel et de la nécessité de veiller à la bonne qualité du matériel d'écriture, les ordres formels que quelques années auparavant, al-Mansûr b. Abî 'Âmir leur avait fait transmettre. S'adressant plus spécialement aux officiers de l'armée et aux percepteurs du fisc, un passage de cette circulaire leur enjoint de rédiger eux-même les états d'effectifs ou les situations de caisse qu'ils doivent envoyer périodiquement au siège du gouvernement, de dater et de numéroter ces documents. Tout envoi d'une correspondance écrite d'une manière peu lisible, avec une mauvaise encre ou sur un parchemin de qualité inférieure, ferait, est-il ajouté, l'objet d'une sanction.

Cette organisation de la chancellerie umayyade devait subsister sans grand changement, en Andalus, jusqu'à la fin du XVe siècle et lui être empruntée telle quelle par les Almoravides dans leur capitale de Marrakech.

Le terme *kâtib / kuttâb* (11) s'appliquait dans l'empire almoravide à toute personne dont le rôle ou la fonction consistait à écrire ou à rédiger des lettres officielles ou des documents administratifs. Ce terme ne saurait désigner, aux XIe et XIIe siècles en Andalus et au Maghrib al-Aqsâ, ni un écrivain, au sens littéraire du terme, ni un copiste, mais il s'appliquait à un secrétaire particulier, aussi bien qu'au personnel d'un service administratif. Il peut désigner un simple employé aux écritures aussi bien qu'un chef de bureau ou un secrétaire d'État dépendant directement du souverain almoravide, de ses vizirs ou de ses gouverneurs provinciaux. La fonction de *kâtib* est donc essentiellement liée à l'institution du *dîwân al-rasâ'il* adoptée par Yûsuf b. Tâshfîn lors de sa réforme administrative de 470 H / 1077-1078 (12).

Des juristes andalous devaient être à l'origine de cette institution. Abû Bakr Muhammad b. al-Hasan al-Murâdî al-Hadramî al-Qayrawânî (13) dut naître et grandir à Kairouan, avant de visiter al-Andalus et d'y enseigner. C'était un esprit vif, doté de vastes connaissances juridiques, un maître (*imâm*) dans la science des sources de la religion, auteur d'excellents ouvrages forts instructifs. Il entra en relation avec Abû Bakr b. 'Umar, l'émir almoravide, lors du séjour de ce dernier à Aghmat Warika et accompagna ce chef Lamtûna lors de son retour définitif au Sahara, en 463 H / 1070-1071. L'orientation essentiellement pédagogique de son « Traité de bonne conduite princière » (*kitâb al-ishârat ilâ adab al-'imâra*) est un indice de sa volonté de prendre la direction spirituelle du mouvement almoravide décapité par la mort brutale de 'Abd Allâh b. Yâsîn, son éducateur, son prédicateur zélé et de lui donner les structures administratives qui lui manquaient. Cet ouvrage se compose d'une introduction et de trente chapitres d'inégale longueur, traitant de l'apprentissage de la vertu et du pouvoir, proposant les meilleures façons d'y atteindre et insistant sur le bon choix des conseillers et des compagnons du prince dont les *kâtib* /s. Voici dans leur succession les titres de ces trente chapitres (14):

Chapitre 1 : « De l'incitation à la lecture et à l'apprentissage ».
Chapitre 2 : « Des régles de bonne conduite en matière d'examen et d'interprétation ».
Chapitre 3 : « Du conseiller et de ses avis ».
Chapitre 4 : « Du comportement alimentaire et de la gestion des corps ».
Chapitre 5 : « Comment éviter les mauvaises habitudes et entraîner l'âme à les vaincre par anticipation ».
Chapitre 6 : « Des associés et des amis ».
Chapitre 7 : « Des secrétaires, des chambellans et des auxiliaires ».
Chapitre 8 : « Des régles de parution en public ».
Chapitre 9 : « Des manières de s'asseoir, de se tenir en selle et de tous les mouvements du corps ».
Chapitre 10 : « De la conduite à suivre vis-à-vis des clients et de l'armée ».
Chapitre 11 : « De la répartition en leur sein des différentes charges ».
Chapitre 12 : « Des relations entre eux des compagnons du prince ».

Chapitre 13 : « Des différentes catégories de princes et de leur comportement ».
Chapitre 14 : « Des différentes catégories de personnes et des conduites spécifiques à tenir envers elles ».
Chapitre 15 : « Des preuves qui permettent de discerner des hommes de vertu, des individus dénués de noblesse et les caractères intermédiaires ».
Chapitre 16 : « De la parole et du silence ».
Chapitre 17 : « De la longanimité et de la patience ».
Chapitre 18 : « Du renoncement à la longanimité quand elle conduit à la corruption ».
Chapitre 19 : « De la colère et du pardon ».
Chapitre 20 : « De la contrainte et de la soumission ».
Chapitre 21: « De la résolution dans l'action et de la négligence ».
Chapitre 22 : « Du secret et de la publicité ».
Chapitre 23 : « De la précipitation, de la lenteur et du juste milieu ».
Chapitre 24 : « Des dépenses, de la générosité et de l'avarice ».
Chapitre 25 : « De la bravoure et de la lâcheté ».
Chapitre 26 : « De la guerre et de la paix ».
Chapitre 27 : « De l'évitement et du commerce avec autrui ».
Chapitre 28 : « De la ruse, de la tromperie et de la trahison ».
Chapitre 29 : « De l'indulgence et de l'ignorance feinte ».
Chapitre 30 : « Précepte de sagesse et de bonne conduite ».

Le caractère oriental des préoccupations d'al-Hadramî rend ce « Miroir du prince » très proche de *Kalîla wa Dimna* et d'*al-Adab al-kabîr* d'Ibn al-Muqaffa' et constitue un indice d'un séjour d'étude au Moyen-Orient du futur cadi d' Azûgi dont l'une des préoccupations, communes aux juristes du Maghrib al-Aqsâ et d'al-Andalus, sera la reconnaissance de l'obédience abbasside par les Almoravides (15).

Tels étaient les conseils donnés par al-Murâdî dans le chapitre 7 : « Des secrétaires, des chambellans et des auxiliaires » : « Suite aux propos des Sages d'antan : ton secrétaire (*kâtib*) est ta langue, ton chambellan (*hâdjib*) est ton visage et ton auxiliaire (*'awn*) est ta main, choisis toi un visage, une langue et une main. La moindre chose que tu puisses exiger du *kâtib* est qu'il ait un langage éloquent, une belle écriture, une bonne culture littéraire (*adab*) requise pour tenir l'office de secrétaire, sachant garder un secret. Le plus méprisable de ses défauts est la torpeur dans l'accomplissement de sa fonction et la trahison dans l'exercice de sa charge. Le minimum exigible du *kâtib* de l'imam, est qu'il soit d'une réelle discrétion, perspicace face aux manifestations de la perfidie, lucide de jugement et proche des sujets. Le minimum exigible du *kâtib* du cadi, est d'être d'une extrême justice et pureté d'âme, de connaître le droit et d'être perspicace ».

« Si le *kâtib* est éloquent, il exprimera clairement le désir de l'auteur de la lettre. Il manifestera la profondeur de son argumentation, anéantira la puissance de l'image de son adversaire. Car le *kâtib* habile, dépeint la vérité sous les traits du mensonge et le mensonge sous l'aspect de la vérité, au point que ce procédé paraisse ambigu aux gens habiles, agissant comme le peintre doué qui réalise une image que l'on perçoit comme si elle était en dehors du mur et en peint une autre perçue comme si elle était à l'intérieur du mur, alors qu'il n'en est rien ».

« S'il n'en était pas ainsi, l'argumentation de son maître serait réfutée et l'image de son adversaire raffermie. Il faut qu'il inspire la convoitise dans sa promesse et la crainte dans sa menace, sans révéler les pensées secrètes de son âme. Car s'il divulgue son secret, il compromet sa sécurité ».

« Il faut que le *kâtib* de l'émir soit solidaire de sa bienveillance pour ne pas le trahir dans les instants de gêne et les moments d'adversité ... » (16).

Si le noyau administratif de la confédération almoravide est constitué, à ses débuts, d'hommes de loi, tel 'Abd Allâh b. Yâsîn, al-Murâdî, c'est encore le cas, lors du gouvernorat de Yûsuf b. Tâshfîn. Ce souverain qui se réclamait des Abbassides, avait nommé Abû Bakr 'Atiq b. 'Imrân b. Muhammad al-Raba'î (17), cadi de Ceuta. Bon juriste de l'école malikite, il était fort versé dans d'autres disciplines. « Il s'était rendu à Bagdad où il passa plusieurs années à étudier le droit (*fiqh*) et à suivre les leçons de belles-lettres. Il y entendit le *hadîth* d'Abû-l-Husayn b. al-Tuyûrî et d'Abû 'Abd Allâh al-Humaydî » (18). Puis il descendit à Basra et devait être mis à mort par l'*Amîr al-djuyûsh* , le vizir fatimide Badr al-Djamâlî. « Lors de son voyage de retour de Bagdad à son pays, les vents poussèrent son navire dans le port d'Alexandrie ; on l'amena auprès du vizir qui le fit exécuter ; cet événement eut lieu en l'an 484 H / 1092. Le motif de sa mise à mort fut qu'on avait trouvé sur lui des lettres d'al-Muqtadî bi-Amri Llâh adressées à l'émir du Maghreb ». Ce qui laisse supposer qu'il s'agissait de réponses à des missives émanant de l'émirat almoravide. Cet échange de correspondance avec l'administration califale abbasside sera repris en *rabî'a* I 485 H, par l'andalou Abû Bakr b. al-'Arabî et son père, lors de leur voyage d'étude au Moyen-Orient. Au cours de ce long séjour d'une dizaine d'années, Abû Bakr b. al-'Arabî et son père furent chargés de solliciter du calife, une reconnaissance des droits de l'almoravide Yûsuf b. Tâshfîn à exercer la souveraineté sur le Maghreb et al-Andalus, avec le titre d'Émir des Musulmans et le surnom honorifique de Défenseur de la religion, ce qu'ils obtinrent par un rescrit daté de *radjab* 491 H / juin 1098, qu'Abû Bakr, après la mort de son père, devait ramener à Marrakech (19).

LE DIWAN AL-RASA'IL SOUS LE GOUVERNORAT DE YUSUF B. TASHFIN (453 H-500 H / 1061-1107)

Les premières correspondances émanant de l'administration almoravide furent envoyées par Yûsuf b. Tâshfîn en 463 H / 1070, alors lieutenant d'Abû Bakr b. 'Umar, pour informer ce dernier de tout ce qu'il entreprenait au Maghreb en son nom, alors que l'émir combattait la révolte des Djuddâla dans l'Adrar mauritanien (20). À cette même époque, Yûsuf s'intéressa à la remise en ordre des institutions administratives, pour les rendre plus efficaces certes, mais surtout pour les avoir bien en main, en plaçant à leur tête des personnes acquises er dévouées à sa cause. Avant d'entreprendre ce que l'on peut appeler un « coup d'état », Yûsuf entreprit de maîtriser tous les rouages administratifs de l'état naissant et d'imposer ainsi son autorité sur le pays et son armée. Au cours de sa lieutenance en 464 H / 1071, il envoie de nombreuses lettres, en secret d'Abû Bakr b. 'Umar, à ses frères Lamtûna-Banû Turdjût, leur demandant de bien vouloir faire cause commune avec lui. Un grand nombre y répondit favora-blement. Yûsuf aura de nouveau recours aux services du *Dîwân al-rasâ'il* pour l'envoi, en 466 H / 1073, d'une lettre de pardon à l'émir Miknâsa, al-Khayr b. Khazar al-Zanatî de Meknès (21). Cette même année, il fera parvenir à toutes les villes et provinces du Maghrib al-Aqsâ, une lettre signifiant qu'il fallait lui décerner le titre de *Amîr al-Muslimîn* dans toutes les correspondances officielles, ce qui laisse supposer l'existence d'un *dîwân al-rasâ'il*, chargé de la rédaction de ses lettres et d'un service chargé de leur acheminement (22). La chronique anonyme *al-Hulâl al-mawshiyya* (XIVe s.) développe ces faits et donne copie de la lettre dans laquelle Yûsuf b. Tâshfîn communique à ses sujets qu'il a adopté ce titre pour se distinguer des autres émirs Lamtûna-Banû Turdjût et demande que celui qui s'adressera désormais à lui, l'emploie. Cette chronique ajoute que ces lettres furent envoyées au milieu de *muharram* 466 H / vers le 20 septembre 1073. Un certain nombre d'entre elles rédigées par les secrétaires (*kuttâb*) de l'émir, furent diffusées dans les deux pays : al-Andalus et le Maghreb. Il aurait adressé une autre lettre à tous les gouverneurs dans laquelle il leur demandait d'employer ses titres, de les citer au cours de la *khutba* du haut de la chaire (*minbar*) dans les mosquées et de les faire figurer sur les étendards, les franges des vêtements, les étoffes provenant du *tiraz*, ainsi que les monnaies.

En 468 H / 1075, l'émir zanâta de Tlemcen, al-'Abbâs b. Yahyâ recevait une lettre lui offrant l'*amân* s'il se rendait sans combat (23). Après chaque prise de ville importante, lors de la prise de Fès, Yûsuf faisait adresser des lettres aux responsables du pays (24).

Vers 470 H / 1077-1078, il aurait publié et diffusé une nouvelle lettre demandant que l'on employât la troisième personne « *hâ* » , au lieu du tutoiement « *kaf* » dans les écrits le concernant. Ayant besoin, cette même année, de renouveler son armée, d'en augmenter les effectifs, il utilisa de nouveau les services du *dîwân al-rasâ'il* pour atteindre les Lamtûna, Massûfa et Djuddâla susceptibles d'entrer à son service. On pourrait signaler les divers échanges de messages et de lettres entre Yûsuf b. Tâshfîn, les rois de Taifas et Alphonse VI, roi de Castille, lors de la bataille de Zallâqa (23 octobre 1086) (25). Il ne nous appartient pas de trancher sur l'authenticité de nombre d'entre elles conservées dans le *Bayân*, *al-Hulâl al-mawshiyya* et le *Rawd al-qirtâs*, les avis sont très partagés, certains avec A.Huici-Miranda, doutent de leur valeur historique, d'autres comme Mahmûd 'Alî Makkî et Hussayn Monès, les considèrent authentiques.

'Abd al-Rahmân b. Asbât (m. 487 H / 1094)

La lettre dont je propose une traduction intégrale, est la version officielle du récit de la bataille de Zallâqa adressée au monarque ziride d'Ifriqiya, Tamîm b. al-Mu'izz b. Bâdîs. Le nom du secrétaire de Chancellerie qui l'a rédigée n'est pas précisé, mais ce pourrait être l'oeuvre du *kâtib* 'Abd al-Rahmân b. Asbât (27).

Originaire d'Alméria, secrétaire de l'émir almoravide, il exerçait cette charge en 487 H / 1094, date de sa mort à Ceuta et de son remplacement dans cette fonction par Abû Bakr b. al-Qasîra.

« Lettre écrite par l'émir Ya'qûb Yûsuf b. Tâshfîn à al-Nâsir li-Dîn Illâh Tamîm b. al-Mu'izz b. Bâdîs à Mahdiyya, dans laquelle il décrit la conquête du Maghrib, sa traversée du détroit vers al-Andalus, afin d'y mener la guerre sainte (*djihâd*) et sa victoire sur Alphonse, le roi des Chrétiens, en *radjab* de l'année 479 H / 1086.

Louange à Dieu qui nous fit la grâce de l'Islam, et nous accorda la faveur de son prophète Muhammad - la paix soit sur lui-. Je le loue comme l'exigent l'accroissement de ses bienfaits et la profusion de ses libéralités et de ses faveurs.

Dieu décida - sa louange soit exaltée et ses noms sanctifiés - quand il voulut mettre fin aux rebelles et tyraniques Zanâta et autres qui dominaient les terres du Maghrib, de nous donner les moyens d'en finir avec eux. Nous les fîmes disparaître et nous les délogeâmes de leurs demeures, comme nous avions coutume de le faire avec les gens injustes! Nous rétablîmes alors là, la religion et aplanîmes le chemin aux Musulmans qui nous manifestèrent leur loyale adhésion et l'amour sincère et la dévotion qu'ils nous confessèrent en Dieu Très Haut. De là, nous gagnâmes le port de Tanger, nous fîmes goûter la défaite aux Barghawâta et Dieu nous permit de les conquérir. Lui qui est le meilleur des conquérants et le plus rapide des calculateurs. Il n'y a de Dieu que Lui. Il est le plus miséricordieux des miséricordieux.

Nous apprîmes que les Chrétiens - Dieu les anéantisse - s'étaient emparés des états et des forteresses d'al-Andalus, qu'ils obligeaient les seigneurs du pays à payer tribut ; qu'ils dévastaient leurs régions et qu'ils foulaient aux pieds leurs terres, l'une après l'autre, sans craindre qu'une armée ne s'oppose à eux, ne disperse leurs troupes, ni n'ébrèche leur tranchant. De plus ils tuaient les vieillards et les jeunes gens, et capturaient les femmes et les enfants. Une fois ou l'autre, nous reçumes des lettres de toutes parts, nous invitant à passer en Andalus, mais nous retardions la résolution de le faire jusqu'au moment fixé par le décret divin, n'ayant pas trouvé la façon d'effectuer la traversée, ni les moyens de parvenir au-delà de la mer.

Cependant, l'un de ses seigneurs, l'excellent chef al-Mu'tamid 'alâ Allâh, al-Muwallâ bi-Nasr Allâh - Dieu lui accorde sa meilleure aide en toute entreprise et réjouisse ses yeux par toute action vertueuse - vint nous voir et nous invita à nous mettre en campagne. Nous envoyâmes contre l'ennemi des lions cruels et des bêtes fauves, des vieux et des jeunes, aux bras robustes et aux coeurs purs au service de Dieu, qui connaissaient ce qu'était la guerre et l'avaient expérimentée au point d'en être ses fils et la guerre leur mère, qui se léchaient les babines comme des panthères et rugissaient pour elle comme des lions. Nous les mîmes sur des canots et les entassâmes sur les ponts des navires. Nous débarquâmes dans le port d'Algésiras à l'intérieur des états d'al-Mu'tamid - Dieu l'assiste ! - . De tous les horizons les gens venaient voir nos guerriers, ils accouraient vers eux des régions les plus diverses, étonnés de leurs aspects et méprisant leurs atours et leur façon de parler, car rien en eux n'était à leur goût, sauf les chevaux et les targes. Les Andalous n'auraient pu les vaincre qu'après s'être desséchés la salive et essuyés la sueur. Malgré cela, ils croyaient qu'ils deviendraient l'aliment des épées, l'objet de la mort, embrochés par les lances, la proie des armes. Tous les dépréciaient et l'ensemble d'entre eux les considérait avec mépris. Leurs opinions et leurs paroles nous parvenaient, nous ne cessions de nous informer de leurs actions. Ensuite, nous leur envoyâmes, armée après armée, des chevaux semblables à de jeunes taureaux, montés par des hommes faits et un certain nombre de jeunes gens imberbes, chevauchant des coursiers luisants, qui luttaient de vitesse à la rencontre de l'ennemi sur le champ de bataille comme courent la mort et le destin. Avec tout cela, les Andalous se promettaient beaucoup de bonheur, de pouvoir obtenir la victoire par nos mains et de voir cesser leur tristesse par nos soins. Nos armées allaient en augmentant et notre débarquement se consolidait. Les derniers de nos gens à effectuer la traversée avec nous, furent un groupe de Sanhâdja de mes cousins.

Ce jour là, la mer était très forte pour traverser, les vagues s'entrechoquaient. Je demandais au Créateur - louée soit sa majesté et glorifié son nom - que si notre traversée devait être un bien pour les Musulmans, qu'il nous la facilite. Je n'avais pas achevé mon oraison que Dieu facilita la route du navire et nous rapprocha du port. Nous débarquâmes alors à Algéciras, nous fîmes notre jonction avec la partie de notre armée qui avait traversé auparavant et nous nous mîmes en marche. Alors que nous étions sur la rive africaine, nous avions reçu d'Alphonse, prince des Chrétiens, une lettre dans laquelle il nous disait que si nous étions incapables de lui faire face et nous séparions de lui, ce serait lui qui traverserait la mer vers nous, si nous lui procurions des navires et lui remettions des galères et des barques pour venir à notre rencontre et nous combattre dans notre refuge. Nous n'y prêtâmes pas attention et nous n'en fîmes pas cas.

Nous unîmes nos forces à celles de l'excellent chef al-Mu'tamid 'alâ Allâh, al-Mu'ayyad bi-Nasr Allâh, nous nous assurâmes de lui par le pacte le plus serré, et nous prîmes la décision d'aller en sa compagnie à la rencontre des Chrétiens et d'avancer contre eux.Nous étions dans ces dispositions lorsque nous arrivaient et nous parvenaient des nouvelles des seigneurs d'al-Andalus qui cachaient leurs penchants et se revêtaient des habits des gens vertueux. Bien différents étaient nos coeurs! Enfin nous arrivâmes à Séville, capitale d'al-Mu'tamid - Dieu la fasse prospérer en prolongeant la vie de son roi - où celui-ci avait réuni ses troupes en grand nombre, ainsi que des escadrons de sa garde, de ses esclaves noirs, de sa cavalerie et de son infanterie.

De là, nous nous dirigeâmes vers la ville de Badajoz où nous demeurâmes quelques jours, attendant la venue des seigneurs des diverses régions d'al-Andalus, dont chacun d'eux , nous a-t-on dit , et nous en avons vérifié l'exactitude, avait été harcelé par un fort détachement de Chrétiens qui s'étaient emparés de leurs châteaux, les avaient humiliés sur leurs propres territoires, les avaient affaiblis, les obligeant à se plier à leurs désirs.

Après avoir loué Dieu Très Haut, lui avoir demandé de faciliter notre entreprise et de libérer ses serviteurs, nous rassemblâmes nos armées et partîmes vers le Chrétien, en nous dirigeant vers le château de Coria - Dieu la fasse retourner à l'Islam! - en terre musulmane.

Le Chrétien, informé de notre avance, vint aussi vers nous et se mit à notre recherche, établissant ses quartiers dans la dite Coria en nous attendant. Nous lui envoyâmes une lettre, l'invitant à l'Islam, et à se convertir à la religion de Muhammad - sur lui soit la paix - ou bien à payer la capitation (*djizya*) et remettre l'argent et les trésors qu'il possédait, comme l'ordonne Dieu Très Haut et nous l'expose dans son Livre, au sujet des polythéistes « qui paient la *djizya* de leur main, car ils doivent être humiliés » (Coran, IX, 29). Il refusa insolemment de le faire, se rebella, fut incrédule et entreprit d'avancer vers nous, désireux de parvenir à notre rencontre. Nous étions très proches, entre lui et notre camp, il n'y avait que quelques parasanges. Par la suite et durant quelques jours, nous engageâmes contre lui quelques opérations militaires auxquelles il ne donna pas suite. Ni nous, ni eux, ne se mettaient en marche. Nous lançâmes nos avant-gardes vers lui et nous ne cessâmes pas de le harceler. Alors, nous fixâmes un terme : le jeudi de la onzième nuit de *radjab* de l'année 479 H / 22 octobre 1086.

Lorsque le vendredi arriva, le deuxième jour, il s'avança enfin contre nous avec des escadrons qui remplissaient l'horizon et qui se mouvaient comme la mort devant les yeux, bien serrés dans leurs cottes de mailles de combat, des grèves attachées aux jambes, les barriques pleines de vin, donnant pour acquis que nous connaîtrions la défaite. Au matin de ce jour, nous nous trouvions sous nos tentes, chacun à ses affaires et tous démobilisés. Les plus durs, violents et impétueux parmi les Chrétiens se dirigèrent vers le campement d'al-Mu'tamid 'alâ Allâh, al-Mu'ayyad bi-Nasr Allâh, sachant qu'il était le soutien et le pivot des seigneurs d'al-Andalus et croyant qu'il n'y avait pas d'autres armées que la sienne, ni d'autres hommes que les siens, ni d'autres forces que les siennes, vu que Dâwûd qui commandait mes propres soldats, se trouvait entre lui et moi. En un seul peloton, ils se lancèrent alors sur leurs coursiers véloces, comme un torrent qui se précipite. Quand les personnes qui se trouvaient avec al-Mu'tamid, les soldats comme les fonctionnaires des différentes catégories qui, grâce à leur seigneur, avaient thésaurisé des biens et des terres, virent les Chrétiens, leurs oreilles se bouchèrent, leurs corps se troublèrent, leurs mains tremblaient, leurs pieds vacillaient, leurs coeurs s'échappaient de leurs poitrines. Réduits à une troupe montée sur des ânes, ils fuirent à la recherche d'une forteresse où trouver asile, quand il n'y a de recours qu'en Dieu et que l'on ne peut fuir que vers Lui. Voyant les affaires mal tourner, ils se glissèrent parmi les vignes jusqu'à Badajoz, laissant al-Mu'tamid seul, à une extrémité du camp avec de nombreux fantassins et archers qui se résignaient à ce que leur réservait le Destin.

Les Chrétiens en effet, se remettant entre les mains de leurs églises, se lancèrent, comme le lion sur sa proie, contre al-Mu'tamid qui, durant un temps, et accompagné de ceux dont nous avions parlé auparavant, les contint. Plus tard, cependant, les ennemis étant répandus sur le champ de bataille et ayant réduit à très peu ceux qui auparavant leur faisaient face, il dut chercher refuge dans les tentes, après avoir vu la mort de près. Dieu le délivra car il avait décidé de donner la victoire aux Musulmans et lui fit réaliser son désir de se sauver ; mais après avoir résisté comme seul pouvait le faire un héros de sa trempe, sans que personne ne vint l'assister, sans qu'un seul de ses cavaliers, ni de ses mercenaires noirs ne retourne l'aider et sans qu'aucun ennemi ne lui inspire la crainte de se voir dérouter, ni la panique de le faire défaillir.

Ensuite, un escadron de Chrétiens, semblable à une énorme montagne ou une nuit très sombre, affronte l'armée et les tentes de Dâwûd, autour desquelles ils se mirent à tourner et tuèrent quelques personnes qui, grâce à la bonté divine, trouvèrent le martyre et jouirent de l'approbation de Dieu.

Nous autres, pendant ce temps, nous ignorions ce qui advenait, jusqu'à l'arrivée d'un messager venu nous en informer. Nous sortîmes alors de derrière le ravin comme un tourbillon de flammes, avec toutes mes forces, montées sur des coursiers arabes fameux, courant à l'envi, pour manier l'épée et la lance. En nous voyant et en posant sur nous les yeux, les Chrétiens pensèrent que la déroute nous appartenait et était à nos côtés, et que nous servirions d'aliments à leurs épées et de nourriture à leurs lances.

Pour notre part, nous glorifiâmes Dieu, comme le firent avec nous tous nos compagnons, ayant confiance en Dieu, l'Unique et sans associé, et nous partîmes à la rencontre de la mort irrémédiable et que personne ne peut éviter, en disant : « Voici notre dernier jour en ce monde, nous mourons martyrs ».Les Chrétiens chargèrent contre nous comme des flèches, mais Dieu affermit nos pieds et raffermit nos coeurs. Les anges combattaient à nos côtés et Dieu Très Haut nous accordait son aide victorieuse.

Nos ennemis tournèrent le dos en fugitifs et s'échappèrent en fuyant. Beaucoup d'entre eux, par décret de Dieu Très Haut, tombaient sans être atteints de coup de lance, ni meurtris de coups d'épée. L'épouvante affaiblissait leurs mains ; les frapper à coups de lance coûtait moins que de les piquer avec des aiguilles. La plaine, si ample, devenait maintenant étroite pour tant de gens en déroute et celui qui fuyait ne voyait pas la moindre chose qui ne soit convoitée par un homme. Nos épées se jetaient sur eux, en pleine humiliation et il n'y avait pas, par Dieu, de cottes de mailles sur lesquelles elles tombaient qu'elles n'arrachassent, ni casques qu'elles ne bosselassent. Nos fantassins blessaient de leurs lances leurs chevaux, les transperçaient et les traversaient. Ainsi, n'y avait-il pas de cavalier chrétien qui demeurât sur son cheval immobile et sans pouvoir fuir, et tous tentaient de les tirer par les rênes, mais il semblait qu'ils avaient les pattes entravées. Nous, par contre, nous montions de bénis coursiers arabes, bien soignés, coureurs et harceleurs, prêts à toute grande entreprise. Il n'y avait pas parmi nous de guerrier qui ne portât deux fourreaux contenant chacun une épée, et, dans la main, la troisième en prévision de ce qui pouvait advenir.

Les Chrétiens demeuraient étendus par terre, morts, couverts de poussière. Entre-temps, les gens qui avaient fui au début, revenaient tranquilisés de leur premier effroi, et incorporés à notre armée et aux autres, ils tranchaient les têtes des Chrétiens et les transportaient devant nos camps pour y édifier des tas semblables à d'immenses collines, en quantité innombrable et incalculable. Ils dépouillaient les cadavres et mettaient la main à leurs ventres (pour enlever les ceinturons contenant l'argent). Ainsi nous exterminâmes leurs plus grands guerriers et paralysâmes la réalisation de leurs désirs et espérances, car ton Seigneur « n'est pas inattentif aux actions des injustes » (XIV,42).

Quelque deux mille hommes, au moins - parmi lesquels, à ce que l'ont dit, figurait Alphonse - couverts de blessures qu'ils reçurent face à leur camp, parvinrent à décrocher et commencèrent immédiatement à fuir, en profitant de l'obscurité. Par Dieu, les cavaliers et les fantassins avaient pénétré dans leur camp, trébuchant sur les tentes ; ils saccageaient leurs victuailles, alors qu'eux les regardaient de travers, comme les boucs contemplent les couteaux des bouchers. Seulement, lorsque la nuit fut complète et qu'elle eut étendu ses voiles noirs, ils purent s'enfuir en abandonnant en pleine humiliation leurs montures. Que de brillantes cottes de mailles étendues sur le sol et que de chevaux abandonnés dans le camp! Chaque cavalier des nôtres se pourvut de cinq chevaux et plus, de mulets et d'ânes et de bien davantage. Ne parlons pas des vêtements et des étoffes, sans compter des lits de repos doublés de soie et d'autres tissus précieux et les fourrures innombrables. Nos gens ne se lassaient pas de transporter des choses et de fouiller des trésors. Pendant ce temps, les ennemis gagnaient Coria et de là partaient « où la chamelle d'Umm Qash'am conduisait sa monture ».Quant à nous, dans les meilleures dispositions et avec les meilleurs sentiments envers al-Mu'tamid 'alâ Allâh, nous nous retirâmes, chargés - grâce à Dieu - de butin et victorieux. Ne rencontrèrent le martyre, parmi les nôtres, que ceux qui en avaient été désignés par la prédestination divine, lorqu'au début, nous pensions que tous périraient, par manque de connaissance et ignorance de la manière de combattre des Chrétiens et par désir de rechercher le martyre. Nous perdîmes parmi nos meilleurs guerriers, une vingtaine d'hommes dont la vaillance était célèbre au Maghrib et qui retournèrent à Dieu, de la manière la plus heureuse.

De retour à Séville, capitale d'al-Mu'tamid et après y être demeuré quelques jours, nous prîmes congé d'al-Mu'tamid, non pas des adieux définitifs et sans que rien ne nous sépare de lui au moment où il voudra, et nous arrivâmes à Algésiras. Ensuite nous voulions des négociations dont je demandais à Dieu de nous accorder l'aboutissement et l'achèvement et qu'il facilite nos désirs et nous assiste pour les réaliser.

Quant aux Chrétiens, lorsque l'un d'eux aura repris ses esprits et que certains retrouveront leur souffle, ils se souviendront de ce qui est advenu et ils s'entretiendront de la façon dont ils se sont sauvés. « Nous les conduisons par des chemins détournés qu'ils ignorent. Je leur accorderai un délai. Oui, mon stratagème est sûr » (VII, 182-183). Jusqu'à ce qu'aucun d'entre eux ne demeure vivant à la surface de la terre et ne se sente oublié. Louange à Dieu, Seigneur des mondes, pour ce qu'il a décidé, concédé et donné! Tout cela fut une faveur qu'il nous fit, et non une faveur que nous Lui accordâmes. Dieu bénisse Muhammad, le Sceau des Prophètes et le guide vers le délicieux paradis du Dieu des coursiers ayant un ou plusieurs pieds blancs, ainsi que sa noble famille, et leur donne le salut. Que la paix soit avec toi, la miséricorde de Dieu et ses bénédictions » (28).

Le *dîwân al-rasâ'il* assurera les liaisons administratives entre les *qâ'ids* almoravides et l'administration centrale de Marrakech, lors de la prise de possession d'al-Andalus. En 484 H / 1091, Sîr b. Abî Bakr al-Lamtûnî adresse une lettre à Yûsuf b. Tâshfîn pour lui annoncer la prise de Jaen et de Séville (29).En *sha'ban* 484 H / 1091, Dâwûd b. 'Âishâ informe Yûsuf b. Tâshfîn de la conquête de Murcie. Muhammad b. 'Âishâ lui annonce par lettre la conquête d'Alméria (30).En 485 H / 1092, nouvelle lettre d'Ibn 'Âishâ à Yûsuf b. Tâshfîn, annonçant la prise de Valence (31).

Abû Bakr Muhammad b. Muhammad b. Sulaymân b. al-Qasîra (487 H / 1094-507 H / 1114)

Après la chute d'al-Mu'tamid de Séville, la disgrâce avait frappé Ibn al-Qasîra, demeuré à l'écart de l'administration pendant trois ans. Il fallut l'arrivée d'une lettre en provenance d'Egypte pour que Yûsuf b. Tâshfîn fît appel à ses services. Abû Bakr Muhammad b. Muhammad b. Sylaymân b. al-Qasîra (32), originaire de Huelva, naquit vers 421 H / 1030. Venu très jeune à Cordoue, ses qualités furent reconnues par Abû-l-Walîd b. Zaydûn qui le présenta au roi al-Mu'tadid de Séville. Son caractère réservé et orgueilleux et la crainte que lui inspirait al-Mu'tadid le maintinrent à l'écart de la société sévillane et durant quelques années il demeura dans l'anonymat. Al-Mu'tamid l'en fit sortir, en le nommant son secrétaire (*kâtib*), lui confia sa correspondance officielle, en plus d'importantes missions diplomatiques et lui attribua le titre honorifique du double vizirat (*dhû-l-wizâratayn*). Ibn al-Qasîra, par ordre de son souverain, joua le rôle d'ambassadeur auprès des rois de Taifas de son époque. En tant que tel, il réalisa de fréquents voyages dans le sud de la Péninsule, auprès des Aftasides de Badajoz et des Zirides de Grenade. Lors d'une ambassade envoyée au souverain almoravide Yûsuf b. Tâshfîn, il exposa la situation difficile dans laquelle se trouvait al-Andalus, après la chute de Tolède aux mains d'Alphonse VI et sollicita son aide contre les appétits expansionistes du roi chrétien. De plus, il eut à traverser à plusieurs reprises le détroit, en mission diplomatique auprès de Yûsuf b. Tâshfîn (33). Des liens cordiaux devaient s'établir entre eux deux. L'almoravide s'émerveillait de l'éloquence et de l'érudition d'Ibn al-Qasîra. Aussi, à peine Yûsuf b. Tâshfîn débarquait-il en *rabî'a* II 479 H / juillet 1086, qu'Ibn al-Qasîra accourait le recevoir, lui qui jouissait de toute la confiance d'al-Mu'tamid.

Lors de la bataille de Zallâqa, il fait office de messager entre le roi de Séville et Yûsuf, l'informant des mouvements d'Alphonse VI et demeura auprès de l'almoravide, faisant office de secrétaire pour l'envoi de lettre au roi chrétien. Ce même Ibn al-Qasîra relata la bataille dans ses détails, comme témoin oculaire. Quand Yûsuf b. Tâshfîn traversa le détroit pour la seconde fois, Ibn Qasîra poursuivait ses activités dans la chancellerie abbadite. De 1086 à 1088, il connut une période de grande activité épistolaire, avec les rois et princes andalous. Le roi sévillan lui assigna une fonction primordiale dans sa politique et le combla d'honneur. Subitement, un ensemble de disgrâces s'abattit sur lui. Sa carrière politique, sa condition personnelle et sa propre vie basculèrent. Quant en 484 H / 1091, Yûsuf b. Tâshfîn s'érigea en unique souverain d'al-Andalus, Ibn al-Qasîra se trouva démuni et vécut trois années de privations qui affectèrent son équilibre mental. Une missive providentielle du souverain fatimide du Caire, al-Mustansir, adressée à Yûsuf b. Tâshfîn, mettant en relief les hautes qualités d'Ibn al-Qasîra et la nécessité de remédier à sa situation, le fit incorporer au *dîwân al-rasâ'il* almoravide. Avec lui, allaient passer dans l'administration palatine de l'émir almoravide les littérateurs et hommes de sciences les plus notables de tout al-Andalus.

De sa vie à la cour de Marrakech nous ne savons rien, si ce n'est qu'il exerçait une fonction importante. Il demeura au service de Yûsuf b. Tâshfîn jusqu'à la mort de l'émir en 500 H / 1106. Tous ses biographes lui attribuent la réputation d'un prosateur exceptionnel et d'un homme de culture peu commun. De sa production littéraire au cours du gouvernorat de Yûsuf b. Tâshfîn, nous est parvenue une série de lettres officielles, de style fleuri et en prose rimée. Six sont rapportées par Ibn Bassâm, une par Ibn Khâqân.

1°)- Description de la bataille de Zallâqa, avec amples détails sur son déroulement, relatant les vicissitudes de l'armée almoravide, son regroupement avec les troupes andalouses à Badajoz, la déroute d'Alphonse VI, le sac de son campement par les musulmans et la fuite du roi chrétien vers Tolède (34).

2°)- Lettre adressée au nom d'al-Mu'tamid, aux rois de Taifas andalous leur faisant percevoir la situation dangereuse dans laquelle ils se trouvaient, du fait de l'accroissement de l'emprise chrétienne et les encourageant à s'unir aux Almoravides récemment débarqués en al-Andalus, pour entreprendre la guerre sainte (35).

3°)- Lettre envoyée au nom de Yûsuf b. Tâshfîn, au seigneur de la Qal'a des Banû Hammâd qui s'était enfermé dans la forteresse avec un groupe de sédicieux et avait initié une insurection contre Yûsuf, l'exhortant à reconnaître son obédience (36).

4°)- Lettre adressée au Grand Cadi (*qâdî al-djamâ'a*) de Cordoue, Ibn 'Abd Allâh b. Hamdîn, lui renouvelant la confiance, comme homme intelligent et probe, lui conseillant de traiter tout le monde de façon égale, et lui recommandant d'agir selon les prescriptions du Coran et de la Sunna, l'assurant que les Almoravides respecteront ses décisions comme cadi (37).

5°)- Lettre envoyée sur ordre d'al-Mu'tamid, à Ibn Sumâdih, souverain de la dynastie Tudjibite d'Alméria, dans laquelle il est précisé comment les Chrétiens se sont réfugiés dans la forteresse d'Alédo et y sont demeurés, assiégés par les Musulmans qui, afin de les obliger à sortir, coupèrent la conduite d'alimentation d'eau du *hisn* . Dans un autre passage de la même lettre, il commente l'entrée des Musulmans à Lorca et l'excellent état dans lequel ils l'ont trouvée, grâce aux soins de Sa'd al-Dawla b. Asbagh b. Labbûn (38).

6°)- Lettre dans laquelle, au nom d'al-Mu'tamid, est décrite l'entrée d'Ibn 'Ukâsha à Cordoue et l'assassinat de 'Abbâd fils d'al-Mu'tamid. Le roi de Séville, par la plume d'Ibn al-Qasîra, relate comment le traître 'Ukâsha, profitant des ténèbres de la nuit, pénétra dans la ville et s'empara d'elle, grâce à la complicité d'un groupe de Cordouans et comment en voulant s'opposer à lui, 'Abbad fut assassiné (39).

Par ailleurs, Ibn al-Qasîra dut probablement être le rédacteur de la lettre affectueuse envoyée par Yûsuf b. Tâshfîn à al-Musta'în de Saragosse et montrée par son fils 'Imad al-Dawla, le 26 septembre 1102 à 'Abd Allâh b. Fâtima, scellant un pacte d'amitié et de paix entre les deux royaumes (40).

Ce même *dîwân al-rasâ'il* reçut plusieurs missives émanant des gouverneurs locaux, de cadis ou de particuliers. Une correspondance fut échangée entre Ghazâlî, Abû Bakr al-Turtûshî et Yûsuf b. Tâshfîn (41). Le cadi d'Alméria, Abû 'Abd Allâh b. al-Farrâ' devait opposer des arguments légaux pour déclarer illégale la *ma'ûna* ou impôt supplémentaire proposé à la population de la ville par une lettre du souverain almoravide (42).

Les derniers actes émanant du *dîwân al-rasâ'il* de Yûsuf b. Tâshfîn, furent l'acte de nomination comme héritier présomptif de son fils 'Alî, rédigé en 494 H, par Abû Bakr b. al-Qasîra et l'ensemble de la corresponsance envoyée à tous les gouverneurs, de la main du vizir Muhammad b. 'Abd al-Ghafûr (43).

LE DIWAN AL-RASA'IL SOUS LE GOUVERNORAT DE 'ALI B. YUSUF B. TASHFIN (500 H-537 H / 1107-1143)

Ayant servi deux états, l'abbadite d'al-Mu'tamid de Séville, et l'almoravide de Yûsuf b. Tâshfîn, Abû Bakr b. al-Qasîra devait se mettre au service du *dîwân al-rasâ'il* de 'Alî b. Yûsuf b. Tâshfîn, jusqu'à sa mort en 508 H / 1114-1115 (44).

Ibn al-Qasîra (500 H / 1107 - 508H / 1114-1115)

Le souverain almoravide lui confirma toutes les prérogatives accordées par son père. Il eut à sa charge, précisément la rédaction de la correspondance officielle dont onze exemplaires nous sont parvenus.

1°)- Lettre adressée, au nom de 'Alî b. Yûsuf, à un groupe de sédicieux, leur faisant savoir qu'il n'était pas prudent d'agir de la sorte et qu'ils devaient retourner dans le chemin tracé par Dieu. On ne spécifie pas à qui elle fut adressée (45).

2°)- Lettre provenant de Marrakech, datée de la fin *dhû-l-hidjdja* 499 H / 1 septembre 1106. Dictée par 'Alî b. Yûsuf b. Tâshfîn, un jour avant la mort de son père, cette lettre signale l'aggravation de sa maladie, sa décision d'attribuer et de transmettre le pouvoir à son fils. Transmise en al-Andalus par une ambassade composée de plusieurs personnalités andalouses et venue informer l'*Amîr al-Muslimîn* de l'état de cette partie importante de l'empire almoravide, elle fut adressée à l'émir Abû-l-Tâhir Tamîm b. Yûsuf, frère de 'Alî et gouverneur du Levante (*sharq al-Andalus*) (47).

3°)- Lettre émanant de Marrakech, non datée, écrite, semble-t-il, au cours des premiers jours du gouvernorat de 'Alî, vers 500 H / 1106, vu qu'il s'agit d'une réponse à une lettre de serment d'allégeance, en provenance de certaines régions d'al-Andalus (48).

4°, 5°, 6°)- De ces trois lettres, les deux premières proviennent de la capitale Marrakech, la troisième fut envoyée par 'Alî b. Yûsuf b. Tâshfîn, de son campement des environs de Cordoue. Elle a été écrite par Ibn al-Qasîra, au cours de l'une des nombreuses visites effectuées par l'émir almoravide dans cette région.Bien que non datées, elles durent être écrites entre les années 500 H et 508 H, date de la mort d'Ibn al-Qasîra. Les liens communs entre ces trois missives sont les conseils prodigués par l'émir à ses administrés andalous : la crainte de Dieu, l'unité, le rejet de la division, l'obéissance aux gouverneurs de l'émir et le rejet de toute révolte et désobéissance à leurs ordres. L'esprit religieux l'emporte dans ces trois lettres, c'est le particularisme de l'État almoravide et de l'ensemble de ses émirs (49).

7°)- Lettre d'Abû Bakr b. al-Qasîra écrite pour l'émir 'Alî b. Yusûf b. Tâshfîn, en provenance de Marrakech et datée d'un mercredi de *muharram* 500 H / septembre 1106, après l' accession au gouvernorat du Maghreb et d'al-Andalus de ce souverain . Il semble qu'elle fut destinée aux habitants de l'une des provinces andalouses, les enjoignant à obéir au gouverneur du lieu, fraîchement nommé. Il s'agit d'un certain Abû Muhammad 'Abd Allâh b. Muhammad qui ne peut être que Abû Muhammad 'Abd Allâh b. Muhammad b. Fâtima, nommé gouverneur de Valence. Ibn Fâtima était l'un des célèbres *qâ'ids* / gouverneurs militaires almoravides de Yûsuf b. Tâshfîn. Son fils Abû Muhammad 'Abd Allâh b. Muhammad b. Fâtima eut à commander une armée composée de 1.500 cavaliers, en appui du *qâ'id* Mazdalî b. Sulankân qui tentait d'enlever Valence, en 495 H / 1102, aux mains des Chrétiens du Cid Campeador. Ibn Fâtima se dirigea vers le Levante (*Sharq*) en 496 H / 1103. L'année suivante Yûsuf b. Tâshfîn lui confiait le haut commandement des armées almoravides dans la région du *Sharq al-Andalus* . En *ramadân* 501 H / mai 1108, en qualité de gouverneur de Valence, il s'associe au *qâ'id* Ibn 'Âisha, gouverneur de Murcie, dans l'expédition conduite par Tamîm b. Yûsuf b. Tâshfîn, contre les armées castillanes à Uclés. Dans cette lettre, 'Alî b. Yûsuf avise les gens de Valence, de l'établissement d'Ibn Fâtima au gouvernorat de cette région (50).

8°)- Lettre écrite en 499 H / 1106. C'est une réponse à une lettre émanant d'un gouverneur almoravide d'al-Andalus, envoyée en *dhû-l-qa'ada* / août 1106 et qui annonçait l'arrivée d'une ambassade à Marrakech, venue présenter la situation de la ville de Valence, sous obédience almoravide depuis sa prise de possession par Mazdalî en 495 H / 1102. Cette ambassade arriva au cours de la phase terminale de la maladie de Yûsuf b. Tâshfîn. Cette lettre souligne aussi l'union entre 'Alî b. Yûsuf b. Tâshfîn et son frère Abû Tâhir Tamîm et ce que ce dernier put lui révéler de l'état de ces régions qu'il connaissait bien, ayant été gouverneur du Levante en 499 H. Peut-être Tamîm se trouvait-il à la tête de cette ambassade dont parle la lettre. Cette lettre mentionne aussi une autre personnalité, présente dans cette ambassade : Abû 'Abd Allâh Muhammad b. Abî Bakr al-Lamtûnî. Ce fut l'un des grands *qâ'ids* almoravides qui jouèrent un rôle important à Valence, lors de son occupation par le Cid. La lettre mentionne aussi que 'Alî b. Yûsuf écouta deux personnalités de l'ambassade valencienne arrivées auparavant : Yahyâ b. Tâshfîn et Muhammad b. Tûmart. Peut-être s'agit-il de Abû Bakr Yahyâ b. Tâshfîn, fils de l'oncle de 'Alî b. Yûsuf b.Tâshfîn, frère germain de son père, par sa mère. Selon Ibn 'Idhârî, Abû 'Abd Allâh Muhammad b. Abî Bakr al-Lamtûnî était fils du frère de Yûsuf b. Tâshfîn par sa mère. On peut en déduire que Muhammad et Yahyâ étaient frères et que le nom complet de Yahyâ était Abû Bakr Yahyâ b. Abî Bakr b. Tâshfîn. Il fut gouverneur de Cordoue en 509 H / 1115-1116. Quant à Muhammad b. Tûmart, il ne peut s'agir de l'apôtre de la révolte contre les Almoravides, le Mahdî des Almohades. Cette lettre insiste sur les préoccupations de 'Alî b. Yûsuf b. Tâshfîn, vis à vis de cette région orientale, face aux convoitises chrétiennes, à la nécessité pour le gouvernement de la fortifier et d'installer la sécurité dans le coeur des Andalous (51).

9°)- Lettre adressée, au nom de 'Alî, de son campement des environs de la ville de Ceuta, en *dhû-l-hidjdja* 506 H / 17 juillet 1112, au gouverneur de la région levantine (*Sharq*), manifestant la colère et l'indignation de 'Alî b. Yûsuf b. Tâshfîn, devant les oppositions que rencontraient les jugements du *faqîh qâdî al-qudât* du Sharq auprès d'une partie de la population de cette région. Aussi ordonne-t-il à son gouverneur de défendre ce cadi et pose-t-il un ultimatum à ses opposants, les menaçant des pires représailles s'ils n'abandonnent pas leur opposition systématique à ses jugements et ses ordonnances. Il s'agit du cadi Abû 'Umayya Ibrâhîm b. 'Isâm b. Muntil (m. 516 H / 1122-1123) (52).

10°)- Lettre de 'Alî b. Yûsuf b. Tâshfîn, émanant du *dîwân* de Marrakech, sans date précise. Elle est adressée à un gouverneur auquel l'émir ordonne de demander conseil à un *faqîh* sur les divers problèmes de gouvernement. L'organisation du gouvernorat almoravide y apparaît marquée par la décentralisation , du fait que le gouverneur (*'âmil*) de l'émir possède un vaste pouvoir dans l'organisation des affaires gouvernementales, sans en référer à l'Émir des Musulmans. Nous retrouvons aussi une autre caractéristique du gouvernorat almoravide, c'est l'aspect démocratique : les gouvernants ne prenant pas de décisions avant d'en avoir débattu avec un conseil d'hommes de sciences (*faqîhs* / juristes) (53).

Indépendamment de ces activités, Ibn al-Qasîra fréquentait les cercles littéraires de Marrakech, mais pour un homme habitué au rafinement de la cour abbadite, ces joutes intellectuelles devaient paraître peu brillantes.

Ses derniers jours furent tristes. Forcé de vivre dans une ambiance où tout lui était étranger, même le climat, et sa santé mentale ayant été ébranlée par les trois années de pénurie, il devint fou et la mort le rencontra dans cet état, en *djumâdâ II* 508 H / novembre 1114. Tous ses biographes lui attribuent la réputation d'un prosateur exceptionnel et d'un homme de culture peu commun.

Au cours de cette période 1106-1114, le *dîwân al-rasâ'il* diffusa et reçut de nombreuses missives. En 500 H / 1106, une lettre fut envoyée par 'Alî b. Yûsuf à son cousin Yahyâ b. Abî Bakr , en fuite à Fès, lui ordonnant de reconnaître le nouveau souverain (54).En 502 H / 1108-1109, Tamîm informait 'Alî b. Yûsuf b. Tâshfîn, par lettre écrite de la main du vizir et *kâtib* Ibn Sharaf, de la victoire d'Uclés. Cette même année, une lettre de Muhammad b. al-Hâdjdj de Valence, annonçait la prise de Saragosse (56). En *dhû-l-qa'da* , Sîr b. Abî Bakr informait par lettre le souverain almoravide de la conquête du Gharb d'al-Andalus (Jerez de la Frontera (*Sharîsh*), Badajoz, Porto (*Burtuqâl*), Evora (*Ya-bura*), Lisbonne (*Ushbûna*) et Santarem) (57). Alors qu'en 503 H / 1109, ce même *dîwân al-rasâ'il* envoyait à toutes les provinces de l'empire almoravide une missive ordonnant l'autodafé des oeuvres de Ghazâlî, dont l'*Ihyâ 'ulûm al-dîn* / *La revivification des sciences de la religion* (58). C'est encore par lettre que l'émir almoravide fut informé en 508 H / 1114 de la mort de Mazdalî.

Abû-l-Qâsim Muhammad b. 'Abd Allâh b. al-Djadd al-Fihrî (507 H / 1114-1115 - 515 H / 1121)

De la famille des Banû al-Djadd, notables de Niebla, homme de lettre, juriste et jurisconsulte, Abû-l-Qâsim b. al-Djadd dispensait des consultations juridiques à Niebla, avant d'être nommé au *dîwân al-rasâ'il* (59). Des *kâtibs* et des vizirs célèbres sont originaires de cette famille. Ibn al-Djadd débuta sa vie en s'adonnant à l'étude des Traditions, du Droit et de la littérature (*adab*). Puis Yazîd al-Râdî b. al-Mu'tamid b. 'Abbâd lui attribua le vizirat à Séville. Il demeura au service des Abbadites jusqu'à leur détrônement par Yûsuf b. Tâshfîn. Mis à l'écart des fonctions gouvernementales, la population de Niebla l'accueillit et lui confia la fonction de conseiller (*khattat al-shûrâ*). 'Alî b. Yûsuf b. Tâshfîn fit appel à lui pour exercer les fonctions de *kâtib* au *dîwân al-rasâ'il.* Il demeura en fonction jusqu'à sa mort en 515 H / 1121.

Dix lettres de ce *kâtib* non sont parvenues : 1°)- Lettre provenant de Marrakech, adressée à la population de certaines provinces d'al-Andalus, dont la population de Grenade. Elle peut être datée du vendredi 19 *ramadân* 507 H / 27 février 1114. C'est le *qâ'id* almoravide Mazdalî, conquérant de Valence, qui gouvernait Grenade à cette époque, fonction à laquelle il ajoutait le gouvernorat de Cordoue et d'Alméria. Mazdalî poursuivit ses expéditions contre les Castillans à travers al-Andalus jusqu'à sa mort sur le champ de bataille en *shawwâl* 508 H / mars 1115. Son fils 'Abd Allâh b. Mazdalî devait lui succéder au gouvernorat de Grenade. L'objet de cette lettre est l'inquiétude du pouvoir face aux tumultes, aux agitations chroniques de la population de Grenade, à son acrimonie envers les gouverneurs et un rappel à l'obligation d'obéir et de suivre la voie droite. C'est un éclairage sur le penchant à la mutinerie des milieux andalous contre leurs gouvernants almoravides, malgré les efforts constants de ceux-ci pour défendre al-Andalus contre les entreprises de reconquête chrétienne.(60)

2°)- Lettre d'Abû-l-Qâsim b. al-Djadd, adressée de Marrakech par 'Alî b. Yûsuf b. Tâshfîn, au gouverneur de Séville, Abû Muhammad 'Abd Allâh b. Fâtima. Datée de 510 H / 1116-1117, son objet est de conseiller le gouverneur dans sa façon de gouverner, de le convaincre de la nécessité de se montrer proche de ses sujets, d'établir la justice parmi eux et de lever le voile sur ce qui est obscur ou douteux. « *Choisis le vérité pour guide, adopte sa main pour te guider, rends tes jugements à sa lumière, avec force et mansuétude. Léve-toi à l'appel de l'opprimé et ne ferme pas ta porte à la figure du persécuté. Montre-toi prévenant envers tes sujets et rends leur généreusement justice* » (61).

3°)- Lettre d'Abû-l-Qâsim b. al-Djadd provenant de Marrakech, au nom de 'Alî b. Yûsuf b. Tâshfîn , écrite à une personnalité anonyme, et datée du 20 ou 21 *rabi'a* I 510 H / 2 ou 3 août 1116.C'est la nomination de cette personnalité au gouvernorat de l'île de Majorque. Voici révélé un pan historique d'une période dont nous ignorions tout : l'histoire des îles orientales au cours des premières années du gouvernorat almoravide. Le gouverneur de ces îles de Majorque, Minorque et Ibiza, Mubashar b.

Sulayman Nâsir al-Dawla les administrait depuis 486 H / 1093, il ne fut pas inquiété par Yûsuf b. Tâshfîn suivant en cela la politique adoptée avec les Banû Hûd de Saragosse. Les deux royaumes dressaient une barrière entre les royaumes chrétiens et les régions musulmanes qu'il gouvernait. Leurs souverains n'étaient pas liés par serments aux Chrétiens et ne s'étaient pas opposés à l'intervention almoravide. Mubashar continuera à gouverner les îles orientales durant le gouvernorat de Yûsuf b. Tâshfîn et celui de son fils 'Alî, jusqu'en 508 H / 1114. Cette année là, eut lieu une expédition chrétienne à l'ouest de la Méditerranée, en direction des îles orientales. Les Pisans, les Génois et le gouverneur de Barcelonne dirigèrent une flotte composée de 300 galères vers l'île d'Ibiza Son gouverneur essaya de s'opposer à eux, mais en vain. L'expédition prit la direction de Majorque. Assiégé, Mubashar b. Sulayman combattit courageusement et envoya à l'Émir des Musulmans 'Alî b. Yûsuf b. Tâshfîn une demande de secours. Sa lettre fut transmise par le *qâ'id* almoravide Abû 'Abd Allâh b. Maymûn dont le navire était ancré à ce moment là dans le port de Majorque.Ibn Maymûn sortit en secret du port, sans attirer l'attention des bateaux qui assiégeaient l'île. Certains navires voulurent le prendre en chasse, mais il réussit à les distancer. Les Chrétiens renforcèrent le siège de Majorque durant dix mois, au cours desquels Mubashar tomba malade et mourut. Un de ses proches Abû-l-Rabî'a Sulayman (Burabé , des sources chrétiennes), le remplaça. Les Chrétiens s'emparèrent des forteresses de l'île et achevèrent la conquête le 7 *dhû-l-qa'ada* 508 H / 3 avril 1115. Ayant reçu l'appel de Mubashar, 'Alî b. Yûsuf accélérait l'équipement d'une flotte composée de 300 galères, dont il confiait le commandement au *qâ'id* almoravide Ibn Tâfratust . À l'approche de la flotte almoravide, les corsaires chrétiens décidèrent de quitter l'île, après en avoir massacré la population, fait captif une grande partie et incendié la ville. Ainsi, Ibn Tâfratust pénétrait dans l'île évacuée de ses assaillants chrétiens, en 509 H / 1115-1116. Au cours des dix années 509-520 H, avant que le gouvernorat des îles orientales ne soit exercé par Muhammad b. 'Alî b. Yahyâ b. Ghâniya al-Massûfî , 'Alî b. Yûsuf nomma au gouvernorat de Majorque, Wânûr b. Abî Bakr al-Lamtûnî qui opprima la population de l'île. Il exigea la construction d'une nouvelle ville éloignée de la mer, ils s'y opposèrent. Ayant fait assassiner le chef de cette rébellion, la révolte dressa la population contre

Wânûr qui fut couvert de chaînes. Un nouveau gouverneur, Muhammad b. 'Alî b. Ghâniya fut nommé, qui envoya à Marrakech Wânûr couvert de chaînes, en 520 H / 1126. La fin de la lettre donne des informations sur la marine et souligne la nécessité pour le gouverneur de l'île d'en posséder (62).

4° et 5°)- Lettres de nomination au cadiquat de Grenade de Mûsâ b. Hammad et d'autres *fuqahâ'* , datées de 511 H / 1117 (63). Cette même année, 'Alî b. Yûsuf b. Tâshfîn adressait une lettre aux émirs, leur demandant de rejoindre avec leurs troupes, Tamîm b. Yûsuf b. Tâshfîn, le *wâlî* du Levante (*Sharq al-Andalus*), pour se porter au secours de Saragosse et Lérida, victimes des assauts d'Alphonse I le Batailleur (64).

6°)- Lettre adressée à la population de Séville, provenant du *dîwân al-rasâ'il* et datée de *djumâda* I 512 H / septembre 1118 : « *Notre lettre - que Dieu vous préserve et vous assure de son secours, vous accorde la jouissance de vivre en harmonie et plein accord avec ce qui lui plait, qu'il éloigne de vous toute occasion de division et d'opposition à ses desseins et ses prévisions - nous l'écrivons de la métropole (hadra) de Marrakech - Dieu la garde - aux derniers jours de djumâdâ I de l'année 512 H / septembre 1118, alors que nous sont parvenus les témoignages de vos notables, sur les causes de votre éloignement et de vos dissensions, les manifestations de jalousie réciproque et de haine mutuelle que vous vous portez, la poursuite de vos inimitiés et indifférences, le maintien de vos exclusions et divorces, ce qui est pour vos juristes et vos gens intègres, une atteinte grave évidente et un vice dont ne peut se satisfaire aucun croyant appartenant à une religion. Pourquoi n'agissez-vous pas pour réformer votre contrée selon la pratique des gens vertueux, ne vous efforcez-vous pas à rendre vain les agissements des dépravés et ne vous attelez-vous pas à coordonner vos idées divergentes et rassembler vos passions diverses selon la pratique de ceux qui s'adonnent à l'effort personnel (djihad). Nous pensions - mais Dieu aide à se mouvoir dans la voie droite - qu'il était de notre devoir de vous adresser ce discours. Lorsqu'il vous parviendra et qu'on vous le lira, délivrez vos âmes de l'emprise du mal, aspirez au calme et à la tranquilité. Écartez-vous du chemin de l'iniquité blâmable et détestable. Gardez-vous des appels à la sédition, des conséquences de la haine et de ce qui entraîne la douleur des consciences, la corruption des pensées, l'aveuglement des regards, les mauvaises actions. Préservez vos croyances et vos âmes. Revenez à la saine conduite dans l'ensemble de vos désirs. Tirez le meilleur parti de l'écoute et de l'obéissance au gouverneur (wâlî) de vos affaires publiques, notre représentant dans votre administration et la conduite politique de votre peuple, notre cher frère Abû Ishâq Ibrâhîm - que Dieu le préserve et garantisse sa puissance par sa force - . Sachez que sa main est sur vous comme notre main, son regard comme notre regard. Arrêtez toute revendication contre lui et toute réclamation. Ne vous opposez pas à lui dans vos affaires. Laissez-vous conduire par la conduite aisée de son gouvernement et de sa résolution. Ne vous laissez pas emporter par la résistance à ses ordres et prescriptions - Dieu Très Haut vous procure la vertu et vous fasse accéder rapidement au bon ordre de la religion et de ce monde par sa puissance »* (65).

7° et 8°)- Entre 512 H et 514 H, deux lettres furent écrites par Ibn al-Djadd, l'une adressée à Ibn Hamdîn, concernant la nomination d'Abû-l-Fadl b. 'Iyâd à la judicature et la reconnaissance de ses compétences scientifiques ; l'autre destinée à la population de Ceuta, pour l'informer de la nomination au gouvernorat de Ceuta et Fès, de l'émir Abû Zakariyâ' Yahyâ b. Abî Bakr (66).

9°)- Lettre à Abû Muhammad 'Abd Allâh b. Fâtima, envoyée de Marrakech, pour reconduire sa nomination au gouvernorat et celle des autres gouverneurs d'al-Andalus (67).

10°)- Cette lettre d'Abû-l-Qâsim b. al-Djadd provient de l'Émir des Musulmans 'Alî b. Yûsuf b. Tâshfîn. Envoyée de Marrakech, elle est adressée au *kâtib* Ibn Azraq et datée du 13 *muharram* 514 H / 14 avril 1120. C'est une invitation à se rendre dans la ville de Marrakech, pour y exercer la fonction de secrétaire du prince dans le *dîwân al-rasâ'il* . Abû Bakr Yahyâ b. Hamam b. Yahyâ Ibn al-Azraq al-Sarâqustî fut *kâtib* d'al-Musta'în Abû Dja'far b. Hûd, prince de Saragosse, avant d'être au service de Yûsuf b. Tâshfîn et de son fils 'Alî. Il se rendit à Marrakech en 495 H et mourut à Cordoue en 537 H / 1142 (68).

Il y eut bien de nombreuses autres lettres émanant des diverses chancelleries régionales, ou destinées au *dîwân al-rasâ'il*, telles les missives adressées à 'Alî b. Yûsuf b. Tâshfîn, l'informant de la conquête du *Sharq al-Andalus* et de la prise de Calatayud par Ibn Rudmir (Alphonse I le Batailleur) ou celles envoyées aux diverses régions gouvernées par les Almoravides et comportant les actes de nomination des cadis de chaque province (*tawliya al-qâdî*). Ces textes manifestent la grande indépendance du pouvoir judiciaire face au pouvoir exécutif (69).

'Abd al-'Azîz b. Sa'îd b. 'Abd al-'Azîz al-Batalyawsî (Abû Bakr b. al-Qabturnuh) (515 H / 1121 - 520H / 1126)

D'une famille célèbre d'hommes de Lettres, semble-t-il d'origine chrétienne hispanique ancienne, si l'on se réfère à l'onomastique « *al-Qabturnuh* » , Abû Bakr al-Qabturnuh avait deux frères : Abû Muhammad Talha et Abû-l-Hasan Muhammad qui furent aussi vizirs et *kâtibs* du prince al-Mutawakkil b. al-Aftas de Badajoz. Dès le détrônement des Banû-l-Aftas par les Almoravides, Ibn al-Qabturnuh se mit à leur service comme *kâtib* du *dîwân al-rasâ'il*, jusqu'à sa mort en 520 H / 1126 (70). Une seule lettre nous est parvenue de sa plume, sur les dévastations causées par les sauterelles et l'obligation de combattre ce fléau « qui brûle le pays et l'affame ».

Abû 'Abd Allâh b. Abî-l-Khisâl.
Abû Marwân 'Abd al-Malik b. Abî-l-Khisâl (520 H / 1126 - 537 H / 1142)

Poète, lettré, Abû 'Abd Allâh Muhammad b. Mas'ûd b. Abî-l-Khisâl al-Ghafiqî al-Shaqûrî était , au dire d'Ibn Khâqân, d'origine obscure. Sa famille habitait le village de Farghallît dans le district de Segura de la Sierra (*Shaqûra*) (71). Il naquit dans ce village en 465 H / 1072-1073, où il fit ses premières humanités avant de parcourir al-Andalus à la recherche de la science. La famille des Banû Abî-l-Khisâl était une famille de gens cultivés dont Abû 'Abd Allâh partageait l'intérêt pour la littérature avec ses deux frères : Abû Marwân et Abû Dja'far. Au cours de sa résidence à Cordoue, il suivit les enseignements d'Abû Bahr al-Asdî, d'Abû Bakr Ghâlib b. 'Atiyya, d'Abû Bakr b. Sâbiq al-Saqallî, d'Abû-l-Hasan b. Mâlik al-Ya'murî. Il rencontra à Alméria le maître de l'époque, Abû 'Alî al-Sadafî et d'autres savants : Abû 'Imrân b. Talîd, Abû 'Abd Allâh al-Nafzî al-Mâlaqî et Abû-l-Hasan b. al-Bâdish. Il eut parmi ses disciples : Abû Dja'far Ahmad b. Ahmad b. al-Qasîra, Abû 'Alî al-Ghassânî, Abû-l-Qâsim b. Hubaysh, Ibn Bashkuwal et Abû 'Abd Allâh Muhammad b. 'Abd al-Rahîm. C'était un homme de science, de réflexion et de lettres s'adonnant à la prose et à la poésie, entouré de disciples. Il entra dans l'administration almoravide et devint l'un des secrétaires du *dîwân al-rasâ'il* de 'Alî b. Yûsuf b. Tâshfîn alors que celui-ci était gouverneur de Grenade. Lors de son accession à l'émirat, il devint le secrétaire d'Abû Yahyâ Abû Bakr b. Abî 'Abd Allâh Muhammad b. al-Hâdjdj. Il suivit les Banû-l-Hâdjdj à Fès, puis dans la Marche orientale de Saragosse. Nous le retrouvons à Fès, Algéciras, Marrakech et ses lettres nous informent qu'il écrit au nom de l'Émir des Musulmans 'Alî b. Yûsuf b. Tâshfîn et pour d'autres émirs almoravides. Les dates des lettres qui nous sont parvenues s'étendent sur toute la période du gouvernorat de cet émir.Le cercle de ses connaissances était immense parmi les célébrités de son époque : Abû Bakr b. al-'Arabî, Abû Ishâq b. Khafâdja, Abû Bakr b. Rahîm, Abû Bakr b. 'Abd al-'Azîz, Abû Muhammad b. al-Hâdjdj al-Lurqî, Abû Muhammad 'Abd al-Madjîd b. 'Abdûn, Abû-l-Hasan b. Durrî, Abû Bakr b. al-Qasîra et Abû-l-Walid b. Rushd, le docteur malikite (72). Sa position ne cessait de s'élever au point qu'il devînt le plus célèbre des *kâtibs* de 'Alî b. Yûsuf b. Tâshfîn et occupât la meilleure place auprès de lui. Voyageant à travers le Maghreb et al-Andalus, il accompagna certains émirs almoravides, remplit des fonctions administratives et fut leur secrétaire. À cet effet, il résidait pour l'exercice de sa charge sultanienne, tantôt à Cordoue, tantôt à Valence, à Saragosse, à Fès ou à Ceuta. En 540 H / 1146, Ibn Abî-l-Khisâl, après une longue vie, mourait assassiné par un groupe de Masmûda entrés à Cordoue, lors de la révolte d'Ibn Hamdîn , combattue par Ibn Ghâniya. Ibn al-Khatîb précise : « Les Berbères Masmuda, gens d'obédience almoravide, le tuèrent à cause de la beauté de ses vêtements, alors qu'ils ne le connaissaient pas ».

La célébrité d'Abû 'Abd Allâh b. Abî-l-Khisâl rejaillissait sur celle de sa famille et son frère Abû Marwân 'Abd al-Malik devait y être associé. Ce fut le plus brillant savant prosateur andalou de son époque. Ses biographes soulignent l'immense stature qu'il avait atteinte en ce domaine. Auteur d'un *Dîwân al-rasâ'il / Recueil d'épitres* qui circulait parmi les littérateurs andalous et servait de modèle, la plus grande partie de sa production littéraire demeure à l'état de manuscrit (73).

Parmi les lettres strictement administratives écrites dans l'exercice de sa fonction de *kâtib* du *dîwân al-rasâ'il* , on pourrait en retenir une quinzaine.

1°)- Lettre écrite lors de l'arrivée de l'Émir des Musulmans 'Alî b. Yûsuf b. Tâshfîn après l'expédition menée à Talavera en 503 H

/ 1109-1110 (74). Cette même année furent envoyées des lettres à l'ensemble des provinces de l'Empire almoravide, ordonnant une nouvelle fois l'autodafé des oeuvres de Ghazâlî.

2°)- Lettre d'Abû 'Abd Allâh b. Abî-l-Khisâl, écrite pour l'émir 'Alî b. Yûsuf b; Tâshfîn, envoyée de Marrakech, le deuxième jour de la mi- *shawwâl* 507 H / 25 mars 1114. Son objet est d'informer le peuple andalou des résolutions prises par l'Émir des Musulmans pour l'équipement d'expéditions militaires et l'organisation de la guerre sainte pour la défense de l'Islam. Cette lettre confirme les préoccupations almoravides de dissuader les Chrétiens d'intervenir dans les régions d'al-Andalus, au cours des années 1113-1114, années de guerre sainte permanente et d'activités militaires qui ne furent pas toutes couronnées de succès. Expédition de Mazdalî b. Silankân, gouverneur de Cordoue et Grenade, venu épauler le gouverneur de Séville Sîr b. Abî Bakr al-Lamtûnî dans une offensive contre Tolède. Mazdalî conquit de nombreuses forteresses tolédanes et obligea Alvar Fañez à faire demi-tour. Ces expéditions de Mazdalî contre Tolède ne devaient cessées qu'à sa mort, au cours de l'une d'entre elles, en *shawwâl* 508 H / mars 1115. Son fils Muhammad, nommé à sa place à Cordoue, décédait trois mois plus tard. Cette lettre mentionne aussi la préoccupation du gouvernement almoravide d'allier à une préparation matérielle du *djihad* , une prédication spirituelle invitant la population d'al-Andalus à se dévouer à la cause de Dieu, le suppliant d'accorder la victoire et son aide aux Musulmans. Suite à ces expéditions contre Tolède, une lettre devait être adressée à 'Alî b. Yûsuf b. Tâshfîn, par l'un de ses gouverneurs militaires (*qâ'id*) en poste dans la région de la forteresse d'Araliya, mais de la plume d'Abû 'Abd Allâh b. Abî Khisâl.

« *J'écris - Dieu prolonge son assistance - de Cordoue - Dieu la préserve - le sixième jour avant la fin du mois de djumâdâ II et trois jours avant la fin de mon séjour dans cette région où m'avaient accompagné ceux qui devaient y remettre bon ordre. La puissance de la victoire de Dieu nous entoura après que nous eûmes pourvu la forteresse d'Ariliya - Dieu la préserve - de vivres abondants et nombreuses utilités. Les prix des denrées baissaient dans cette région, l'annonce de cette bonne nouvelle se répandit. Abû-l-Khayâr Mas'ûd al-Dalîl avait soumis la forteresse - Dieu lui accorde son salut - l'avait subjuguée et avait décidé d'y établir son pouvoir. On nous révéla qu'un Tel - Dieu le préserve - avait pris à l'ennemi un butin merveilleux et un très abondant troupeau de bovins, qu'il avait tué un nombre important d'ennemis - Dieu le brise-. Son but atteint, la région guérie de ce mal, les gens prêtèrent serment d'allégeance au gouvernorat de l'émir Abû Yahyâ - Dieu le rende puissant -. Grâce à l'action menée par ce gouverneur militaire (qâ'id) qui parfit son entreprise par la conquête, alors que la cavalerie de Tolède - Dieu la disperse - avant notre arrivée, marchait à marche forcée vers cette forteresse. La frayeur les culbuta. Les faibles et les opprimés l'encerclèrent. Nous avons permis ainsi aux troupeaux de ces montagnes de pouvoir se répandre et paître dans les plaines ou de se rapprocher de la vallée pour y chercher de gras pâturages et pouvoir aller des terres froides vers les terres chaudes - que Dieu en fasse une bonne nourriture pour les Musulmans et augmente grâce à eux sa puissance -. L'ennemi - Dieu le brise - s'annonce maintenant défaillant, ses titres de gloire sont anéantis, ses mains se font avares ; Dieu a extirpé par la force de l'Émir des Musulmans, leurs biens. Il a brisé leurs corps, subjugué leur pays, dispersé leurs familles et leurs biens. J'ai regagné la métropole - Dieu la préserve - dont la population en tous ses quartiers, manifeste sa joie, l'allégresse se propage parmi eux, du fait d'avoir eu recours au gouvernorat de l'émir Abû Yahyâ - Dieu renforce sa puissance - et sous l'effet des nombreuses prières en faveur de l'Émir des Musulmans - Dieu lui apporte son aide - pour avoir restaurer parmi eux la bienveillance et leur avoir fait don d'une belle manière de vivre ... »* (75).

3°)- Lettre adressée au vizir Abû Bakr b. Rahîm et datée de *shawwâl* 515 H / décembre 1121, attribuant une haute charge (*khuttat al-ashrâf*) dans la ville de Séville (76).

4°)- Lettre écrite par Abû 'Abd Allâh b. Abî-l-Khisâl, au nom de 'Alî b. Yûsuf b. Tâshfîn, adressée à son fils Abû Bakr, le mercredi 27 *safar* 520 H / 24 mars 1126. Très documentée sur l'organisation administrative, politique et militaire des Almoravides, c'est une réponse à une précédente missive envoyée par Abû Bakr b. 'Alî b. Yûsuf à son père, dans laquelle il l'informait que suite à l'expédition d'Alphonse I le Batailleur, en 519 H / 1125-1126, des Chrétiens tributaires convertis à l'Islam, à Séville, s'étaient enfuis en territoire ennemi poursuivis par la cavalerie, les uns ont été tués, les autres ont été ramenés à Séville et incarcérés. Dans sa réponse, l'Émir des Musulmans évoque les conséquences de la grande révolte des Mozarabes contre les musulmans d'al-

Andalus. Il invite Abû Bakr à raffermir le pouvoir politique, tout en poursuivant le *djihad* et le place à la tête de l'ensemble des armées en Andalus, celles qui se trouvent sur ce territoire et celles qui proviendront du Maghreb. L'émir précise qu'il a écrit à l'ensemble des gouverneurs vivant sur le territoire andalou, leur demandant d'écouter les conseils de son fils et de lui obéir. La lettre s'achève par les conseils d'un père à son fils : poursuivre le *djihad*, s'entourer des conseils des autres gouverneurs militaires, ne pas prendre de décision grâve avant d'avoir consulté les gens de savoir. Il en résulte de cette missive, que le commandement général des troupes andalouses fut attribué à Abû Bakr au cours de son gouvernorat de Séville dont il devait être destitué en *radjab* 522 H / juillet 1128 (77).

Conséquence de cette agitation politique, une autre lettre écrite par Abû 'Abd Allâh b. Abî-l-Khisâl, envoyée vers 520 H / 1126 de Marrakech, en al-Andalus, après l'expédition d'Alphonse I le Batailleur, à l'appel des Mozarabes de Grenade, relate l'ambassade d'Abû-l-Walîd b. Rûshd à Marrakech. L'*Amîr al-Muslimîn* prend acte de l'information et de l'état des lieux que lui brosse ce grand cadi de Cordoue et décide, en conséquence de l'entraide apportée aux Aragonais, de déporter ces communautés mozarabes et de leur émigration vers le Maghrib al-Aqsâ.

5°, 6°, 7°)- Au cours de *ramadân* 522 H / août-septembre 1128, l'émir 'Alî b. Yûsuf adressait une lettre à son fils Abû Hafs 'Umar, le destituant du gouvernorat de Grenade qu'il avait exercé quatre mois. Il fut remplacé par 'Abd Allâh b. Abî Bakr al-Lamtûnî. En conséquence, Abû Yahyâ b. Rawâda recevait une lettre du *dîwân al-rasâ'il* , lui enjoignant de se rendre dans le *Sharq* d'al-Andalus.

Cette même année, le *dîwân al-rasâ'il* adressait aux divers émirs almoravides, des lettres concernant le serment d'allégeance dû à l'émir Abû Muhammad Sîr, fils et prince héritier du souverain régnant, qui devait s'effectuer le vendredi 14 *djumâdâ* I 523 H / 5 mai 1129 (78).

8°)- Lettre écrite par Abû 'Abd Allâh b. Abî-l-Khisâl, pour l'émir 'Alî b. Yûsuf b. Tâshfîn, et envoyée de Marrakech, le cinquième dernier jour de *dhû-l-hidjdja* 523 H / 28 décembre 1129. Le destinataire en est Abû Muhammad 'Abd Allâh b. Ahmad b. 'Umar al-Qaysî al-Mâlaqî. D'une famille célèbre pour sa science et sa noblesse, il est né en 456 H / 1063-1064. Dans sa jeunesse, il ne cessa de rechercher la science, étudia le Droit (*fiqh*) et la Tradition (*hadîth*) sous la direction des cadis Abû-l-Mutarraf al-Sha'bî et Abû-l-Walîd al-Bâdjî. Puis il exerça la judicature dans sa ville de Malaga. Il demeura dans sa charge dix huit ans. Ressentant le poids des ans et l'affaiblissement de sa constitution, il demanda a être déchargé de cette fonction. Il ne cessa d'entreprendre l'*Amîr* à ce sujet, jusqu'à ce qu'il en soit démis. Il mourut le 26 *muharram* 543 H / 16 juin 1148 et fut enterré dans sa mosquée de Malaga. Cette lettre nous informe sur l'organisation gouvernementale et administrative almoravide, elle précise les liens existant entre le pouvoir judiciaire et le pouvoir exécutif, et souligne l'étendue du particularisme des cadis dans les régions qu'ils marquent de leur culture, leur influence sur les émirs almoravides, les affaires de leurs administrés et l'établissement de la justice. Cette lettre ressemble à une charte émanant de l'État, délimitant les prérogatives du pouvoir judiciaire et ses liens avec les autres formes de pouvoir. Elle nous précise que le pouvoir du cadi l'emportait sur celui du juge administratif (*hâkim*). Il est le garant de ce juge et des hommes politiques qui l'entourent, dont il est responsable. Cette lettre nous révèle un point important de l'organisation judiciaire au Maghreb et en al-Andalus à l'époque almoravide : les fonctions du *hâkim.* Ce n'est pas un gouverneur administratif comme pourrait le suggérer l'expression, mais un fonctionnaire exerçant une fonction judiciaire indépendante dont l'existence remonte à la fin de la période du Califat omeyyade d' Espagne. Le cadi (*qâdî*) comme il ressort de cette lettre, avait un pouvoir discrétionnaire sur la nomination des *hâkims,* leur destitution, leur châtiment, sans avoir à en référer au pouvoir de l'Émir, ni à celui du gouverneur de la région (79).

9°)- Cette même année 523 H / 1129, les deux frères Abû 'Abd Allâh b. Abî-l-Khisâl et Abû Marwân 'Abd al-Malik b. Abî-l-Khisâl adressaient au nom de l'émir, des lettres à tous les gouverneurs militaires Lamtûna, les engageant à s'opposer aux entreprises des souverains castillans et aragonais (80).

10°))- La Chancellerie envoyait en 525 H / 1130-1131, au nom de l'émir 'Alî b. Yûsuf b. Tâshfîn, une lettre de nomination au gouvernorat (*walâya*) de Cordoue, à l'émir Abû Muhammad 'Abd Allâh b. Abî Bakr (81).

11°)- Dès l'année 526 H / 1131, Tâshfîn devait se voir attribuer ce même gouvernorat de Cordoue, par une lettre de la main d'Ibn Abî-l-Khisâl, émanant du *dîwân al-rasâ'il*, dont le texte suit (82) : « *De l'Émir des Musulmans et Défenseur de la religion , 'Alî b.*

Yûsuf b. Tâshfîn - que Dieu renforce sa puissance, lui accorde son concours et le guide dans la voie droite - notre lettre - Dieu te guide et te fasse bien agir - émane de Marrakech - Dieu Très Haut la préserve - le dixième dernier jour du mois de radjab de l'année 526 H / 7 juin 1132. Nous avons pensé - Dieu fasse naître le bien de notre décision et la réussite de notre entreprise - de rattacher Cordoue et ses districts à la province que tu administres. Dès que tu seras informé de notre lettre, dirige-toi rapidement , avec la bénédiction de Dieu, vers ce lieu de ta résidence et le séjour de ta demeure. Nous accroissons ton gouvernorat, d'une certaine manière, mais redouble d'attention pour y épanouir tes capacités et soutenir tes efforts. Je demande à Dieu de t'aider dans l'exercice et les difficultés de ta charge. Prends sur les moments de la nuit pour les temps de ta journée. Fais de ta perspicacité un outil pour la bonne compréhension des choses et de ta réflexion un don de ta pensée. Recherche l'assistance des gens de bon conseil dans les situations complexes. Car Dieu - Gloire lui soit rendue - disait à son Prophète : « Consulte-les sur toute chose, mais, lorsque tu as pris une décision, place ta confiance en Dieu » (Coran, III,158). Nomme comme successeur à Grenade, lors de ton départ de cette ville, Abû Muhammad al-Zubayr b. 'Umar - Dieu renforce sa puissance ... ».

12°)- Lettre de 'Alî b. Yûsuf b. Tâshfîn, adressée en 528 H / 1133-1134 à la population de Fès, en blâme de la conduite de leur cadi Ibn al-Maldjûm, annonçant sa destitution pour ignorance et incapacité : « *Dieu préserve votre existence et vous manifeste sa bienveillance par sa force, qu'il vous comble de son bon plaisir et vous conduise à lui. Il nous a été rapporté que l'ignare Ibn al-Maldjûm étalait son incompétence lors de jugements rendus dans l'exercice de sa judicature, comme un être porteur de bride (maldjûm). De plus, il diffuse parmi vous des sentences qui ne peuvent engendrer que pitié et expectative. Nous lui avons attribué la marque de l'infamie (khuttat al-malûm). Nous l'abandonnons à son errance par ce blâme. Nous lui imposons les flammes de la solitude des démons, en guise de représailles. Peut-être qu'une personne trompée l'entraînera dans son errement ou que quelqu'un s'imposera de prendre soin de lui ...* »(83).

13°)- Cette même année 528 H en *djumâdâ* II / avril-mai 1134, la cadi Abû Bakr b. al-'Arabî recevait du *dîwân al-rasâ'il* son rescrit de nomination à la haute judicature de la province de Séville (84).

14°)- Cette série de lettres écrites vers 533 H / 1139, par les deux frères Abû 'Abd Allâh et Abû Marwân b. Abî-l-Khisâl, fut envoyée par le *dîwân* de Marrakech, aux troupes almoravides de la province de Valence, après leurs nombreuses défaites face à Ibn Rudmir (Alphonse I le Batailleur). Le souverain almoravide 'Alî b. Yûsuf b. Tâshfîn leur avait demandé d'envoyer une lettre de blâme à ce *djund* de Valence pour ses négligences, son incapacité et ses défaites face aux initiatives aragonaises. Mais ce souverain ne pouvait imaginer le zèle et la passion que mettraient ses secrétaires à brocarder les Almoravides et manifester au grand jour, par des propos injurieux, le rejet de l'ensemble des Andalous (85).

« *Oh bande de pleutres! Vos pensées secrètes sont perfides. Votre amertume se brise. Oh bande de prétencieux! Vous bombez vos torses dont l'onde souvent reflue. Il est temps que vous soyez dépouillés de vos privilèges et que vos pieds foulent vos divisions lorsque vous chevauchez éclatant de nudité Vous êtes devenus dans votre marche vers la honte, des modèles politiques. Votre gouvernement se fait dans la confusion de l'abandon. La déchéance l'emporte sur la perfection et fait courber la tête des chefs de vos tribus. Vous vous êtes prescrits la bassesse pour vous-mêmes* ».

« *Ce n'est pas un crime que vous deveniez l'objet de causerie dans les veillées ou de bavardages exécrables du matin au soir, sur votre alliage de lacheté et de couardise. Affrontez vos ennemis avec ardeur, en courbant l'échine! Mais vous ne leur faites pas face en les observant dans le blanc des yeux. Vous ne leur disputez pas la source des réprouvés. Vous leur présentez votre croupe. Grand bien vous fasse! Vous les abordez sur vos chevaux de selle, mais vos lances ne fendent rien autour de vous. Votre cavalerie prend son temps et vos âmes ne s'abreuvent que dans les bassins des maisons de plaisance (mûniya). Vous êtes le bétail de leurs charognards, la bête déchirée par leurs cros. Ils prospèrent de votre infortune. Ils vous ont culbutés, malgré vos cuirasses, vous ont combattus comme des aveugles sur la trace d'autres aveugles, au point de vous faire mordre la poussière et de vous abandonner aussi désarmés qu'une outarde et plus prompts à fuir qu'une autruche* ».

« *Maintenant que vous avez remplis leurs mains de biens et leurs vallées d'armes et de chevaux, ils organisent des expéditions contre vos palais et vous font subir les dommages de leur puissance. Vous vous êtes retranchés derrière vos murs, vous avez reculez plein de repentir et de désillusion ».*

« Oh avant-garde des Banû Asfar ! Familiers des basses besognes et de la grande honte ! Êtiez-vous abhorrés de leurs détachements parce que - Dieu le sait - vous étiez les plus faibles ? Je voudrais bien vous trouver une excuse, mais en quoi ? Dieu n'avait-il pas assigné à chacun d'entre vous deux objectifs : « Si cent d'entre vous se montrent persévérants, ils l'emporteront sur deux cents ». Tels étaient vos nobles propos, vos chamelles sont votre vie en ce bas monde, ce que vous recherchez de courageux, de noble, de chairs abondantes, de montures, d'objets précieux, de chameaux gras et de tentes ».

« Mais, hélas, la fausseté l'a emporté sur la vérité. La réalité nue a anéanti le faux semblant. Vous ne vous êtes pas tenus sur vos gardes, armés de vos sabres. Vous ne vous êtes pas laissés guider par votre hargne et votre confiance en Dieu. Plut à Dieu que j'eusse su ce que vous aviez ceint en guise de sabre indien! Teniez-vous une lance fabriquée par Samhar montiez-vous une horde de chevaux de course ? Que de terres d'orient et d'occident n'aviez-vous conquises! Vous étiez hébergés hors de vos tributs, vous bondissiez contre vos ennemis. Ceux-ci vous payaient tribus, lorsque vous les éblouissiez de votre mépris. Vous étiez parmi eux, étrangers de visage, de main et de langue. Ils ont fait de vous les serviteurs du bâton. Il n'existe plus pour la plupart d'entre vous, de multitude, mais une escuade de peu d'utilité à la recherche de beaucoup de profit. Quoi d'étonnant que grâce à votre négligence, vos jeunes hommes et vos hommes mûrs en consomment les fruits. Vous n'en consumez plus les charbons. Vous ne vous emparez plus de leurs mets délicieux, ni n'envisagez de les battre ».

« Oh êtres vils! Onagres de la déroute !... Vous aviez contesté notre forme de pouvoir. Vous nous aviez révélé notre conduite dissipée. Si vous n'êtes venus parmi nous que pour partager notre abaissement, nous vous reconduirons rapidement vers votre désert et nous purifierons la Péninsule de votre transpiration. Après vous avoir menacés de ce châtiment, nous vous interdirons de porter un voile sur votre visage. La bassesse est sous vos turbans, la faiblesse et la déconfiture couronnent vos résolutions. Mais la patience que nous avons montrée, nous incite à réveiller vos facultés, à réprouver votre défaite et à vous encourager à aiguiser vos fers de lance. Devenez forts comme des oiseaux de

proie! Oh rapaces déplumés! Désespérez de toute espérance! Prenez garde au clément que vous avez irrité et au fleuve d'eau glacée que vous avez attaqué! Craignez l'homme mis en colère, le lion sorti de son repaire! Par Dieu, nous jurons, en vous mettant en garde et en vous excusant, de conduire ceux qui parmi vous fuiront le combat, à goûter l'eau de l'abreuvoir de la mort, de délaisser le fouet pour le sabre, de troquer l'équité avec laquelle nous vous avons traités, pour l'iniquité. Celui d'entre vous qui envisage la fuite, sait qu'il s'éloigne de la bravoure. Il échappe à la mort pour le trépas, troque la lutte courageuse du lion, pour la faiblesse de l'agneau égaré et le martyre des innocents pour le témoignage de l'avilissement et du mépris. »

« Celui d'entre vous qui a agi avec droiture dans la guerre, ou combattu avec bravoure de sa lance et de son sabre, nous l'avons choisi comme chef du peuple et de la famille, nous lui avons accordé la préférence et l'hommage, la main dans la main. Choisissez pour vous-mêmes et vos petits enfants. Ôtez le vêtement de l'humiliation de vos nuques et que la paix soit sur ceux qui défendent l'Islam ».

Cette lettre nous dévoile les sentiments de rancoeur des Andalous, les arguments de leur mécontentement, les propos qu'ils pouvaient échanger dans leurs assemblées ou de bouche à oreille. C'est une réelle aversion. Ceux qui connaissaient parfaitement l'état de l'Islam andalou, totalement dépendant de la puissance almoravide, auraient dû reconnaître que l'existence des Almoravides, quels que soient leur nature et leurs défauts, était préférable à l'abandon du pays sans défense. Mais le peuple andalou était frappé de cécité, d'égocentrisme et de partis pris anti-almoravide.

Rien d'étonnant après ce pamphlet que 'Alî b. Yûsuf b. Tâshfîn ne décide de se séparer d'Abû Marwân b. Abî-l-Khisâl révélateur du rejet almoravide de ses frères andalous. Abû 'Abd Allâh implora son pardon et l'obtint. Il revint à Cordoue, après le décès de son frère Abû Marwân à Marrakech. Le plus grand épistolier d'al-Andalus, au dire de Shaqundî (86), Abû 'Abd Allâh b. Abî-l-Khisâl, devait mourir assassiné en 540 H / 1146.

Chaque gouverneur de province était secondé par un *kâtib*, assurant les liaisons épistolaires avec la chancellerie de Marrakech. Abû Muhammad 'Abd al-Madjid b. 'Abdûn exerça cette fonction auprès de Sîr b. Abî Bakr b. Tâshfîn. Ce *kâtib*, vizir, poète et homme de lettres, fut l'auteur de la lettre envoyée à

'Alî b. Yûsuf b. Tâshfîn par ce *qâ'id* almoravide lors de la conquête de la forteresse de Santarem au Portugal, en mai 1111 (87). « *Veuille Dieu faire durer le règne du Prince des Musulmans, du protecteur de la religion, Abû-l-Hasân 'Alî b. Yûsuf b. Tâshfîn, dont les étendards flottent pour protéger la religion, dont les ordres écrits parviennent aux sept climats! Cette lettre vient de l'intérieur de la ville de Santarem, car Dieu vient de nous la faire conquérir, grâce à ta bonne conduite et à l'esprit qui t'anime à l'égard des Musulmans. À Dieu, le Seigneur des mondes, soient des louanges qui absorbent tous les mots exprimant cette idée et dont l'intelligence ne puisse rien concevoir, louanges incomparables et indéfinissables, que ne peuvent mesurer ni comparaison, ni conjecture, par excès d'exclusion ou de compréhension ; qu'aucune des deux mains, soit en lettres, soit en chiffres, ne peut exprimer ; que nulle borne ne peut contenir, à laquelle l'éternité ne peut mettre fin, dont aucun chiffre ne peut faire le compte, qu'on ne peut commencer sans être forcé de toujours les poursuivre! Sur son serviteur Muhammad , à qui il a confié sa révélation, qui a publié ses ordres et ses défenses, ordonnateur de son peuple, imam des imams, le meilleur des Adamites, la gloire du monde et des humains, nous faisons des prières parfaites, nous adressons des souhaits complets qui s'épanouissent comme la fleur sortant de son calice et qui se répandent comme l'odeur du musc dont le flacon est débouché. Il a proclamé l'unité de Dieu, a fait connaître à la fois ses promesses et ses menaces ; il a publié et mis au jour la vérité, il a averti et dirigé toutes les créatures, sauf celles que marquaient les paroles de réprobation et à qui les décrets divins assignaient le malheur. À sa religion, le Tout Puissant - que ses noms soient glorifiés, que sa grandeur soit exaltée! - a donné la suprématie sur toutes les autres, en dépit de la Croix et malgré la résistance des idoles ; il a pour vous réalisé ses promesses, il nous a secourus du vivant du Prophète et après sa mort, il a rendu cette péninsule à l'Islam, d'abord désunie et déchirée, il a détruit les bornes militaires que le polythéisme avait d'abord établies et fixées, il a expulsé de leurs forts et livré à nos mains les Chrétiens infidèles que nous tenons par les pieds et par les cheveux. La forteresse de Santarem - puisse Dieu faire durer l'empire du Prince des Musulmans! - était un des repaires les mieux fortifiés des polythéistes, un des plus solides forts dirigés contre les Musulmans* ».

« D'après ton plan que nous avons suivi, sous ta direction qui nous a suffi, nous n'avons cessé de tenter d'extraire cette épine, de dégrossir cette souche, de nous y reprendre à plusieurs fois, de nous hâter avec une sage lenteur, de détruire successivement ses plus braves guerriers, de dévorer petit à petit ses plus vaillants héros, de nous plonger dans les abîmes de la lutte et les mers de la mêlée, jusqu'à ce que nous ayons abattu leurs corps et pris leurs âmes ; nous n'avons cessé d'offrir leurs têtes aux pointes de nos lances et leurs âmes aux feux de la géhenne, de les livrer grâce au tranchant de nos glaives yéménites à l'ardeur des flammes, de soulever à force de zèle et d'ardeur, le voile de leur vile astuce, d'aplanir grâce à nos prières au Dieu éternel et tout puissant, la hauteur de leur orgueilleuse puissance. Quand nous vîmes que cette forteresse, célèbre entre toutes et dont l'emplacement domine la région, était gravement malade et ne pouvait plus guérir, nous nous enquîmes auprès de Dieu si nous devions l'attaquer ; nous lui demandâmes avec ferveur de faciliter notre dessein et de ne pas nous laisser livrés à nos propres forces, encore que nos vies soient vouées à défendre son culte et consacrées à faire pour lui ce qui plaît comme ce qui répugne. Nous fîmes alors une attaque déséspérée à un moment où toutes les routes étaient fermées et où, grâce à la puissance divine, nul stratagème ne pouvait réussir aux assiégés, à l'heure où le fortune souriante découvrait ses dents crochues et où, sortie des marais et des torrents, elle marchait d'un pas assuré. Alors, nous nous installâmes dans l'enceinte de cette ville, en un jour de malheur pour ses habitants, avec l'âpreté au gain du mercenaire qui fait ses comptes, nous les attaquions sans cesse, sans leur donner d'autre délai que celui qu'accorde l'homme respectueux observateur des ordres de Dieu ; dans toutes les directions, nous faisions piller par nos troupes qui se précipitaient les mains vides sur les vaincus et nous revenaient lourdement chargées ; aussi la terreur remplissait-elle le coeur des ennemis, et les richesses les mains de nos amis. Nous fîmes vendre les captifs et les dépouilles à portée de la vue et de l'ouie des habitants des deux sexes, ce qui calma d'autant leur violence et ralentit leur ardeur. Lorsqu'ils se furent réfugiés dans les étroites cachettes que leur laissait notre poursuite, que la perdition les eut plongés dans la mer de ses terreurs, que l'affliction se fut emparée d'eux, que le décret de la colère divine eut manifesté les bouillonnements de sa colère, quand la nuit de leur malheur n'eut plus d'aurore à attendre et que

leur adversité n'eut plus à espérer de porte de sortie - alors ils préférèrent l'humiliation à la mort, la soumission à l'esclavage ; ils aimèrent mieux livrer leurs femmes et leurs enfants, se soustraire aux plis du linceul funéraire et aux secrets du tombeau, si pénibles que fussent les conditions. La mort, nous l'avons dit, avait atteint les plus braves de leurs chefs, les plus vaillants de leurs cavaliers ; il ne restait plus qu'une poignée d'hommes, une faible troupe de gens de rien dont la vie ne pouvait nuire à aucun fidèle, dont le salut ne pouvait réjouir aucun infidèle. Alors leur épargnant une mort qui eût été préférable, nous les livrâmes à la honte de l'abjection, les tirant des épreuves du siège, nous les livrâmes à l'avilissement de la captivité ; nous consentîmes à leur demande d'avoir la vie sauve, après qu'ils nous eurent fait humblement transmettre leur rançon par leurs émissaires ; nous oubliâmes leur conduite antérieure en considération de leur conduite présente ; nous leur pardonnâmes, pour suggérer ce qu'ils doivent faire à ceux qui, ayant suivi leur mauvais exemple, seront bientôt, avec la permission divine, assiégés par nous ».

« La forteresse au solide emplacement de laquelle nous sommes parvenus et que nous avons réduite, constitue une ville de la plus grande étendue et d'une fertilité depuis longtemps établie, constante et régulière ; elle ignore la disette ni rien qui y ressemble. Elle élève ses sommets plus haut que les Pléiades et plonge ses solides fondements dans le sous-sol ; ses fleurs rivalisent d'éclats avec les astres célestes, elle glisse ses secrets dans l'oreille même d' Orion. Les endroits où tombe la pluie, qui partout ailleurs sont de couleur poussiéreuse ou grise, sont ici brillants et d'une humidité luisante ; les lieux où se projette la lumière du soleil levant, qui ailleurs sont d'un noir tremblotant, sont ici d'un éclat lumineux et intense. Elle avait pu autrefois résister à un grand empereur qui l'assiégea avec des troupes plus innombrables que les gouttes de pluie, qui voulut s'en emparer à l'aide d'auxilliaires plus nombreux que les vagues de l'Océan ; mais elle refusa obstinément de lui obéir, elle s'opiniâtra à se soustraire à son autorité, elle se raidit contre lui comme on se raidit contre un malheur. Mais Dieu, qu'il soit exhalté, nous a rendu maîtres de ses sommets, il a, en notre faveur, fait descendre de ses tours les cavaliers qui les défendaient ».

Un autre *kâtib* célèbre, Abû Nasr al-Fath b. Khâqân (m. 529 H / 1134) pouvait à l'occasion écrire des lettres au nom du *dîwân al-rasâ'il* (88).

15°)- Cette lettre très brève, provenant du *dîwân* de 'Alî b. Yûsuf b. Tâshfîn, écrite par Marwân b. Abî-l-Khisâl et adressée à Abû Bakr b. 'Alî b. Yûsuf, est très instructive sur les relations établies entre les divers membres du clan des Banû Tâshfîn. Il y est fait mention de Abû Marwân b. Abî b. 'Alâ b. Zuhr (1091-1161). C'est le quatrième illustre savant descendant des Banû Zuhr (89). Ses relations avec 'Alî b. Yûsuf, de bonnes au début du gouvernorat de ce prince, se dégradèrent au point qu'il fut humilié et jeté en prison pour des raisons inconnues. Il y demeura jusqu'à la mort de 'Alî b. Yûsuf. Ensuite, il s'enfuit auprès des Almohades. Cette lettre nous précise que Abû Marwân b. Zuhr fut le précepteur de Abû Bakr b. 'Alî b. Yûsuf b. Tâshfîn . Elle fait l'éloge d'Abû Marwân et de son père le deuxième médecin célèbre de la famille et nous confirme que Abû Bakr b. 'Alî b. Yûsuf vivait dans l'entourage des lettrés andalous. Son père fut soucieux de donner à ses enfants une éducation andalouse dans une ambiance policée, au milieu d'hommes de sciences et de savants. Tâshfîn b. 'Alî qui devait exercer le pouvoir après le décés de son père, fut lui aussi élevé à Séville en al-Andalus et non à Marrakech, capitale de l'État. Mais cette lettre démontre combien l'émir Abû Bakr était instigateur de désordre et peu obéissant aux directives de son précepteur, au point que son père envisageât de l'exiler à Majorque.

Un autre *kâtib*, Ibn Hasân, nous est connu par la lettre qu'il écrivit le vendredi 14 *djumâdâ* II 522 H / 15 juin 1128, pour Abû 'Abd Allâh b. Warqâ l'un des partisans du cadi Abû 'Abd al-Malik Marwân b. 'Abd al-'Azîz, maître du Levante (*Sharq al-Andalus*), pour se réjouir de la prise de la forteresse de Kuwâyah et répondre à un ensemble de lettres. Ce *kâtib* ne mentionne pas les Almoravides, ni ne précise s'il intervient au nom de la Chancellerie, ni s'il est au service d'Ibn 'Abd al-'Azîz, comme s'il agissait de sa propre initiative.

Quelques lettres dont on ignore les *kâtibs*, émanent de la Chancellerie almoravide, telle celle envoyée par l'Émir des Musulmans 'Alî b. Yûsuf depuis Grenade et destinée à la ville de Marrakech. Elle informe les Musulmans des victoires contre les Chrétiens, remportées lors de certaines expéditions et ordonne qu'elle soit lue aux foules, dans les mosquées. Son auteur précise qu'il adresse avec cette lettre une autre missive, écrite par Abû 'Abd Allâh Muhammad b. Yâsîr, décrivant en détails ces événements et faisant le récit de cette victoire (91).

Enfin on ne peut omettre la correspondance échangée entre le Calife abbasside al-Mustazhir et 'Alî b. Yûsuf b Tâchfîn. L'ensemble de ces lettres rappellent les liens unissant Yûsuf b. Tâchfîn au califat abbasside, sa demande de rescrit d'investiture (*taqlîd*) au gouvernorat du Maghreb et d'al-Andalus. Si 'Alî b. Yûsuf sollicite le renouvellement de cette obédience, l'abbasside n'exige rien d'autre que la poursuite de la guerre sainte contre les royaumes chrétiens de Castille et d'Aragon (92).

Tous les genres littéraires sont présents dans ces productions de la Chancellerie almoravide : lettres de nomination à des charges gouvernementales, judiciaires ou administratives, documents dressant l'état des lieux, après des événements politiques, exhortations au respect des lois, de la religion et à la pratique de la guerre sainte contre les royaumes chrétiens. Si le récit de la bataille de Zallâqa à l'époque de Yûsuf b. Tâchfîn est le fleuron de sa Chancellerie, celui de la bataille de Uclès, sous le gouvernorat de 'Alî b. Yûsuf b. Tâshfîn n'a pas été égalé par la suite. C'est une lettre écrite vers le 14 *shawwâl* 501 H / 27 mai 1108 par le vizir et *kâtib* Ibn Sharaf, envoyée par Tamîm b. Yûsuf b. Tâshfîn, gouverneur de Grenade, à l'Émir des Musulmans 'Alî b. Yûsuf b. Tâshfîn (93).

LE DIWAN AL-RASA'IL SOUS LE GOUVERNORAT DE TASHFIN B. 'ALI B. YUSUF B. TASHFIN (537 H / 1143 - 26-27 RAMADAN 539 H / 23 MARS 1145)

Abû Dja'far Ahmad b. Dja'far b. Muhammad b. 'Atiya al-Qudâ'î (517 H / 1122-1123 - 533H / 1158) appartenait à une famille d'origine arabe, établie en Espagne orientale, d'abord à Cambrils, petit port du littoral méditerranéen, entre Tarragone et Tortosa, puis à Dénia. Son père, Abû Ahmad Dja'far b. Muhammad b. 'Atiya al-Qudâ'î, imitant l'exemple de nombreux lettrés musulmans de la Péninsule ibérique venus au Maroc au début du XIIe siècle afin de s'y faire pourvoir en postes par les Almoravides, quitte son pays natal pour se fixer à Marrakech, où il devint secrétaire à la cour du souverain 'Alî b. Yûsuf. C'est dans cette ville qu'Abû Dja'far naquit en 517 H / 1122-1123, et qu'il fit ses études afin d'entrer lui aussi dans l'administration almoravide. À la mort de 'Alî b. Yûsuf, en 537 H / 1143, son successeur Tâshfîn garda à son service Abû Ahmad b. 'Atiya et son fils ; celui-ci, alors âgé d'à peine un peu plus de vingt ans, avait, quelque temps auparavant, été nommé dans les bureaux de la chancellerie almoravide de Marrakech et y occupait un emploi subalterne. Il ne tarda pas à se faire remarquer par sa culture étendue et son talent de secrétaire, et Tâshfîn l'allia à la famille régnante en lui accordant la main de sa propre nièce, une fille de son frère aîné Abû Bakr b. 'Alî b. Yûsuf, qui venait de mourir et d'une femme appelée al-Sahrâwiya, « la Saharienne ». En épousant cette princesse, Abû Dja'far b. 'Atiya devenait le beau-frère d'un jeune et valeureux émir almoravide, Yahyâ b. al-Sahrâwiya, et un avenir fort brillant lui eût été assuré si le régime almoravide avait pu se maintenir ; mais à cette époque, il chancelait déjà sous les coups répétés de la révolte almohade. En 539 H / 1145, Tâshfîn allait trouver une mort tragique aux environs d'Oran. L'année suivante, le père d'Abû Dja'far, tomba au cours d'une rencontre, entre les mains des Almohades et fut fait prisonnier. 'Abd al-Mu'min lui fit grâce de la vie et il fut emmené dans l'armée qui se portait au siège de Fès. Devant cette ville, Abû Ahmad tenta de s'échapper et d'aller rejoindre les Almoravides. Mal lui en prit : il fut rejoint et ramené devant 'Abd al-Mu'min qui, cette fois demeura sourd à ses supplications et le fit mettre à mort. Au cours de cette période si néfaste pour les armées almoravides , le jeune Abû Dja'far ne demeura pas inactif. De la région d'Oran, où il avait accompagné son malheureux souverain Tâshfîn, il fut chargé par ce dernier de ramener à Marrakech son jeune fils, le prince héritier Ibrâhîm. Il accomplit la mission et se trouvait encore dans la capitale quand celle-ci tomba au pouvoir des Almohades, en *shawwâl* 541 H / mars-avril 1147. Le prince Ibrâhîm était mort et le pouvoir était revenu à un frère de Tâshfîn encore enfant, Ishâq, qui fut exécuté par les vainqueurs.

Ce fut par miracle qu'Abû Dja'far alors échappa à la mort. Le secrétaire d'état almoravide, qui avait tout juste vingt-cinq ans, prit la fuite à temps, ou bien encore, si l'on en croit Ibn Khaldûn, « fut compris dans le nombre des prisonniers auxquels 'Abd al-Mu'min accorda une amnistie ». De toute façon, ce n'était pas le moment de chercher à se faire valoir. Ibn 'Atiya se hâta de s'enrôler dans un corps d'archers, en profitant de son habileté de tireur, et c'est ainsi qu'il prit part, à la fin de la même année 541 H / mai 1147, à l'expédition qui, sous les ordres du chef almohade Abû Hafs 'Umar Intî, alla réduire dans l'extrême sud du Maroc, le rebelle 'Umar b. al-Khayât Buyukandî qui s'était donné à Mâssa pour le nouveau Mahdî. Cette expédition fut rapidement menée à bien, et quand Abû Hafs voulut rendre compte de sa victoire au souverain 'Abd al-Mu'min, ce fut Abû Dja'far b. 'Atiya qui, après s'être fait connaître, fut chargé de rédiger le message.

'Abd al-Mu'min trouva la lettre qui lui annonçait la défaite du rebelle si bien écrite qu'il s'informa du nom du rédacteur. Ce fut le point de départ de la nouvelle fortune d'Ibn 'Atiya. Convoqué par le souverain, il entra à son service en qualité de secrétaire, et il se distingua si bien qu'il ne tarda pas à être chargé en même temps de fonctions d'autorité et à recevoir le titre de vizir, seulement accordé à quelques rares privilégiés, en plus d'Abû Hafs Intî. Ibn Khaldûn va même jusqu'à avancer qu'Ibn 'Atiya « fit alors sentir son autorité jusqu'aux bornes de l'empire ; il commanda à des corps d'armée, il amassa des trésors qu'il répandit ensuite avec profusion et parvint enfin à un degré de faveur auprès du sultan que personne sous cette dynastie n'atteignit jamais depuis ».

La faveur grandissante dont jouit alors Ibn 'Atiya n'allait guère durer plus de dix ans. Quand, en 551 H / 1156, 'Abd al-Mu'min nomma ses fils gouverneurs des provinces de son immense empire, le prince Abû Ya'qûb Yûsuf, qui devait plus tard lui succéder sur le trône, fut désigné pour le poste de Séville, le vizir Abû Dja'far l'accompagna en Espagne et tous deux prirent part à l'expédition qui aboutit à la délivrance d'Alméria, que les Chrétiens occupaient depuis dix ans. Ibn 'Atiya gagna ensuite Séville avec le nouveau gouverneur et entreprit avec lui des campagnes victorieuses contre les rebelles de l'Algarve. Ces succès n'empêchèrent pas les envieux et les détracteurs de profiter de l'absence du vizir pour essayer de le perdre et lui faire du tort auprès du souverain. On arriva à le compromettre, en lui attribuant, peut-être d'ailleurs sans raison, une attitude peu loyale à l'égard du régime. Son beau-frère, Yahyâ b. al-Sahrâwiya, avait continué, longtemps après la prise de Marrakech, à mener la lutte contre les Almohades à l'intérieur du Maroc. Ce ne fut qu'en 550 H / 1155 qu'il fit enfin sa soumission à 'Abd al-Mu'min qui lui envoya son sabre en même temps qu'un message de pardon. Yahyâ fixa sa résidence à Marrakech où il devint le chef des Almoravides ralliés à la cause almohade. Mais, l'année suivante, 'Abd al-Mu'min fut prévenu que Yahyâ prenait une attitude douteuse, et, avant de sévir, il ordonna une enquête.

À Séville, Abû Dja'far b. 'Atiya put être mis au courant des accusations qui pesaient sur son compte. Il se hâta alors de rentrer à Marrakech, mais, à peine arrivé, il fut arrêté et incarcéré, ainsi que son jeune frère Abû 'Aqîl. 'Abd al-Mu'min qui s'apprêtait alors à aller en visite pieuse au tombeau du Mahdi, à Tinmallal, emmena les deux prisonniers dans sa suite. Sur la route du retour, et avant de parvenir dans sa capitale, le souverain donna un ordre: « face à la localité de Tâghmart, non loin du château fort, sur un terrain boisé situé à proximité d'une saline qui se trouve là », précise Ibn al-Khatîb, les deux frères furent mis à mort ; c'était l'avant dernier jour du mois de *safar* 553 H / 31 mars 1158 (94).

Aucune lettre de la plume de ces secrétaires nous est parvenue couvrant cette fin de période almoravide de leurs carrières administratives. Les lettres des années 1143-1145 ne précisent pas le nom de leur rédacteur ; seuls sont mentionnés : le souverain almoravide et le destinataire.

1°)- Cette lettre émane du *dîwân al-rasâ'il* de Tâshfîn b. 'Alî b. Yûsuf. Adressée à Abû Zakariyâ Yahyâ b. 'Alî, au juriste et cadi Abû Muhammad b. Dhahhâf et aux autres juristes et vizirs de la région de Valence, elle est datée de 10 *djumâdâ* I 538 H / 20 novembre 1143. C'est le document le plus important, non seulement de l'histoire des Almoravides au XIième siècle, mais de l'histoire des idées et des orientations religieuses en Andalus et au Maghreb. Elle ouvre la controverse philosophique entre les Almoravides et Ghazâlî dans laquelle s'engouffrera la prédication de Muhammad b. Tûmart. Cette lettre analyse la doctrine almoravide, ses relations avec la philosophie de Ghazâlî et la situation politique de la région de Valence, après la mort du Cid et de Chimène en 496 H / 1102. L'historien de la pensée y trouve un éclairage particulier sur l'anathème lancé contre les oeuvres de Ghazâlî, par une dynasthie qui, à ses débuts, vivait en parfaite harmonie avec la pensée du maître, au point que ce dernier envisageât de séjourner au milieu d'eux. Ce nouvel autodafé des oeuvres du philosophe renouvelle une mesure prise en 501 et 508 H / 1114 par 'Alî b. Yûsuf b. Tâshfîn, suite à une consultation juridique jugeant hétérodoxe les idées propagées. Si nous ne possédons pas le texte original de cette condamnation, nous avons là un aperçu de l'état d'esprit de l'administration almoravide face à ce genre d'oeuvres philosophiques dont le fondateur du courant almoravide c'était pourtant fait le propagateur. C'est une circulaire qui émane de Tâshfîn b. 'Alî, écrite d'un lieu nommé Karnâta, marquée par les luttes almoravides-almohades. Les prémices de la révolte en Andalus commencent à poindre (95).

2°)- Lettre écrite par Abû 'Abd al-Malik Marwân b. 'Abd al-'Azîz à 'Abd al-Rahman b. 'Iyâd suite au meurtre de Muhammad b. Faradj al-Thughrî. Elle nous indique la place occupée par Ibn 'Iyâd dans les esprits de ses contemporains et des petits émirs des diverses régions du Levante (96).

3°)- C'est toujours la situation politique du Levante qui fait l'objet de cette lettre écrite sous la dictée d'Abû 'Abd al-Malik Marwân b. 'Abd al-'Azîz. C'est un témoignage sur la déstructuration du *Sharq* d'al-Andalus, en pleine décomposition (97). La population de Jativa a fait serment d'allégeance à Ibn 'Abd al-'Azîz, celle de Murcie à Ibn Abî Dja'far et c'est au nom de la population de Jativa que ce nouveau gouverneur s'adresse à celle de Murcie. Cette missive précise : « Lérida - Dieu la préserve - comme vous le savez, est le bouclier de cette contrée, la garante de l'intégrité du territoire ou de sa corruption. *Dhû-l-Wizarâtayn* Abû Muhammad b. 'Iyâd, le grand gouverneur militaire (*qâ'id*) est le gérant de ses affaires et le responsable de son administration. Ainsi il garantit la tranquilité de ces contrées, renforce - avec l'aide de Dieu - l'espoir de s'y maintenir ... ».

4°)- Cette lettre est, semble-t-il, de la plume du lettré Abû Muhammad b. Khalsa. Écrite pour Abû 'Abd Allâh Muhammad b. Sa'd b. Mardânîsh, fils du frère d'Abû Zakariyâ' b. Ghâniya, elle retrace les inquiétudes de la population de Jativa face aux dissensions politiques de ce dernier avec Abû 'Abd al-Malik Marwân b. 'Abd Allâh b. 'Abd al-'Azîz (98).

5°)- Cette lettre d'Abû 'Abd al-Rahman b. Tâhir choisi, entre 1146-1148, lors des luttes politiques qui agitent la ville de Murcie, au cours de la crise post-almoravide, comme *râ'is* (chef du gouvernement) par ses concitoyens, est adressée à Abû 'Abd al-Malik Marwân b. 'Abd al-'Azîz, cadi et *râ'is* de Valence (99).

6°)- C'est une lettre administrative qui précise le contenu de l'une des charges importantes de la judicature en Andalus et au Maghreb. Il s'agit de la charge de *sâhib al-ahkâm* , dépendant de la fonction judiciaire *khattat al-ahkâm*, en cette fin d'époque almoravide, telle qu'elle est définie par Ibn Sahl dans son livre *Dîwân al-ahkâm al-kubrâ* , Ibn 'Abdûn dans sa *Risâla* et al-Nubahî dans *al-Marqabat al-'uliya*. Cette fonction de juge est une fonction judiciaire mineure dont est chargé un juriste en formation, sur la voie de la judicature. C'est une fonction judiciaire de second degré. Il existait aussi en Andalus et au Maghreb, une judicature de troisième degré, exercée par un juriste appelé *al-musaddid* dont l'aire de juridiction ne dépassait guère un petit village. Cette lettre est un acte de nomination à la fonction de *sâhib al-ahkâm* d'un lieu non précisé (100).

7°)- Lettre émanant du *dîwân al-rasâ'il* de Tâshfîn b. 'Alî, adressée à al-Zubayr b. 'Umar. D'une importance particulière, elle nous informe sur les relations des Almoravides avec leurs administrés andalous. De notoriété publique, les jurisconsultes jouissaient en al-Andalus à l'époque émirale et omeyyade d'une position privilégiée : c'étaient les piliers de l'État régissant les affaires politiques et religieuses. Les Andalous éprouvaient quelque aversion envers eux, du fait de leur sectarisme ou de leur sévérité. Ce peuple fugueur et frondeur ne supportait pas le pouvoir et n'obéissait aux gouverneurs que par contrainte. Même comportement à l'époque almoravide. Al-Zubayr b. 'Umar était un émir almoravide fils de l'oncle paternel de 'Alî b. Yûsuf. Il fut élevé et grandit en milieu andalou, s'adonnant à la littérature et à la poésie. Résidant à Cordoue, il aménagea dans ses environs une maison de plaisance appelée *Munya al-Zubayr* dans laquelle il recevait lettrés et poètes et ne marquait aucune sollicitude pour les jurisconsultes. Par cette lettre, nous apprenons que Tâshfîn b. 'Alî b. Yûsuf avait nommé al-Zubayr gouverneur (*'âmil*) du Levante, en résidence à Murcie. Elle relate comment le cadi Abû Bakr b. Aswad, *qâdî al-qudât al-Sharq*, Grand Cadi du Levante, quittait Murcie sans que al-Zubayr b. 'Umar n'en fît le moindre cas, ni ne lui manifestât la moindre considération, ni vénération dues aux personnes de sa qualité. Le cadi s'empresse de se plaindre auprès de Tâshfîn b. 'Alî qui transmet à al-Zubayr un blâme pour son manque de sollicitude envers lui (101).

8°)- En 538 H /1143, diverses lettres furent envoyées par le *dîwân al-rasâ'il* aux gouverneurs des diverses provinces de l'Empire, leur demandant l'envoi de corps d'armée pour combattre les Almohades au Maghrib al-Aqsâ. Vinrent grossir les contingents de Marrakech, une armée en provenance de Sidjilmâssa, une autre de Bougie, une troisième d'al-Andalus sous le commandement de l'émir Abû Ishâq Ibrâhîm b. Tâshfîn, fils du souverain (102).

E.Lévi-Provençal regrettait que personne n'ait encore entrepris d'écrire une histoire de la chancellerie d'État dans les diverses cours musulmanes d'Occident au Moyen-Âge (103), nous avons essayé de poser les premiers jalons de cette entreprise à l'époque almoravide. Les pièces de chancellerie parvenues jusqu'à nous, sous forme de copies, plus ou moins correctes et complètes d'ailleurs, forment un recueil bien restreint. Des littérateurs, des biographes, des chroniqueurs les ont transcrites dans leurs oeuvres, quelque fois d'après l'original lui-même, soit à propos du rappel d'un événement politique important, soit plus souvent encore, dans les notices consacrées aux plus célèbres secrétaires de cour d'al-Andalus et du Maghreb, à l'époque almoravide.Les Almoravides ne furent pas à même de se passer d'employer comme personnel de leur *dîwân al-rasâ'il* , les lettrés pour la plupart d'origine andalouse qui avaient afflué au Maroc à partir du moment où Marrakech était devenue le siège du pouvoir central et la capitale politique et intellectuelle de l'empire hispano-maghrébin.

Les lettres almoravides qui nous ont été conservées sous forme de copies fragmentaires, semblent avoir été rédigées suivant un code de formules assez strict, qui devait ressembler à celui des Omayyades d'Espagne. Mais, si on y trouve souvent des invocations et des citations coraniques, ce n'est pas avec la même profusion que dans les lettres almohades dont les sectateurs chercheront manifestement à ne laisser aucune occasion de citer le credo unitaire et d'en faire l'apologie. 'Abd al-Wâhid al-Marrâkushî qui compose son *Mu'djib* en 621 H / 1224, rendra justice à la qualité des lettres des grands épistoliers de l'époque almoravide, à propos d'Ibn Abî Khisâl, mort en 540 H / 1145 : « Il est l'auteur d'un recueil de lettres qu'on trouve entre les mains de tous les littérateurs espagnols et qu'ils considèrent comme des modèles à imiter » (104).

NOTES

1)- *Encyclopédie de l'Islam*, 2, III, article Inshâ', p. 1273-1276 ; IV, article kâtib, p. 785-791 ; II, article dîwân, p. 332-347.

2)- E.Lévi-Provençal, *Histoire de l'Espagne musulmane*, éd. G.P.Maisonneuve et Larose, Paris, 1967, III, p. 22-29.

3)- Al-Makkari, *Analectes sur l'histoire et la littérature des Arabes d'Espagne*, Amsterdam, Oriental Press, 1967, I, p.134 ; EI, III, p. 950-951, article Ibn Sa'îd.

4)- E.Lévi-Provençal, *L'Espagne musulmane au Xe siècle*, Larose, Paris, 1932, p. 70.

5)- Ibn 'Idhârî, *Kitâb al-bayân al-mughrib fî akhbâr al-Andalus wal-Maghrib*, éd. E.Lévi-Provençal, Leyden, 1951, II, p. 165.

6)- Ibn 'Idhârî, *Bayân*, II, p. 172.

7)- *Al-Nazâr fî kutûb djamî' ahl al-khidma*.

8)- *Al-Nazâr fî kurtûb ahl al-thughûr wal-sawâhil wal- atrâf*.

9)- Ibn 'Idhârî, *Bayân*, II, p. 236 ; E.Lévi-Provençal, *Histoire*, III, p. 25-26.

10)- Ibn Bassâm, *Al-Dhakhîra fî mahâsin ahl al-djazîra*, éd. Dâr al-Thaqâfa, Beyrouth, 1979, I, p. 103-123 ; Fernando de la Granja, « Dos epistolas de Ahmad b. Burd al-Asghâr », *Al-Andalus*, 1960, XXV, fasc.2, p.383.

11)- EI, IV, p. 785-791, article kâtib de D. Sourdel, B. Fragner , Riazul Islam: La fonction du kâtib est étudiée sous le califat en Orient, en Perse, en Inde, mais l'impasse est faite sur la présentation de cette fonction en Occident musulman. De même dans EI, 2, III, article Inshâ' p. 1273-1276.

12)- V.Lagardère, *Les Almoravides*, éd. L'Harmattan, 1991, p. 97-99.

13)- Abdel Wadoud Ould Cheikh et B.Saison, « Vie(s) et mort(s) de al-Imâm al-Hadrâmî », *Arabica*, XXXIV, 1987, p. 58-79; al-Murâdî, *Kitâb al-ishâra ilâ adab al-imâra*, éd. Ridhwân al-Sayyid, Beyrouth, 1981 : l'introduction p. 8-39 est consacrée à la biographie de l'auteur.

14)- Al-Murâdî, *Kitâb al-ishâra ilâ adab al-imâra*, Beyrouth, 1981.

15)- Consulter à ce sujet : V.Lagardère, « La Haute judicature à l'époque almoravide en al-Andalus », *al-Qantara*, Madrid, 1986, VII, p.135-228 et *Le Vendredi de Zallâqa*, éd. L'harmattan, 1989, p. 127-184.

16)- Al-Murâdî, p. 107-108.

17)- G.Vajda, « L'aventure tragique d'un cadi maghrébin en Egypte fatimide », *Arabica*, 1968, XV, p.1-5.

18)- Ibn al-Nadjdjâr, *Dhayl ta'rîkh Baghdad*, ms. Zâhiriyya, Ta'rîkh, 42, fol. 120v.

19)- V.Lagardère, « Abû Bakr b. al-'Arabî, Grand Cadi de Séville », *Revue de l'Occident Musulman et de la Méditerranée*, 1985, 40, p. 91-102; E.Lévi-Provençal, « Le titre souverain des Almoravides et sa légitimation par le califat abbasside », *Arabica*, 1955, II, p. 265-280.

20)- A.Huici-Miranda, « Un fragmento inedito de Ibn 'Idhârî sobre los Almoravides », *Hespèris-Tamuda*, 1961, II, fasc. I, p. 56 (abr. Ibn 'Idhârî, *Bayân Al.); Sa'dûn* 'Abbâs Nasr Allâh , *Dawlat al-Murâbitîn fîl-Maghrib wal-Andalus, 'ahd Yûsuf b. Tâshfîn*, Beyrouth, 1985, p. 167-169; Muhammad Mâhir Hamâda, *al-Wathâ'iq al-siyâsiya wal-idâriya fîl-Andalus wa shimâlî Ifriqiya, 897-1492,* Beyrouth, 1986, p. 265-328.

21)- Ibn 'Idhârî, *Bayân Al*, p. 60.

22)- Ibn 'Idhârî, *Bayân Al*, p. 60; *al-Hulal al-mawshiyya*, p. 45; Ibn Abî Zar', *al-Anîs al-mutrib bi-rawd al-qirtâs*, Rabat, 1979, p. 137.

23)- Ibn 'Idhârî, *Bayân Al*, p. 61; V.Lagardère, *Les Almoravides*, p. 93-94.

24)- Ibn Abî Zar', p. 144.

25)- Ibn al-Athîr, *Kitâb al-kâmil fî ta'rîkh*, Beyrouth, 1966, X, p. 151-154; al-Himyarî, *Kitâb al-Rawd al-mi'târ*, éd. E.Lévi-Provençal, Brill, 1938, p. 103-116; Ibn Kardabûs, *Kitâb al-iktifâ'*, Madrid, 1971, p. 89-96; Ibn Abî Zar', p. 145-149; *al-Hulal al-mawshiyya*, éd. Allouche, Rabat, 1936, p. 39-51; éd. A.Huici-Miranda, Tétouan, 1951, p. 68-78; Mahmûd 'Alî Makkî, « Wathâ'iq ta'rîkhiyya djadîda 'an asr al-Murâbitîn », *Revista del Instituto Egypcio de Estudios Islamicos*, Madrid, 1959-1960, VII-VIII, p. 109-198.

26)- E.Lévi-Provençal et E. Garcia-Gomez, « Novedades sobre la batalla llamada de al-Zallâqa (1086) », *al-Andalus,* 1950, XV, 1, p. 111-155 (texte arabe et traduction espagnole).

27)- Ibn al-Khatîb, *al-Ihâta*, éd. Le Caire, 1975, III, p. 523-524; *al-Hulal al-mawshiyya*, p. 64; Ibn Abî Zar', p. 157.

28)- V.Lagardère, *Le Vendredi de Zallâqa,* p. 193-198.

29)- Ibn Abî Zar', p. 154; trad. A.Huici-Miranda, p. 300-301.

30)- Idem, p. 155 ; trad. A.H.M, p. 302-303.

31)- Idem, p. 156, trad. A.H.M, p. 303.

32)- Ibn 'Idhârî, *Bayân Al,* p. 74-77; Ibn Bashkuwa^l, *Sila*, p. 512 n°1137, p. 569 n°1253; al-Fath b. Khâqân, *Qalâ'id al-'iqiyân*, p. 107-110 ; Ibn Sa'îd, *al-Mughrib,* Le Caire, 1955, I, p.350-351 n°251; 'Abd al-Wâhid al-Marrakushî, *al-Mu'djib*, p. 164 ; Ibn Bassâm, II, 1, p. 239-285; Ibn al-Abbâr, *I'tâb al-kuttâb*, Damas, 1961, p. 222-223 n°69; Ibn al-Khatîb, *al-Ihâta*, II, p. 516-521; Ibn al-Athîr, *Kâmil*, X, p. 152; Camilo Alvarez de Morales, « Ibn al-Qasîra : un diplomatico andalusi en la corte de los almoravides », *Cuadernos de Historia del Islam*, 1977, n°8, p.85-95; 173-177.

33)- Ibn al-Abbâr, *I'tâb*, p. 223.
34)- Ibn Bassâm, II, 1, p. 241-244.
35)- Ibn Bassâm,II, 1, p. 244-245.
36)- Ibn Bassâm, II, 1, p. 257-260; al-Fath b. Khâqân, p. 109-110.
37)- Ibn Bassâm,II, 1, p. 260-262.
38)- Ibn Bassâm, II, 1, p. 262-264.
39)- Ibn Bassâm, II, 1, p. 266-267.
40)- Ibn 'Idhârî, *Bayân Al*, p. 63; V.Lagardère, *Les Almoravides*, p. 145.
41)- Maria J.Viguera, « Las cartas de Ghazâlî y al-Turtushî al soberano almoravid Yûsuf b. Tâshfîn », *al-Andalus*, XLII,1977, 2, p. 361-374; V.Lagardère , « À propos d'un chapitre du *Nafkh wal-taswiya* attribué à Ghazâlî », *Studia Islamica*, LX, 1984, p. 119-136.
42)- Ibn Khalikân, *Wafayyât al-a'yân*, Le Caire, 1947, VI, p. 118.
43)- Al-Qalqashandî, *Subh al-a'shâ*, X, p. 161-162; Muhammad Mâhir Hamâda, p. 296-297.
44)- Ibn 'Idhârî, *Bayân Al*, p. 77; Ibn al-Abbâr, *I'tâb*, p. 223.
45)- Ibn Khâqân, p. 108-109.
46)- Idem, p. 110.
47)- M. 'Alî Makkî, « Wathâ'iq », p. 147-148,179-180.
48)- Idem, p. 146-147,178-179.
49)- Idem, p. 143-144,174-176.
50)- Idem, p. 152-155,182 ; Ibn 'Idhârî, *Bayân Al*, p. 63-64.
51)- Idem, p. 148-152,180-181.
52)- Idem, p. 144-146,177-178.
53)- Idem, p. 144-146,177-178 ; C.Alvarez de Morales, p. 93-94.
54)- Ibn Abî Zar', p. 158 ; trad. A.Huici-Miranda, p. 308.
55)- Ibn Abî Zar', p. 158; trad. A.Huici-Miranda, p. 307.
56)- Ibn Abî Zar', p. 160; trad. A.Huici-Miranda, p. 311-312; A.Huici-Miranda, *Las grandes batallas de la Reconquista durante las invasiones africanas*, Madrid, 1956, p. 120-128 (texte arabe de la lettre d'Ibn Sharaf).
57)- Ibn Abî Zar', *Rawd al-qirtâs*, p. 161, trad. A.Huici-Miranda, p. 314; al-Marrâkushî, *al-Mu'djib*, p. 229-232.
58)- Ibn Qattân, *Nazm al-djumân*, p. 15; *Studia Islamica*, LX, 1989, p. 119-136.
59)- Ibn Bashkuwâl, *Sila*, p. 574 n°1267; Ibn Khâqân, p. 113-119; Ibn Sa'îd, I, p. 341-342; al-Marrâkushî, *al-Mu'djib*, p. 173; Ibn al-Abbâr, *Takmîla*, n° 2558; Ibn 'Idhârî, *Bayân Al.*, p. 79 ; *Bayân* III, p. 63-66.
60)- Ibn 'Idhârî, *Bayân Al.*, p. 90-92; Ibn Khâqân, p. 117-118 ; M.'Alî Makkî, « Wathâ'iq », p. 156-157,184-185.
61)- Ibn 'Idhârî, *Bayân Al*, p. 79; Ibn Khâqân, p. 112-113; M.'Alî Makkî, « Wathâ'iq », p. 156,183-184.

62)- M.'Alî Makkî, « Wathâ'id », p. 157-163,185-186; Ibn Khaldûn, *Histoire des Berbères*, Paris, 1927, II, p. 206-207.
63)- Ibn 'Idhârî, *Bayân Al*, p. 80.
64)- Ibn Abî Zar', p. 163; trad. A.Huici-Miranda, p. 317.
65)- Ibn Khâqân, p. 114.
66)- Idem, p. 116-117.
67)- Idem, p. 117.
68)- Ibn al-Abbâr, *Takmila*, n°2039; al-Dabbî, *Bughiyat al-multamis*, n° 1496 ; M.'Alî Makkî, « Wathâ'iq », p. 155,182-183.
69)- Ibn Abî Zar', p. 163; trad. A.Huici-Miranda, p. 318; M.'Alî Makkî, « Wathâ'iq », p. 163-164,165-166.
70)- Ibn al-Abbâr, *Takmila*, n°1743 ; Ibn Khâqân, p. 154-161 ; Ibn Sa'îd, *al-Mughrib*, I, p. 367-368 ; II, p.88,249-250 ; Ibn Dahiya, *al-Mutrib*, p. 186-187; al-Maqqarî, *Nafh al-tîb*, IV,p. 250; VI, p. 48; Ibn al-Khatîb, *al-Ihâta*, éd. Le Caire, 1949, p. 173 ; Ibn Bassâm, II, p. 74,608,701,753-773; M.'Alî Makkî, « Wathâ'iq », p. 117,164-165,186-188.
71)- Ibn Bashkuwâl, *Sila*, II, p. 588-589 n°1294 ; Ibn Bassâm, III, p. 638,639,784-809 ; Ibn Khâqân, p. 182-188; al-Marrâkushî, *al-Mu'djib*, p. 168,170,173-176 ; Ibn Dahiya, *al-Mutrib*, p. 187-189 ; al-Dabbî, *Bughiyat*, p. 131 n°282; Ibn Khayr, *al-Fihrasa*, p. 221; Brockelmann, I, p. 454-455; Suppl. I, p. 629; Pons Boigues, *Ensayo*, p. 205-206 ; Ibn Qattân, *Nazm al-djumân*, p. 111 et note 4; Ibn al-Khatîb, *al-Ihâta*, Le Caire, 1974, II, p. 388-418 ; M.'Alî Makkî, « Wathâ'iq », p. 118-119,127,129,130,139,140-143.
72)- Abû 'Abd Allâh b. Abî-l-Khisâl, *Rasâ'il ibn Abî-l-Khisâl*, éd. Muhammad Ridwân al-Dâyya, Damas, 1988, p. 9-13.
73)- Brockelmann, *Geschichte der Arabischen Litterature*, I, p. 454-455, Suppl. I, p. 629-630; H.Hadjadji, *Vie et oeuvre du poète andalou Ibn Khafadja*, p. 74-75 ; *Rasâ'il ibn Abî-l-Khisâl*, p. 13-16.
74)- Ibn Khâqân, p. 184 ; Ibn al-Qattân, p. 15.
75)- M.'Alî Makkî, « Wathâ'iq », p. 127-129,168-169 ; M. 'Abd Allâh 'Inân, *'Asr al-Murâbitîn*, Le Caire, 1964, I, p. 547; al-Idrisi, *Description*, p. 226 (cette forteresse est à une journée de marche de Tolède).
76)- Ibn Khâqân, p. 188.
77)- M.'Alî Makkî, « Wathâ'iq », p. 123-126,130-139,167,169-170 ; V.Lagardère, « Communautés mozarabes et pouvoir almoravide en 519 H / 1125 en Andalus », *Studia Islamica*, 1988, LXVII, p. 99-119.
78)- Ibn 'Idhârî, *Bayân Al*, p. 89-90.
79)- M.'Alî Makkî, « Wathâ'iq », p. 140-143,170-179.
80)- Ibn Qattân, p. 111.
81)- Ibn 'Idhârî, *Bayân Al*, p. 94.
82)- Ibn 'Idhârî, *Bayân Al*, p. 95-96.

83)- Ibn 'Idhârî, *Bayân Al*, p. 100.
84)- Ibn 'Idhârî, *Bayân Al*, p. 100; V.Lagardère, « Abû Bakr b. al-'Arabî, Grand Cadi de Séville », *Revue de l'Occident Musulman et de la Méditerranée*, 1985, 40, p. 91-102.
85)- Husayn Mones, « Nusûs siyâsiya », *Revista del Instituto de Estudios Islamicos en Madrid*, 1955, III, p. 114-118.
86)- A.Luya, « La « Risâla » d'al-Shakundî », *Hespéris*, 1936, XXII, fasc. 2,p. 149.
87)- M. 'Alî Makkî, « Al-Wathâ'iq », p. 299-302 ; al-Marrâkushî, *al-Mu'djib*, Le Caire, 1949, p. 164-168 ; Ibn Khâqân, p. 151-154 ; J.Bosch-Vila, *Los Almoravides*, Tétouan, 1956, p. 188.
88)- M. 'Alî Makkî, « Al-Wathâ'iq », p. 117-118,164-165 ; Ibn Khalikân, *Wafayât al-a'yân*, III, p. 194 ; Ibn al-Abbâr, *Mu'djam*, n°275 ; E.I, II, article al-Fath b. Khakan de M. Ben Cheneb, p. 857-858.
89)- Husayn Monès, « Sab'a wathâ'iq djadîda », *Revista del Instituto de Estudios Islamicos en Madrid*, 1954, II, p. 68-70 ; E.I(2), III, article Ibn Zuhr de R.Arnaldez, p. 1002.
90)- Husayn Monès, « Nusûs siyâsiya », p. 120-122.
91)- M. 'Alî Makkî, « Wathâ'iq », p. 165,190.
92)- Husayn Monès, « Sab'a wathâ'iq djadîda », p. 63-68.
93)- A.Huici-Miranda, *Las grandes batallas de la Reconquista durante las invasiones africanas*, Madrid, 1956, p. 120-128 ; M. 'Alî Makkî, « al-Wathâ'iq », p. 311-317 (texte arabe de cette lettre et traduction espagnole).
94)- Al-Marrâkushî, *al-Mu'djib*, p. 197,199,200,201,203 ; Ibn al-Abbâr, al-Hullat al-siyarâ', I, p. 132-139 et éd. 'Inan, I, p. 263-271 ; E.Lévi-Provençal, *Documents inédits d'histoire almohade*, p. 147,197-198,228-229 ; al-Makkari, *Analectes*, II, p. 341-342 ; Fernando NicolasVelazquez Basanta, « El vizir secretario Abû Dja'far b. 'Atiyya : traduccion anotada de una biografia de la Ihâta de Ibn al-Khatîb », *Anales de la Universidad de Cadiz*, 1985, II, p. 141-157.
95)- Husayn Monès, « Nusûs siyâsiya », p. 107-113 ; Dario Cabanela, « Notas para la historia de Algazel en España », *Al-Andalus*, XVII, 1952, p. 223-232.
96)- Husayn Monès, p. 126,130-131.
97)- Idem, p. 126-127, 131-134,134-135.
98)- Idem, p. 127-131,134-135; Ibn al-Abbâr, *al-Hullat al-siyarâ'*, p. 212-216,216-223.
99)- Husayn Monès, p. 135-136; Pierre Guichard, *Les Musulmans de Valence et la Reconquête (XIe-XIIIe siècles)*, Damas, 1990, p. 308-309,315,318, 323,325,327,373.

100)- Husayn Monès, « Nusûs siyâsiya », p. 137 ; « Sab'a wathâ'iq djadîda », p. 75-78.

101)- Husayn Monès, « Sab'a wathâ'iq djadîda », p. 70-75.

102)- *Al-Hulal al-mawshiyya*, éd. Bashîr al-Furtî, Tunis, p. 97.

103)- E.Lévi-Provençal, « Un recueil de lettres officielles almohades », *Hespèris*, 1941, p. 1.

LES ANNEES CATASTROPHIQUES : 536 H - 537 H / 1141-1142 : PROGRESSIONS ALMOHADES, FAMINES, MORT DE L'AMIR AL-MUSLIMIN 'ALI B. YUSUF B. TASHFIN

La première expédition almohade vers le nord du Maghrib al-Aqsâ en 532 H / 19 septembre 1137-7 septembre 1138, annonçait déjà la grande confusion semée par 'Abd al-Mu'min dans la confédération des tribus Zanâta-Lamtûna almoravides. De nombreux chefs de clan envisageaient de rompre l'alliance avec le clan Lamtûna-Banû Turdjût, n'attendant que l'occasion pour ce faire.

Sîr b. 'Alî b. Yûsuf, prince héritier, agent de l'éclatement de la confédération almoravide

Le chroniqueur Ibn al-Qattân (1) relate cette expédition de 532 H / 1137-1138. Quittant Tînmallal,'Abd al-Mu'min marche en direction de la montagne de Ghayâtha où il installe son campement. Sîr b. 'Alî b. Yûsuf, prince héritier du trône almoravide, sort avec ses armées contre lui et campe à al-Djurânda , près d'al-Maqarmada, à côté du fleuve Halwa, non loin de Fès. Là, il fit sa jonction avec les troupes du Gharb commandées par 'Abd Allâh b. Yahyâ b. Abî Bakr b. Tîfilwît qui plantèrent leurs tentes à quelques milles de distance et convoquèrent les Zanâta qui accoururent sous les ordres de Yahyâ b. Fannû, chef des troupes du Gharb marocain. Les Zanâta équipèrent quelques cinq mille cavaliers. La concentration almoravide était très supérieure aux forces dont disposaient les Almohades, la déroute de ces derniers paraissait inévitable, vu l'éloignement de leurs bases. Arriva ce qui devait se renouveler souvent par la suite, la première défection zanâta que Sîr ne sut pas enrailler. Zîrî b. Mâkhûkh, chef zanâta, passa dans le camp de 'Abd al-Mu'min et pour attester de sa fidélité, lui demanda le commandement de troupes avec lesquelles il dérouterait le contingent almoravide du Gharb. Il lui accorda un détachement sous le commandement d'un chef almohade, le campement du Gharb surpris, fut massacré et pillé. Le butin fut ramené au camps almohade, au plus haut des montagnes de Ghayâtha.

Au cours de l'assaut, Yahyâ b. Fannû, chef des Zanâta de Tlemcen, demeurés fidèles, mourut avec de nombreux autres. Le prince héritier Sîr b. 'Alî b. Yûsuf ordonna à Muhammad fils de Yahyâ b. Fannû, de regrouper les Zanâta avant qu'ils ne se dispersent. Les Almoravides réorganisés s'établirent près de Oujda. Ils placèrent des vigies dans le village de Qillâl et informés du projet de 'Abd al-Mu'min de se rendre dans les territoires des Ghumâra, disposèrent sur son chemin deux mille cavaliers, chargés de lui barrer la route et relevés toutes les semaines par deux autres milliers de cavaliers, alors que les Almohades demeurèrent deux mois dans les montagnes de Ghayâtha.Ne pouvant se maintenir plus longtemps, Zîrî b. Mâkhûkh entra en relation avec ses frères Zanâta et convint avec eux de s'enfuir le jour de la rencontre. Muni de cette garantie,'Abd al-Mu'min envoya un détachement guidé par Zîrî b. Mâkhûkh, en bas de la montagne de Ghayâtha, jusqu'au campement de Muhammad b. Yahyâ qui, après un dur combat, selon Ibn al-Qattân, fut dérouté.

Cette expédition exploratoire achevée, les Almohades regagnèrent leurs quartiers d'hiver, sans avoir obtenu de résultats importants. Sîr b. 'Alî, incapable et dissolu, fit de même et consacra ses loisirs au vice : il entra déguisé dans la maison de son frère 'Umar, à la recherche de la femme de celui-ci, mais surpris et blessé, il mourut le dernier jour de *safar* 533 H / 5 novembre 1138 (2).

La sultane mère Qamar essaya de faire désigner comme héritier présomptif un autre frère, Ishâq, orphelin de mère, qu'elle avait adopté, mais qui ne fut pas accepté par les chefs almoravides, du fait de son trop jeune âge mais devrait être reconnu en dernier recours et proclamé à Marrakech lors de l'ultime tragédie qui mettra fin au pouvoir des Lamtûna-Banû Turdjût.

Le 8 *rabî'* II 533 H / 13 décembre 1138, Tâshfîn est nommé prince héritier. Son énergie, son expérience de la guerre sainte menée en al-Andalus, firent espérer à 'Alî b. Yûsuf qu'il aurait une meilleure fortune que son aîné Sîr, il lui confia le commandement suprême de ses armées.

Ce nouveau fait, rapporté par Ibn al-Qattân, classe dans le domaine de la légende les jalousies de Sîr envers la réputation que Tâshfîn avait acquise en al-Andalus au cours de ses campagnes contre les Chrétiens, sa destitution et son rappel à Marrakech pour l'humilier, en le mettant au service de son frère alors qu'on le fit revenir de toute urgence pour être proclamé prince héritier, trente-huit jours après l'assassinat de Sîr.

Tâshfîn et Reverter : Derniers piliers du gouvernorat almoravide

Dès son retour, au printemps 1139, Tâshfîn entreprit avec son fidèle Reverter, commandant de la Milice chrétienne (*Hasham*), les opérations militaires qui, après six ans de déroutes et de désertions, devaient les amener à se précipiter dans les environs d'Oran pour faire face à un nouveau danger.

Reverter (Dubartayr ou Rubartayr, Zubartayr ou al-Ubartayr, selon les transcriptions des chroniqueurs arabes) (3), Robert, vicomte barcelonnais, dépouillé de ses possessions par un intrus, Berenguer Ramon de Castellet, se mit au service des Almoravides et joua un rôle très important dans leurs luttes contre les Almohades. La *Chronica Adefonsis imperatoris* en fait un captif de l'amiral almoravide 'Alî b. Maymûn ; conduit à Marrakech, il y serait entré au service du Sultan 'Alî b. Yûsuf qui le nomma commandant de sa milice chrétienne (*qâ'id al-Rûm*). De la correspondance échangée entre Reverter et le comte Ramon Berenguer IV, on peut déduire qu'il fut simplement un dénaturalisé qui maintint ses droits en Catalogne et qui pensait regagner bientôt sa patrie. Après sa mort au Maghrib al-Wasat (Algérie), son fils Berenguer Reverter retrouva le titre et les droits de la Vicomté de Barcelonne et un autre de ses fils 'Alî b. Reverter qui se convertit à l'Islam, devint par la suite général pour le compte des Almohades et joua un rôle important sous le règne d'Abû Yûsuf Ya'qûb : c'est lui qui se rendit maître de Majorque restée au pouvoir des Banû Ghâniya. Il fut tué dans un combat contre ces derniers en Ifriqîya, en 583 H / 1187.

Abandonnant ses projets d'expansion vers le nord, 'Abd al-Mu'min se dirigea vers l'ouest pour razzier et soumettre la région de Hâha où les conversions au *tawhîd* , doctrine unitaire almohade, et les apostasies, avaient été très fréquentes. Il s'installa parmi les Banû Malûl , près d'Agadir et de là, attaquait les Banû Manâna de la montagne, convertis à la doctrine almohade après l'assassinat par 'Alî b. Yûsuf de leurs chefs, et ayant adjuré le *tawhîd* par trois fois. Pendant ce temps, Tâshfîn, à la tête de ses troupes campait avec Reverter à Tâhakût (4).'Abd al-Mu'min, après avoir châtié les Banû Wadjdizân, passa dans le Sous pour gravir l'Atlas, mais Tâshfîn lui barrait le chemin d' Adjarfardjân à Mazûrih, dans la montagne. Les Banû Mazûrih et d'autres tribus de l'Atlas s'unirent à 'Abd al-Mu'min et Tâshfîn fut par trois fois mit en déroute et dut se retirer vers le Sous pour contourner l'Atlas et regagner la plaine de Marrakech. Les Djazûla qui avaient participé à cette campagne, avant de se retirer, désirèrent s'emparer du butin fait par 'Abd al-Mu'min et s'acheminèrent vers le lieu où il se trouvait. Ce dernier leur tendit des embuscades sur les contreforts montagneux et partit avec le butin. Quand les Djazûla se présentèrent , les troupes embusquées les massacrèrent. Les Almohades vainqueurs regagnèrent Tînmallal.

Il n'est pas facile de décider s'il s'agit de la même expédition rapportée par al-Baydhâq et datée de 534 H. Ce chroniqueur l'appelle l'expédition de Tâghrûtât de Hâha. Tâshfîn et Reverter assiégèrent les Almohades pendant soixante jours, au lieu dit Tizghûr, si bien qu'ils durent se nourrir sur le troupeau qu'ils avaient enlevé à l'ennemi. Au bout de ce temps, Tâshfîn leur dit : « Montez donc jusqu'au ciel, ou bien enfoncez-vous dans la terre (si vous voulez nous échapper)! ». 'Abd al- Mu'min lui riposta : « Allâh , après la guerre, nous enverra l'aisance! (Coran,LXV,7). Il fournira une issue favorable à ceux qui le craignent et leur donnera le succès au moment où ils ne s'y attendront pas » (Coran,LXV,2). On dit aussi qu'il répondit : « Allâh aplanira les difficultés! » (Coran,LXV,4). Puis il ordonna aux Almohades de descendre du point où ils étaient cernés. Les Almoravides l'emportèrent au début de la journée, mais en fin de journée, furent mis en déroute et perdirent un drapeau rouge. Tâshfîn s'en retourna à Marrakech en pleine défaite ; Reverter avait été blessé et sa milice chrétienne avait subi des pertes.

'Abd al-Mu'min essayait d'agrandir ses maigres possessions par de continuels coups de main. Au cours de l'été 535 H / 1140, il livre de nouveau combat à Reverter près d'Âgadrûr. Al-Baydhâq fait perdre à Reverter tous ses gens et quitter le champ de bataille blessé. Les deux adversaires regagnèrent leurs bases respectives, mais 'Abd al-Mu'min se dirigea vers Tînalîn d'Îrûggin b. Wîddaran, montagne du versant nord de l'Atlas où il assiégea la forteresse d'Âssikâkû (5). La garnison opposa une vive résistance. Le siège dura trois jours, mais Reverter était arrivé avec des troupes à son secours, les Almohades partirent dans la direction du Sous et allèrent se fixer à Ânfâg d'Âmaskarûtân où ils édifièrent une enceinte avec de la terre, des pierres et des branchages. Quand Reverter arriva devant cette position, il l'examina et rebroussa chemin. Quant aux Almohades, ils descendirent vers le Sous et successivement prirent Âbrûmûnad Maymûn, Tâslûlt, Târûdânt, Tîmaunuwîn où se trouvait Sâlih b. Sâra ; enfin Îglî. Butin et destruction des récoltes de sorgho (*âmazzigûr*) furent le lot de cette expédition qui vit le ralliement d'al-Fallâkî et de ses partisans au parti almohade. L'émir almoravide 'Alî b. Yûsuf perdait là un aventurier d'origine andalouse, organisateur du système de défense contre les tentatives almohades sur les premiers contreforts de l'Atlas. C'est lui qui avait bâti la ligne de postes fortifiés à la lisière du massif. Dans le butin ramené à Tînmallal figuraient cinq cents femmes qui furent installées dans un campement entouré de palissades, dont Tâmâgûnt, fille de Yîntân b. 'Umar. Reverter, sans effectfs suffisants pour reconquérir le Sous, ayant appris leur capture, partit s'emparer des femmes de Ghayghâ et les ramena à Marrakech : parmi elles se trouvait l'épouse de Ya'azzâ b. Makhlûf (notable des Hargha, membre almohade des « Cinquante »). La fille de Yîntân b. 'Umar se présenta devant 'Abd al-Mu'min et alléguant de l'efficace intervention de son père, auprès de 'Alî b. Yûsuf, en faveur du Mahdî, obtint sa libération et celle de toutes ses compagnes qui furent reconduites à Marrakech avec grande considération. En retour, 'Alî b. Yûsuf remit en liberté la femme de Ya'azzâ b. Makhlûf et ses compagnes, leur fit des cadeaux et les renvoya en toute sécurité.

À l'hiver 1140-1141, les Almohades , malgré les exagérations de leurs chroniqueurs, n'avaient obtenu aucun avantage décisif. Ils avaient prêché et lutté durant neuf ans, guidés et encouragés par le prestige du Mahdî, pour former le petit noyau des premières tribus converties mais demeuraient toujours exposés aux résistances et trahisons intérieures, encerclés et assujettis à leurs montagnes par le pouvoir almoravide.

L'expédition du Rif (536 H / été 1141) (6)

Convaincu de l'impossibilité de rompre l'encerclement almoravide avec les seuls moyens dont il pouvait disposer dans l'Atlas, 'Abd al-Mu'min, au cours de l'hiver 535 H / 1140-1141, se décidait à rechercher un nouveau point d'appui parmi les

Masmûda de Ghumâra et leurs contribules, les Zanâta auxquels appartenait sa tribu de Kûmya, pour réunir les forces capables de renverser les pouvoirs almoravides.

Une fois réunis tous les contingents almohades, 'Abd al-Mu'min laissa, avant de partir, comme gouverneur de Tînmallal, son parent par affinité, Abû 'Imrân Mûsâ b. Sulaymân. Au cours des trois premières étapes, il campa successivement à Wânzâl, Ûfâd et Âshbâr. Informé de sa sortie de l'Atlas, Tâshfîn se mit à sa recherche et dressa son camp à Âshbâr, alors que les Almohades étaient déjà parvenus à Tâsâwat (entre Marrakech et Demnât). Al-Baydhâq qui prit part à la campagne, nous donne avec grande précision toutes les étapes de chacun des belligérants. La première rencontre eut lieu, après être passé par Wâwaizâght où les Sanhâdja adhérèrent au parti almohade.

Les Almoravides sont déroutés à Tîzî et les Almohades, après un coup de main à Tâgrârt, arrivent à Dây, en prennent possession après l'abandon de son gouverneur 'Alî b. Sâqtarâ qui s'enfuit à l'approche de l'ennemi. La région de Tâdlâ conquise,'Abd al-Mu'min passa par le col de Tâzghârt où Yahyâ b. Sâqtarâ fut battu, perdit ses chevaux que l'Émir almohade donna aux Sanhâdja. De là, il gagna Wâumâ où il rencontra Yahyâ b. Sîr qui se tenait dans la forteresse, en sortit pour livrer bataille et disperser les Almohades.

Arrivés ensuite à Âzrû dans le Fâzâz, point stratégique important où ils s'établirent, les Almohades lancent des détachements qui soumettent les tribus de la région. Les gens du Fâzâz ayant adopté le parti almohade, allèrent assiéger la Qal'a de Mahdî b. Tawâla. Tâshfîn ainsi que Reverter étaient alors à Fès : ils firent sortir de Fès et de Meknès des troupes régulières et un renfort d'irréguliers qui vinrent s'installer à la Qal'a. Les Almohades les dispersèrent et mirent en déroute. Yahyâ ayant pris par la montagne, se sauva ainsi que ses soldats. Quant à Ibn Ûlghût, parti par la route de Meknès, il fut battu et ses hommes furent tués. Évitant le contact avec l'ennemi dans la plaine dominée par les Almoravides, 'Abd al-Mu'min élargit son champ d'action : traversant l'Atlas moyen, il soumet la région de Gharîs et Todgha, la vallée du Zîz. Abû Bakr b. Sâra, gouverneur de Sidjilmâssa, incapable de résister, semble avoir rallié le camp almohade.

Au début de l'année 536 H / 6 août 1141, la marche vers le nord se poursuivait. Avec un contingent almohade, 'Abd al-Rahmân b. Zaggû partit le 5 du mois de *muharram* / 10 août 1141 et, le jour de la fête de *'Ashûrâ'* , attaqua Sefrou, s'empara des richesses de cette ville et revint s'unir au gros des forces qui étaient à al-Fallâdj et de là, passèrent sur le territoire des Banû Yâzaghâ (sud-est de Fès).

Tâshfîn de passage à Fès, se rendit au *djabal al-'ard* (est de Fès) , passa ses troupes en revue et envoya Reverter vers al-Fallâdj. Là, celui-ci eut un engagement avec le chef almohade Yahyâ Âghwâl, le tua et rapporta sa tête à Fès.

Les Almohades s'éloignèrent prudemment de Fès et campèrent parmi les Banû Makkûd (entre Taza et Fès), suivis par Tâshfîn qui fit étape à al-Maqarmada (Qal'at Qarmata sur la route de Fès à Taza) ; ils partirent ensuite pour le territoire des Ghayâta et campèrent dans la montagne de 'Afrâ alors que Tâshfîn s'installait dans la plaine d'al-Nawâdir.

L'hiver 1141-1142 était arrivé, des bourrasques de pluie ne cessèrent de tomber pendant cinquante jours ; les rivières grossirent; l'oued Fès emporta dans cette ville la porte *Bâb al-Silsila.* L'isthme qui relie la presqu'île de Melilla au continent fut coupé. La mer détruisit à Tanger, tout le quartier situé en contrebas de la mosquée-cathédrale. L'oued Sebou et l'oued Ouergha emportèrent les tentes des Lamta. L'orge atteignit alors chez les Almohades, le prix de trois dinars la mesure (*satl*) et le bois, au camp de Tâshfîn, le prix d'un dinar la livre (*ratl*), toute cette année fut dure (7). Pour passer l'hiver 536 H / 1141-1142, 'Abd al-Mu'min s'installa dans les montagnes de Karrando, proches de Fès. Tâshfîn et ses troupes établirent leur campement dans la région de Taza, beaucoup de ses hommes mouraient de froid et de faim à cause de la coupure des routes par les pluies torrentielles. Ils demeurèrent plusieurs mois sans bois ni charbon, obligés de brûler les piquets des tentes, les ustensiles et écuelles en bois, les harnais et selon al-Nuwayrî, même les lances et les harçons. Une femme envoya à Tâshfîn un plateau couvert d'un voile, il pensa qu'il s'agissait de fruit, c'était du charbon dont il se réjouit.

Avec le retour du beau temps, au printemps 1142, l' armée almohade se mit en route pour Lukây, au nord de Fès, où elle campa, se rendit maître de la forteresse de Waladja où elle défit Yaddâr b. Ûlgût. Tâshfîn leva son camp et vint se placer au dessous d'elle à al-Djawzât des Banû Bûya'lâ, tandis que Reverter campait chez les Banû Salmân, encerclant les Almohades.

'Abd al-Mu'min se dirigea vers le territoire des Ghumâra gagnés au parti almohade et dressa son camp près de la demeure de Miftâh b. 'Umar, sur le territoire des Sanhâdja de Guddû.

Tâshfîn et Reverter se remirent en route et se portèrent vers la ville des Banû Tâwudâ où ils campèrent. Reverter ayant passé ses troupes en revue, partit attaquer les Almohades à Tâzaghdarâ. Après un violent combat de deux jours et deux nuits, des morts de part et d'autre, il revint à son point de départ. Les Almohades se dirigèrent vers l'Audûr, affluent de la rive droite de l'oued Ouergha et campèrent au lieu dit Tâghzût-an-Înfattat. Reverter qui les suivait, s'arrêta chez les Banû Muzgalda, séparé des Almohades par la montagne d'Amergo.

Près d'Alcazarquivir, 'Umar Âsnag, l'un des principaux membres de la *Djamâ'a* almohade, tomba malade au cours de l'été 1142-fin 536 H et début 537 H, il sortit faire un long discours aux Almohades, leur ordonnant d'obéir à 'Abd al-Mu'min, avant de mourir le soir même.

Recevant de nouvelles soumissions, les Almohades atteignirent le territoire des Banû Sa'îd, dans la vallée du Wâdî Lau. Reverter suivant leur piste, s'installa à Tétouan. Les Banû Sa'îd qui avaient pris la fuite, se soumirent aux Almohades ainsi que les Banû Yîgam. 'Abd al-Mu'min traversa le territoire des Banû Mansûr, atteignit la côte et vit à ses pieds, en contrebas, l'amiral almoravide Ibn Maymûn à bord de sa flotte de galères ; il suivit le littoral jusqu'à Îgassâs où les Banû Nûl, les Banû Ziyâd et d'autres tribus embrassèrent la cause almohade et gagna la forteresse de Bâdîs. Tâshfîn et Reverter, entre temps, étaient revenus à Fès et se dirigeaient vers la tribu des Banû Salmân et rencontrèrent leurs ennemis sur le territoire des Ghaznâya.

Quand 'Abd al-Mu'min descendit ensuite vers Alhucemas, ce devait être déjà l'automne ou l'hiver, car al-Baydhâq précise qu'il fut surpris par une pluie de huit jours, si bien que les bêtes faillirent périr enlisées dans la boue. De là, il passa par les montagnes de Tensâmân où il demeura quelques temps.

Au cours de cette étape, 'Abd al-Rahmân b. Zaggû, l'un des Cinquante, se dirigea avec une partie de l'armée vers Melilla. Il fit le siège de cette ville et la démolit. Chargé de butin, il rejoignit le campement almohade au Khamis Ântalîllî. Là, 'Abd al-Mu'min procéda au partage du butin, dont cent vierges, entre les Almohades qui les épousèrent. Il se restait que Fâtima, fille de Yûsuf, la Zanâta et la fille de Mâksan b. al-Mu'izz, seigneur de

Melilla. 'Abd al-Mu'min tira au sort Fâtima avec Abû Ibrâhîm son frère et elle échut à ce dernier. Quant à lui, il prit en mariage la fille de Mâksan b. al-Mu'izz avant de se rendre à Nédroma dans le pays des Kûmya.

L'almohade envoya Zîrî b. Makhûkh aux Ghayâta pour les faire adhérer au parti almohade, mais une de leurs fractions, les Banû Makkûd, le trahirent et envoyèrent sa tête et ses mains à Fès où elles furent clouées sur la porte Bâb al-Silsila. Suite à ce complot ourdi par les Kûmya et le gouverneur almoravide de Tlemcen Muhammad b. Fannû, 'Abd al-Mu'min fit exécuter plusieurs de leurs chefs.

Tâshfîn et Reverter, après avoir affronté les Almohades sur le territoire des Ghaznâya, avaient laissé le champ libre à 'Abd al-Mu'min, en se retirant à Fès dans leurs quartiers d'hiver 1142-1143. Ils firent seulement une apparition à Tlemcen, au cours de l'été 1143. 'Abd al-Mu'min qui ne possédait pas suffisamment de force pour affronter les Almoravides dans cette place, se dirigea vers Tifsart de la tribu de Madyûna, à l'ouest de Tlemcen et lança une attaque de diversion contre 'Uyûn dans la zone de Sâ', sous le commandement de Abû Hafs 'Umar et de Yaslâsan; ils razzièrent quatre tribus et avec le butin retrounèrent à leur quartier général.

Mort de l'Amîr al-Muslimîn 'Alî b. Yûsuf (3 radjab 537 H / 22 janvier 1143 ou 7 radjab 537 / 26 janvier 1143) (9)

Au cours du mois de janvier 1143, 'Alî b. Yûsuf b. Tâshfîn, deuxième *Amîr al-Muslimîn* / Émir des Musulmans almoravide, tombait malade et devait s'éteindre entre le 22 et le 26 de ce mois, selon les auteurs consultés. La date exacte de son décès ne fut pas retenue par les historiens offciels de la dynastie. Certains prétendent qu'elle fut tenue secrète pendant quelques mois. Atteint du mal qui devait l'emporter, 'Alî b. Yûsuf ordonna de faire partir de Marrakech son fils Abû Bakr et de l'installer à Algéciras où il fut tenu au secret par crainte qu'il ne se mêlât des affaires politiques de l'empire almoravide (10). Enseveli au milieu des tombes des musulmans, dans l'anonymat, ainsi finissait un règne annonciateur de tous les dangers. Son fils Tâshfîn se fit renouveler les serments d'allégeance des gouverneurs et des tenants de l'administration almoravide, mais ne put éviter l'éclatement total de la confédération, débutant cette même année par la rupture avec la grande tribu des Massûfa.

Avec 'Alî b. Yûsuf disparaissait l'esprit de clan Lamtûna-Banû Turdjût, l'union de toutes les forces Sanhâdja-Lamtûna-Massûfa garantes de la défense des frontières andalouses, face aux royaumes chrétiens aragonais, castillan et catalan. L'utilisation de milices chrétiennes commandées par Reverter était la seule garantie contre les dissidences des tribus Zanâta, Masmuda au Maghreb. Mais déjà, malgré leur ardeur, elles ne maintenaient plus les Almohades au delà de la ligne de défense érigée sur les contreforts de l'Atlas : le nord du Maghreb, Tétouan, Fès, Tlemcen subissaient les attaques de 'Abd al-Mu'min auquel de nombreuses tribus se ralliaient. Malgré son courage, son abnégation et son sens politique, Tâshfîn b. 'Alî, troisième *Amîr al-Muslimîn* almoravide, allait affronter tous les dangers : son royaume maghrébin se divisait, ses possessions andalouses retrouvaient leur esprit d'indépendance et de rejet de cet état (*dawla*) dont elles n'appréciaient que la pratique de la guerre sainte et la défense des frontières.

NOTES

1)- Ibn al-Qattân, *Nazm al-djumân*, p. 229-232 ; Ibn 'Idhârî, *Bayân*, III, éd. A.Huici-Miranda, p. 12 ; A.Huici-Miranda, *Historia politica del imperio almohade*, Tetouan, 1956, p. 115-117 ; Ibn Khaldûn, *al-'Ibar*, VI, p. 230-231.
2)- Ibn al-Khatîb, *al-Ihâta*, éd. 'Inân, Le Caire, 1973,I, p. 447: ce chroniqueur signale qu'il mourut de façon infâmante ; Ibn 'Idhârî, *Bayân Al*, p. 103-104; Ibn Abî Zar', *Rawd al-qirtâs*, p. 164-165.
3)- Ibn Khaldûn , *Histoire des Berbères*, trad. de Slane, II, p. 176-178; *Mémoires d'al-Baydhâq*, éd. Lévi-Provençal, Paris, 1928, p. 139 et note 1; Muhammad Husayn, *Ta'rîkh al-Maghrib wal-Andalus fî 'asr al-Murâbitîn, dawla 'Alî b. Yûsuf al-Murâbitî*, Aléxandrie, 1986, p. 119-120.
4)- Ibn al-Qattân, p. 241-243 ; al-Baydhâq, p. 136,139-140.
5)- Al-Baydhâq, p. 141-142,219.
6)- Ibn 'Idhârî, *Bayân Al*, p. 105-106; *Bayân*, III, p. 12-13; al-Baydhâq, p. 143-154 ; *al-Hulal al-mawshiyya*, p. 119-120 ; A.Huici-Miranda, *Historia*, I, p. 121-128 ; J.Bosch-Vila, *Los almoravides*, p. 228-231.
7)- Al-Baydhâq, p. 148; Ibn 'Idhârî, *Bayân Al*, p. 105-106 ; A.Huici-Miranda, *Historia*, I, p. 124.
8)- Ibn 'Idhârî, *Bayân Al*, p. 106 ; al-Baydhâq, p. 153-154.
9)- Ibn 'Idhârî, *Bayân Al*, p. 106-107 ; *al-Hulal al-mawshiyya*, p. 120; *Kitâb mafâkhir al-Barbar, Fragments historiques sur les Berbères au Moyen-Âge*, éd. E.Lévi-provençal, Rabat, 1934, p. 58-59 ; Ahmad b. al-Qâdî al-Miknâsî, *Djadhwat al-iqtibâs*, Rabat, 1974, II, p. 459-460 n°504 ; al-'Abbâs b. Ibrâhîm, *al-I'lâm bi-man halla Marrâkush wa Aghmât min al-a'lâm*, Rabat, 1980, IX, p. 44-49 n°1363.
10)- Ibn 'Idhârî, *Bayân Al*, p. 107.

CONCLUSION

L'oeuvre politique de 'Alî b. Yûsuf b. Tâshfîn , dans la ligne de celle de son père, marquée par un effort constant de maintien de l'unité du Maghrib al-Aqsâ et d'al-Andalus, n'est pas celle d'un homme faible, négligant l'administration de son empire, confit en dévotion, tel que 'Abd al-Wâhid al-Marrâkûshî, le chroniqueur almohade, nous le décrit .

Actif, dès le début de son règne, agissant avec l'ardeur de sa jeunesse, ce souverain almoravide intervint personnellement dans tous les problèmes qui affectèrent la vie de l'État (*dawla*), tant en al-Andalus, où il maintint et développa une politique de guerre sainte (*djihâd*) aux frontières des royaumes chrétiens aragonais, castillan ou catalan, qu'au Maghrib al-Aqsâ, où il initia une politique de mise en défense des contreforts de l'Atlas.

La paix almoravide, au cours de la majeure partie de son règne, assurait dans l'empire un état de sécurité jusqu'alors inconnu. La culture andalouse inondait les villes nord-africaines, rénovées, embellies et fortifiées ; lettrés et juristes andalous assuraient l'administration des provinces dans les cours de justice, les chancelleries, les diverses branches administratives. La Haute Judicature et la Chancellerie (*dîwân al-rasâ'il*) géraient la politique intérieure de ces provinces. Le Commandeur des Musulmans 'Alî b. Yûsuf réorganisa le gouvernorat des provinces et mit en pratique les mesures administratives assurant les nécessités de l'État (*dawla*) almoravide. Tout ceci révèle son dévouement total aux taches de gouvernement au cours des vingt - cinq premières années de son régne.

Que pouvait-il faire, par la suite, pour endiguer la pression des royaumes chrétiens à ses frontières et les premières tentatives de rébellion des tribus Masmûda à l'appel du Mahdî Ibn Tûmart ? Cet état permanent de guerre engendrait le malaise et la crise économique parmi des populations surchargées d'impôts destinés à maintenir les armées en al-Andalus et au Maghrib. Les

Almoravides qui avaient débuté leur expansion et s'étaient rendus populaires en supprimant les impositions illégales, les rétablissaient à cette époque, sous la poussée des circonstances, au point que de nombreuses régions refusèrent de les payer.

Il ne faut donc guère y voir le rôle prépondérant des princesses-mères Lamtûna-Banû Turdjût. Des princesses almoravides dotées du don de la poésie, se sont illustrées par leurs salons littéraires. Elles n'en obtinrent qu'estime et respect, en rendant à la poésie, précédemment avilisante pour la femme et sa beauté, sa délicatesse, sa clarté et sa sincérité. La louange des poètes envers ces princesses almoravides, se borne à des élégies sur leur générosité, leur attachement à la religion et leur chasteté. Si les griefs portés contre elles par al-Marrâkushî étaient véridiques, c'eut été une occasion favorable pour les auteurs hostiles aux Almoravides de critiquer sans crainte leurs femmes, leurs hommes, dans leurs cénacles privés ou publics. Aucun reproche ne figure chez d'autres auteurs.

À travers les sources qui nous sont parvenues, nous connaissons la façon dont 'Alî b. Yûsuf b. Tâshfîn traîtait certaines affaires. Son gouvernorat est fort éloigné de la politique d'extermination des tribus hostiles pratiquée comme mode de gouvernement par les Almohades. Les prescriptions qu'il adressait à ses gouverneurs régionaux, ne font aucunement preuve de négligence, ni ne témoignent que l'un des émirs almoravides ait outrepassé ses directives. Sa rigueur s'appliquait à tous, même à ses fils. Dans ses lettres administratives adressées aux juges et gouverneurs, il prônait la surveillance attentive des affaires des administrés, le contrôle de tout ce qui se disait, l'écoute des revendications des gens. Est-ce là la façon de gouverner d'un être désintéressé par les affaires publiques ? Ne conseillait-il pas à l'un de ses juges de surveiller, d'inspecter, de pratiquer assidument, avec sollicitude et esprit d'écoute, son métier, en se gardant de s'écarter des préoccupations des gens !

Parmi les causes de décadence du pouvoir almoravide, F. Codera signalait la présence de soldats chrétiens dans les milices. Cela n'avait rien d'étonnant dans le cadre andalou où les califes omeyyades, au IXe siècle, furent les initiateurs de cette tradition, reprise par Yûsuf b. Tâshfîn à l'orée de sa prise de pouvoir et qui se perpétuera sous le gouvernorat almohade. L'armée almoravide s'appuyait fondamentalement sur le *djund* des tribus voilées Sanhâdja-Lamtûna et sur les tribus du sud saharien. La milice chrétienne commandée par Reverter, ne représentait qu'une infime portion de l'armée almoravide. Elle ne jouera un rôle déterminant qu'à la fin du gouvernorat de 'Alî b. Yûsuf, lors des premières désertions tribales dans la confédération almoravide, à l'appel du Mahdî almohade Ibn Tûmart et dans la défense de la ligne de fortification de l'Atlas. Dans une lettre adressée à l'émir Tâshfîn b. 'Alî b. Yûsuf, datée du 10 *djumâda* I 538 H / décembre 1143, il confirmait la non ingérance des Chrétiens tributaires (*dhimmî*) dans les affaires des Musulmans : « *Ainsi nous vous attestons de façon péremptoire que parmi les Chrétiens tributaires (Ahl al-dhimma), pas un seul n'influe sur les affaires des Musulmans, car ils sont dans la fausseté religieuse* ». On ne peut donc accuser les Almoravides d'avoir employer les Chrétiens tributaires dans l'administration des affaires des Musulmans. Les chroniques almohades ne le mentionnent même pas. Seule la chronique *al-Hulal al-mawshiyya* prétend que 'Alî b. Yûsuf employait des Chrétiens pour percevoir les impôts illégaux (*maghârim*), ce qui n'est pas avéré vu la date très tardive de cet ouvrage (XIVe s.).

Ce furent les convulsions andalouses, nées à la fin du gouvernorat général de Tâshfîn b. 'Alî; lors de son rappel au Maghreb, qui accélérèrent la chute des Almoravides. La politique de guerre sainte aux frontières fut amputée d'un nombre important des forces almoravides, ce qui encouragea la politique de reconquête des royaumes chrétiens. Ces convulsions encouragèrent et soutinrent la rébellion almohade. Autre cause d'affaiblissement, le désordre administratif provoqué par la mort de 'Alî b. Yûsuf, la nommination de son fils Tâshfîn, occasionnant une courte vacance du pouvoir. Dans cette période de transition, il n'existait plus de commandement unifié pour gérer, administrer et commander d'une seule voix. Des décrets étaient publiés un jour, abrogés le lendemain, les contingents armés, les garnisons s'en moquaient à l'heure où la confédération des Almohades se structurait sous une discipline de plomb, « au point que si l'on ordonnait à l'un d'eux de tuer son père ou son frère ou son fils, il l'exécutait sans hésitation ». De là naquirent les dissentions entre les trois principales tribus almoravides Djudâla, Massûfa et Lamtûna, la tolérance et le laxisme des autorités envers les fauteurs de trouble, les atteintes à la sûreté de l'État (*dawla*) almoravide. Les Almoravides ne sont pas connus pour la mise à mort des rebelles, la plus grande peine infligée étant l'incarcération. Ce laxisme encourageait les révoltes dans les villes andalouses de Cordoue, Séville ou Grenade, le développement de la doctrine d'Ibn Tûmart et de la propagande almohade, l'exploitation de l'esprit de clan des tribus Massûfa contre les tribus Sanhâdja-Lamtûna.

BIBLIOGRAPHIE

Pour une bibliographie très détaillée sur l'histoire de la période almoravide, consulter : *HISTORIA DE ESPAÑA RAMON MENENDEZ PIDAL , VIII, EL PROCESO TERRITORIAL DE AL-ANDALUS, ALMORAVIDES Y ALMOHADES SIGLOS XI AL XIII*, éd. Espasa-Calpe, Madrid, 1997, p. 703-744.

ALLAIN (Ch.) et MEUNIER (J), « Recherches archéologiques à Tashimout des Mesfiousa », *Hespéris*, 1951, p. 381-405.

ALLAIN (Ch) et DEVERDUN, « Les portes anciennes de Marrakech », *Hespéris*, 1957, XLIV, p. 85-126.

ALLAIN (Ch.) et MEUNIE (J), « La forteresse almoravide de Zagora », *Hespéris*, 1956,XLIII, fasc. 2, p. 305-325.

Almoravides, Voir. BOSH-VILA.

A'mâl, Voir. IBN AL-KHATIB.

Analectes, Voir. AL-MAQQARI.

Al-Hulal al-mawshiyya fî dhikr akhbâr al-marrakushiyya, éd. Al-Bashîr al-Fûrtî, Tunis, 1961.
Traduction espagnole de A.HUICI-MIRANDA, Tétouan, 1951. Abréviation: *al-Hulâl al-mawshiyya.*

Kitâb al-istibsâr fî 'adjâ'ib al-amsâr, éd. Sa'd Zaghlûl, Faculté des Lettres d'Alexandrie, 1958. Abréviation: *Istibsâr.*

BAKRI (Abû 'Ubayd al-), *Description de l'Afrique septentrionale,* éd. et trad. de Slane, A. Maisonneuve, 1965. Abréviation, *Description.*

BARBOUR NEVILL, « La guerra psicologica de los almohades contra los almoravides », B.A.E.O, 1966, II, p. 117-130.

Bayân,III, voir : IBN 'IDHARI.

Bayân Al, voir : IBN 'IDHARI.

BEL (A), *Les Benou Ghanya,* Paris, 1903.
La religion musulmane en Berbèrie, Geuthner, 1938.

BOSCH-VILA (J), *Los Almoravides,* Tétouan, 1956.
Los Almoravides, Granada, 1995, avec une étude préliminaire de Molina Lopez. Abréviation: *Los Almoravides.*

BROCKELMANN (C), *Geschichte der arabischen litératur,* Leyde, 1943-1949, Suppléments 1934-1942.

Chronica Adephonsi Imperatoris , éd. Luis Sanchez Belda, p. 1-109.

CODERA et ZAIDIN (F), *Decadencia y desaparicion de los Almoravides en España,* Saragosse, 1899.

Configuration, voir : IBN HAWQAL.

DABBI (AL-), *Bughyat al-multamis fî ta'rîkh ridjâl al-Andalus,* éd. Codéra, Bibliotheca arabo-hispana, III, Madrid, 1885.

Dhakhira, voir IBN BASSAM.

DEVERDUN (G), *Marrakech des origines à 1912,* Rabat, 1959.

DEVISSE (J.D) et ROBERT (S), *Tegdaoust I. Recherches sur Aoudaghost,* Paris, 1970.

DOZY, *Supplément aux dictionnaires arabes,* 2 vol., G.P.Maisonneuve et Larose, 1967.

E.I.(1), *Encyclopédie de l'Islam,* Leyde-Paris, 1908-1942.

E.I.(2), *Encyclopédie de l'Islam,* 2e éd. en cours de publication , tomes I à IX , Leyde-Paris 1954-1998.

FAURE (A), « Le Tashawwuf et l'école ascétique marocaine des XI, XII et XIIIe siècles » *Bulletin IFAN,* 29, 1967, p. 794-878.

GARCIA-GOMEZ, « Un eclipse de la poesia en Sévilla : la época almoravid », *Al-Andalus,* X, 1945, fasc. 2, p. 285-343.

GAUTIER-DALCHE (J), « Monnaie et économie dans l'Espagne du Nord et du Centre (VIII-XIII) », *Hespéris-Tamuda,* Rabat, 1962, II, fasc. 1, p. 72 et s.

HUICI-MIRANDA (A), « La salida de los Almoravides del desierto y el reinado de Yûsuf b. Tâshfîn », *Hespéris,* 1959, p. 155-182.
« Un nuevo manuscrito de « al-Bayân al-mughrib » », *Al-Andalus,* XXIV, fasc. 1, p. 63-84.
« 'Alî b. Yûsuf y sus empresos en al-Andalus », *Tamuda,* VII, p. 77-127.
« Tâshfîn b. 'Alî y su govierno en al-Andalus », *Études d'Orientalisme dédiées à la mémoire de Lévi-Provençal,* II, Paris, 1962, p. 605-621.
« Los Banu Hud de Zaragoza, Alfonso I el Batallador y los Almoravides », *Estudios de Edad Media de la Corona de Aragon,* vol. VII, Zaragoza, 1962, p. 7-38.
« Nuevas aportaciones de « al-Bayân al-mughrib » sobre los Almoravides », *Al-Andalus,* XXVIII, fasc. 2, 1963, p. 313-330.
« Las luchas del Campéador con los Almoravides », *Hespéris-Tamuda, VI,* 1965, p. 79-114.
Las grandes batallas de la Reconquista durante las invasiones almoravides, almohades y benimerines, Madrid, 1956.
« La toma de Valencia por el Cid segun las fuentes musulmanas y el original arabe de la Cronica général de España », *Al-Andalus,* XIII, fasc. 1, p. 97-156.
Historia musulmana de Valencia y su région, 3 vol. Valence, 1970.

al-Hulal , voir *al-Hulal al-mawshiyya.*

Hulla, voir IBN ABBAR.

'Ibar, voir IBN KHALDUN.

IDRIS (H.R), *La Berbérie orientale sous les Zirides Xe-XIIe siècles*, Paris, 1962, 2 vol.. Abréviation : *Zirides.*
« Deux maîtres de l'école juridique kairouanaise sous les Zirides : Abû Bakr Ahmad b. 'Abd al-Rahmân et Abû 'Imrân al-Fâsî », A.I.E.O, 1955, p. 28-58.
« Vie économique en Occident musulman médiéval », *Revue de l'Occident Musulman*, n°15-16, 1973, p. 75-87.
« Le mariage en Occident musulman . Analyse de fatwas médiévales extraites du « Mi'yâr » d'al-Wansharîsî », *Revue de l'occident Musulman*, 12, 1972, p. 45-62 ; 17, 1974, p. 71-105.

IDRISI (AL-), *Description de l'Afrique et de l'Espagne*, éd. et trad. R.Dozy et de Goeje, Leyde, 1968. Abrévation : *Description.*

IBN AL-ABBAR, *Kitâb al-Hullat al-siyarâ' fî ash'âr al-umarâ'*, éd. Hussain Monés, Le Caire, 1923, 2 vol. Abrévation: *al-Hulla.*
Takmila al-Sila, éd. Codéra, Bibliotheca arabo-hispana, V-VI, Madrid, 1887-1889.

IBN 'ABDUN, « Risâla fî qadâ' wal-hisba », *Trois Traités de Hisba*, Le Caire, 1955.
Traduction de Lévi-Provençal, *Séville musulmane*, Paris, 1947.

IBN ABI ZAR', *Kitâb al-Anis al-mutrib bi-rawd al-qirtâs*, éd. Tornberg, Upsal, 1843.
Traduction espagnole de A.Huici-Miranda, Valence, 1964, 2 vol. Abréviation : *Qirtâs.*

IBN ABI ZAYD AL-QAYRAWANI, *La Risala*, éd. et trad. L.Bercher, Bibliothèque arabo-française, Alger, 1945.

IBN AL-ATHIR, *Kitâb al-Kâmil fî-l-ta'rîkh*, 13 vol. éd. Tornberg, Beyrouth, 1925.Abréviation : *Kâmil.*

IBN BASHKUWAL, *Kitâb al-Sila fî ta'rîkh a'immat al-Andalus* , éd. Codéra, Bibliotheca arabico-hispana, I-II, Madrid, 1883. Abréviation: *Sila.*

IBN BASSAM, *Al-Dhakhîra fî mahâsin ahl al-Djazîra*, vol. I-II, Le Caire, 1939-1942. Abréviation : *Dhakhîra*.

IBN BATTUTA, *Tuhfat al-nuzzâr fî gharâ'ib al-amsâr wa 'adjâ'ib al-asfâr*, éd. et trad. C.Defrémery et B.R.Sanguinetti, Paris, 1969.

IBN KHALDÛN, *Kitâb al-'Ibar* , 7 vol., Beyrouth, 1967. Abréviation : *'Ibar*.
Traduction, G. de Slane, *Histoire des Berbères*, 4 vol., Paris, 1968-1969. Abréviation : *Berbères*.
Traduction de la Muqaddima, Vincent Monteil, *Discours sur l'histoire universelle*, 3 vol., Beyrouth, 1967. Abréviation : *Discours*.

IBN KHALLIKAN, *Wafayât al-a'yân*, 6 vol., Le Caire, 1948.

IBN AL-KHATIB (Lisân al-Dîn), *Kitâb A'mal al-a'lâm*, éd. H.H. Abdul Wahab, Centenario M. Amari, Palerme, 1910, II, 427-494. Abréviation : *A'mâl* .

IBN HAWQAL, *Kitâb sûrat al-ard*, éd. J.H.Kramers, B.G.A,II,1967.
Traduction de J.H Kramers et G. Wiet : *Configuration de la Terre*, 2 vol., Paris-Beyrouth, 1964. Abréviation : *Configuration*.

IBN 'IDHARI, *Al-Bayân al-mughrib fî akhbâr al-Maghrib*, éd. G.S. Colin et E.Lévi-Provençal, I-II, Leyde, 1948-1951 ; III, éd. Lévi-Provençal, Paris, 1930.
éd. A.Huici-Miranda, *III Parte de al-Bayân al-Mughrib,* Tétouan, 1963. Abréviation : *Bayân III.*
éd. d'un fragment inédit du Bayân par A.Huici-Miranda : « Un fragment inédit de Ibn 'Idhârî sur les Almoravides », *Hespéris Tamuda*, 1961, fasc. 1, p. 43-113. Abréviation : *Bayân Al.*

IBN KARDABUS, *Kitâb al-iktifâ'*, Revista del Instituto de Estudios Islamicos en Madrid, 1965-1966, vol. XIII.

IBN AL-QATTAN, *Nazm al-djumân*, éd. Muhammad Ali Makki, Tétouan.

IBN TUMART, *'A'azzu mâ yutlab*, éd. Luciani dans le livre de Mohammed ibn Toumert, texte arabe, Alger, 1903.

Kâmil, voir IBN AL-ATHIR.

LAGARDERE (Vincent), *Les Almoravides*, éd. L'Harmattan, 1989, 240 p.
« Le gouvernorat des villes et la suprématie des Banû Turdjût au Maroc et en Andalus », *Revue de l'Occident Musulman et de la Méditerranée*, 25, 1978, p. 49-65.
« Esquisse de l'organisation militaire des Murâbitûn à l'époque de Yûsuf b. Tâshfîn, 430 H / 1039-500 H / 1106 », *Revue de l'Occident Musulman et de la Méditerranée*, 27, 1979, p. 99-114.
« L'unificateur du Malikisme aux XIe et XIIe siècles, Abû Bakr al-Turtûshî », *Revue de l'Occident Musulman et de la Méditerranée*, 31, 1981, p. 47-61.
« La Tarîqa et la révolte des Murîdûn en 539 H / 1144 en Andalus », *Revue de l'Occident Musulman et de la Méditerranée*, 35, 1983, p. 157-170.
« À propos d'un chapitre du kitâb al-nafkh wal-taswiya, attribué à Ghazâlî », *Studia Islamica*, 60, 1984, p. 119-136 (texte français).
« À propos d'un chapitre du kitâb al-nafkh wa-l-taswiya, attribué à Ghazâlî », *Cuadernos de historia del Islam*, Grenade, 1984, 26 pages (texte arabe).
« Abû Bakr b. al-'Arabî, Grand Cadi de Séville », *Revue de l'Occident Musulman et de la Méditerranée*, 40, 1985, p. 91-102.
« La Haute judicature à l'époque almoravide en al-Andalus », *Al-Qantara*, Madrid, VII, 1986, p. 135-228.
Le Vendredi de Zallâqa (23 octobre 1086), éd. L'Harmattan, 1989, 239 p.
« Communautés mozarabes et pouvoir almoravide », *Studia Islamica*, 67, 1988, p. 99-119.
« Abû-l-Walid b. Rushd, Grand Cadi de Cordoue », *Mélanges D.Sourdel*, Geuthner, 1989, p. 203-224.
« L'épitre d'Ibn Bâjja sur la conjonction de l'intellect avec l'esprit humain », *Revue des Etudes Islamiques*, XLIX, fasc. 2, 1981/1990, p. 175-196.
« Mûriers et culture de la soie en Andalus au Moyen-Âge (IXe-XIVe siècles) », *Mélanges de la Casa de Velazquez*, 1990, 17 p.

« Moulins d'Occident musulman au Moyen-Âge (IXe-XVe siècles) », *Al-Qantara*, Madrid, 1991, p. 59-118.
« Culture et industrie du lin en Andalus au Moyen-Âge », *Studia Islamica*, LXXIV, 1991, p. 143-165.
« Agriculture et irrigation dans le district (iqlim) de Velez-Malaga, Droit des eaux et appareils hydrauliques », *Cahiers de Civilisation Médiévale*, Poitiers, XXXV, n°3, juillet-septembre 1992, p. 213-225.
« Les bases fiscales du pouvoir au Maghrib al-aqsa et en Andalus (XIe et XIIe siècles) », *Granadas 1492, Histoire et Représentations* , AMAM, Toulouse, 1993, p. 37-44.
« Les structures rurales du district de Velez-Malaga, province (kûra) de Malaga, à l'époque nasride (XIII-XVe s.) », *Le Moyen Âge,* Revue d'histoire et de philologie, n°2, 1993, XCIX, p. 263-279.
« Le ver à soie en Andalus à l'époque musulmane (VIIIe-XVe s.) », *L'Homme l'animal domestique du Moyen Âge au XVIIIe siècle,* Ouest-Editions, Nantes, 1993, p. 343-350.
Campagnes et paysans d'al-Andalus (VIIIe-XVe), Islam-Occident, Maisonneuve et Larose, Paris, 1993, 486 pages.
« Canne à sucre et sucreries en al-Andalus au Moyen-Âge (VIII-XVe s.) », *Ciencias de la naturaleza en al-Andalus, III,* Textos y estudios, éd. E.Garcia Sanchez, Concejo Superior de Investigaciones Cientificas,Granada, 1994, p. 337-359.
« Structures étatiques et communautés rurales : les impositions légales et illégales en al-Andalus et au Maghreb (XIe-XVe s.), *Studia Islamica,* Paris, 80, p. 57-96.
« Une théologie dogmatique de la frontière en al-Andalus aux XIe et XIIe siècles : l'ash'arisme », *Anaquel de Estudios Arabes,* n°5, 1994, Madrid, p. 71-98.
Histoire et Société en Occident musulman au Moyen-Âge, Collection de la Casa de Velazquez, 53, Madrid, 1995, 537 pages.
« Le commerce des céréales entre al-Andalus et le Maghreb aux XIe et XIIe siècles », *L'Occident Musulman et l'Occident Chrétien au Moyen-Âge,* Colloque et séminaires n°48, Université Muhammad V, Rabat, 1995, p. 123-150.
« Culture de la canne à sucre en al-Andalus (Xe-XVe s.), *Seminario sobre la Caña de azucar (5°: 1993, Motril), Paisajes del azucar : Actas del quinto seminario internacional sobre la caña*

de azucar : Motril, 20-24 de sept. de 1993, éd. Antonio malpica, Granada, Diputacion, 1995, p. 69-79.
« Jardins et vergers andalous », *Andalousies, le cheval de Troie*, Bordeuax, 13, 1996, p. 37-42.
« La riziculture en al-Andalus (VIII-XVe siècles) », *Studia Islamica*, 83, Paris, p. 71-88.
« Terres communes et droits d'usage en al-Andalus (Xe-XVe siècles). Biens communs, patrimoine collectif et gestion communautaire dans les sociétés musulmanes », *Revue des Mondes Musulmans et de la Méditerranée,* Edisud, Aix en Provence, 79-80, 1996, p. 43-54.
« Variétés de cépages et consommation du raisin et du vin en al-Andalus (Xe-XVe siècles) », *Médiévales*, Presses Universitaires de Paris 8, 33, 1997, p. 81-91.
« Évolution de la notion de djihad à l'époque almoravide (1039-1147) », *Cahiers de Civilisation Médiévale,* C.E.S.C.M, Poitiers, 41, 1998, p. 3-16.

LAUNOIS (A), « Sur un dinar almoravide en naskhî », *Arabica,* XIV, 1967, fasc. 1, p. 60-75.
« Influence des docteurs malikites sur le monnayage ziride de type sunnite et sur celui des Almoravides », *Arabica*, XI, 1964, p. 127-150.

LEVY-PROVENCAL (E), « La « Mora Zaida » femme d'Alphonse VI et leur fils l'Infant Don Sancho », *Hespéris*, XVIII, 1934, p. 1-8.
« Alfonso VI y su hermana la infanta Urraca », *Al-Andalus*, XIII, fasc. 1, 1948.
« La toma de Valencia por el Cid, segun las fuentes musulmanas y el original arabe de la crónica general de España », *Al-Andalus*, XIII, fasc. 1,1948, p. 97-156.
« La fondation de Marrakech (462/1070) », *Mélanges d'Histoire et d'archéologie de l'Occident musulman II,* Hommage à Georges Marçais, Alger, 1957, p. 117-120.
« Le titre souverain des Almoravides », *Arabica* , II, 1955, p. 266-288.
« Réflexions sur l'Empire almoravide au début du XIIe », cinquantenaire de la faculté des lettres d'Alger 1932, *Islam d'Occident*, Paris, 1948, p. 239-256.

Mafâkhir al-Barbar, Fragments historiques sur les Berbères au Moyen-Âge, extraits inédits d'un recueil anonyme compilé en 712 / 1312 et intitulé: Kitâb Mafakhir al-Barbar, texte arabe publié par E.Lévi-Provençal, Rabat, 1934. Abréviation : *Mafâkhir.*

MAKKI (M.A), « Wathâ'iq ta'rikhiyya djadîda », *Revista del Instituto de Estudios Islamicos en Madrid,* VII-VIII, 1959-1960, p. 109-198.

MAQQARI (AL-), *Nafkh al-tîb min ghusn al-Andalus* , éd. Dozy, *Analectes sur l'Histoire de la Littérature des Arabes de l'Espagne,* 2 vols, Amsterdam, 1967. Abréviation : *Analectes* .

MARCAIS (G), « Séville au temps des Almoravides d'après une publication récente », *Journal des Savants,* janvier-juin, 1948.

MARRAKUSHI ('Abd al-Wâhid al-), *Al-Mu'djib fî talkhîs akhbâr al-Maghrib,* éd. Le Caire, 1963. Abréviation : *Mu'djib.*

MERAD (Ali), « 'Abd al-Mu'min à la conquête de l'Afrique du Nord (1130-1163) », *Annales de l'Institut d'Etudes Orientales, Faculté des Lettres de l'Université d'Alger,* XV, 1957, p. 110-164.

MESSIER (R.A), « The Almoravids West-Africa gold and the gold currenay of the Mediterranean basin », *JESHO,* XVIII, 1974, p. 31-47.

MONES (Hussain), « Nusûs siâsiyya 'an fitna al-istiqbâl min al-Murâbitîn ilâ-l-Muwahhidîn (520 / 1126-540 / 1145), *Revista del Instituto de estudios Islamicos en Madrid,* III, 1955.
« Sab' wathâ'iq djadîda 'an dawla al-Murâbitîn wa ayâmihim fî-l-Andalus », *Revista del Instituto de estudios Islamicos en Madrid,* 1954, vol. II, fasc. 1-2, p. 55-84.

Mu'djib, voir MARRAKUSHI.

NASIRI (AL-), *Kitâb al-Istiqsâ' li akhbâr duwal al-Maghrib al-Aqsâ,* Le Caire, 1894, 4 vol.
Traduction française de G.S. Colin in *Archives Marocaines,* XXXI, Paris, 1925. Abréviation : *Istiqsâ'* .

PERES (H), « La poésie à Fès sous les Almoravides et les Almohades, *Hespéris*, XVIII, 1934.
La poésie andalouse en arabe classique au XIe siècle, Paris, 1953.
« Glanes historiques sur les moulouk at-Tawâ'if et les Almoravides dans les « Qalâ'id al-'iqyân » d'al-Fath b. Khâqân (m. 529 / 1134) », *Mélanges Histoire et Archéologie Occident Musulman, II, Hommages à G. Marçais*, 1957, p. 147-152.

Qirtâs, voir IBN ABI ZAR'.

ROSENBERGER (B.), « Tamdult, cité minière et caravanière présaharienne, IXe-XIVe siècle », *Hespéris*, 1970, XI, p. 103-139.
« Autour d'une grande mine d'argent du Moyen Âge marocain, le jebel Aouam », *Hespéris-Tamuda*, 1964,V, p. 15-78.

SHA'IRA (Muhammad 'Abd al-Hâdî), *Al-Murâbitûn ,Ta'rikhu-hum al-siyâsî (430-539)*, Le Caire, Maktaba al-Qahira al-Haditha, 1969.

Sila, voir IBN BASHKUWAL.

TADILI (AL-), *Kitâb al-Tasawwuf ilâ ridjâl al-tasawwuf*, éd. A.Faure, Rabat, 1958. Abréviation : *Tashawwuf.*

TERRASSE (H), « Le rôle des Almoravides dans l'histoire de l'Occident », *Mélanges Louis Halphen*, Paris, 1951.
« L'art de l'empire almoravide, ses sources et son évolution », *Studia Islamica*, III, 1955.

TRIMINGHAM (J.S), *Islam in west Africa*, Oxford, 1959.

Valencia, voir A.HUICI-MIRANDA.

WANSHARISHI (AL-), *Al-Mi'yâr* , 12 vols. lith. Fès, 1314-1315 H.
Al-Mi'yâr al-mughrib wa-l-djâmi' al-mu'rib 'an fatâwâ ahl Ifrîqiya wa-l-Andalus wa-l-Maghrib, Ministère de la Culture et des Affaires Religieuses, Rabat, 1981-1983, 13 volumes.

YA'QUBI (AL-), *Kitâb al-buldân* , éd. De Goeje, BGA, VII, Leyde, 1967.

YAQUT, *Mu'djâm al-buldân*, 8 vol., Le Caire, 1906.
Mu'djâm al-udabâ, 20 vol., Le Caire, 1936-1938.

ZARKASHI, *Ta'rîkh al-dawlatayni al-muwahhidiyya wal-hafsiyya*, Tunis, 1966,

Zirides, voir : IDRIS.

TABLE DES MATIERES

647495 - Avril 2016
Achevé d'imprimer par